CURIOSITÉS
INFERNALES

Paris. — Imprimerie G. Rougier et Cⁱᵉ, 1, rue Cassette.

CURIOSITÉS INFERNALES

PAR

P. L. JACOB

BIBLIOPHILE

DIABLES, BONS ANGES, FÉES, ELFES,
FOLLETS ET LUTINS, ESPRITS FAMILIERS
POSSÉDÉS ET ENSORCELÉS,
REVENANTS, LAMIES, LÉMURES,
LARVES, VAMPIRES
PRODIGES ET SORTILÈGES, ANIMAUX PARLANTS,
PRÉSAGES DE GUERRE, DE NAISSANCE,
DE MORT, ETC.

PARIS
LIBRAIRIE DE GARNIER FRÈRES
6, RUE DES SAINTS-PÈRES, 6

1886

PRÉFACE

Simon Goulart en envoyant à son frère Jean Goulart un volume de son *Thrésor des histoires admirables et mémorables* lui dit : « Ce sont pieces rapportees et enfilees grossièrement ausquelles je n'adjouste presque rien du mien, pour laisser à vous et à tout autre debonnaire lecteur la meditation libre du fruit qu'on en peut et doit tirer. Dieu y apparoit en diverses sortes près et loin, pour maintenir sa justice contre les cœurs farouches de tant de personnes qui le regardent de travers ; item pour tesmoigner en diverses sortes sa grace à ceux qui le reverent de pure affection. »

Autant nous en dirons de notre ouvrage. De tout temps il y a eu des croyants et des incrédules.

« Les ignorans, dit Bodin (1), pensent que tout ce qu'ils oyent raconter des sorciers et magiciens soit impossible. Les athéistes et ceux qui contrefont les sçavans ne veulent pas confesser ce qu'ils voyent, ne sçachans dire la cause, afin de ne sembler ignorants. Les sorciers et magiciens s'en moquent pour deux raisons principalement : l'une pour oster l'opinion qu'ils soyent du nombre ; l'autre pour establir par ce moyen le règne de Satan. Les fols et curieux en veulent faire l'essay. »

---

(1) En la préface de sa *Démonomanie*.

CURIOSITÉS INFERNALES

LES DIABLES

I. — EXISTENCE DES DÉMONS

« Il y en a plusieurs, dit Loys Guyon (1), tant incrédules de nostre temps, qui ne veulent croire qu'il y ait des demons ou malins esprits qui habitent en certaines maisons (qui sont cause que personne n'y peut fréquenter) ou par les deserts qui font fourvoyer les voyageurs. Et aussi en d'autres lieux... Ce qui m'a donné occasion d'escrire de ces demons, c'est que lisant le livre du voyage de Marc Paul, Venétien, des Indes Orientales, il escrit d'un desert, qu'il appelle Lop, qui est situé dans les limites de la grande Turquie qui est entre les villes de Lop et de Sanchion, qu'on ne sçauroit passer en vingt-cinq ou trente journées, et pour ce qu'il est

---

(1) *Diverses leçons*. Lyon, 1610, 3 vol. in-12, t. II, p. 300 et suivantes.

nécessaire à aucuns, pour la négotiation qu'ont ceux de Lop avec ceux de Sanchion ou de la province du Tanguth, de passer par ces deserts, combien qu'ils s'en passeroyent bien, s'ils pouvoyent, veu les dangers et grandes difficultez qui s'y trouvent... C'est chose admirable qu'en ce desert l'on void et oid de jour, et le plus souvent de nuict, diverses illusions et fantosmes, de malins esprits, au moyen de quoy, ja n'est besoin à ceux qui y passent de s'eslongner à la trouppe, et s'escarter de la compagnie. Autrement, à cause des montagnes et costaux, ils perdroyent incontinent la veüe de leurs compagnons. Et les appellent par leurs propres noms, feignans la voix d'aucuns de la trouppe et par ce moyen les destournent et divertissent de leur vray chemin, et les meinent à perdition tellement qu'on ne sçait qu'ils deviennent. On oid aussi quelquefois en l'air des sons et accords d'instrumens de musique, et le plus souvent des bedons et tabourins, et pour ces causes ce desert est fort dangereux et perilleux à passer.

« Voilà ce qu'en a laissé par escrit, Marc Paul qui y a esté, qui vivoit l'an 1250, je pensoy que ce fussent choses fabuleuses (et controuvées à plaisir ou pour quelque autre raison). Mais ayant leu les œuvres de Teuct, cosmographe, pour la plus grand part tesmoin oculaire de beaucoup de choses que plusieurs autheurs ont laissé par escrit, et entre autres de ce desert de Lop, je n'ay plus creu que ce fussent fables.

« Que semblables choses ne se voyant ailleurs, il se void en ce qu'on a escrit de plusieurs grands et illustres personnages qui s'estoyent retirez aux deserts d'Égypte, comme sainct Machaire, sainct Anthoine, sainct Paul l'hermite, lesquels ont trouvé tous les deserts lieux pleins de grande solitude, remplis de démons. Comme fit sainct Anthoine qui estant sorti de sa cellule, ayant envie de voir jour et Paul l'hermite, qui demeuroit en un desert plus haut que luy trois journées, trouva en chemin, une forme monstrueuse d'homme, qui estoit un cheval, et tel que ceux que les poëtes anciens ont appelé Hippocentaures. Auquel il demanda le chemin du lieu où demeuroit ledict Paul Hermite, lequel parla. Mais il ne peut estre entendu et monstra de l'une de ses mains le chemin et puis apres il s'osta de devant luy, s'enfuyant d'une grande vitesse. Or si c'est homme estoit point quelque illusion du Diable, faite pour espouvanter le sainct homme ou si (comme les solitudes sont coustumieres de produire diverses formes d'animaux monstrueux) le desert avoit engendré cest homme ainsi difforme, nous n'en avons rien de certain.

« Sainct Anthoine donc s'esbahissant de ceste occurrence, et resvant, sur ce que desja il avoit veu, ne discontinua son voyage, et de passer outre. Mais il ne fut gueres avant, qu'estant en un vallon pierreux et plein de rochers, il vid un autre homme d'assez basse stature, mais laid, et difforme, ayant le nez crochu et deux cornes qui lui armoyent horriblement le front, et le bas du corps, lequel alloit en finissant ainsi que les cuisses et pieds d'un bouc. Le vieillard sans s'estonner de ceste forme si hideuse, ne s'esmouvant d'un tel spectacle, si effroyable, se fortifia, comme estant bon gendarme chrestien vestu des armes de Jésus-Christ,... et, voicy ce monstre susdit qui lui presenta des dattes et fruicts de palmier comme pour gage d'amitié et asseurance. Ceci encouragea ce bon hermite qui, apprivoisé du monstre, s'arresta un peu et s'enquit de son estre et que c'est qu'il faisoit en ceste solitude, auquel cest animal inconu respondit : Je suis mortel et un des citoyens et habitans de ce desert, que les gentils et idolatres aveugles et deçeus sous l'illusion diverse d'erreur, adorent et reverent sous le nom de faunes, pans, satyres et incubes. Je suis venu de la part de ceux de ma trouppe, et compagnie vers toy pour te requerir qu'il te plaise de prier le commun Dieu et Seigneur de nous tous, pour nous misérables, lequel sçavons estre venu au monde pour le salut et rachat de tous les hommes, et que le son de sa parole a esté semé et espandu par toute la terre. Ce monstre parlant ainsi, le voyager chargé d'ans et vénérable hermite Anthoine pleuroit à chaudes larmes, lesquelles couloyent le long de sa face honnorable, non de douleur, ains de joye.

« En Hirlande, il s'y void et entend des malins esprits parmi les montagnes, et combien qu'aucuns disent que ce ne sont que des fausses visions qui proviennent de ce que les habitans usent de viandes et breuvages vaporeux, comme de pain faict de chair de poisson seché. Et leur boire sont bieres fortes. Mais j'ay sceu (asseurement) des Anglois qui y ont demeuré quelques années, qui vivoyent civilement et delicatement, qu'il y avoit des esprits malins parmy les montagnes, lesquels molestent par leurs façons de faire et font peur aux voyageurs soit de jour et de nuict.

« Plusieurs autres démons luy ont donné de grandes fascheries en son desert, lui jettans sur son chemin des vaisselles d'or et d'argent, lesquelles choses il voyoit soudain s'esvanouir. »

« Les Arabes qui, communément voyagent par les deserts de leurs pays, y voyent des visions espouvantables et quelquefois des hommes qui s'esvanouissent incontinent, entre autres Teuet atteste avoir ouy dire à un truchement arabe qui le conduisoit par l'Arabie déserte nommée Geditel, qu'un jour conduisant une caravanne par les deserts du royaume de Saphavien, le sixiesme de juillet, à cinq heures du matin, luy Arabe et plusieurs de sa suite ouyrent une voix assez esclattante, et intelligible qui disoit en la mesme langue du pays : Nous avons longuement cheminé avec vous. Il fait beau temps, suivons la droitte voye. Avint qu'un folastre nommé Berstuth, qui conduisoit quelques trouppes de chameaux, qui toutesfois n'apercevoit homme vivant, la part d'où venoit ceste voix, respond : Mon compagnon, je ne sçay qui tu es, suy ton chemin.

Lors ces paroles dites, l'esprit espouvanta si bien la trouppe composée de divers peuples barbares qu'un chascun estoit presque esperdu, et n'osoyent à grand peine passer outre.

« Jésus-Christ fut tenté au desert par le malin esprit.

« Et voilà comme l'on peut recueillir que ce ne sont fables (de dire) qu'il y a des esprits malins par les deserts; et qu'il semble que Dieu permet qu'ils habitent plus tost en ces lieux escartez que là où demeurent les hommes à fin qu'ils n'en soyent si communément offensez. Comme fit l'ange Raphael duquel est parlé en la saincte Escriture, au livre de Tobie, qui confina le demon qui avoit fait mourir sept maris à la fille de Raguel aux deserts de la haute Égypte.

« D'autres démons fréquentent la mer et les eaux douces, et dans icelles, et causent des naufrages aux navigeans et plusieurs autres maux, et y apparoissent des phantosmes. Et d'iceux esprits, comme escrit Torquemada, il s'en void journellement sur la rivière Noire, en Norvege, qui sonnent des instrumens musicaux et lors cest signe qu'il mourra bien tost quelque grand du pays. J'ay veu et fréquenté avec un Espagnol qui par tourmente de mer fut jetté jusques aux mers, qui sont environ les terres du grand Khan de Tartarie, qu'il a veu souvent en ces régions-là de ces phantosmes tant sur mer que sur terre, notamment aux grandes solitudes de Mangy et deserts de Camul, et choses si estranges que je ne les auseroy mettre par escrit, de peur qu'on ne les voulust croire.

« Quelqu'un pourra objecter qu'il n'est pas vraysemblable que les demons qui sont aux deserts de Lop, et d'ailleurs appellent les voyageans par leurs noms, d'autant qu'iceux n'ont organes pour pouvoir parler suivant ce que Jésus-Christ dit que les esprits n'ont ni chair ni os. Je respon, suivant en l'opinion de S. Augustin, S. Basile, Cœlius Rodigin et Appulée, que les anges se peuvent former des corps aeriens, de la nature la plus terrestre, et par le moyen d'iceux parler comme firent ces trois anges qui apparurent à Abraham. Et l'ange Gabriel, qui annonça la conception de Jésus-Christ à la Vierge Marie. Et que les demons s'en peuvent aussi forger non pas d'une matiere si pure, mais plus abjecte.

« J'ay parlé d'un monstre chevre-pied qui apparut à sainct Anthoine, que je pense avoir esté engendré par le moyen de Satan, d'autre façon que les autres demons. Neantmoins il requit ce sainct personnage de prier Dieu pour luy et pour d'autres monstres habitans ce desert. Son corps n'estoit point aérien mais charnel, comme ceux des boucs. Il fut prins et mené tout vif en Alexandrie vingt ans après, au grand estonnement de tous ceux qui le virent, et combien qu'on le voulust nourrir curieusement quelques jours après sa prise il mourut, et son corps fut salé et embaumé et puis porté à

Antioche et présenté à Constantin, fils du grand Constantin.

« Lycosthène escrit estre avenu à Rotwille en Alemagne, l'an de grâce 1545, que le diable fut veu en plein midi allant et se pourmenant par la place : cest ici que les citoyens s'effroyèrent, craignans qu'ainsi qu'il avoit fait ailleurs, il ne bruslast toute la ville. Mais chascun s'estant mis en devotion de prier Dieu, et ordonner des jeunes et aumosnes, ce malin esprit lors s'en alla, et jaçoit que le diable vienne peu souvent vers nous si est ce que Dieu le souffrant, il n'y vient point sans de bien grandes occasions, et pour estre l'executeur de la vengeance divine. Et ne nous faut point tourmenter sur ce que les demons sont si corporels, ainsi que vrayement tient la doctrine des chrestiens, veu que Dieu le veut ainsi.

« Ils se rendent sensibles et visibles par les moyens des corps empruntez ou formez en l'air ou en esblouissant le sens des personnes, et leur présentant des idées en l'âme, qu'ils pensent voir par la veüe extérieure ainsi que S. Augustin dit, qu'aucuns de son temps pensoyent estre transmuez par quelques sorcières en bestes à corne, là où le bon sainct ne voyoit autre cas que la figure de l'homme, mais le sens visible de ceux-cy estant ensorcelé et perverti par la force de l'imagination causoit l'opinion de leur changement où l'effect estoit tout au contraire. Suivant ces discours, il se void que partout les demons ou diables s'efforcent de nuire à l'homme, encor qu'il se retire au plus hideux et inhabitable desert du monde, soit qu'il habite dans les plus populeuses villes, tousiours taschera-il de le faire tresbucher. »

Lavater(1), ministre calviniste, admet avec beaucoup de méfiance les faits surnaturels ; son ouvrage est précédé de plusieurs chapitres où il raconte des faits merveilleux en apparence et qui pour lui ne sont que des supercheries; ils ont pour titres :

« Ch. I. Les mélancholiques et insensez s'impriment en la fantasie beaucoup de choses dont il n'est.

« Ch. II. Gens craintifs se persuadent de voir et ouïr beaucoup de choses espouvantables dont il n'est rien.

« Ch. III. Ceux qui ont mauvaise vue et ouïe imaginent beaucoup de choses qui ne sont pas.

« Ch. IV. Beaucoup de gens se masquent, pour faire que ceux ausquels ils s'adressent, pensent avoir veu et ouï des esprits.

« Ch. V. Les prestres et moines ont contrefait les esprits et forgé des illusions comme un nommé Mundus abusa de Paulina par ce moyen, et Tyrannus de beaucoup de nobles et honnestes femmes.

« Ch. VI. Timothée Ælurus ayant contrefait l'ange, usurpe une couschée : quatre jacopins de

___

(1) *Trois livres Des apparitions des esprits, fantosmes, prodiges*, etc. *composez par Loys Lavater, plus trois questions proposées et résolues, par M. Pierre Martyr*. Geneve, Fr. Perrin, 1571, in-12.

Berne ont forgé beaucoup de visions et de ce qui s'en est ensuivi.

« Ch. VII. L'histoire du faux esprit d'Orléans.

« Ch. VIII. D'un curé de Clavenne qui apparut à une jeune fille et luy fit croire qu'il estoit la Vierge Marie et d'un autre qui contrefit l'esprit ; ensemble du cordelier escossois et du jésuite qui contrefit le le diable à Ausbourg. »

Voici cette dernière histoire :

« Pendant que j'escrivois cet œuvre, j'ay entendu par des gens dignes de foy, qu'en l'an 1569 il y avoit à Ausbourg, ville fort renommée d'Allemagne, une servante et quelques serviteurs d'une grande famille qui ne tenoyent pas grand compte de la secte des jésuites au moyen de quoy l'un de ceste secte promit au maistre qu'il feroit aisément changer d'opinion à ses serviteurs. Pour ce faire, après s'estre déguisé en diable, il se cacha en quelque lieu de la maison où la servante allant quérir quelque chose de son gré, ou y estant envoyée par son maître, trouva ce jésuite endiablé qui luy fit fort grand peur. Elle conta incontinent le tout à un de ses serviteurs, l'exhortant de n'aller en ce lieu-là. Toutefois peu après il y vint, et comme ce diable desguisé vouloit se ruer dessus, il desgaine son poignard et perce le diable de part en part, tellement qu'il demeure mort sur la place. Cette histoire a esté écrite et imprimée en vers allemans, et est maintenant entre les mains de tout le monde.

II. — APPARITIONS DU DIABLE

Le Loyer (1) prétend que les démons paraissent plus volontiers dans les carrefours, dans les forêts, dans les temples païens et dans les lieux infestés d'idolâtrie, dans les mines d'or et dans les endroits où se trouvent des trésors.

Nous lui empruntons l'histoire suivante :

« Un gendarme nommé Hugues avait été pendant sa vie un peu libertin et mesme soupçonné d'hérésie. Comme il étoit près de la mort, une grande trouppe d'hommes se présenta à luy et le plus apparent d'entre eux luy dit : Me connois-tu bien, Hugues ? — Qui es-tu, répondit Hugues ? — Je suis, dit-il, le puissant des puissants, et le riche des riches. Si tu crois que je te puis préserver du péril de mort, je te sauveray et feray que tu vivras longuement. Afin que tu sçaches que je te dis vray, sçaches que l'empereur Conrad est à ceste heure paisible possesseur de son empire et a subjugué l'Allemagne et l'Italie en bien peu de temps. Il luy dit encore plusieurs autres choses qui se passoient par le monde. Quand Hugues l'eut bien escouté, il haussa la main dextre pour faire le signe de la croix, disant : J'atteste mon Dieu et Seigneur Jésus-Christ, que tu n'es autre

---

(1) *Discours et histoires des spectres, visions et apparitions,* par P. Le Loyer. Paris, Nic. Buon, 1605, in-4°, p. 340.

qu'un diable menteur. Alors le diable lui dit : Ne hausse pas ton bras contre moy et tout aussitost ceste bande de diables disparut comme fumée. Et Hugues, le même jour de la vision, trespassa le soir. »

Le Loyer raconte aussi (1) cette autre appparition du diable :

« En la ville de Fribourg, du temps de Frédéric, second du nom, un jeune homme bruslé par trop ardemment de l'amour d'une fille de la mesme ville, pratiqua un magicien auquel il promit argent, s'il pouvoit par son moyen jouïr de l'amour de la fille. Le magicien le mene de belle nuit en un cellier escarté où il dresse son cercle, ses figures et ses caractères magiques, entre dans le cercle et y fait pareillement entrer l'escolier. Les esprits appelez se présentent mais en diverses formes, fantosmes et illusions... Enfin le plus meschant diable de tous se montre à l'escolier en la forme de la fille qu'il aymoit et en contenance fort joyeuse s'approche du cercle. L'escolier aveuglé et transporté d'amour, estend sa main hors le cercle pour penser prendre la fille, mais tout content, le diable lui saisit la main, l'arrache du cercle et le rouant ou tournant deux ou trois tours lui casse et brise la tête contre la muraille du celier, et jeta le corps tout mort sur le magicien, et ce fait luy et les autres esprits disparurent.

---

(1) *Discours et histoires des spectres*, etc., page 317.

« Il ne faut pas demander si le magicien fut bien effrayé à ce piteux spectacle, se voyant en outre chargé du pesant fardeau de l'escolier. Il ne bougea de la nuit de l'enclos de son cercle, et le lendemain matin il se fit si bien ouïr criant et lamentant, qu'on accourt à son cry et est trouvé à demy mort avec le corps de l'escolier et est dégagé à toute peine. »

« Au surplus, dit Le Loyer (1), quant aux hérétiques et hérésiarques de nostre temps, ils ne se trouveront pas plus exempts d'associations avec le diable et de ses visions. Car Luther a eu un démon, et a esté si impudent que de le confesser bien souvent par ses écrits. Je ne le veux faire voir que par un traicté qu'il a faict de la messe angulaire, où il se descouvre ouvertement et dit qu'entre luy et le diable y avoit familiarité bien grande, et qu'ils avoient bien mangé un muy de sel ensemble. Que le diable le visitoit souvent, parloit à luy fort privément, le resveilloit de nuict, et le provocquoit d'escrire contre la messe, luy enseignant des arguments dont il se pourroit servir pour l'impugner.

« Mais Luther est-il seul qui à sa confusion est contraint de confesser sa conférence avec le diable ? Il y a aussi Zwingle, sacramentaire qui dit que resvant profondément une nuict sur le sens des paroles de Jésus-Christ : Cecy est mon corps, se

---

(1) Même ouvrage, p. 297.

présente à luy un esprit, qu'il est en doute s'il estoit blanc ou noir, qui lui enseigna d'interpreter le passage de l'Écriture sainte d'une autre façon que l'Église des catholiques ne l'interprétoit et dire que ces mots : Cecy est mon corps, valaient tout autant comme qui diroit : Cecy signifie mon corps...

« Alors que Bucere, disciple de Luther, estoit en l'agonie de la mort, un diable s'apparut en la chambre où il estoit et s'approchant peu-à-peu auprès de son lit, non sans essayer les présens poussa rudement Bucere et le fit tomber en la place où il trespassa à l'instant.

« C'est aussy chose qu'on tient pour toute véritable et ainsi l'affirme Érasme Albert, ministre de Basle, que trois jours devant que Carolostade trespassa, le diable fut veu près de luy en forme d'homme de haute et énorme stature, comme Carolostade preschoit. Ce fut un présage de la mort future de cet hérétique. »

Dans l'affaire des possédées de Louviers, suivant le Père Bosroger (1),

« La sœur Marie de Saint-Nicholas apperceut deux formes effroyables, l'une représentait un vieil homme avec une grande barbe, lequel ressemblait à nostre faux spirituel; ce phantosme

---

(1) *La Piété affligée, ou Discours historique et théologique de la possession des religieuses dictes de Saincte-Élisabeth de Louviers*, etc., par le R. P. Esprit de Bosroger. Rouen, Jean Le Boulenger, 1652, in-4°, p. 137.

qu'elle apperceut à quatre heures du matin, environ le soleil levant s'assit sur les pieds de sa couche, et luy dit d'un ton d'homme désespéré : Je viens de voir Madelène Bauan, et la sœur du Saint-Sacrement; ah que Madelène est méchante! elle est entièrement à nous, mais l'autre nous ne la sçaurions gagner. Ce spectre obligea la sœur Marie de Saint-Nicholas de recourir à Dieu en faisant le signe de la croix, et aussitost elle fut délivrée de ce phantosme; l'autre estoit seulement comme une teste grosse et fort noire, que cette fille envisagea en plein jour à la fenestre d'un grenier, laquelle donnoit dans celui où elle travailloit; cette teste la regarda long-temps, et luy causa une grande frayeur, elle ne laissa pourtant de la considérer attentivement, jusqu'à ce qu'elle remarqua que cette teste commençoit à descendre de la fenestre; car pour lors elle fut saisie de peur, et se retira, puis aussitost ayant pris courage, elle alla dans le grenier où la forme avoit paru, mais elle n'y trouva plus rien, sinon quelque temps après qu'elle avisa dans le meme endroit des cordes qui se rouloient d'elles-memes et l'on voyoit tomber le linge dont elles étoient chargées; souvent on renversoit les meubles et on entendoit des bruits épouvantables. »

D'après le même auteur, dans la même affaire (1),
« Un homme ayant apporté à Picard une lettre

---

(1) *La Piété affligée*, p. 421.

d'importance arriva à onze heures de nuit à son presbytère passant au travers de la cour close d'un mur, et entra dans la cuisine qui étoit ouverte, où il trouva Picard courbé sur la table, et un homme noir et inconnu vis-à-vis de luy. Picard luy feit sa réponse de bouche, passa de la cuisine dans une chambre basse, laquelle il trouva pareillement ouverte; aussitost le déposant entendit un cry effroyable dont il avoit eu grand peur : ce vilain homme noir et inconnu luy reprocha qu'il trembloit, et avoit peur. »

Crespet (1) cite d'autres apparitions du diable :

« Or le bon Père Cesarius dans ses exemples dit bien autrement d'une concubine de prestre, laquelle voyant que son paillard désespéré s'estoit tué soy-mesme, s'alla rendre nonnain où estant à cause qu'elle n'avoit entièrement confessé ses pechez, fut vexée d'un diable incube qui la tourmentoit toutes les nuicts, pour a quoy obvier, elle s'advisa de faire une confession générale de tous ses péchez. Ce qu'ayant faict, jamais le diable n'approcha d'elle depuis.

« Je ne puis omettre, ajoute-t-il, ce que à ce propos je trouve ès archives de ce monastère où je réside, qu'un bon religieux plein de foy (1504) voyant que le diable se meslant parmy les esclairs de tonnerre estoit entré en l'église où les religieux estoient

---

(1) *Deux livres de la hayne de Sathan et malins esprits contre l'homme et de l'homme contre eux*, par P. P. Crespet, prieur des Célestins de Paris. 1590, in-12, p. 379.

assemblez pour prier Dieu, et qu'il vouloit tout renverser et prophaner les choses dédiées à Dieu, se vint constamment présenter armé du signe de la croix et commanda au nom de crucifix à Sathan de désister et sortir de la maison de Dieu, à la voix duquel il fut forcé d'obéir, et se retirer sans aucune offence. »

« Mais entre tous les contes, desquels j'aye jamais entendu parler, ou veu, dit Jean des Caurres (1), cestui-cy est digne de merveille, lequel est advenu depuis peu de temps à Rome. Un jeune homme, natif de Gabie, en une pauvre maison, et de parents fort pauvres, estant furieux, de mauvaise condition et de meschante conversation de vie, injuria son père, et luy fit plusieurs contuméilies; puis estant agité de telle rage, il invoqua le diable, auquel il s'estoit voué : et incontinent se partit pour aller à Rome, et à celle fin entreprendre quelque plus grande meschanceté contre son père. Il rencontra le diable sur le chemin, lequel avoit la face d'un homme cruel, la barbe et les cheveux mal peignez, la robe usée et orde, lequel lui demanda en l'accompagnant la cause de sa fascherie et tristesse. Il lui respondit qu'il avoit eu quelques paroles avec son père, et qu'il avoit délibéré de luy faire un mauvais tour. Alors le diable luy fit réponse que tel inconvénient

---

(1) *OEuvres morales et diversifiées en histoires*, etc., par Jean des Caurres. Paris, Guill. Choudière, 1584, in-8º, p. 390.

luy estoit advenu; et ainsi le pria-il de le prendre pour compagnon, et à celle fin que ensemble ils se vengeassent des torts qu'on leur avoit faicts. La nuit doncques estant venue, ils se retirèrent en une hostelerie, et se couchèrent ensemble. Mais le malheureux compagnon print à la gorge le pauvre jeune homme, qui dormoit profondément et l'eust estranglé, n'eust esté qu'en se réveillant il pria Dieu. Dont il advint que ce cruel et furieux se disparut, et en sortant estonna d'un tel bruit et impétuosité toute la chambre que les solives, le toict et les thuilles en demeurèrent toutes brisées. Le jeune homme espouvanté de ce spectacle, et presque demy mort, se repentit de sa meschante vie et de ses meffaicts, et estant illuminé d'un meilleur esprit, fut ennemy des vices, passa sa vie loing des tumultes populaires et servit de bon exemple. Alexandre escrit toutes ces choses. »

« Lorsque j'étudiais en droit en l'académie de Witemberg, dit Godelman (1), cité par Goulart (2), j'ay ouy souvent reciter à mes précepteurs qu'un jour, certain vestu d'un habit estrange vint heurter rudement à la porte d'un grand théologien, qui lors lisoit en icelle académie, et mourut l'an 1546. Le valet ouvre et demande qu'il vouloit? Parler à ton

---

(1) Jean-George Godelman, docteur en droit à Rostoch, au traité *De magis, veneficis, lamis*, etc, livre I, ch. III.
(2) *Thrésor d'histoires admirables et mémorables de nostre temps, recueillies de divers autheurs, mémoires et avis de divers endroits.* Paris, 1600, 2 vol. in-12.

maistre, fit-il. Le théologien le fait entrer : et lors cest estranger propose quelques questions sur les controverses qui durent sur le fait de la religion. A quoi le théologien ayant donné prompte solution, l'estranger en mit en avant de plus difficiles, le théologien lui dit : Tu me donnes beaucoup de peine : car j'avois le présent autre chose à faire et la dessus se levant de sa chaire montre en un livre l'exposition de certain passage dont ils débatoyent. En cest estrif il aperçoit que l'estranger avoit au lieu de doigts des pattes et des griffes comme d'oyseau de proye. Lors il commence à lui dire : Est-ce toi donc? Escoute la sentence prononcée contre toi (lui monstrant le passage du troisième chapitre de Genese) : La semence de la femme brisera la teste du serpent. Il adjousta : Tu ne nous engloutiras pas tous. Le malin esprit tout confus, despité et grondant, disparut avec grand bruit, laissant si puante odeur dedans le poisle qu'il s'en sentit quelques jours après, et versa de l'encre derrière le fourneau. »

Le même auteur fournit encore cette autre histoire à Goulart :

« En la ville de Friberg en Misne, le diable se présente en forme humaine à un certain malade, lui monstrant un livre et l'exhortant de nombrer les péchez dont il se souviendroit, pour ce qu'il vouloit les marquer en ce livre. Du commencement le malade demeura comme muet : mais recouvrant et reprenant ses esprits, il respond. C'est bien dit, je vay te deschifrer par ordre mes péchez. Mais escri au dessus en grosses lettres : La semence de la femme brisera la teste du serpent. Le diable, oyant cette condamnation sienne s'enfuit, laissant la maison remplie d'une extrême puanteur. »

Goulart emprunte celle-ci à Job Fincel (1) :

« L'an mil cinq cens trente quatre, M. Laurent Touer, pasteur en certaine ville de Saxe, voyant quelques jours devant Pasques à conférer avec aucuns du lieu, selon la coustume, des cas divers et scrupules de conscience, Satan en forme d'homme lui apparut et le pria de permettre qu'il communiquast avec lui ; sur ce il commence à desgorger des horribles blasphèmes contre le Sauveur du monde. Touer lui résiste et le réfute par tesmoignages formels recueillis de l'Escriture sainte, que ce malheureux esprit tout confus, laissant la place infectée de puanteur insupportable s'esvanouit. »

« Un moine nommé Thomas, dit Alexandre d'Alexandrie (2), personnage digne de foy, et la preud'hommie duquel j'ay esprouvée en plusieurs afaires m'a raconté pour chose vraye, avec serment, qu'ayant eu debat de grosses paroles avec certains autres moines, après s'estre dit force

---

(1) Job Fincel, au premier livre *Des Miracles*.
(2) Au IVe livre, chap. xix de ses *Jours géniaux*, cité par Goulart, *Thrésor d'histoires admirables*, t. Ier, p. 535.

injures de part et d'autre, il sortit tout bouillant de cholere d'avec eux et se promenant seul en un grand bois rencontra un homme laid, de terrible regard, ayant la barbe noire, et robe longue. Thomas lui demande où il alloit? J'ay perdu, respondit-il, ma monture, et vai la cercher en ces prochaines campagnes. Sur ce ils marchent de compagnie pour trouver ceste monture, et se rendent pres d'un ruisseau profond. Le moine commence à se deschausser pour traverser ce ruisseau : mais l'autre le presse de monter sur ses espaules, promettant le passer à l'aise. Thomas le croid, et chargé dessus l'embrasse par le col : mais baissant les yeux pour voir le gué, il descouvre que son portefaix avoit des pieds monstrueux et du tout estranges. Dont fort estonné, il commence à invoquer Dieu à son aide. A ceste voix, l'ennemi confus jette sa charge bas, et grondant de façon horrible disparoît avec tel bruit et de si extraordinaire roideur, qu'il arrache un grand chesne prochain et en fracasse toutes les branches. Thomas demeura quelque temps comme demy-mort, par terre, puis s'estant relevé, reconnut que peu s'en estoit falu que ce cruel adversaire ne l'eust fait perir de corps et d'ame. »

III. — ENLÈVEMENTS PAR LE DIABLE

J. Wier (1) rapporte cette histoire d'une femme emportée par le diable :

« L'an 1551 il advint près Mégalopole joignant Wildstat, les festes de la Pentecoste, ainsi que le peuple se amusoit à boire et ivrongner, qu'une femme que estoit de la compagnie, nommoit ordinairement le diable parmy ses jurements, lequel en la présence d'un chacun l'enleva par la porte, et la porta en l'air. Les autres qui estoyent présens sortirent incontinent tous estonnez pour voir où ceste femme estoit ainsi portée, laquelle ils virent hors du village pendue quelque temps au haut de l'air, dont elle tomba en bas et la trouvèrent après morte au milieu d'un champ. »

D'après Textor (2) : « Il y en eut un lequel ayant trop beu, se print à dire, en follastrant, qu'il ne pouvoit avoir une ame, puisqu'il ne l'avoit point veuë. Son compagnon l'acheta pour le prix d'un pot de vin, et la revendit à un tiers là present et inconnu lequel tout à l'heure saisit et emporta

---

(1) *Histoires, disputes et discours des illusions et impostures des diables, des magiciens, infames, sorciers et empoisonneurs, le tout compris en 5 livres*, traduit du latin, de Jean Wier, sans date, vers 1577.

(2) En son *Traicté de la nature du vin*, liv I, ch. XIII, cité par Goulart, *Thrésor des histoires admirables*, t. III, p. 67.

visiblement ce premier vendeur au grand estonnement de tous. »

Crespet (1) cite d'autres exemples d'enlèvements par le diable : « Tesmoing, dit-il, ce grand usurier qui dernièrement voyant que les bleds estoient à bon prix se desespera et appellant le diable il le veit incontinent à son secours, qui l'emporta au haut d'un chesne et le jectant du haut en bas, lui rompit le col.

« Un autre qui avoit perdu son argent au jeu ; apres qu'il eut blasphemé le nom de Dieu et de la Vierge Marie, fut visiblement emporté par le diable, auquel il s'estoit voué. »

Chassanion (2) rapporte que « Jean François Picus, comte de la Mirande, tesmoigne avoir parlé à plusieurs lesquels s'estant abusez après la veine espérance des choses à venir, furent par apres tellement tourmentez du diable avec lequel ils avoyent fait certain accord, qu'ils s'estimeroyent bien heureux d'avoir la vie sauve. Dit d'avantage que de son temps il y eut un certain magicien, lequel promettoit à un trop curieux et peu sage prince de lui représenter comme en un théâtre du siège de Troyes, et lui faire voir Achilles et Hector en la manière qu'ils combattoyent. Mais il ne peut l'exécuter se trouvant empesché par un autre spectacle plus hideux de sa propre personne. Car il

---

(1) *De la hayne de Sathan*, p. 379.
(2) En son *Histoire des jugemens de Dieu*, liv. I, ch. II, cité par Goulart, *Thrésor des histoires admirables*, t. II, p. 718.

fut emporté en corps et en âme par un diable sans que depuis il soit comparu. »

Le Loyer (1) raconte encore cette histoire d'un diable noyant un anabaptiste :

« En Pologne, dit-il, un chef et prince d'anabaptistes invita aucuns de sa secte à son baptesme les assurant qu'ils y verroient merveilles et que le saint esprit descendrait visiblement sur luy. Les invitez se trouvent au baptesme, mais comme cet anabaptiste qui devait être baptisé mettait le pied dans la cuve pleine d'eau, incontinent, non le saint esprit, qui n'assiste point les hérétiques, ains l'esprit de septentrion qui est le diable, apparoist visiblement devant tous, prend l'anabaptiste par les cheveux, l'éleve en l'air et tant et tant de fois luy froisse la teste et le plonge en l'eau qu'il le laissa mort et suffoqué dans la cuve. »

« Nous lisons aussi que le baillif de Mascon, magicien, fut emporté, dit J. des Caurres (2), par les diables à l'heure du disner, il fut mené par trois tours à l'entour de la ville de Mascon, en la présence de plusieurs où il cria par trois fois : Aydez-moy, citoyens, aidez-moy. Dont toute la ville demeura estonnée, et luy perpétuel compagnon des diables, ainsi que Hugo de Cluny le monstre à plein. »

« Un homme de guerre voyageant par le mar-

---

(1) *Discours et histoires des spectres*, etc., p. 332.
(2) *OEuvres morales et diversifiées et histoires*, p. 392.

quisat de Brandebourg, à ce que rapporte Simon Goulart (1), d'après J. Wier (2), se sentant malade et aresté à une hostellerie, bailla son argent à garder à son hostesse. Quelques jours après estant guéri il le redemanda à ceste femme, laquelle avoit déjà délibéré avec son mari de le retenir, par quoy elle lui nia le dépost, et l'accusa comme s'il lui eust fait injure : le passant au contraire, se courrouçoit fort, accusant de desloyauté et larcin cette siene hostesse. Ce que l'hoste ayant entendu, maintint sa femme, et jetta l'autre hors de sa maison, lequel choléré de tel affront tire son espée et en donne de la pointe contre la porte. L'hoste commence à crier au voleur, se complaignant qu'il vouloit forcer sa maison. Ce qui fut cause que le soldat fut pris, mené en prison, et son procès fait par le magistrat, prest à le condamner à mort. Le jour venu que la sentence devoit estre prononcée et exécutée le diable entra en la prison, et annonça au prisonnier qu'il estoit condamné à mourir; toutefois que s'il vouloit se donner à lui, il lui promettoit de le garantir de tout mal. Le prisonnier fit response qu'il aimoit mieux mourir innocent que d'estre délivré par tel moyen. Derechef le diable lui ayant représenté le danger où il estoit, et se voyant rebuté, fit néantmoins promesse de l'aider pour rien et faire tant qu'il le vengeroit de ses ennemis. Il lui

(1) *Thrésor d'histoires admirables*, tome I, p. 285.
(2) Au IVe livre *de Præstigiis Dæmonum*, ch. xx.

conseilla donc lorsqu'il seroit appelé en jugement de maintenir qu'il étoit innocent et de prier le juge de lui bailler pour advocat celui qu'il verroit là présent avec un bonnet bleu : c'est assavoir lui qui plaideroit la cause. Le prisonnier accepte l'offre et le lendemain, amené au parquet de justice, oyant l'accusation de ses parties et l'advis du juge, requiert (selon la coustume de ces lieux là), d'avoir un advocat qui remonstrast son droit : ce qui lui fut accordé. Ce fin Docteur es loix commence à plaider et à maintenir subtilement sa partie, alléguant qu'elle estoit faussement accusée, par conséquent mal jugée ; que l'hoste lui détenoit son argent et l'avoit forcé ; mesmes il raconta comme tout l'affaire estoit passé, et déclaira le lieu où l'argent avoit esté serré. L'hoste au contraire se défendoit, et nioit tant plus impudemment, se donnant au diable, et priant qu'il l'emportast, s'il estoit ainsi qu'il l'eust pris. Alors ce Docteur au bonnet bleu, laissant les plaids, empoigne l'hoste, l'emporte dehors du parquet, et l'esleve si haut en l'air que depuis on ne peut sçavoir qu'il estoit devenu. » Paul Eitzen (1) dit que ceci avint l'an 1541 et que ce soldat revenoit de Hongrie.

Les mêmes auteurs nous font encore connaître les deux histoires suivantes :

« Un autre gentilhomme coustumier de se donner aux diables, allant de nuict par pays, accompagné

---

(1) Au VIe livre de ses *Morales,* ch. XVIII.

d'un valet, fut assailli d'une troupe de malins esprits, qui vouloyent l'emmener à toute force. Le valet desireux de sauver son maistre, commence à l'embrasser. Les diables se prennent à crier : « Valet lasche prise » ; mais le valet persévérant en sa déliberation, son maistre eschappa. »

« En Saxe, une jeune fille fort riche promit mariage à un beau jeune homme mais pauvre. Lui prevoyant que les richesses et la légèreté du sexe pourroyent aisement faire changer d'avis à ceste fille, lui descouvrit franchement ce qu'il en pensoit. Elle au contraire commence à lui faire mille imprécations, entre autres celle qui s'ensuit : Si j'en épouse un autre que le diable m'emporte le jour des nopces. Qu'avient-il ? Au bout de quelque temps l'inconstante est fiancée à un autre, sans plus se soucier de celui-ci, qui l'admonneste doucement plus d'une fois de sa promesse, et de son horrible imprécation. Elle hochant la teste à telles admonitions s'appreste pour les espousailles avec le second : mais le jour des nopces, les parens, alliés et amis faisans bonne chere, l'espousée esveillée par sa conscience se monstroit plus triste que de coustume. Sur ce voici arriver en la cour du logis où se faisoit le festin, deux hommes de cheval, qu'on ameine en haut, où ils se mettent à table, et après disné, comme l'on commençoit à danser, on pria l'un d'iceux (comme c'est la coustume du pays d'honorer les estrangers qui se rencontrent en tels festins) de mener danser l'espousée. Il l'empoigne par la main et la pourmeine par la salle : puis en présence des parens et amis, il la saisit criant à haute voix, sort de la porte de la salle, l'enleve en l'air, et disparoit avec son compagnon et leurs chevaux. Les pauvres parens et amis l'ayans cherchée tout ce jour, comme il continuoyent le lendemain, esperans la trouver tombée quelque part, afin d'enterrer le corps, rencontrent les deux chevaliers, qui leur rendirent les habits nuptiaux avec les bagues et joyaux de la fille, adjoutans que Dieu leur avoit donné puissance sur ceste fille et non sur les acoustremens d'icelle, puis s'esvanouirent. »

Goulard répète aussi cette attaque du diable rapportée par Alexandre d'Alexandrie (1) :

« Un mien ami, homme de grand esprit, et digne de foy estant un jour à Naples chez un sien parent, entendit de nuit la voix d'un homme criant a l'aide, qui fut cause qu'il aluma la chandelle, et y courut pour voir que c'estoit. Estant sur le lieu, il vid un horrible fantosme, d'un port effroyable et du tout furieux, lequel vouloit à toute force entrainer un jeune homme. Le pauvre misérable crioit et se défendoit, mais voyant aprocher celui-ci soudain il courut au devant, l'empoigne par la main et saisit sa robe le plus estroitement qu'il lui fut possible et après s'estre long temps débattu commence à invoquer le nom et l'aide de Dieu et eschappe, le

(1) Au IIᵉ livre de ses *Jours géniaux*.

fantosme disparoissant. Mon ami meine en son logis ce jeune homme, pretendant s'en desfaire doucement, et le renvoyer chez soy. Mais il ne sceut obtenir ce poinct, car le jeune homme estoit tellement estonné qu'on ne pouvoit le rassurer, tressaillant sans cesse de la peur qu'il avoit pour si hideuse rencontre. Ayant enfin reprins ses esprits, il confessa d'avoir mené jusques alors une fort méchante vie, esté contempteur de Dieu, rebelle à père et à mère, ausquels il avoit dit et fait tant d'injures et outrages insupportables qu'ils l'avoyent maudit. Sur ce il estoit sorti de la maison et avoit rencontré le bourreau susmentionné. »

Goulart (1) raconte encore d'autres histoires d'enlèvements par le diable d'après divers auteurs :

« Un docteur de l'académie de Heidelberg ayant donné congé à certain sien serviteur de faire un voyage en son pays, au retour comme ce serviteur aprochoit de Heidelberg, il rencontre un reître monté sur un grand cheval, lequel par force l'enlève en croupe, en tel estat il essaye d'empoigner son homme pour se tenir plus ferme; mais le reître s'esvanouit. Le serviteur emporté par le cheval bien haut en l'air, fut jetté bas près d'un pont hors la ville, où il demeura quelques heures sans remuer pied ni main : enfin revenu à soi, et entendant qu'il estoit près de son lieu, reprint courage, se rendit au logis, où il fut six mois entiers

(1) *Thrésor d'histoires admirables*, t. I, p. 538.

attaché au lict, devant que pouvoir se remettre en pied (1). »

« Près de Torge en Saxe, certain gentilhomme se promenant dans la campagne, rencontre un homme lequel le salue, et lui offre son service. Il le fait son palefrenier. Le maistre ne valoit gueres. Le valet estoit la meschanceté mesme. Un jour le maistre ayant à faire quelque promenade un peu loin, il recommande ses chevaux, spécialement un de grand prix à ce valet, lequel fut si habile que d'enlever ce cheval en une fort haute tour. Comme le maistre retournoit, son cheval qui avoit la teste à la fenestre le reconnut, et commence à hennir. Le maistre estonné, demande qui avoit logé son cheval en si haute escuirie. Ce bon valet respond que c'estoit en intention de le mettre seurement afin qu'il ne se perdist pas, et qu'il avoit soigneusement executé le commandement de son maistre. On eut beaucoup de peine à garrotter la pauvre beste et la devaler avec des chables du haut de la tour en bas. Tost après quelques uns que ce gentilhomme avoit volez, deliberans de le poursuivre en justice, le palefrenier lui dit : Maistre, sauvez-vous, lui monstrant un sac, duquel il tira plusieurs fers arrachez par lui des pieds des chevaux, pour retarder leur course au voyage qu'ils entreprenoyent contre ce maistre : lequel finalement attrappé et serré prisonnier, pria son palefrenier

---

(1) Extrait du *Mirabiles Historiæ de spectris*, Leipzig, 1597.

de lui donner secours. Vous estes, respond le valet, trop estroitement enchaisné; je ne puis vous tirer de là. Mais le maistre faisant instance, enfin le valet dit : Je vous tireray de captivité moyennant que vous ne fassiez signe quelconque des mains pour penser vous garantir. Quoi accordé, il l'empoigne avec les chaines, ceps et manottes, et l'emporte par l'air. Ce miserable maistre esperdu de se voir en campagne si nouvelle pour lui commence à s'escrier : Dieu éternel, où m'emporte-on ? Tout soudain le valet (c'est-à-dire Satan) le laisse tomber en un marest. Puis se rendant au logis, fait entendre à la damoiselle l'estat et le lieu ou estoit son mari, afin qu'on l'allast desgager et delivrer. »

Des Caurres (1) raconte que « à la montagne d'Ethna, non guères loin de l'île de Luppari, montagne qu'on appelle la gueule d'enfer, Dieu monstra la peine des damnez. Il y a si long temps qu'elle brusle et tout demeure en son entier, comme fera enfer, quand elle auroit autant entier que toute l'Italie, elle devroit estre consommée. On entend là cris et complainctes, et les ennemis et mauvais esprits meinent là grand bruict, et suscitent de grandes tempestes sur la mer près de ceste montagne. De nostre temps un prélat après son trespas, fut trouvé en chemin par ses amis, lequel se disoit estre damné et qu'il s'en alloit en ceste montaigne.

(1) *Œuvres morales et diversifiées*, p. 378.

Il n'y a pas encor longtemps qu'une nef de Sicile aborda là, en laquelle y avoit un père gardien de ce pays-là avec son compagnon, le Diable luy dit qu'il le suivist pour faire quelque chose que Dieu avoit ordonné. Et soudain fut porté par luy en une cité assez loin de là. Et quand il fut là, le mauvais esprit le conduit au sépulchre de l'Evesque du lieu, qui estoit mort depuis trois mois : Et lui commanda de despouiller ses habillemens épiscopaux, et lui dit apres : Ces habillemens soyent à toy, et le corps à moy comme est son âme ; dans une demie heure, ledit religieux fut rapporté audit navire, et racompta ce qu'il avoit veu. Pour vérifier cecy le patron du navire fit voile vers ceste cité : le sépulchre fut ouvert et trouverent que le corps n'y estoit point. Et ceux qui l'avoient revestu après sa mort recogneurent les dicts habillemens épiscopaux. Un homme de bien, et grand prescheur d'Italie, a mis cecy en escript, qui a cogneu ces gens-là. »

« En ce mesme temps, continue des Caurres, y avoit en Sicile un jeune homme addonné à toute volupté, à jeux, et reniemens: lequel le vice-roy de Sicile, envoya un soir, en un monastère pour quérir une salade d'herbes : en chemin soudain il fut ravy en l'air, et on ne le vit plus. Un peu de temps après un navire passoit auprès de ceste montagne, et voicy une voix qui appelle par deux fois le patron du navire, et voyant qu'il ne respondoit point pour la troisième, ouit que s'il n'arrestoit il enfondroit le navire. Le patron demande ce qu'il vouloit, qui respondit : Je suis le diable, et di au vice-roy qu'il ne cerche plus un tel jeune homme, car je l'ay emporté, et est icy avec nous : voicy la ceinture de sa femme qu'il avoit prinse pour jouer ; laquelle ceinture il jette sur le navire. »

IV. — MÉTAMORPHOSES DU DIABLE

Le diable apparaît sous toutes sortes de figures.
« Que diray-je davantage ? lit-on dans l'ouvrage de Le Loyer (1). Il n'y a sorte de bestes à quatre pieds que le diable ne prenne, ce que les hermites vivans es déserts ont assez éprouvé. A sainct Anthoine qui habitoit es deserts de la Thébaïde les loups, les lions, les taureaux se présentoient à tous bouts de champ ; et puis à sainct Hilarion faisant ses prières se monstroit tantost un loup qui hurloit, tantost un regnard qui glatissoit, tantost un gros dogue qui abbayoit. Et quoy ? le diable n'auroit-il pas été si impudent mesmes, que ne pouvant gaigner les hermites par cette voye, il se seroit montré, comme il fit à sainct Anthoine, en la forme que Job le dépeint sous le nom de Léviathan, qui est celle qui lui est comme naturelle et qu'il a acquise par le péché, voire qui lui demeurera es enfers avec les hommes damnés. Ce n'est point des animaux à quatre pieds seulement que les

(1) *Discours et histoires des spectres*, etc. p. 353.

diables empruntent la figure, ils prennent celles des oyseaux, comme de hiboux, chahuans, mouches, tahons......... Quelquefois les diables s'affublent de choses inanimées et sans mouvement, comme feu, herbes, buissons, bois, or, argent et choses pareilles.......... Je ne veux laisser que quand les esprits malins se monstrent ils ne gardent aucune proportion parce qu'ils sont énormément grands et petits comme ils sont gros et grêles à l'extrémité. »

« J'ai entendu, dit Jean Wier, cité par Goulart (1), que le diable tourmenta durant quelques années les nonnains de Hessimont à Nieumeghe. Un jour il entra par un tourbillon en leur dortoir, où il commença un jeu de luth et de harpe si mélodieux, que les pieds frétilloyent aux nonnains pour danser. Puis il print la forme d'un chien se lançant au lict d'une soupçonnée coulpable du péché qu'elles nomment muet. Autres cas estranges y sont advenus, comme aussi en un autre couvent près de Cologne, le diable se pourmenoit en guises de chiens et se cachant sous les robes des nonnains y faisoit des tours honteux et sales autant en faisoit-il à Hensberg au duché de Cleves sous figures de chats. »

« Les mauvais esprits, dit dom Calmet (2), apparoissent aussi quelquefois sous la figure d'un

---

(1) *Thrésor d'histoires admirables*, etc.
(2) *Traité sur les apparitions des esprits*, t. Ier, p. 44.

lion, ou d'un chien, ou d'un chat, ou de quelque autre animal, comme d'un taureau, d'un cheval ou d'un corbeau : car les prétendus sorciers et sorcières racontent qu'au sabbat on le voit de plusieurs formes différentes, d'hommes, d'animaux, d'oyseaux. »

« Le diable n'apparoit aux sorciers dans les synagogues qu'en bouc, dit Scaliger (1); et en l'Escriture lors qu'il est reproché aux Israëlites qu'ils sacrifioient aux demons, le mot porte aux boucs. C'est une chose merveilleuse que le diable apparoisse en cette forme.

« Les diables, dit-il plus loin (2), ne s'addressent qu'aux foibles ; ils n'auroient garde de s'addresser à moy, ie les tuerois tous. »

Quelquefois le diable apparaît sous la forme empruntée d'un corps mort.

« Je ne puis, dit Le Loyer (3), pour vérifier que les diables prennent des corps morts qu'ils font cheminer comme vifs, apporter histoire plus récente que celle-ci. Ceux qui ont recueilliz l'histoire de notre temps de la démoniaque de Laon disent qu'un des diables qui étoit au corps d'elle appelé Baltazo print le corps mort d'un pendu en la plaine d'Arlon pour tromper le mary de la démoniaque, et la fraude du diable fut descouverte en

(1) *Scaligerana*. Grœningue, P. Smith, 1669, in-12. 2⁰ partie, article *Azazel*.

(2) Même ouvrage, article *Diable*.

(3) *Discours et histoires des spectres, visions*, etc. p. 244.

ceste façon. Le mary estoit ennuyé des frais qu'il faisoit procurant la santé de sa femme, n'y pouvant plus fournir. Il s'addresse donc à un sorcier, qui l'asseure qu'il délivrera sa femme des diables desquels elle estoit possédée. Le diable Baltazo est employé par le sorcier et mené au mary qui leur donne à tous à souper, où se remarque que Baltazo ne but point. Après le souper, le mary vint trouver le maître d'escole de Vervin en l'église du lieu, où il vaquoit aux exorcismes sur la démoniaque. Il ne luy cele point la promesse qu'il avoit du sorcier, et réïtérée de Baltazo durant le souper qu'il guériroit sa femme, s'il le vouloit laisser seul avec elle : mais le maître d'escole avertit le mary de prendre bien garde de consentir cela. Quelque demie heure apres le mary qui s'étoit retiré, amène Baltazo dans l'église, que l'esprit Baalzebub qui possédoit la femme appela incontinent par son nom, et luy dit quelques paroles. Depuis Baltazo sort de l'église, disparoit et ne sçait-on ce qu'il devint. Le maistre d'escole qui voit tout cecy, conjure Baalzebub, et le contraint de confesser que Baltazo étoit diable et avoit prins le corps d'un mort, et que si la démoniaque eut esté laissée seule, il l'eust emportée en corps et en âme. »

« L'exemple de Nicole Aubry, démoniaque de Laon est plus que suffisant pour montrer ce que je dis, ajoute Le Loyer (1). Car devant que le diable

---

(1) *Discours et histoires des spectres, visions, etc.*, p. 320.

entrast en son corps, il se presenta à elle en la forme de son père décédé subitement, luy enjoignit de faire dire quelques messes pour son âme, et de porter des chandelles en voyage. Il la suivoit partout où elle alloit sans l'abandonner. Cette femme simple obéit au diable en ce qu'il lui commandoit, et lors il leve le masque, se montre à elle, non plus comme son père, mais comme un phantosme hideux et laid, qui luy persuadoit tantost de se tuer, tantost de se donner à luy. — Cela se pouvoit attendre par les réponses que la démoniaque faisoit au diable, luy résistant en ce qu'elle pouvoit. — Je me veux servir de l'histoire de la démoniaque de Laon attestée par actes solennels de personnes publiques, tout autant que si elle estoit plus ancienne. Il y a des histoires plus anciennes qu'elle n'est, où à peine on pourroit remarquer ce qui s'est veu en ceste femme démoniaque. Ce fut pour nostre instruction que la femme fut ainsi tourmentée au cœur de la France, mais notre libertinisme fut cause que nous ne les peusmes apprendre. »

Bodin (1) fait connaître une histoire analogue :

« Pierre Mamor récite, dit-il, qu'à Confolant sur Vienne, apparut en la maison d'un nommé Capland un malin esprit se disant estre l'âme d'une femme trespassée, lequel gemissoit et crioit en se complaignant bien fort, admonestant qu'on fist plu-

---

(1) *Démonomanie*, livre III, ch. VI.

sieurs prières et voyages, et révéla beaucoup de choses véritables. Mais quelqu'un lui ayant dit : Si tu veux qu'on te croye dis *Miserere mei Deus, secundum magnam misericordiam tuam*. Sa réponse fut : Je ne puis. Alors les assisants se mocquerent de lui, qui s'enfuit en fremissant. »

Le diable prend même parfois la forme de personnes vivantes.

Voici par exemple ce que rapporte Loys Lavater (1) :

« J'ai ouï dire à un homme prudent et honnorable baillif d'une seigneurie dépendante du Zurich, qui affirmoit qu'un jour d'esté allant de grand matin se promener par les prez, accompagné de son serviteur, il vid un homme qu'il cognoissoit bien, se meslant meschamment avec une jument : de quoy merveilleusement estonné retourna soudainement, et vint frapper à la porte de celuy qu'ils pensoyent avoir veu, où il trouva pour certain qu'il n'avoit bougé de son lict. Et si ce bailli, n'eust diligemment seu la vérité, un bon et honneste personnage eust esté emprisonné et gehenné. Je récite ceste histoire, afin que les juges soyent bien avisez en tels cas. Chunégonde, femme de l'empereur Henry second, fut soupçonnée d'adultere, et le bruit courut qu'elle s'accointoit trop familierement d'un gentilhomme de la cour. Car

(1) *Trois livres des apparitions des esprits, fantosmes, prodiges. etc., composez par Loys Lavater, plus trois questions proposées et résolues par M. Pierre Martyr*. Geneve, Fr. Perrin, 1571, in-12.

on avoit veu souvent la forme d'iceluy (mais c'estoit le diable qui avoit pris ce masque) sortant de la chambre de l'empereur. Elle monstra peu après son innocence en marchant sur des grilles de fer toutes ardentes (comme la coutume estoit alors) et ne se fit aucun mal. »

« En l'île de Sardaigne, dit P. de Lancre (1) et en la ville de Cagliari, une fille de qualité, de fort riche et honnorable maison, ayant veu un gentilhomme d'une parfaicte beauté et bien accompli en toute sorte de perfections s'amouracha de luy, et y logea son amitié avec une extrême violence. (Elle sut dissimuler et le gentilhomme ne s'apperceut de rien). Un mauvais démon pipeur, plus instruit en l'amour et plus affronteur que luy, embrassant cette occasion, recognut aisément que cette fille esprise et combatue d'amour seroit bientôt abbatue..... Et pour y parvenir plus aisément, il emprunta le masque et le visage du vray gentilhomme, prenant sa forme et figure, et se composa du tout à sa façon, si bien qu'on eut dit que c'estoit non seulement son portrait, mais un autre luy-même. Il la vit secretement et parla à elle, lui feignit des amours et des commoditez pour se voir. De manière que le mauvais esprit qui trouve les sinistres conventions les meilleures abusa non seulement de la simplicité de ceste jeune fille, ains encore du sacrement de mariage par le moyen duquel la

---

(1) *Tableau de l'inconstance des mauvais anges*, p. 248.

pauvre damoyselle pensoit aucunement couvrir sa faute et son honneur. De sorte que, l'ayant espousé clandestinement, adjoustant mal sur mal, comme plusieurs s'attachent ordinairement ensemble pour mieux assortir quelque faict execrable tel que celuy-ci, ils jouyrent de leurs amours quelques mois, pendant lesquels cette fille faussement contente cachoit le plus possible ses amours..... Il advint que sa mère luy donna quelque chose sainte qu'elle portoit par dévotion, qui lui servit d'antidote contre le démon et contre son amour, brouillant ses entrées et troublant ses commoditez. Le diable lui avait recommandé de ne pas lui envoyer de messager, mais la jalousie la poussant, elle en envoya un au gentilhomme pour le prier de se rendre auprès d'elle, lui reprocha son abandon, etc. Le gentilhomme tout étonné lui déclara qu'elle a été pipée et établit qu'à l'époque du prétendu mariage il était absent. La damoyselle reconnut alors l'œuvre du démon et se retira dans un monastère pour le reste de sa vie. »

Wier (1) raconte cette histoire d'une jeune fille servante d'une religieuse de noble maison, à qui le diable voulut jouer un mauvais tour. « Un paysan lui avoit promis mariage ; mais il s'amouracha d'une autre : dont ceste-ci fut tellement contristée, qu'estant allée environ une demie lieue loin du

---

(1) *Histoires, disputes et discours des illusions et impostures des diables.*

couvent, elle rencontra le diable en forme d'un jeune homme, lequel commença à deviser familièrement avec elle, lui descouvrant tous les secrets du paysan, et les propos qu'il avoit tenus à sa nouvelle amie : et ce afin de faire tomber cette jeune fille en désespoir et en résolution de l'estrangler. Estans parvenus près d'un ruisseau, lui print l'huile qu'elle portoit, afin qu'elle passast plus aisément la planche, et l'invita d'aller en certain lieu qu'il nommoit; ce qu'elle refusa, disant : Que voulez-vous que j'aille faire parmi ces marest et étangs? Alors il disparut, dont la fille conçeut tel effroy qu'elle tomba pasmée : sa maistresse, en estant avertie la fit rapporter au couvent dedans une lictière. Là elle fut malade, et comme transportée d'entendement, estant agitée de façon estrange en son esprit, et parfois se plaignoit estre misérablement tourmentée du malin, qui vouloit l'oster de là et l'emporter par la fenestre. Depuis elle fut mariée à ce paysan et recouvra sa première santé. »

Le même auteur (1) rapporte cette histoire singulière d'une métamorphose du diable :

« La femme d'un marchand demeurant à deux ou trois lieues de Witemberg, vers Slésic, avoit, dit-il, accoustumé pendant que son mary estoit allé en marchandise, de recevoir un amy particulier. Il advint donc pendant que le mary étoit aux

---

(1) *Histoires des impostures des diables*, p. 196.

champs que l'amoureux vint veoir sa dame, lequel après avoir bien beu et mangé, il faict son devoir, comme il luy sembloit, il apparut sur la fin en la forme d'une pie montée sur le buffet, laquelle prenoit congé de la femme en cette manière : Cestuy-ci a esté ton amoureux. Ce qu'ayant dit, la pie disparut, et oncques depuis ne retourna. »

Bouloese rapporte cette singulière aventure arrivée à Laon (1) :

« Lors ce médecin réformé, sans en communiquer au catholique, ne perdant cette occasion de bouche ouverte, tira de sa gibessière une petite phiole de verre contenant une liqueur d'un rouge tant couvert qu'à la chandelle il apparoissoit noir, et luy jetta en la bouche. Et Despinoys esmeu par la puanteur, haulsant la main droicte au devant s'escria disant : Fy, fy, Monsieur nostre maistre que luy avez-vous donné ? Et en tomba sur sa main de ce rendue pour un temps fort puante (dont par après il fut contraint de manger avec la gauche tenant cependant la droicte derrière le dos) comme aussi toute la chambre fut remplie de cette puantueur. Le corps devint roide comme une buche, sans mouvement ny sentiment quelconque. Dont ce médecin réformé fort étonné, dist que c'estoit une convulsion. Et retira une autre bouteille pleine de liqueur blanche, qu'il disoit notre eau de vie

---

(1) *Le Trésor et entière histoire de la triomphante victoire du corps de Dieu sur l'esprit en colère de Beelzebub, obtenue à Laon l'an 1566*, par Bouloese. Paris, Nic. Chesneau, 1578, in-4°.

avec la quintessence de romarin pour faire revenir à soy la patiente, et faire cesser la convulsion. Et pour exciter la patiente lui feist frotter et battre les mains en criant : Nicole, Nicole, il faut boire. Cependant une beste noire (avec révérence semblable à un fouille-merde : aussi à Vrevin s'était montrée une autre sorte de grosse mouche a vers que par ses effets l'on a jugée estre ce maistre mouche Beelzebub), beste noire que peu après appela le diable escarbotte, fut veue et se pourmena sur le chevet du lict et sur la main du dict Despinoys en l'endroit de la susdite puante liqueur respandue.... Toutefois ce médecin disant estre une ordure tombée du ciel du lit, secoua, mais en vain, pour en faire tomber d'autres. Et se voyant ne pouvoir exciter la patiente et avoir esté reprins d'avoir jeté en la bouche d'icelle, ceste liqueur tant puante, print une chandelle et s'en alla. »

V. — SIGNES DE LA POSSESSION DU DÉMON.

« Combien qu'il y ait parfois quelques causes naturelles de la phrénésie ou manie, dit Mélanchthon en une de ses epistres (1), c'est toutes fois chose asseurée que les diables entrent en certaines personnes et y causent des fureurs et tourmens ou avec les causes naturelles ou sans icelles ;

(1) Cité par Goulart, *Thrésor des histoires admirables*, t. I, p. 142.

veu que l'on void parfois les malades estre gueris par remedes qui ne sont point naturels. Souvent aussi tels spectacles sont tout autant de prodiges et prédictions de choses à venir. Il y a douze ans qu'une femme du pays de Saxe, laquelle ne sçavoit ni lire ni escrire, estant agitée du diable, le tourment cessé, parloit en grec et en latin des mots dont le sens estoit qu'il y auroit grande angoisse entre le peuple. »

Le docteur Ese (1) donne comme marques conjecturales de la possession :

1° Avoir opinion d'être possédé ;

2° Mener une mauvaise vie ;

3° Vivre hors de toute société ;

4° Les maladies longues, les symptômes peu ordinaires, un grand sommeil, les vomissements de choses estranges ;

5° Blasphemer le nom de Dieu et avoir souvent le diable en bouche ;

6° Faire pacte avec le diable ;

7° Estre travaillé de quelques esprits ;

8° Avoir dans le visage quelque chose d'affreux et d'horrible ;

9° S'ennuyer de vivre et se désespérer ;

10° Estre furieux, faire des violences ;

11° Faire des cris et hurlemens comme les bestes.

Nous trouvons dans une histoire des possédées de

---

(1) *Traicté des marques des possédés et la preuve de la véritable possession des religieuses de Louvein*, par P. M. Ese, docteur en médecine. Rouen, Ch. Osmont, 1644, in-4°.

Loudun (1) les questions proposées à l'université de Montpellier par Santerre, prêtre et promoteur de l'évêché et diocèse de Nîmes, touchant les signes de la possession, et les réponses judicieuses de cette université.

Question.

Si le pli, courbement et remuement du corps, la tête touchant quelque fois la plante des piés, avec autres contorsions et postures étranges sont un bon signe de possession?

Réponce.

Les mimes et sauteurs font des mouvements si étranges, et se plient, replient en tant de façons, qu'on doit croire qu'il n'y a sorte de posture, de laquelle les hommes et femmes ne se puissent rendre capables par une sérieuse étude, ou un long exercice, pouvant même faire des extensions extraordinaires et écarquillemens de jambes, de cuisses et autres parties du corps à cause de l'extension des nerfs, muscles et tendons, par longue expérience et habitude; partant telles opérations ne se font que par la force de la nature.

(1) *Histoire des diables de Loudun, ou de la possession des religieuses ursulines et de la condamnation et du supplice d'Urbain Grandier, curé de la même ville.* Amsterdam, Abraham Wolfgang, 1694, in-12, p. 314.

Question.

Si la vélocité du mouvement de la tête par devant et par derrière, se portant contre le dos et la poitrine est une marque infaillible de possession ?

Réponce.

Ce mouvement est si naturel qu'il ne faut ajouter de raison à celles qui ont été dites sur le mouvement des parties du corps.

Question.

Si l'enflure subite de la langue, de la gorge et du visage, et le subit changement de couleur, sont des marques certaines de possession ?

Réponce.

L'enflement et agitation de poitrine par interruption sont des effets de l'aspiration ou inspiration, actions ordinaires de la respiration, dont on ne peut inférer aucune possession. L'enflure de la gorge peut procéder du souffle retenu et celle des autres parties des vapeurs mélancoliques qu'on voit souvent vaguer par toutes les parties du corps. D'où s'ensuit que ce signe de possession n'est pas recevable.

Question.

Si le sentiment stupide et étourdi ou la privation de sentiment, jusques à être pincé et piqué sans se plaindre, sans remuer, et même sans changer de couleur, sont des marques certaines de possession?

Réponce.

Le jeune Lacédémonien qui se laissait ronger le foye par un renard qu'il avoit dérobé, sans faire semblant de le sentir et ceux qui se faisoient fustiger devant l'autel de Diane jusques à la mort sans froncer le sourcil, montrent que la résolution peut bien faire soufrir des piqûres d'épingle sans crier, étant d'ailleurs certain que dans le corps humain il se rencontre en quelques personnes de certaines petites parties de chair, qui sont sans sentiment, quoique les autres parties qui sont alentour, soient sensibles, ce qui arrive le plus souvent par quelque maladie qui a précédé. Partant tel effet est inutile pour la possession.

Question.

Si l'immobilité de tout le corps qui arrive à de prétendus possédés par le commandement de leurs exorcistes, pendant et au milieu de leurs plus fortes agitations est un signe univoque de vraie possession diabolique ?

Réponce.

Le mouvement des parties du corps étant involontaire, il est naturel aux personnes bien disposées de se mouvoir ou de ne se mouvoir pas selon leur volonté, partant un tel effet, ou suspension de mouvements n'est pas considérable pour en inférer une possession diabolique, si en cette immobilité il n'y a privation entière du sentiment.

Question.

Si le japement ou clameur semblable à celui du chien, qui se fait dans la poitrine plutôt que dans la gorge est une marque de possession?

Réponce.

L'industrie humaine est si souple à contrefaire toute sorte de raisonnements, qu'on voit tous les jours des personnes façonnées à exprimer parfaitement le raisonnement, le cri et le chant de toutes sortes d'animaux, et à les contrefaire sans remuer les lèvres qu'imperceptiblement. Il s'en trouve même plusieurs qui forment des paroles et des voix dans l'estomac, qui semblent plutôt venir d'ailleurs que de la personne qui les forme de la sorte, et l'on appelle ces gens les engastronimes, ou engastriloques. Partant un tel effet est naturel, comme le remarque Pasquier au chap. 38 de ses Recherches par l'exemple d'un certain boufon nommé Constantin.

Question.

Si le regard fixe sur quelque objet sans mouvoir l'œil d'aucun côté est une bonne marque de possession?

Réponce.

Le mouvement de l'œil est volontaire comme celui des autres parties du corps et il est naturel de le mouvoir, ou de le tenir fixe, partant il n'y a rien en cela de considérable.

Question.

Si les réponces que de prétendues possédées font en françois, à quelques questions qui leur sont faites en latin, sont une marque de possession?

Réponce.

Nous disons qu'il est certain que d'entendre et de parler les langues qu'on n'a pas aprises sont choses surnaturelles, et qui pourroient faire supposer qu'elles se font par le ministère du Diable, ou de quelque autre cause supérieure; mais de répondre à quelques questions seulement, cela est entièrement suspect, un long exercice ou des personnes avec lesquelles on est d'intelligence pouvant contribuer à telles réponces, paroissant être un songe de dire que les diables entendent les questions qui leur sont faites en latin et répondent toujours en françois et dans le naturel langage de celui qu'on veut faire passer pour un énergumène. D'où il s'ensuit qu'un tel effet ne peut conclure la résidence d'un démon, principalement si les questions ne contiennent pas plusieurs paroles et plusieurs discours.

Question.

Si vomir les choses telles qu'on les a avalées est un signe de possession ?

Réponce.

Delrio, Bodin et autres auteurs disent que par sortilège les sorciers font quelquefois vomir des clous, des épingles et autres choses étranges par l'œuvre du diable. Ainsi dans les vrais possédés le diable peut faire de même. Mais de vomir les choses comme on les a avalées, cela est naturel, se trouvant des personnes qui ont l'estomac faible, et qui gardent pendant plusieurs heures ce qu'elles ont avalées, puis le rendent comme elles l'ont pris et la Lientérie rendant les aliments par le fondement, comme on les a pris par la bouche.

Question.

Si des piqûres de lancette dans diverses parties du corps, sans qu'il en sorte du sang, sont une marque certaine de possession ?

Réponce.

Cela doit se rapporter à la composition du tempérament mélancolique, le sang duquel est si grossier qu'il ne peut en sortir par de si petites plaies, et c'est par cette raison que plusieurs étant piqués, même en leurs veines et vaisseaux naturels, par la lancette d'un chyrurgien, n'en rendent aucune goutte comme il se voit par expérience. Partant il n'y a rien d'extraordinaire. »

J. Bouloese (1) raconte comment vingt-six diables sortirent du corps de Nicole, la possédée de Laon :

« A deux heures de l'après midy fut rapportée la dicte Nicole, estant possédée du diable, à la dicte église où furent faites par ledit de Motta les conjurations comme auparavant. Nonobstant toute conjuration le dit Beelzebub dit à haute voix qu'il n'en sortiroit. Après dîner donc retournant le dit de Motta aux conjurations luy demanda combien ils en étoient sortis? Il répond 26. Il faut maintenant (ce disoit de Motta) que toy et tous tes adhérans sortiez comme les autres. Il répond : Non je ne sortiray pas icy; mais si tu me veux mener à sainte Restitute, nous sortirons là. Il te suffise s'ils sont sortis 26. Et puis le dit de Motta demande signe suffisant comment ils estoient sortis. Il dist pour tesmoignage que l'on regarde au petit jardin du trésorier qui est sur le portail; car ils ont prins et emporté trois houppes (c'est-à-dire branches) d'un verd may (d'un petit sapin) et trois escailles de dessus l'église de Liesse faicte en croix, comme les autres de France communément. Ce

(1) *Le trésor et entière histoire de la triomphante victoire du corps de Dieu sur l'esprit malin de Beelzebub, obtenue à Laon l'an 1566*, par J. Boulœse. Paris, Nic. Chesneau, 1578, in-4°.

qui a été trouvé vray, comme a veu monsieur l'abbé de Saint-Vincent, monsieur de Velles, maistre Robert de May, chanoine de l'église Nostre-Dame de Laon, et autres. »

Le même auteur (1) rapporte les contorsions de la démoniaque de Laon :

« Et autant, dit-il, que le révérend père évêque lui mettoit la saincte hostie devant les yeux, luy disant : Sors ennemy de Dieu : d'autant plus se jectoit-elle à revers de coté et d'autre, en se tordant la face devers les pieds et en muglant horriblement et les pieds à revers les orteils estant mis au talon, contre la force de huict ou dix hommes elle se roidissoit et eslançoit en l'air plus de six pieds, ou la hauteur d'un homme. De sorte que les gardes, voire mesme en l'air avec elle parfois elevés en suoient de travail. Et encore qu'ils s'appesantissent le plus qu'ils pouvoient, pour la retenir en bas : si ne la pouvoient-ils toutes fois maistriser que quasi elle ne leur eschapast, et fust arrachée des mains sans qu'elle se monstrast aucunement eschauffée.

« Le peuple voyant et oyant chose si horrible, monstrueuse, hydeuse et espouvantable crioient : Jésus, miséricorde ! Les uns se cachoient ne l'osant regarder. Les autres cognoissant l'enragée cruauté de cet excessif indicible et incredible tourment

---

(1) *Le trésor et entière histoire de la triomphante victoire du corps de Dieu sur l'esprit malin de Beelzebub*, etc., p. 187.

pleuroient à grosses larmes piteusement redoublans : Jésus, miséricorde ! »

« Après la patiente ainsi pis que morte dure, roide, contrefaite, courbée et diforme, estoit par la permission du révérend père évêque laissée à toucher et à manier à ceux qui vouloient. Mais principalement le fut-elle par les prétendus réformez, hommes très forts. Et nommeement Françoys Santerre, Christofle Pasquot, Gratian de la Roche, Marquette, Jean du Glas et autres très forts hommes assez remarqués entre eux de leur prétendue religion réformée, s'efforcèrent mais en vain de luy redresser les membres, de les poser en leur ordre, luy ouvrir les yeux et la bouche. Mais ils ne peurent en sorte que ce feust. Aussy eussiez vous plustost rompu que ployé quelque membre d'icelle, ou faict mouvoir ou le bout du nez ou des aureilles, ou autre membre d'icelle, tant elle estoit roide et dure. Et lors elle estoit tenue, comme elle parloit par après, déclarant qu'elle enduroit un mal incrédible. C'est à sçavoir le diable par le tourment de l'âme, faisant le corps devenir pierre ou marbre. »

Jean Le Breton rapporte les faits suivants sur les possédées de Louviers (1) :

« Le quatrième fait est que plusieurs fois le jour, elles témoignent de grands transports de fureur et de rage, durant lesquels elles se disent démons,

---

(1) *De la défense de la vérité touchant la possession des religieuses de Louviers*, par M. Jean Le Breton, théologien. Evreux, Nic. Hamillon, 1643, in-4°, p. 8.

sans offenser néantmoins personne, et sans blesser mesmes les doigts de la main des prestres, lorsqu'au plus fort de leurs rages, ils les mettent en leur bouche. »

« La cinquiesme est que durant ces fureurs et ces rages, elles font d'estranges convulsions et contorsions de leurs corps, et entr'autre se courbent en arrière, en forme d'arc, sans y employer leurs mains, et ce en sorte que tout leur corps est appuyé sur leur front autant et plus que sur leurs pieds, et tout le reste est en l'air et demeurent longtemps en cette posture et la réitèrent jusqu'à sept ou huict fois : et après tous ces efforts et mille autres, continuez quelquefois quatre heures durant, principalement, dans les exorcismes, et durant les plus chaudes après disnées des jours caniculaires, se sont au sortir de là trouvées aussi saines, aussi fraisches, aussi tempérées, et le poulx aussi haut et aussi esgal, que si rien ne leur fut arrivé. »

« Le sixième est qu'il y en a parmy elles qui se pasment et s'esvanouissent durant les exorcismes, comme à leur gré, et en telle sorte que leur pasmoison commence lorsqu'elles ont le visage le plus enflammé et le poulx le plus fort... Elles reviennent de cette pasmoison sans que l'on y emploie aucun remède et d'une manière plus merveilleuse que n'en a esté l'entrée; car c'est en remuant premièrement l'orteil, et puis le pied, et puis la jambe, et puis la cuisse, et puis le ventre, et puis la poitrine, et puis la gorge, mais ces trois derniers par un grand mouvement de dilatation... le visage demeurant cependant tousjours apparemment interdit de tous ses sens, les quels enfin il reprend tout à coup en grimaçant et hurlant et la religieuse retournant en même temps en ses agitations et contorsions précédentes. »

Le docteur Ese (1) raconte comme suit ce qu'éprouvait la sœur Marie du couvent des religieuses de Louviers :

« La dernière qui étoit sœur Marie du Sainct-Esprit, prétendue possédée par Dagon, grande fille et de belle taille un peu plus maigre, mais sans mauvais teint ny aucune sorte de maladie entra dans le réfectoire... le visage droict sans arrester ses yeux, et les tournant d'un costé et d'autre, chantant, sautant, dansant, et frappant doucement, qui l'un, qui l'autre, et en suite en se pourmenant tousjours, parla en termes très élégants et significatifs du contentement qu'il avoit (parlant de la personne du diabe) de sa condition et de l'excellence de sa nature.... et disoit tout cela en marchant avec une contenance arrogante, et le gesto semblable, ensuite il commença à entrer en furie et prononcer quantité de blasphèmes, puis se prit à parler de sa petite Magdelaine, sa bonne amie, sa mignonne, et sa première maistresse, et de là se lança dans un panneau de vitre la teste la pre-

---

(1) *Traicté des marques des possédés*, p. 51.

mière sans sauter et sans faire aucun effort, et y passa tout le corps se tenant à une barre de fer qui faisoit le milieu, et comme elle voulut repasser de l'autre costé de la vitre, on lui fit commandement en langage latin *est in nomine Jesu rediret non per aliam sed per eadem viam*, ce qu'après avoir longuement contesté et dit qu'il n'y rentreroit pas, elle le fit pourtant et rentra par le même passage, et aussitost qu'elle fut revenue, les médecins l'ayant considérée, touché le poulx et fait tirer la langue, ce qu'elle permit en raillant et parlant d'autre chose, ils ne luy trouvèrent ny esmotion telle qu'ils avoient cru devoir estre, ny autre disposition conforme à la violence de tout ce qu'elle avoit fait et dit; et sortir de cette sorte contant tousjours quelque bagatelle et la compagnie se retira. »

Un autre historien des possédées de Louviers (1) rapporte ce fait surprenant :

« Au milieu de la nef de cette chappelle estoit exposé un vase d'une espèce de marbre qui peut avoir pres de deux pieds de diametre et un peu moins d'un pied de profondeur, les bords sont espais de trois doigts ou environ, et si pesant que trois personnes des plus robustes auront peine de le souslever estant par terre, ceste fille qui paroist d'une constitution fort débile entrant dans la chapelle ne fit que prendre ce vase de l'extrémité de ses

---

(1) *Histoire de madame Bavent, religieuse du monastère de Sainct-Louis de Louviers*. Paris, 1652, in-4°.

doigts et l'ayant arraché du pied d'estal sur lequel il estoit posé, le renversa sans dessus dessoubs et le jetta par terre avec autant de facilité qu'elle auroit fait un morceau de carte ou de papier. Ceste force prodigieuse en un sujet si foible surprit tous les assistans; cependant la fille paroissant furieuse et transportée couroit de part et d'autre avec des mouvements si brusques et si impétueux qu'il estoit malaisé de l'arrester. Un des ecclésiastiques présents l'ayant saisy par le bras fut estonné de voir que ce bras, comme s'il n'eust esté attaché à l'espaule que par un ressort, n'empeschoit pas le reste du corps de tourner par dessus et par dessoubs par un certain mouvement que la nature ne souffre pas, ce qu'elle fit sept ou huit fois avec une promptitude et une agilité si extraordinaire qu'il est difficile de se l'imaginer. »

La *Relation des Ursulines possédées d'Auxonne* (1) contient les faits suivants :

« Mons de Chalons ne fut pas plutost à l'autel (à minuit) que dans le jardin du monastere et tout à l'entour de la maison fut ouy dans l'air un bruit confus, accompagné de voix incognues et de certains sifflemens, quelquefois de grands crix, de sons estranges et non articulés comme de plusieurs personnes ensemble, tout cela avoit quelque chose d'affreux parmy les tenebres et dans la nuit. En même temps des pierres furent jettées

---

(1) Manuscrit de la Bibliothèque de l'Arsenal, n° 90, in-4°.

de divers endroits contre les fenestres du chœur où l'on célébroit la sainte messe, quoique ces fenestres soient fort esloignées des murailles que font la closture du monastere, ce qui fait croire que ne pouvoient pas venir du dehors. La vitre en fut cassée en un endroit mais les pierres ne tomberent point dans le chœur. Ce bruit fut entendu de plusieurs personnes dedans et dehors, celuy qui estoit en sentinelle en la citadelle de la ville de ce costé là, comme il déclara le jour suivant, en prit l'alarme et mons l'evesque de Chalons à l'autel ne peut s'empescher d'en concevoir du soupçon de quelque chose de si extraordinaire qui se passoit en la maison, que les demons ou les sorciers faisoient quelques efforts dans ce moment qu'il repoussoit du lieu où il estoit par de secrettes imprécations et des exorcismes intérieurs. »

« Les religieuses cordelieres en la mesme ville entendirent ce bruit et en demeurèrent effrayées. Elles creurent que leur monastere trembloit soubs leurs pieds et dans ceste consternation et ce bruit confus qu'elles entendirent furent obligées d'avoir recours aux prières. »

« Dans ce mesme temps furent entendues dans le jardin quelques voix faibles comme de personnes qui se plaignoient et sembloient demander du secours. Il estoit près d'une heure apres minuit et faisoit fort mauvais temps et fort obscur. Deux ecclésiastiques furent envoyés pour voir que c'estoit et trouvèrent dans le jardin du monastere

Marguerite Constance et Denise Lamy, celle-là montée sur un arbre et l'autre couchée au pied du degré pour entrer dans le chœur; elles estoient libres et dans l'usage de leur raison, mais néantmoins comme esperdues, particulierement la dernière, fort faible et sans couleur et le visage ensanglanté comme une personne effrayée et qui avoit peine à se rassurer; l'autre avoit aussy du sang sur le visage mais elle n'estoit point blessée, les portes de la maison estoient bien fermées et les murailles du jardin élevées de dix ou douze pieds. »

« Le mesme jour après midy mons l'esveque de Chalons ayant dessein d'exorciser Denise Lamy après l'avoir envoyée quérir et n'ayant pas esté rencontrée, il lui commanda intérieurement de le venir trouver en la chappelle de Saincte-Anne où il estoit. Ce fut une chose assez surprenante de voir la prompte obéissance du demon à ce commandement qui n'avoit esté conceu que dans le fonds de la pensée, car environ l'espace d'un quart d'heure après, on entendit frapper impétueusement à la porte de la chappelle, comme une personne extremement pressée, et la porte estant ouverte on vit entrer cette fille brusquement sautant et bondissant dans la chappelle, le visage tout changé et fort différent de son naturel, la couleur haute, les yeux estincelans, un visage effronté et dans une agitation si violente qu'on eut de la peine à l'arrester, ne voulant pas souffrir qu'on mist l'estole à l'entour du corps qu'elle arrachoit et jettait en l'air avec une extrême violence, malgré les efforts de quatre ou cinq ecclésiastiques qui employoient tout ce qu'ils avoient de force et d'industrie pour l'arrester, de sorte qu'il fut proposé de la lier : mais on le jugeoit difficile dans les transports où elle estoit. »

« Une autre fois estant dans le fort de ses agitations... on commanda au démon de faire cesser le poulx en l'un de ses bras, ce qu'il fit incontinent avec moins de résistance et de peine que l'autre fois. On lui commanda ensuite de le faire retourner, et cela fut exécuté à l'instant... Le commandement lui ayant esté fait de rendre la fille absolument insensible à la douleur, elle protesta qu'elle estoit en cet estat, présentant son bras hardiment pour estre percé et brulé comme on voudroit : en effet, l'exorciste rendu plus hardi par les expériences précédentes ayant pris une aiguille assez longue, la lui enfonça tout entière entre l'ongle et la chair dont elle se moquoit tout haut, déclarant qu'elle n'en sentoit rien du tout. Tantost elle faisoit couler le sang et tantost le faisoit cesser selon qu'il lui estoit ordonné, elle-mesme prenoit l'aiguille et le perçoit en divers endroits du bras et de la main. On fit encor davantage : l'un des assistans ayant pris une espingle et lui ayant tiré la peau du bras un peu au-dessus du poignet la lui perça de part en part, de sorte que l'on voyoit l'espingle toute cachée dans le bras en sortir seulement par les deux extrémités, et tout cela sans qu'il en sortist une goutte de sang, sinon après lui avoir commandé d'en donner, et sans monstrer la moindre apparence de sentiment ou de douleur. »

La même relation donne comme preuves de la possession des religieuses d'Auxonne :

« Les grandes agitations du corps qui ne se peuvent concevoir que par ceux qui en sont tesmoins. Ces grands coups de teste qu'elles se donnent de toute leur force tantost contre le pavé, tantost contre les murs, et cela si souvent et si durement qu'il n'est aucun des assistans qui ne frémisse en le voyant sans qu'elles tesmoignent de sentir aucune douleur ny qu'il paroisse ny sang, ny blessure, ny contusion. »

« L'estat du corps dans une posture extremement violente, se tenant droictes sur les genoux, pendant que la teste renversée en arrière penche à un pied près ou environ vers la terre, en sorte qu'il paroist comme tout rompu. Leur facilité de porter la teste estant plus basse par derrière que la ceinture du corps sans bransler des heures entières, leur facilité de respirer en cet estat, l'égalité du visage qui ne change presque point dans ces agitations, l'égalité du poulx, la froideur dans laquelle elles sont pendant ces mouvements, la tranquillité dans laquelle elles demeurent au mesme instant qu'elles en sont revenues subitement sans que la respiration soit plus forte que l'ordinaire, les renversements de la teste en arrière jusque contre terre avec une promptitude merveilleuse. Quelquefois les trente et quarante fois de suite devant et arrière, la fille demeurant à genoux et les bras croisés sur l'estomach quelquefois et dans le mesme estat, la teste renversée tournant à l'entour du corps et faisant comme un demy cercle avec des effets apparemment insupportables à la nature. »

« Les convulsions horribles et universelles par tous les membres accompagnées de hurlemens et de cris. Quelquefois la frayeur sur le visage à la veue de certains fantosmes ou spectres dont elles se disoient estre menacées dans un changement si extraordinaire et des traits si différents de leur naturel qu'elles imprimoient la crainte dans l'âme des assistans, quelquefois avec une abondance de larmes que l'on ne pouvoit arrester, accompagnées de plaintes et de cris aigus. D'autrefois la bouche extraordinairement ouverte, les yeux égarés et la prunelle renversée au point qu'il n'y paroissoit plus que le blanc, tout le reste demeurant caché soubz les paupières mais retournants à leur naturel au simple commandement de l'exorciste assisté du signe de la croix. »

« Souvent on les a veu ramper et se traîner par terre sans aucun secours ou des pieds ou des mains, quelquefois le derrière de la teste ou le devant du front a esté veu se joindre à la plante des pieds, quelques unes couchées par terre qu'elles ne touchent que de l'extrémité de l'estomach, tout le reste du corps, la teste, les pieds et les bras portés en l'air en assez long espace de temps, quelquefois renversées en arrière en sorte que touchans le pavé du haut de la teste ou de la plante des pieds, tout le reste demeuroit en l'air estendu comme une table, elles marchoient en cet estat sans le secours des mains. Il leur est ordinaire de baiser la terre demeurans à genoux, le visage renversé par derrière, en sorte que le sommet de la teste va joindre la plante des pieds, les bras croisés sur la poitrine et dans cette posture faire un signe de la croix avec la langue sur le pavé. »

« On remarque une estrange différence entre l'estat dans lequel elles sont estans libres et dans leur naturel et dans celuy qu'elles font paroistre quand elles sont agitées dans la chaleur du transport et de la fureur : telle qui est infirme tant par la délicatesse de sa complexion et de son sexe que par maladie quand le démon l'a saisie et que l'autorité de l'église l'a forcée de paroistre devient si furieuse dans de certains momens que quatre ou cinq hommes avec toute leur force, sont empeschés à l'arrester ; leurs visages mesmes se monstrent si diformes et si différents de leur naturel qu'on ne les reconoist plus et ce qui est de plus estonnant est qu'après des transports et des violences de ceste nature quelquefois pendant trois ou quatre heures après des efforts dont les corps les plus robustes seroient lassés à demeurer au lit plusieurs jours, après des hurlements continuels et des cris capables de rompre un estomach, estans retournés en leur naturel, ce qui se fait en un instant, on les void sans lassitude et sans émotion, l'esprit aussy tranquille, le visage aussy composé, l'haleine aussy lente, le poulx aussy peu altéré que si elles n'avoient pas bougé d'un siege. »

« Mais on peut dire que parmy toutes les marques de possession qui ont paru dans ces filles, une des plus surprenantes et des plus communes aussy parmy elles, est l'intelligence de la pensée et des commandemens intérieurs qui leur sont faits tous les jours par les exorcistes et les prestres, sans que ceste pensée soit manifestée au dehors ou par le discours ou par aucun signe extérieur. Il suffit qu'elle leur soit adressée intérieurement ou mentalement pour leur estre congneue et cela s'est vérifié par tant d'expériences pendant le séjour de mons l'evesque de Chalons, par tous les ecclésiastiques qui ont voulu l'esprouver que l'on ne peut douter raisonnablement de toutes ces particularités et de plusieurs autres, qu'il est impossible de spécifier icy par le détail. »

Plusieurs archevêques ou évêques et docteurs en Sorbonne émirent, à propos de l'affaire d'Auxonne, l'avis suivant :

« Que de toutes ces filles qui sont de différentes conditions il y en a de séculieres, de novices, de postulantes, de professes; il y en a de jeunes; il y en a qui sont âgées; quelques unes sont de la ville, les autres n'en sont pas, quelques sont de bonne condition, d'autres de basse naissance ; quelques unes riches, d'autres pauvres et de moindre condition ; qu'il y a dix ans ou plus que cette affliction est commencée dans ce monastère; qu'il est malaisé que depuis un si long temps un dessein de fourberie et de friponnerie put conserver le secret parmi des filles en si grand nombre, de conditions et d'intérêts si différents ; qu'après une recherche et une enquête plus exacte, le dit seigneur evesque de Chalons n'a trouvé personne, soit dans le monastere, soit dans la ville, qui n'ait parlé avantageusement de l'innocence et de la régularité, tant des filles que des ecclésiastiques qui ont travaillé devant lui aux exorcismes, et qu'il témoigne avoir reconnu de sa part en leurs déportements pour des personnes d'exemples de mérite et de probité, témoignage qu'il croit devoir à la justice et à la vérité. »

« Joint à ce que dessus le certificat du sieur Morel, médecin présent à tout, qui assure que toutes ces choses passent les termes de la nature, et ne peuvent partir que de l'ouvrage du démon; le tout bien considéré nous estimons que toutes ces accusations extraordinaires en des filles excèdent les forces de la nature humaine et ne peuvent partir que de l'opération du démon, possédant et obsédant ces corps. »

VI. — SABBAT

J. Wier (1), qui pense que le sabbat n'existe que dans l'imagination des sorcieres, donne la composition de leur onguent.

« Elles font bouillir un enfant dans un vaisseau de cuivre et en prennent la gresse qui nage au dessus, et font espessir le dernier bouillon en manière d'un consumé, puis elles serrent cela pour s'en aider à leur usage : elles y meslent du persil de eau, de l'aconite, des fueilles de peuple et de la suie ; ou bien elles font en ceste manière : elles mélangent de la berle, de l'acorum vulgaire, de la quintefueille, du sang de chauve-souris, de la morelle endormante et de l'huile : ou bien, si elles font des autres compositions, elles ne sont dissemblables de ceste-cy. Elles oignent avec cet onguent toutes les parties du corps, les ayant auparavant frottées jusques à les faire rougir, à celle fin de attirer la chaleur, et relascher ce qui estoit estrainct par la froidure. Et à celle fin que la chair soit relaschée et que les pertuis du cuir soient ouverts elles y meslent de la gresse ou de l'huile, il n'y a point de doute que ce ne soit à fin que la vertu des sucs descende dedans et qu'elle soit plus forte et puissante. Ainsi pensent-elles être portées de

---

(1) *Histoires, disputes et discours des illusions et impostures des diables*, p. 165.

nuict à la clarté de la lune par l'air aux banquets, aux musiques, aux dances et aux embrassements des plus beaux jeunes hommes qu'elles désirent. »

Suivant Delrio (1) :

« Elles y sont portées le plus souvent sur un baston, qu'elles oignent de certain onguent composé de gresse de petits enfans que le diable leur fait homicidier, combien que quelquefois elles s'en frottent aussi les cuisses, ou autres parties du corps. Ainsi frottées elles ont coutume de s'asseoir sur une fourche, baguette, ou manche de ballay, mesme sur un taureau, sur un bouc ou sur un chien... puis mettant le pied sur la cramaillère s'envolent par la cheminée et sont transportées en leurs assemblées diaboliques où bien souvent elles trouvent des feux noirs et horribles tous allumez. Là le démon leur apparoist en forme de bouc ou de chien, lequel elles adorent en diverses postures, tantost pliant les genouils en terre, tantost debout et dos contre dos, tantost brandillants les cuisses contrehaut et renversant la teste en arrière, de sorte que le menton soit porté vers le ciel : voire pour plus grand hommage lui offrent des chandelles noires ou des nombrils de petits enfants et le baisant aux parties honteuses de derrière. Mais quoy pourroit-on écrire sans horreur que quelquefois elles imitent aussi le sacrifice de la

---

(1) *Les controverses et recherches magiques de Martin Delrio*, etc., traduit et abrégé du latin, par André du Chesne Tourangeau. Paris, Jean Petitpas, 1611, in-12.

saincte messe, l'eau béniste et semblables cérémonies des catholiques par mocquerie et dérision. Elles y présentent en outre leurs enfants au diable, luy dédient de leur semence espandue en terre, et luy apportent aucunes fois la sainte Hostie en leur bouche, laquelle elles foulent à beaux pieds en leur présence. »

Le même auteur (1) explique les banquets et les danses du sabbat :

« Quelquefois elles dansent devant le repas et quelquefois après, ordinairement y a diverses tables, trois ou quatre, chargées quelquefois de morceaux friands et délicats, et quelquefois insipides et grossiers, selon les dignitez et moyens des personnes. Quelquefois elles ont chacune leur démon assis auprès d'elles, et quelquefois elles sont toutes rangées d'un coté et leur démon rangé à l'opposite. Elles n'oublient pas aussi de bénir leurs tables avant le repas, mais avec des paroles remplies de blasphèmes avouant Beelzebub pour créateur et conservateur de toutes choses. Elles luy rendent semblablement action de graces après le repas avec les mêmes blasphèmes. Et il ne faut pas oublier qu'elles assistent à ces banquets aucunes fois à face découverte et d'autres fois masquées ou voilées de quelque linge. Elles dancent peu après dos contre dos et en rond, chacune tenant son démon par les mains, ou bien

---

(1) *Les controverses et recherches magiques de Martin Delrio*, etc., p. 897.

quelquefois les chandelles ardentes, qu'elles luy avaient offertes en l'allant adorer et baiser. A ces ébats ne manquent aucunes fois le haubois et les ménétriers, si quelquefois elles ne se contentent de chanter à la voix. Finalement après la dance ausquels elles rendent après compte de ce qu'elles ont fait depuis la dernière assemblée, et sont celles là les mieux venues, lesquelles ont commis de plus énormes et de plus exécrables méchancetez. Les autres qui se sont comportez un peu plus humainement sont sifflées et mocquées, mises à l'écart et le plus souvent encore battues et maltraitées de leurs maîtres. »

Delrio (1) décrit la sortie du sabbat et fait connaître à quelle époque il se tient :

« Elles recueillent en dernier lieu des poudres que quelques uns pensent être les cendres du bouc, dont le démon avait pris la figure et lequel elles avoient adoré, subitement consumé par les flames en leur présence, ou reçoivent d'autres poisons, qu'elles cachent pour s'en servir à l'exécution de leurs pernicieux desseins, puis enfin s'en retournent en leurs maisons celles qui sont près à pied, et les plus éloignées en la façon qu'elles y avoient été transportées. J'avois oublié que ces sabbats diaboliques se font le plus souvent environ la minuit, pour ce que Satan fait ordinairement ses efforts pendant les ténèbres : et qu'ils se tiennent

(1) *Les controverses et recherches magiques de Martin Delrio*, etc., p. 199.

encor à divers jours en diverses provinces : en Italie, la nuit d'entre le vendredy et le samedy, en Lorraine les nuits qui précèdent le jeudy et le dimanche et en d'autres lieux, la nuit d'entre le lundy et le mardy. »

Esprit de Bosroger (1) rapporte les aveux de Madeleine Bavan, à propos du sabbat :

« I. Qu'étant à Rouen dans la maison d'une couturière chés laquelle elle resta l'espace de trois ans elle fut débauchée par un magicien qui en abusa plusieurs, la fit transporter au sabbat avec trois de ses compagnes qu'il avait aussi débauchées : il y célébra la messe avec une chemise gatée de salletés luy appartenant, le dit magicien estant au sabbat, les fit signer dans un régistre d'environ deux mains de papier ; Madeleine adjoute qu'elle emporta du sabbat la vilaine chemise de laquelle le magicien s'était servi, et étant de retour la prist sur soy, pendant lequel temps elle se sentit fort portée à l'impudicité jusqu'à ce qu'elle eust quittée par l'ordre d'un sage confesseur cette abominable chemise. »

« II. Madeleine Bavan a dit qu'il ne s'était presque point passé de semaine pendant l'espace de huit mois ou environ, que le magicien ne l'ait menée au sabbat, où une fois entr'autres ayant célébré une exécrable messe, il la maria avec un des principaux

---

(1) *La piété affligée*, p. 389.

diables de l'enfer nommé Dagon qui parut alors en forme d'un jeune homme, et luy donna une bague; ce maudit mariage fait, le dit prétendu jeune homme luy mit la bague dans le doigt, puis se séparèrent chacun de leur costé, avec promesse faite par ce jeune homme qu'il ne seroit pas longtemps sans la revoir, aussy il luy apparut dès le lendemain, comme il a fait quantité de fois pendant plusieurs années, ayant souvent sa compagnie charnelle, qui excepté le plaisir qu'elle ressentoit dans son esprit lui causoit plus de douleur que de volupté, comme elle-mesme l'assure. »

« Madeleine Bavan a dit (1) qu'elle a vu trois ou quatre fois des femmes magiciennes accoucher au sabbat, après la délivrance desquelles on mettait leurs enfans sur l'autel qui y demeuroient pleins de vie pendant la célébration de leur détestable messe, laquelle étant achevée, tous les assistans (entre lesquelles était la dite Bavan) et les mères memes égorgeoient d'un commun consentement ces pauvres petits enfans, qu'ils déchiroient et après que chacun en avoit tiré les principales parties, comme le cœur et autres pour en faire charmes, maléfices et sortilèges; ils mettoient le reste en terre; ausquels égorgements elle a contribué avec Picard et a fait des maléfices des dits enfants qu'elle a rapportés à l'intention générale de celuy qui présidait au sabbat, et comme elle ne

(1) *La piété affligée*, p. 395.

sçavoit sur qui les appliquer, elle les bailla aux premiers trouvés du sabbat. »

« Elle confesse avoir adoré le bouc du sabbat lequel paroist demy homme et demy bouc, lesquelles adorations du bouc se font tousjours à dessein de profaner le très saint sacrement de l'Eucharistie. »

« Elle avoue avoir plusieurs fois adoré d'autres diables, référant ses intentions à celles qu'ont les magiciens en général : celles qu'elle se formoit en particulier n'avoient point d'autre but que la charnalité. »

« Pour revenir aux sorciers et sorcières, quand ils vouloyent faire venir ces esprits à eux, dit Loys Lavater (1), ils s'oignoyent d'un onguent qui faisoit fort dormir ; puis se couchoyent au lict, où ils s'endormoyent tant profondément qu'on ne les pouvoit esveiller, ni en les perçant d'aiguilles ni en les brulant. Pendant qu'ils dormoyent ainsi, les diables leur proposoyent des banquets, des danses, et toutes sortes de passe-temps, par imagination. Mais puisque les diables ont si grande puissance, rien n'empêche qu'ils ne puissent quelquefois prendre les hommes, et les emporter dans quelque forest puis leur faire voir là tels spectacles... »

« Il avint un jour que quelqu'un fort adonné à ces choses, fut soudainement emporté hors de sa

---

(1) *Trois livres des apparitions*, etc., p. 297.

maison en un lieu fort plaisant, où après avoir veu danser toute la nuict et fait grande chère, au matin tout cela estant esvanouy, il se vit enveloppé dans des épines et halliers fort espais. Mais outre ce qu'ils sont paillards aussi sont-ils fort cruels, car ils entrent es maisons en forme de chiens ou de chats et tuent ou despouillent les petits enfants. »

« Paul Grillaud, Italien qui vivoit l'an 1537, en son premier livre *de Sortilegiis*, tesmoigne, dit Crespet (1), qu'il y eut un pauvre homme sabin demourant près de Rome qui fut persuadé par sa femme de se gresser comme elle de quelques unguens pour estre transporté avec les autres sorciers. Pendant que ce transport se fist par la vertu de la gresse et de quelques paroles qu'on dit, et non pas par la vertu du diable, il se trouva donc au comté de Bénévent soubs un grand noyer, où estoient amassez infinis sorciers qui beuvoient et mangeoient a son advis, et se mit avec eux pour boire et manger ; mais ne voyant point de sel sur table, en demanda ne se doubtant que les diables l'ont en horreur et aussitost qu'il eust nommé le nom de Dieu de ce que le sel lui fut apporté disant en son langage : *Laudato sia Dio pur e venuto questo sale,* incontinent tous les diables avec leurs sorciers disparurent, et demoura le pauvre home tout seul, nud comme il estoit et fut contraint de s'en re-

---

(1) *De la hayne de Satan pour l'homme*, p. 236.

tourner à pied mendiant son pain et vint accuser sa femme qui fut bruslée. »

« D'après le même (1), Daneau... rend compte d'un procès fait à Genève... à une femme laquelle avoit publiquement confessé estant interrogée, qu'elle avoit souvent assisté au chapitre et assemblée des autres sorciers, tout joignant le chapitre de la grande église dédiée à saint Pierre (mais maintenant le repaire de Sathan où est annoncée sa volonté) et qu'après tous les autres qui là estoient congregez elle avoit adoré le diable en forme de renard roux, qui se faisoit appeler Morguet et déposa qu'on le baisoit par le derrière qui étoit fort froid et sentoit fort mauvais. Où une jeune fille étant arrivée, dédaignant baiser une place tant vilaine et infame, le dict renard se transforma en homme, et luy feit baiser son genoüil qui estoit aussi froid que l'autre lieu, et de son poulce luy imprima au front une marque qui lui causa une grande douleur; tout cela est dans le dit livre imprimé, et ce que s'ensuit à sçavoir, que la ditte femme déposa devant les juges que quand elle vouloit aller à l'assemblée, elle avoit un baston blanc tacheté de rouge, et comme les autres lui avoient appris, elle disoit à ce baston : « Baston blanc rouge, meyne-moi où le diable te commande. »

« Barth à Spina raconte (2) qu'une jeune fille de

---

(1) *De la hayne de Satan pour l'homme*, p. 231.
(2) Même ouvrage, p. 241.

Bergame fut trouvée à Venise, laquelle ayant veu lever de nuict sa mère, qui despouillant sa chemise s'estoit ointe, et chevauchant un baston estoit sortie par la fenestre et s'estoit esvanouye, par une curiosité en voulut autant faire, et incontinent elle fut portée au lieu où estoit sa mère arrivée, mais voyant le diable s'imprima le signe de la croix et invoqua le nom de la Vierge Marie, et incontinent elle fut délaissée seule, et se trouva toute nue comme le procès en fut fait d'elle et de sa mère et le tout vérifié. »

« Il allegue un autre exemple d'une autre femme de Ferrare laquelle estant couchée auprès de son mary se leva de nuict pensant qu'il fust bien endormy mais il la contemploit comme elle print de l'onguent dans un vaisseau qu'elle tenoit caché, et aussitost fut enlevée, il se leve et en voulut autant faire, et se trouva incontinent au lieu où estoit sa femme qui estoit en une cave, mais n'ayant le moyen de retourner comme il étoit allé, se trouva seul et appréhendé comme larrons conta l'affaire, accusa sa femme qui fut convaincue et chastiée. »

Goulart (1) rapporte, d'après Baudouain de Roussey (2), le fait suivant :

« M. Théodore fils de Corneille, jadis consul de la ville de Goude en Hollande m'a récité l'histoire qui

---

(1) *Thrésor des histoires admirables*, t. I, p. 178.
(2) *Épitres médicinales.*

s'ensuit l'affirmant très véritable. En un village nommé Ostbrouch près d'Utrect se tenoit une veufve au service de laquelle estoit un quidam s'occupant en ce qui estoit requis pour les affaires de la maison. Icelui ayant prins garde, comme les valets sont curieux encores que ce ne fust comme en passant, que bien avant en la nuict et lorsque tous les domestiques estoyent couchez, cette veufve estoit d'ordinaire en l'estable vers un certain endroit, lors estendant les mains elle empoignoit le rastelier d'icelle estable où l'on met d'ordinaire le foin pour les bestes. Lui s'esbahissant que vouloit dire cela, délibere de faire le mesme au desceu de sa maistresse, et essayer l'effect de telle cérémonie. Ainsi donc tost apres, en suivant sa maistresse qui estoit entrée en l'estable y va et empoigne le rastelier. Tout soudain il se sent enlevé en l'air et porté en une caverne sous terre, en une villette ou bourgade nommée Wych, où il trouve une synagogue de sorcieres, devisantes ensemble de leurs maléfices. La maistresse estonnée de telle présence non attendue lui demanda par quelle adresse, il s'estoit rendu en telle compagnie. Il lui deschiffre de poinct en poinct ce que dessus. Elle commence à se despiter et courroucer contre lui craignant que telles assemblées nocturnes ne fussent descouvertes. Néantmoins elle fut d'avis de consulter avec ses compagnes ce que seroit de faire en la difficulté qui se présentoit. Finalement elles furent d'avis de recueillir amiablement ce nouveau venu en stipulant de lui promesse expresse de se taire, et de jurer qu'il ne manifesteroit à personne les secrets qui lors luy avoyent esté descouverts contre son opinion et mérite. Ce pauvre corps promet mons et merveilles, flatte les unes et les autres et pour n'estre pas rudement admis en leur synagogue, feint avoir très grande envie d'être delà en avant admis en leur synagogue, s'il leur plaisoit. En ces consultations, l'heure se passe et le temps de deloger aprochoit. Lors se fait une autre consultation à l'instance de la maîtresse sçavoir si pour la conservation de plusieurs, il estoit point expédient d'égorger ce serviteur ou s'il faloit le reporter. D'un commun consentement fut encliné au plus doux avis de le reporter en la maison, puisqu'il avoit presté serment de ne rien déceler. La maistresse prend cette charge et après promesse expresse et réciproque, elle charge ce serviteur sur ses épaules promettant le reporter en sa maison. Mais comme ils eurent fait une partie du chemin, ils descouvrirent un lac plein de joncs et de roseaux. La maistresse rencontrant cette occasion et craignant toujours que ce jeune homme se repentant d'avoir été admis à ces festes d'enfer ne descouvrist ce qu'il avoit veu s'eslance impétueusement et secoue de dessus ses épaules le jeune homme espérant (comme il est à présumer) que ce malavisé perdroit la vie, tant par la violence de sa chute du fort haut, que par son enfondrement en l'eau bourbeuse de ce lac, où il demeureroit enseveli. »

« Mais comme Dieu est infiniment miséricordieux, ne voulant pas permettre la mort du pécheur, ains qu'il se convertisse et vive, il borna les furieux desseins de la sorciere, et ne permit pas que le jeune homme fut noyé, ains lui prolongea la vie, tellement que sa cheute ne fut pas mortelle, car roulant et culbutant en bas il rencontre une touffe espaisse de cannes et roseaux qui rabattirent la violence du coup en telle sorte toutes fois qu'il fut rudement blessé, et n'ayant pour aide que la langue, tout le reste de la nuict, il sentit des douleurs en ce lict de joncs et d'eau bourbeuse. »

« Le jour venu en se lamentant et criant, Dieu voulut que quelques passants estonnez de cette clameur du tout extraordinaire, après avoir diligemment cherché trouverent ce pauvre corps demi transi tout esrené et froissé ayant outre plus les deux cuisses dénouées. Ils s'enquirent d'où il estoit, qui l'avoit mis en tel point et entendant l'histoire précédente après l'avoir tiré de ce misérable gîte le chargerent et firent porter par chariot à Utrect, Le bourgmaistre nommé Jean le Culembourg, gentilhomme vertueux, esmeu et ravi en admiration d'un cas si nouveau, fit soigneuse enqueste du tout, deserna prinse de corps contre la sorciere, et la fît serrer en prison, où elle confessa volontairement, sans torture et de poinct en poinct, tout ce qui s'estoit passé, suppliant qu'on eust pitié d'elle. La conclusion de ce procès, par commun avis de tout le conseil produisit condamnation de mort tellement que ceste femme fut bruslée. Le serviteur ne fut de longtemps après guéri de sa froissure universelle et particulièrement de ses cuisses, chastié devant tous de sa curiosité détestable. »

Bodin (1) rapporte d'après Sylvestre Rieras qu'en Italie, dans la ville de Come, « l'official et l'inquisiteur de la foy, ayans grand nombre de sorcières qu'ils tenoyent en prison, et ne pouvans croire les choses estranges qu'elles disoyent, en voulurent faire la preuve, et se firent mener à la synagogue par l'une des sorcières, et se tenans un peu à l'escart virent toutes les abominations, hommages au diable, danses, copulations. Enfin le diable qui faisoit semblant de ne les avoir pas veu, les batit tant qu'ils en moururent quinze jours après. »

« Nous trouvons, dit Bodin (2), au 6ᵉ livre de Meyr, qui a escrit fort diligemment l'histoire de Flandres, que l'an 1459 grand nombre d'hommes et femmes, furent brulés en la ville d'Arras accusées les uns par les autres et confessèrent qu'elles estoient la nuit transportées aux danses et puis qu'ils se couplaient avecques les diables qu'ils adoraient en figure humaine. »

« Jacques Sprenger et ses quatre compagnons

(1) *Démonomanie*, préface.
(2) *Démonomanie*.

inquisiteurs des sorciers escrivent qu'ils ont fait le procès à une infinité de sorciers en ayant fait exécuter fort grand nombre en Allemagne, et mesmement aux pays de Constance et de Ravenspur l'an 1485 et que toutes generallement sans exception, confessoient que le diable avoit copulation charnelle avec elle après leur avoir fait renoncer Dieu et leur religion. »

« Suivant P. de Lancre (1), Jeannette d'Abadie aagée de seize ans dict, qu'elle a veu hommes et femmes se mesler promiscuement au sabbat. Que le diable leur commandait de s'accoupler et de se joindre, leur baillant à chacun tout ce que la nature abhorre le plus, sçavoir la fille au père, le fils à la mère, la seur au frère, la filleule au parrain, la pénitente à son confesseur, sans distinction d'aage, de qualité ny de parentulle. »

« Vers l'année 1670, dit Balthazar Bekker (2), il y eut en Suède, au village de Mohra, dans la province d'Elfdalen, une affaire de sorcellerie qui fit grand bruit. On y envoya des juges. Soixante-dix sorcières furent condamnées à mort ; une foule d'autres furent arrêtées, et quinze enfants se trouvèrent mêlés dans ces débats. »

« On disait que les sorcières se rendaient de nuit dans un carrefour, qu'elles y évoquaient le diable à l'entrée d'une caverne, en disant trois fois :

---

(1) *Tableau des inconstances des mauvais anges*, p. 222.
(2) *Le Monde enchanté*, liv. VI, ch. XXIX, d'après les relations originales.

— « Antesser, viens ! et nous porte à Blokula ! »

« C'était le lieu enchanté et inconnu du vulgaire, où se faisait le sabbat. Le démon Antesser leur apparaissait sous diverses formes, mais le plus souvent en justaucorps gris, avec des chausses rouges ornées de rubans, des bas bleus, une barbe rousse, un chapeau pointu. Il les emportait à travers les airs à Blokula, aidé d'un nombre suffisant de démons, pour la plupart travestis en chèvres ; quelques sorcières, plus hardies, accompagnaient le cortège, à cheval sur des manches à balai. Celles qui menaient des enfants plantaient une pique dans le derrière de leur chèvre ; tous les enfants s'y perchaient à califourchon, à la suite de la sorcière, et faisaient le voyage sans encombre. »

« Quand ils sont arrivés à Blokula, ajoute la relation, on leur prépare une fête ; ils se donnent au diable, qu'ils jurent de servir ; ils se font une piqûre au doigt et signent de leur sang un engagement ou pacte ; on les baptise ensuite au nom du diable, qui leur donne des raclures de cloches. Ils les jettent dans l'eau, en disant ces paroles abominables :

— « De même que cette raclure ne retournera jamais aux cloches dont elle est venue, ainsi que mon âme ne puisse jamais entrer dans le ciel. »

« La plus grande séduction que le diable emploie est la bonne chère ; et il donne à ces gens un superbe festin, qui se compose d'un potage aux choux et au lard, de bouillie d'avoine, de beurre, de lait et de fromage. Après le repas, ils jouent et se battent ; et si le diable est de bonne humeur, il les rosse tous avec une perche, « ensuite de quoi il se met à rire à plein ventre. » D'autres fois il leur joue de la harpe. »

« Les aveux que le tribunal obtint apprirent que les fruits qui naissaient du commerce des sorcières avec les démons étaient des crapauds ou des serpents.

« Des sorcières révélèrent encore cette particularité, qu'elles avaient vu quelquefois le diable malade, et qu'alors il se faisait appliquer des ventouses par les sorciers de la compagnie. »

« Le diable enfin leur donnait des animaux qui les servaient et faisaient leurs commissions, à l'un un corbeau, à l'autre un chat, qu'ils appelaient *emporteur*, parce qu'on l'envoyait voler ce qu'on désirait, et qu'il s'en acquittait habilement. Il leur enseignait à traire le lait par charme, de cette manière : le sorcier plante un couteau dans une muraille, attache à ce couteau un cordon qu'il tire comme le pis d'une vache ; et les bestiaux qu'il désigne dans sa pensée sont traits aussitôt jusqu'à épuisement. Ils employaient le même moyen pour nuire à leurs ennemis, qui souffraient des douleurs incroyables pendant tout le temps qu'on tirait le cordon. Ils tuaient même ceux qui leur déplaisaient, en frappant l'air avec un couteau de bois. »

« Sur ces aveux on brûla quelques centaines de sorciers, sans que pour cela il y en eût moins en Suède. »

On ne peut guère évoquer les démons avec sûreté sans s'être placé dans un cercle qui garantisse de leur atteinte, parce que leur premier mouvement serait d'empoigner, si l'on n'y mettait ordre. Voici ce qu'on lit à ce propos dans le *Grimoire du pape Honorius* :

« Les cercles se doivent faire avec du charbon, de l'eau bénite aspergée, ou du bois de la croix bénite... Quand ils seront faits de la sorte, et quelques paroles de l'Évangile écrites autour du cercle, sur le sol, on jettera de l'eau bénite en disant une prière superstitieuse dont nous devons citer quelques mots : — « Alpha, Oméga, Ely, « Elohé, Zébahot, Elion, Saday. Voilà le lion qui « est vainqueur de la tribu de Juda, racine de « David. J'ouvrirai le livre et ses sept signes... »

On récite après la prière quelque formule de conjuration, et les esprits paraissent.

Le *Grand Grimoire* ajoute « qu'en entrant dans ce cercle il faut n'avoir sur soi aucun métal impur, mais seulement de l'or ou de l'argent, pour jeter la pièce à l'esprit. On plie cette pièce dans un papier blanc, sur lequel on n'a rien écrit ; on l'envoie à l'esprit pour l'empêcher de nuire ; et, pendant qu'il se baisse pour la ramasser devant le cercle, on prononce la conjuration qui le soumet. »

Le *Dragon rouge* recommande les mêmes précautions.

Il nous reste à parler des cercles que les sorciers font au sabbat pour leurs danses. On en montre encore dans les campagnes ; on les appelle *cercle du sabbat* ou *cercle des fées*, parce qu'on croyait que les fées traçaient de ces cercles magiques dans leurs danses au clair de la lune. Ils ont quelquefois douze ou quinze toises de diamètre, et contiennent un gazon pelé à la ronde de la largeur d'un pied, avec un gazon vert au milieu. Quelquefois aussi tout le milieu est aride et desséché, et la bordure tapissée d'un gazon vert. Jessorp et Walker, dans les *Transactions philosophiques*, attribuent ce phénomène au tonnerre : ils en donnent pour raison que c'est le plus souvent après des orages qu'on aperçoit ces cercles.

D'autres savants ont prétendu que les cercles magiques étaient l'ouvrage des fourmis, parce qu'on trouve souvent ces insectes qui y travaillent en foule.

On regarde encore aujourd'ui, dans les campagnes peu éclairées, les places arides comme le rond du sabbat. Dans la Lorraine, les traces que forment sur le gazon les tourbillons des vents et les sillons de la foudre passent toujours pour les vestiges de la danse des fées, et les paysans ne s'en approchent qu'avec terreur (1).

---

(1) Madame Élise Voïart, Notes au livre Ier de la Vierge d'Arduène.

VII. — UNION CHARNELLE AVEC LE DIABLE. INCUBES ET SUCCUBES.

« Le bruit commun, dit saint Augustin (1) est, et plusieurs l'ont essayé et encore entendu de ceux la foy desquels ne peut estre révoquée en doute que certains faunes et animaux silvestres appelez du commun incubes ont esté fâcheux et envieux aux femmes, tellement qu'ils ont souvent convoité d'habiter avec elles, et se trouvent certains démons que les François appellent *Dusii*, lesquels s'efforcent tant qu'ils peuvent de cognoistre les femmes et souvent ils accomplissent leur dessein; tellement que de nier cela est un traict d'un homme impudent. »

Crespet (2) rapporte que « Col. Rhodiginus livre II, chap. VI, des *Antiques leçons*, soustient que les diables peuvent habiter avec les femmes, *Dæmones fœcundos esse femine, et coïre, angelos vero bonos minime*. Et souvent on a trouvé des sorcières es lieux escartés, couchées à la renverse et se remuer comme estans en l'acte vénérien, et aussitost le diable se lever en forme de nuée espaisse et fœtide. »

D'après Bodin (3) « Jeanne Hervilier, native de Verbery près Compiegne, entre autres choses,

---

(1) *Cité de Dieu*, livres XXIII et XIX.
(2) Crespet, *La hayne de Sathan*, p. 296.
(3) *Démonomanie*.

confessa que sa mere avoit este condamnée d'estre bruslée toute vive par arrest du parlement, confirmatif de la sentence du juge de Senlis, qu'à l'aage de douze ans sa mère la présenta au diable en forme d'un grand homme noir et vestu de noir, botté, esperonné, avec une espée au costé et un cheval noir à la porte, auquel la mère dit : Voicy ma fille que je vous ay promise, et à la fille : Voicy vostre amy qui vous fera bien heureuse, et dès lors elle renonça à Dieu, à la religion, et puis coucha avec elle charnellement en la mesme sorte et manière que font les hommes avecques les femmes, hormis que la semence estoit froide. Cela, dit-elle, continua tous les quinze jours, mesmes icelle estant couchée près de son mary sans qu'il s'en apperceut Et un jour le diable luy demanda si elle voulait estre enceinte de lui et elle ne voulut pas. »

Merlin passait pour fils du diable. « Je pense, dit Le Loyer (1), que ce n'est point chose tant incroyable qu'il ait esté engendré du diable en une sorcière : car en la mesme isle vers le royaume d'Écosse, au pays de Marrée, y eut une fille qui se trouva grosse du fait du diable. Ce ne fut pas sans donner à penser à ses parents, qui la pouvoit avoir engrossée, parce qu'elle abhorroit les noces et n'avait voulu être mariée. Ils la pressent de dire qui l'avait engrossée : elle confesse que c'estoit le diable qui couchoit toutes les nuicts

---

(1) *Discours et histoires des spectres*, etc., p. 315.

avec elle, en forme de beau jeune homme. Les parents ne se contentent pas la responce de la fille, pratiquent sa chambrière qui de nuict les fit entrer dans la chambre avec torches. Ce fut lors qu'ils apperceurent au lict de la fille, un monstre fort horrible n'ayant forme aucune d'homme. Le monstre fait contenance de ne vouloir quitter le lict, et fait on venir le prestre pour l'exorciser. Enfin le monstre sort, mais c'est avec tel tintamarre et fracassement, qu'il brusla les meubles qui estoient en la chambre, et en sortant descouvrit le toict et couverture de la maison. Trois jours après, dict Hectore Boïce, la sorcière engendra un monstre, le plus vilain qui fust oncque né en Écosse, que les sages femmes estoufferent. »

« J'ai leu autrefois, dit le même (1), en Thomas Valsingham, Anglais, que la nuict d'une feste de Pentecote une femme du pays et de la paroisse de Kenghesla du diocèse de Wintchester et doyenné d'Aulton, nommée Jeanne, fut en songe, non tant admonestée, que pressée et sollicitée d'aller trouver un jeune homme qui l'entretenait par amourettes. Elle se mit en chemin dès le lendemain, et estant en la forêt de Wolmer, se présente à elle un démon en la forme de l'amoureux nommé Guillaume, qui l'accoste et jouyt d'elle. Ceste maladie elle pense luy avoir été causée par l'amoureux, qui se justifie et montre qu'il était impossible qu'il

(1) Même ouvrage, p. 340.

fust en la forest en la même heure dont elle se plaignoit et par là fut la vérité du démon incube descouverte. Cela rengrégea encore la maladie de la femme et advint cette merveille. La maison où gisait la femme fut tellement remplie de puanteur que personne n'y pouvoit durer, et trois jours après mourut ayant les levres fort livides, le ventre noir et enflé par tout le corps. A toute peine huict hommes la porterent en terre tant elle pesoit. »

Goulart rapporte cette singulière histoire d'après un personnage, dit-il, très digne de foy : L'an 1602, un gentilhomme françois se trouvant près d'un bois, en voit sortir une fille éplorée et échevelée qui lui demande appui et protection contre des voleurs qui avaient tué sa compagnie et avaient voulu la violer. Le gentilhomme, tirant son épée, prit cette demoiselle en croupe et traversa la forêt sans rencontrer personne. Il l'amena dans une hôtellerie où elle ne voulut manger ni boire que sur les instances du gentilhomme. Cette demoiselle supplia ensuite son sauveur de la laisser coucher dans la même chambre que lui. Il y consentit après quelques difficultés, et l'on dressa deux lits. Le gentilhomme se coucha dans le sien. « Mais la damoiselle, environ une heure après, se despouilla près de l'autre lict, et comme feignant croire que le gentilhomme dormist, commence à se descouvrir, à se contempler en diverses parties. Le gentilhomme picqué d'infame passion attisée par l'indigne regard d'un masque qui lui paroissoit et sembloit le plus beau qui jamais se fust présenté à ses yeux, se laissa gaigner par l'infame convoitise de son cœur alléché par les redoutables attraits d'un très cauteleux ennemi, mettant le reverence de Dieu et le salut de son ame en oubli, se leve de son lict, s'en va dans celui de la damoiselle qui le receut et passèrent la nuict ensemble. Le matin venu, le pauvre miserable retourne trouver sa couche, et y estant s'endort. La damoiselle se lève et disparoit sans saluer gentilhomme, hoste ni hostesse. Le gentilhomme esveillé la demande, elle ne se trouve point : il l'attend jusques environ midi : lors n'en pouvant avoir de nouvelles il monte à cheval, et poursuit son chemin. A peine estoit-il à demie-lieue de la ville qu'il descouvre au bout d'une raze campagne un cavalier armé de pied en cap, lequel venoit à lui, bride abatue, les armes au poin. Le gentilhomme qui estoit bon soldat l'attend de pied ferme, et repousse vaillamment l'effort de cest ennemi couvert, lequel se retirant un peu à quartier, haussa la visière. Alors le pauvre gentilhomme conut la face de la damoiselle avec laquelle il avoit passé la nuict precedente, lui déclairant lors en termes expres qu'il avoit eu la compagnie du diable, que sa resistance estoit vaine, qu'il ne pouvoit s'en desdire. » Le gentilhomme invoqua l'assistance de Dieu, Satan disparut. Le gentilhomme tournant bride rebroussa vers sa maison où, désolé, se mit au lit, confessa ce qui lui était arrivé devant plusieurs personnes notables, et mourut peu de jours après, espérant à la miséricorde de Dieu.

Guyon (1) rapporte aussi l'histoire de quelques personnes qui ont eu commerce avec le diable :

« Ruoffe en son livre de la *Conception et génération humaine*, tesmoigne que de son temps, une paillarde eut affaire à un esprit malin par une nuict, ayant forme d'homme, et que soudain après le ventre luy enfla, et que pensant estre grosse, elle tomba en une si étrange maladie que toutes ses entrailles tombèrent, sans que par aucun artifice des médecins, elle peust estre guérie. »

« En ce pays de Lymosin, environ l'an 1580, un gentilhomme cadet venant de la chasse du lièvre, à soleil couchant, trouva en son chemin un esprit transformé en une belle femme, cuydant à la vérité qu'elle fust telle : estant alleché par elle à volupté, eut affaire à elle, se sentit saisi soudain d'une si grande chaleur par tout son corps, que dans trois jours après il mourut, et persista de dire jusques à la mort, que ceste chaleur provenoit de ceste copulation et ne resvoit nullement, et que soudain après l'acte venerien ceste femme s'evanoüit. »

« Nous avons veu deux femmes du bourg de Chambaret à sçavoir la mère et la fille, qui disoyent et affermoient le diable avoir eu affaire avec elles par force visiblement et par violence, et leur ventre s'enfla grandement, et les touchay et visitay, et les

---

(1) *Diverses leçons*, t. II, p. 56.

trouvay telles ; l'on les tenoit pour insensées de tenir telles paroles. Elles changèrent de lieux, s'en allerent caymandant ailleurs et depuis j'ay entendu qu'elles n'estoyent plus grosses et qu'elles furent deschargées par beaucoup de fumées et ventositez qui sortirent de leurs corps, l'on m'a dit qu'elles estoyent encore en vie. »

Selon Crespet (1), « Hector Boëtius, hystoriographe escossois, sur la fin du livre VIII de son *Hystoire escossoise*, récite que l'an 1486 quelques marchans navigeans d'Escosse en Flandre, se voient à l'improviste assaillis d'une effroyable tempeste qui les environna, de sorte qu'ils pensaient aller au fond de l'Océan. L'air estoit troublé, les nues obscures et espaisses, le soleil avoit perdu sa clarté, dont ils soupçonnèrent qu'il y avoit de la malice de Sathan parmy tant de tourmente, ce que pensoit faire tomber en desespoir ces pauvres gens. Or de malheur en leur navire, il y avoit une femme, laquelle voyant si grand désordre et effroy commença à confesser sa faute et s'accuser, que de longtemps elle avoit souffert un dyable incube qui la venoit parfois vexer et qu'il ne faisoit que partir de sa compagnie, les suppliant qu'ils la jetassent en la mer, car elle se sentoit grandement coupable pour un crime tant horrible et infame. Toutefois, il y eut des gens catholiques au navire, et entre autres un prestre qui la confessa et remit en meilleure espé-

---

(1) *De la hayne de Sathan*, p. 296.

rance devant lequel se prosternant en un lieu escarté pour confesser ses péchés avec une amertume de cœur, souspirs et sanglots, se confiant en la miséricorde de Dieu, et aussistost qu'il luy eust donné l'absolution sacramentale, les assistans veirent lever en l'air du navire une espaisse nuée avec une fadeur et fumée accompagnée de flame qui s'alla jetter en fond, et aussitost la sérénité fut rendue. »

« Le même auteur (Boëtius), au mesme livre, cité par Crespet, poursuit encore un autre exemple de la région, Gareotha, d'un jeune adolescent, beau et élégant en perfection, lequel confessa devant son evesque qu'il avoit souvent eu la compagnie d'une jeune fille qui le venoit de nuict chatouiller en son lit, et le baisotoit se supposant à luy, afin qu'il fust eschauffé pour faire l'œuvre charnel, sans que jamais il peut sçavoir qui elle estoit, ou d'où elle venoit, car les portes et fenestres de sa chambre avoient toujours esté fermées, mais par le conseil des gens doctes il changea de demeure, et à force de prières, confessions, jeunes et autres dévots exercices il fut délivré. »

« J'ay aussi leu, dit Bodin (1), l'extraict des interrogatoires faicts aux sorcieres de Longwy en Potez qui furent aussi bruslées vives que maistre Adrian de Fer, lieutenant général de Laon m'a baillé. J'en mettrai quelques confessions sur ce point. »

---

(1) *Démonomanie.*

« Marguerite Bremont, femme de Noel de Lavatet, a dit que lundy dernier après avoir failli elle fut avec Marion sa mère à une assemblée près le moulin Franquis de Longwy en un pré et avoit sa dite mère un ramon entre ses jambes disant : Je ne mettray point les mots, et soudain elles furent transportées toutes deux au lieu où elles trouvèrent Jean Robert, Jeanne Guillemin, Marie femme de Simon d'Agneau et Guillemette femme d'un nommé Legras qui avoient chacun un ramon. Se trouvèrent aussi en ce lieu six diables, qui estoient en forme humaine, mais fort hideux à voir. Que après la danse finie les diables se couchèrent avecque elles, et eurent leur compagnie et l'un d'eux, qui l'avoit menée danser la print et la baisa par deux fois et habita avec elle l'espace de plus d'une demie heure mais délaissa aller sa semence bien froide. »

P. de Lancre (1) répète diverses histoires d'incubes et de succubes :

« Henry, instituer, et Jaques Spranger, qui furent esleus du pape Innocent VIII pour faire le procès aux sorciers d'Allemagne, racontent que bien souvent ils ont veu des sorcieres couchées par terre le ventre en sus, remuant le corps avec la même agitation que celles qui sont en cette sale action, prenant leur plaisir avec ces esprits et démons incubes qui leur sont visibles mais

---

(1) *Tableau de l'inconstance des mauvais anges*, p. 214.

invisibles à tous autres, sauf qu'ils voient après cet abominable accouplement une puante et sale vapeur s'eslever du corps de la sorcière de la grandeur d'un homme : si bien que plusieurs maris jaloux voyant les malins esprits acointer ainsi et cognoistre leurs femmes pensant que ce fussent vrayment des hommes mettoient la main à l'espée, et qu'alors les démons disparoissans ils demeuroient moquez et rudement baffouez par leurs femmes. »

« François Pic de la Mirandole dict avoir cognu un homme de soixante-quinze ans qui s'appeloit Benedeto Berna, lequel par l'espace de quarante ans eut accointance avec un esprit succube qu'il appeloit Harmeline et la conduisoit et menoit quant et luy en forme humaine, en la place et partout et parloit avec elle : de manière que plusieurs l'oyant parler, et ne voyant personne le tenoient pour fol. Et un autre nommé Pinet en tint un l'espace de trente ans sous le nom de Fiorina. »

« Sur quoy est remarquable ce que dict Bodin que les diables ne font paction expresse avec les enfants qui leur sont vouez, s'ils n'ont atteint l'aage de puberté et dict que Jeanne Herviller disposa que sa mère qui l'avait dédiée à Satan si tost qu'elle fut née, ne fut jamais désirée par Satan ny ne s'accoupla avec luy, qu'elle n'eust atteint l'aage de douze ans. Et Magdeleine de la Croix, abbesse de Cordoue, en Espagne, dict de même, que Satan n'eut cognoissance d'elle qu'en ce mesme aage. »

« Or cette opération de luxure n'est commise ou pratiquée par eux pour plaisir qu'ils y prennent, parce que comme simples esprits, ils ne peuvent prendre aucune joye ny plaisir des choses sensibles. Mais ils le font seulement pour faire choir l'homme dans le précipice dans lequel ils sont, qui est la disgrâce de Dieu très haut et très puissant. »

« Johannès d'Aguerre dict que le diable en forme de bouc avoit son membre au derrière et cognoissoit les femmes en agitant et poussant avec iceluy contre leur devant. »

« Marie de Marigrane, aagée de quinze ans, habitante de Biarrix dict, qu'elle a veu souvent le diable s'accoupler avec une infinité de femmes qu'elle nomme par nom et surnom : et que sa coutume est de cognoistre les belles par devant, et les laides au rebours. »

« Toutes les sorcières s'accordent en cela, dit Delrio (2), que la semence qu'elles reçoivent du diable, est froide comme glace, et qu'elle n'apporte aucun plaisir, mais horreur plutost, et par conséquent ne peut être cause d'aucune génération. Je répons que le démon, voulant décevoir la femme souz l'espece et figure de quelque homme sans qu'elle s'apperçoive qu'il est un démon, imite lors le plus convenablement qu'il peut tout ce qui est requis en l'accouplement de l'homme et de la femme, et par ainsi met-il en peine s'il veut que

---

(1) *Les controverses et recherches magiques*, p. 187.

la génération s'en ensuive (ce qui avient rarement) d'y employer tout ce qui est nécessaire à la génération, cherchant une semence prolifique, qu'il conserve et jette d'une si grande vitesse que les esprits vitaux ne s'évaporent. Mais quand il n'a point d'intention d'engendrer, alors il se sert de je ne sçay quoy de semblable à la semence, chaud toutefois de peur que son imposture ne soit descouverte et tempere aussi le corps qu'il a pris de peur que par son attouchement, il n'apporte de la crainte, de l'horreur ou de l'épouvantement. Au contraire quand ils se couplent avec celles qui n'ignorent pas que ce soit un démon, il jette le plus souvent une semence imaginaire et froide, de laquelle je confesse ingénûment qu'il ne peut rien provenir. Et qui plus est, toutes les sorcières s'accordent en cela, qu'il les interroge si elles conçoivent de ses œuvres ; et si d'aucunes se trouvent qui en aient envie, lors il se sert, comme je l'ay dit, de la vraye semence de l'homme. »

Les démons, selon Delrio (1), peuvent aussi produire de certains monstres inaccoutumés, tels que celuy qu'on a veu au Brésil, de dix-sept palmes de hauteur, couvert d'un cuir de lésard, ayant des tétins fort gros, les bras de lyon, les yeux étincelans et flamboïans et la langue de meme : tels aussi que ceux qui furent pris aux forets de Saxe, en l'an 1240 avec un visage demy humain : si ce n'est par

---

(1) *Les controverses et recherches magiques.*

aventure qu'ils fussent nez de l'accouplement de quelques hommes avec des bêtes brutes : qui est la plus certaine origine de la plus part des monstres. Car ainsi jadis Alcippe enfanta-t'elle un éléphant, pendant la guerre Marsique. Ainsi trois femmes ont-elles accouché depuis l'une en Suisse d'un lyon, en l'an 1278, l'autre à Pavie d'un chat en l'an 1271 et l'autre d'un chien en la ville de Bresse. Ainsi encore l'an 1531 une autre femme a-elle enfanté d'une meme ventrée, premièrement un chef d'homme enveloppé d'une taye, par après un serpent à deux pieds et troisièmement un pourceau tout entier..... Certainement en ces exemples ci-dessus allégués, je pense qu'il faut dire que c'est le démon, qui souz la figure de telles bestes a engrossé ces femmes. »

VIII. — PACTE AVEC LE DIABLE.
MARQUE DES SORCIERS.

Un auteur anonyme (1) nous a conservé l'engagement pris par Loys Gaufridy envers le diable :

« Je, Loys prestre, renonce à tous et à chascun des biens spirituels et corporels, qui me pourroient estre donnez et m'arriver de la part de Dieu, de la Vierge, et de tous les saincts et sainctes : et princi-

(1) *De la vocation des magiciens et magiciennes*, etc. Paris, Ollivier de Varennes, 1623, in-12.

palement de la part de Jean Baptiste mon patron, et des saincts apôtres Pierre et Paul et de sainct François. Et à toy, Lucifer, que te voy, et scay estre devant moi, je me donne moy-mesme, avec toutes les bonnes œuvres que je ferai, excepté la valeur et le fruit des sacrements, au respect de ceux à qui je les administreray, et en cette manière j'ay signé ces choses et les atteste. »

Lucifer prit de son côté à l'égard de Loys Gaufridy l'engagement suivant :

« Je Lucifer, promets sous mon seing, à toy seigneur Loys Gaufridy prestre, de te donner vertu et puissance, d'ensorceler par le soufflement de bouche toutes et chacunes les femmes et les filles que tu désireras : en foy de quoy j'ay signé Lucifer. »

Suivant Bodin (1), « Magdeleine de la Croix, native de Cordoue en Espagne, abbesse d'un monastère, se voyant en suspicion des religieuses, et craignant le feu, si elle estoit accusée, voulut prévenir pour obtenir pardon du pape, et confesse que dès l'âge de douze ans, un malin esprit en forme d'un More noir la sollicita de son honneur auquel elle consentit et continua trente ans et plus, couchant ordinairement avec luy : par le moyen duquel estant dedans l'église elle estoit élevée en haut et quand les religieuses communioient après la consécration l'hostie venoit en l'air jusqu'à elle, au veu des autres religieuses qui la tenoient pour

(1) *Démonomanie.*

saincte, et le pretre aussi, qui trouvoit alors faute d'une hostie. »

« On voit à Molsheim, dit dom Calmet (1), dans la chapelle de saint Ignace en l'église des PP. Jésuites une inscription célèbre qui contient l'histoire d'un jeune gentilhomme allemand, nommé *Michel Louis*, de la famille de *Boubenhoren*, qui ayant été envoyé assez jeune par ses parents à la cour du duc de Lorraine pour apprendre la langue françoise perdit au jeu de cartes tout son argent. Réduit au désespoir il résolut de se livrer au démon, si ce mauvais esprit vouloit ou pouvoit lui donner de bon argent : car il se doutoit qu'il ne lui en fourniroit que de faux et de mauvais. Comme il étoit occupé de cette pensée, tout d'un coup il vit paraître devant lui comme un jeune homme de son âge, bien fait, bien couvert, qui lui ayant demandé le sujet de son inquiétude lui présenta sa main pleine d'argent, et lui dit d'éprouver s'il étoit bon. Il lui dit de le venir retrouver le lendemain. Michel retourne trouver ses compagnons, qui jouoient encore, regagne tout l'argent qu'il avoit perdu, et gagne tout celui de ses compagnons. Puis il revient trouver son démon, qui lui demanda pour récompense trois gouttes de son sang, qu'il reçut dans une coquille de gland : puis offrant une plume

---

(1) *Traité sur les apparitions des esprits et sur les vampires, ou les revenans de Hongrie, de Moravie, etc.*, par le R. P. dom Augustin Calmet, abbé de Senones. Nouvelle édition, Paris, Debust aîné, 1751, 2 vol. in-12.

à Michel il lui dit d'écrire ce qu'il lui dicteroit. Il lui dicta quelques termes inconnus qu'il fit écrire sur deux billets différens (1) dont l'un demeura au pouvoir du démon et l'autre fut mis dans le bras de Michel au même endroit d'où le démon avoit tiré du sang. Et le démon lui dit : Je m'engage de vous servir pendant sept ans, après lesquels vous m'appartiendrez sans réserve. Le jeune homme y consentit, quoique avec horreur, et le démon ne manquoit pas de lui apparaître jour et nuit sous diverses formes, et de lui inspirer diverses choses inconnues et curieuses, mais toujours tendantes au mal. Le terme fatal des sept années approchoit, et le jeune homme avoit alors environ vingt ans. Il revint chez son père : le démon auquel il s'étoit donné lui inspira d'empoisonner son père et sa mère, de mettre le feu à leur château et de se tuer soi-même. Il essaya de commettre tous ces crimes: Dieu ne permit pas qu'il y réussît, le fusil dont il vouloit se tuer ayant fait faute jusqu'à deux fois, et le venin n'ayant pas opéré sur ses pere et mere. Inquiet de plus en plus, il découvrit à quelques domestiques de son pere le malheureux état où il se trouvoit, et les pria de lui procurer quelques secours. En ce même temps le démon le saisit, et lui tourna tout le corps en arrière, et peu s'en fallut qu'il ne lui rompit les os. Sa mère qui étoit

(1) Il y avait en tout dix lettres, la plupart grecques, mais qui ne formoient aucun sens. On les voyoit à Molsheim dans le tableau qui représente ce miracle.

de l'hérésie de Suenfeld, et qui y avoit engagé son fils, ne trouvant dans sa secte aucun secours contre le démon qui le possedoit ou l'obsedoit, fut contrainte de le mettre entre les mains de quelques religieux. Mais s'en retira bientôt et s'enfuit à l'Islade d'où il fut ramené à Molsheim par son frère, chanoine de Wirsbourg, qui le remit entre les mains des PP. de la Société. Ce fut alors que le démon fit les plus violens efforts contre lui, lui apparoissant sous la forme d'animaux féroces. Un jour entre autres le démon sous la forme d'un homme sauvage et tout velu jetta par terre une cédule ou pacte différent du vrai qu'il avoit extorqué du jeune homme, pour tâcher sous cette fausse apparence de le tirer des mains de ceux qui le gardoient et pour l'empêcher de faire sa confession générale. Enfin on prit jour au 20 octobre 1603, pour se trouver en la chapelle de sainct Ignace, et y faire rapporter la véritable cédule contenant le pacte fait avec le démon. Le jeune homme y fit profession de la foi catholique et orthodoxe, renonça au démon, et reçut la sainte Eucharistie. Alors jettant des cris horribles, il dit qu'il voyoit comme deux boucs d'une grandeur démesurée, qui, ayant les pieds de devant en haut, tenoient entre leurs ongles chacun de leur côté l'une des cédules ou pactes. Mais dès qu'on eût commencé les exorcismes et invoqué le nom de sainct Ignace les deux boucs s'enfuirent, et il sortit du bras ou de la main gauche du jeune homme presque sans douleur et sans laisser de cicatrice, le pacte qui tomba aux pieds de l'exorciste. Il ne manquoit plus que le second pacte qui étoit resté au pouvoir du démon. On recommença les exorcismes, on invoqua sainct Ignace et on promit de dire une messe en l'honneur du sainct : en même temps parut une grande cigogne difforme, mal faite, qui laissa tomber de son bec cette seconde cédule, et on la trouva sur l'autel. »

On parlait beaucoup chez les anciens de certains démons qui se montraient particulièrement vers midi à ceux avec lesquels ils avaient contracté familiarité. Ces démons visitent ceux à qui ils s'attachent, en forme d'hommes ou de bêtes, ou en se laissant enclore en un caractère, chiffre, fiole, ou bien en un anneau vide et creux au dedans. « Ils sont connus, ajoute Leloyer, des magiciens qui s'en servent, et, à mon grand regret, je suis contraint de dire que l'usage n'en est que trop commun (1). »

Honsdorf en son *Théâtre es exemples du 8ᵉ commandement*, cité par Goulart (2), dit que : « Un docteur en médecine s'oublia si misérablement que de traiter alliance avec l'ennemi de nostre salut, qu'il avoit conjuré et enclos dans un verre d'où ce seducteur et familier esprit lui respondoit. Le médecin estoit heureux es guerisons des malades

---

(1) *Histoire des spectres*, liv. III, ch. IV, p. 198.
(2) *Thrésor des histoires admirables*, t. II, p. 624.

et amassa force escus en ses pratiques : tellement qu'il laissa à ses enfans la somme de vingt-six mille escus vaillant. Peu de temps avant sa mort, comme il commençoit à penser à sa conscience, il tombe en telle fureur que tout son propos estoit d'invoquer le diable, et vomir des blasphemes horribles contre le Sainct-Esprit. Il rendit l'ame en ce malheureux estat. »

Goulart (1) rapporte d'après Alexandre d'Alexandrie (2) l'histoire d'un prisonnier qui, ayant appelé le diable à son secours, avait visité les enfers :

« Le seigneur d'une villette en la principauté de Sulmona, au royaume de Naples, se monstroit avare et superbe en son gouvernement : de telle sorte que ses pauvres sujets ne pouvoyent subsister, ains estoyent estrangement gourmandez de lui. Un autre homme de bien au reste, mais pauvre et mesprisé, battit rudement pour quelque occasion certain chien de chasse appartenant à ce seigneur, lequel griesvement irrité de la mort de son chien, fit empoigner et emprisonner ce pauvre homme en un cachot. Au bout de quelques jours les gardes qui tenoyent toutes les portes diligemment closes, venans à les ouvrir selon leur coustume, pour lui donner quelque peu de pain, ne trouverent point leur prisonnier en son cachot. L'ayans cerché et recerché par tout, sans pouvoir

---

(1) *Thrésor d'histoires admirables*, t. I, p. 535-538.
(2) Au livre VI, ch. XXI de ses *Jours géniaux*.

remarquer trace ni apparence quelconque d'evasion, finalement rapporterent ceste merveille à leur seigneur, qui de prime face s'en mocquoit et les menaçoit, mais entendant puis après la verité, ne fut pas moins estonné qu'eux. Au bout de trois jours après ceste alarme, toutes les portes des prisons et du cachot fermees comme devant, ce mesme prisonnier, sans le sceu d'aucun, aparut renfermé dedans son precedent cachot, ayant face et contenance d'homme esperdu; lequel requit que sans délai l'on le menast vers ce seigneur, auquel il avoit à dire choses de grande importance. Y ayant esté conduit, il raconte qu'il estoit revenu des enfers. L'occasion avoit esté que ne pouvant plus porter la rigueur de sa prison, vaincu de desespoir, craignant la mort, et destitué de bon conseil il avoit appellé le diable à son aide, à ce qu'il le tirast de ceste captivité. Que tost après le malin en forme hideuse et terrible lui estoit apparu dedans son cachot, où ils avoyent fait accord, suyvant lequel, il avoit esté desferré et tiré non sans griefs tourmens hors de là, puis precipité en des lieux souterrains et merveilleusement creux, comme au fond de la terre, où il avoit veu les cachots des meschans, leurs supplices, tenebres et miseres horribles, des sieges puants et effrayables : des Rois, Princes, et grands Seigeurs, plongez en des abysmes tenebreux : où ils brusloyent au feu ardent en des tourmens indicibles : qu'il avoit veu de Papes, Cardinaux, et autres Prelats magnifiquement vestus, et autres sortes de gens, en divers equipages, affligez de supplices distincts, en des goufres fort profonds, où ils estoyent tourmentez incessamment. Adjoustant qu'il y avoit reconnu plusieurs de sa conoissance, notamment un de ses plus grands amis d'autrefois, lequel l'avoit reconu, et enquis de son estat : le prisonnier lui ayant raconté que leur pays estoit en main d'un rude maistre, l'autre lui enjoignist qu'estant de retour il commandast à ce rude seigneur de renoncer à ses tyranniques déportemens : et déclarast que s'il continuoit sa place estoit marquée en certain siège prochain qu'il monstra au prisonnier. Et afin (dit cest esprit au prisonnier) que le seigneur dont nous parlons adjouste foy à ton rapport, di lui qu'il se souvienne du conseil secret et du propos que nous eusmes ensemble, lors que nous portions les armes en certaine guerre, et sous les chefs qu'il lui nomma. Puis il lui dit par le menu ce secret, leur accord, les paroles et promesses réciproques : lesquelles le prisonnier raconta distinctement les unes après les autres, par leur ordre, à ce seigneur, lequel fut merveilleusement estonné de ce message, s'esbahissant comme il s'estoit peu faire que les choses commises à lui seul et qu'il n'avoit jamais descouvertes à personne, lui fussent deschifrées si hardiment par un pauvre sien sujet, qui les representoit comme s'il les eust leües dedans un livre. On adjouste que le prisonnier s'estant enquis de l'autre avec lequel il devisoit es enfers s'il estoit possible et vrai que tant de gens qu'il voyoit si magnifiquement vestus, sentissent quelques tourmens? L'autre respondit qu'ils estoyent bruslez d'un feu continuel, pressez de tortures et supplices indicibles, et que tout ce parement d'or et d'escarlate n'estoit que feu ardent ainsi coulouré. Que voulant sentir si ainsi estoit, il s'estoit aproché pour toucher ceste escarlate ; que l'autre l'avoit exhorté de s'en departir; mais que l'ardeur de feu lui avoit grillé tout le dedans de la main laquelle il monstroit tout rostie, et comme cuite à la braise d'un grand feu. Le pauvre prisonnier ayant esté relasché, paroissoit à ceux qui l'aborderent s'en retournant chez soi comme un homme tout hébété, qui n'oid ni ne void goutte, tousjours pensif, parlant fort peu, et ne respondant presque point aux questions qu'on lui faisoit. Son visage au reste estoit devenu si hideux, son regard tant laid et farouche, apres ce voyage qu'à peine sa femme et ses enfans le reconurent-ils : et le reconoissant, ne fut question que de cris et de larmes, le contemplant ainsi changé. Il ne vescut que fort peu de jours après ce retour, et avec beaucoup de difficulté peut-il pourvoir à ses petites afaires, tant il estoit esperdu. »

Crespet (1) décrit la marque dont Satan frappait les siens :

___

(1) *De la hayne de Sathan*, p 244.

« Or afin qu'on cognoisse que ce ne sont point songe il est tout évident, que la marque de Sathan sur les sorciers est comme lépreuse, car pour toute pointure d'alesnes et picqueures, le lieu est insensible, et c'est où on les éprouve vraiment estre sorciers de profession à telle marque car ils ne sentent la pointure non plus que s'ils étaient ladres et n'en sort jamais goutte de sang, voire jamais on ne peut faire jecter l'arme pour tout supplice qu'on leur puisse inférer. »

« Avec ce caractère ils reçoivent la puissance de nuire, de charmer, et en font aussi participans leurs enfans si couvertement ou expressément, ils donnent consentement au serment et alliance que leurs pères ont faictes avec les diables, ou bien de ce que les mères ont soubs cette intention dédié ou consacré leurs enfans aux démons dès qu'ils sont non seulement naiz mais aussi conceuz, et advient souvent que par les ministeres de ces démons quelques sorciers ont esté veu avoir deux prunelles en chaque œil, et d'autres le pourtraict d'un cheval en l'un, et double prunelle en l'autre. Ce que s'est faict pour servir de marque et caractère de l'alliance faicte avec eux. Car les démons peuvent engraver et effigier sur la cher du tendrelet embrion tels ou semblables lignes et linéamens. »

« Ces marques, disait Jacques Fontaine (1), ne

(1) *Discours des marques des sorciers et de la réelle possession*, etc., par Jacques Fontaine. Paris, Denis Langlois, 1611, in-12, p. 6.

sont pas gravées par le démon sur les corps des sorciers, pour les recognoistre seulement, comme font les capitaines des compagnies de chevaux-légers qui cognoissent ceux qui sont de leur compagnie par la couleur des casaques, mais pour contrefaire le créateur de toutes choses, pour montrer sa superbe, et l'authorité qu'il a acquise sur les misérables humains que se laissent attrapper à ses cautelles et ruses pour le tenir en son service et subjection par la recognoissance des marques de leur maître. Pour les empescher en tant qu'il luy est possible, de se desdire de leurs promesses et serments de fidélité, parce qu'en luy faisan banqueroute, les marques ne demeurent pas moins tousjours sur leurs corps, pour, en cas d'accusation servir de moyen de les perdre à la moindre descouverte qu'il s'en puisse faire. »

« Un accusé nommé Louis Gaufridy, qui venoit d'être condamné au feu... estoit marqué en plus de trente endroits du corps et principalement sur les reins où il avait une marque de luxure si énorme et profonde, esgard au lieu, qu'on y plantoit une esguille jusques à trois doigts de travers sans appercevoir aucun sentiment ny aucune humeur que la picqueure rendit. »

Le même auteur établit que les marques des sorciers sont des parties mortifiées par l'attouchement du doigt du diable.

« Vers 1591, on arrêta comme sorcière une vieille femme de quatre-vingts ans, mendiante en Poitou.

Elle se nommait Léonarde Chastenet. Confrontée avec Mathurin Bonnevault, qui soutenait l'avoir vue au sabbat, elle confessa qu'elle y était allée avec son mari; que le diable, qui s'y montrait en forme de bouc, était une bête fort puante. Elle nia qu'elle eût fait aucun maléfice. Cependant elle fut convaincue, par dix-neuf témoins, d'avoir fait mourir cinq laboureurs et plusieurs bestiaux. Quand elle se vit condamnée pour ces crimes reconnus, elle confessa qu'elle avait fait pacte avec le diable, lui avait donné de ses cheveux, et promis de faire tout le mal qu'elle pourrait; elle ajouta que la nuit, dans sa prison, le diable était venu à elle, en forme de chat, « auquel, ayant dit qu'elle voudrait être morte, icelui diable lui avait présenté deux morceaux de cire, lui disant qu'elle en mangeât, et qu'elle mourrait; ce qu'elle n'avait voulu faire. Elle avait ces morceaux de cire; on les visita, et on ne put juger de quelle matière ils étaient composés. Cette sorcière fut donc condamnée, et ces morceaux de cire brûlés avec elle (1). »

(1) *Discours sommaire des sortilèges et vénéfices*, tirés des procès criminels jugés au siège royal de Montmorillon, en Poitou, en l'année 1599, p. 19.

IX. — FOURBERIES ET MÉCHANCETÉS DU DIABLE

L'argent qui vient du diable est ordinairement de mauvais aloi. Delrio conte qu'un homme, ayant reçu du démon une bourse pleine d'or, n'y trouva le lendemain que des charbons et du fumier.

Un inconnu, passant par un village, rencontra un jeune homme de quinze ans, d'une figure intéressante et d'un extérieur fort simple. Il lui demanda s'il voulait être riche ; le jeune homme ayant répondu qu'il le désirait, l'inconnu lui donna un papier plié, et lui dit qu'il en pourrait faire sortir autant d'or qu'il le souhaiterait, tant qu'il ne le déplierait pas ; et que s'il domptait sa curiosité, il connaîtrait avant peu son bienfaiteur. Le jeune homme rentra chez lui, secoua son trésor mystérieux, il en tomba quelques pièces d'or... Mais, n'ayant pu résister à la tentation de l'ouvrir, il y vit des griffes de chat, des ongles d'ours, des pattes de crapaud, et d'autres figures si horribles, qu'il jeta le papier au feu, où il fut une demi-heure sans pouvoir se consumer. Les pièces d'or qu'il en avait tirées disparurent, et il reconnut qu'il avait eu affaire au diable.

Un avare, devenu riche à force d'usures, se sentant à l'article de la mort, pria sa femme de lui apporter sa bourse, afin qu'il pût la voir encore avant de mourir. Quand il la tint, il la serra tendrement, et ordonna qu'on l'enterrât avec lui, parce qu'il trouvait l'idée de s'en séparer déchirante. On ne lui promit rien précisément; et il mourut en contemplant son or. Alors on lui arracha sa bourse des mains, ce qui ne se fit pas sans peine. Mais quelle fut la surprise de la famille assemblée, lorsqu'en ouvrant le sac on y trouva, non plus des pièces d'or, mais deux crapauds !... Le diable était venu, et en emportant l'âme de l'usurier, il avait emporté son or, comme deux choses inséparables et qui n'en faisaient qu'une (1).

Voici autre chose : Un homme qui n'avait que vingt sous pour toute fortune se mit à vendre du vin aux passants. Pour gagner davantage, il mettait autant d'eau que de vin dans ce qu'il vendait. Au bout d'un certain temps, il amassa, par cette voie injuste, la somme de cent livres. Ayant serré cet argent dans un sac de cuir, il alla avec un de ses amis faire provision de vin pour continuer son trafic; mais, comme il était près d'une rivière, il tira du sac de cuir une pièce de vingt sous pour une petite emplette; il tenait le sac dans la main gauche et la pièce dans la droite ; incontinent un oiseau de proie fondit sur lui et lui enleva son sac, qu'il laissa tomber dans la rivière. Le pauvre homme, dont toute la fortune se trouvait ainsi perdue, dit à son compagnon : Dieu est équitable; je n'avais qu'une pièce de vingt sous quand j'ai commencé à voler ;

---

(1) Cæsarii, *Hist. de morientibus*, cap. XXXIX *Mirac.* lib. II.

il m'a laissé mon bien, et m'a ôté ce que j'avais acquis injustement (1).

Un étranger bien vêtu, passant au mois de septembre 1606 dans un village de la Franche-Comté, acheta une jument d'un paysan du lieu pour la somme de dix-huit ducatons. Comme il n'en avait que douze dans sa bourse, il laissa une chaîne d'or en gage du reste, qu'il promit de payer à son retour. Le vendeur serra le tout dans du papier, et le lendemain trouva la chaîne disparue, et douze plaques de plomb au lieu des ducatons (2).

« M. Remy, dans sa *Démonolâtrie* (3), parle de plusieurs personnes qu'il a ouïes en jugement en sa qualité de lieutenant général de Lorraine, dans le temps où ce pays fourmilloit de sorciers et de sorcières : ceux d'entre eux qui croyoient avoir reçu de l'argent du démon, ne trouvoient dans leurs bourses que des morceaux de pots cassés et des charbons, ou des feuilles d'arbres, ou d'autres choses aussi viles et aussi méprisables. »

« Le R. P. Abram, jésuite, dans son Histoire manuscrite de l'Université de Pont-à-Mousson, rapporte, dit dom Calmet (4), qu'un jeune garçon de bonne famille, mais peu accommodé, se mit d'abord à servir dans l'armée parmi les goujats et

---

(1) Saint Grégoire de Tours, livre des *Miracles*.
(2) Boguet, *Discours des sorciers*.
(3) Ch. IV, ann. 1705, cité par dom Calmet, dans le *Traité sur les apparitions des esprits*, t. I, p. 271.
(4) *Traité sur les apparitions des esprits*, t. I, p. 272.

les valets : de là ses parens le mirent aux écoles, mais ne s'accommodant pas de l'assujettissement que demandent les études, il les quitta, résolu de retourner à son premier genre de vie. En chemin il eut à sa rencontre un homme vêtu d'un habit de soie, mais de mauvaise mine, noir et hideux, qui lui demanda où il alloit, et pourquoi il avoit l'air si triste : Je suis, lui dit cet homme, en état de vous mettre à votre aise, si vous voulez vous donner à moi. Le jeune homme croyant qu'il vouloit l'engager à son service, lui demanda du tems pour y penser; mais commençant à se défier des magnifiques promesses qu'il lui faisoit, il le considéra de plus près, et ayant remarqué qu'il avoit le pied gauche fendu comme celui d'un bœuf, il fut saisi de frayeur, fit le signe de la croix, et invoqua le nom de Jésus; aussitôt le spectre disparut. Trois jours après la même figure lui apparut de nouveau, et lui demanda s'il avoit pris sa résolution : le jeune homme lui répondit qu'il n'avoit pas besoin de maître. Le spectre lui dit : Où allez-vous? Je vais, lui répondit-il, à une telle ville qu'il lui nomma. En même tems, le démon jetta à ses pieds une bourse qui sonnoit, et qui se trouva pleine de trente ou quarante écus de Flandres, entre lesquels il y en avoit environ douze qui paroissoient d'or, nouvellement frappés, et comme sortant de dessous le coin du monnoyeur. Dans la même bourse il y avoit une poudre que le spectre disoit être une poudre très subtile. En même tems il lui donnoit des conseils abominables pour contenter les plus honteuses passions, et l'exhortoit à renoncer à l'usage de l'eau bénite et à l'adoration de l'hostie qu'il nommoit par dérision ce petit gâteau. L'enfant eut horreur de ses propositions, fit le signe de la croix sur son cœur; et en même temps il se sentit si rudement jetté contre terre qu'il y demeura demi mort pendant une demi heure. S'étant relevé, il s'en retourna chez sa mère, fit pénitence et changea de conduite. Les pièces qui paroissoient d'or et nouvellement frappées, ayant été mises au feu, ne se trouverent que de cuivre. »

Le diable engage quelquefois à faire des œuvres de piété.

« L'an 1559, dit Bodin (1), le dix-septième jour de décembre, au village de Loen, en la comté de Juilliers, le curé osa bien interroguer le diable, qui tenoit une fille assiégée, si la messe estoit bonne et pourquoy il poussoit et contraignoit la fille d'aller soudain à la messe, quand on sonnoit la cloche. Satan respondit qu'il vouloit y aviser. C'estoit revoquer en doute le fondement de sa religion et en faire juge Satan. Or Jean de Sarisber, en son *Policratic*, livre II, chap. XXVI, parlant de ses beaux interrogatoires, dit : Les malins esprits sont si rusez, qu'ils feignent avec beaucoup de sollicitude qu'ils ne font que par force ce qu'ils font de

(1) *Démonomanie*, livre III, ch. dernier.

leur plein gré. On diroit qu'ils sont contraints, et ils font qu'on les tire des lieux où ils sont, en vertu des exorcismes : et afin que l'on n'y prenne garde de si près, ils dressent des exorcismes comme au nom du Seigneur, ou en la foy de la saincte Trinité ou en la vertu de l'incarnation et de la passion, puis les suggerent aux hommes et obeissent aux exorcistes jusques à tant qu'ils les ayent envelopez avec eux en mesme crime de sacrilège et peine de damnation. »

« Jean Wier récite, continue Bodin (1), qu'il a veu une fille demoniaque en Alemagne, laquelle interrogée par un exorciste, Satan respondit qu'il faloit que la fille allast en pelerinage à Marcodur, ville eslongnée de quelques lieuës, que de trois pas l'un elle s'agenouillast, et fist dire la messe sur l'autel Saincte-Anne, et qu'elle seroit délivrée, predisant le signal de sa delivrance à la fin de la messe. Ce qui fut fait, et sur la fin de la messe, elle et le prestre virent un fantosme blanc, et fut ainsi delivrée. »

« Nous avons vu un autre exemple, dit Bodin (2), de Philippe Woselich, religieux de Cologne en l'abbaye de Krueten, lequel fut assiégé d'un démon, l'an 1550. Le malin esprit interrogué dit à l'exorciste, qu'il estoit l'âme du feu abbé, nommé Mathias de Dure, pource qu'il n'avoit payé le

---

(1) *Démonomanie*, livre III, dernier chap.
(2) *Démonomanie*, livre III, dernier chap.

peintre, lequel avoit si bien peint l'image de la Vierge Marie, et que le religieux ne pouvoit estre delivré s'il n'alloit en voyage à Treves et Aix la Chapelle, ce qui fut fait ; et le religieux ayant obéi fut délivré. »

Bodin (1) cite encore cette histoire, « notoire aux Parisiens, advenue en la ville de Paris, en la rue Sainct-Honoré, au Cheval rouge. Un passementier avoit atiré sa niepce chez luy la voyant orpheline. Certain jour la fille priant sur la fosse de son père à Sainct-Gervais, Satan se présente à elle seule, en forme d'homme grand et noir, lui prenant la main et disant : M'amie, ne crain point, ton pere et ta mere sont bien. Mais il faut dire quelques messes et aller en voyage à Nostre Dame des Vertus, et ils iront droit en paradis. La fille demande à cet esprit si soigneux du salut des hommes qui il estoit : Il répondit qu'il estoit Satan, et qu'elle ne s'estonna point. La fille fit ce qui lui estoit commandé. Quoy fait il lui dit qu'il faloit aller en voyage à Sainct-Jacques. Elle respondit : Je ne sçaurois aller si loin. Depuis Satan ne cessa de l'importuner, parlant familièrement à elle seule faisant sa besogne, lui disant ces mots : Tu es bien cruelle ; elle ne voudroit pas mettre ses cizeaux au sein pour l'amour de moy. Ce qu'elle faisoit pour le contenter et s'en despêcher. Mais cela fait il lui

---

(1) Au 3° livre de la *Démonomanie*, cité par Goulart, *Thrésor des histoires admirables.*

demandoit en don quelque chose, jusques à de ses cheveux, dont elle lui donna un floquet. Quelques jours après il voulut lui persuader de se jetter dedans l'eau, tantost qu'elle s'estranglast, lui mettant au col à ceste fin la corde d'un puits; mais elle cria tellement qu'il ne poursuivit point. Combien que son oncle voulant un jour la revancher fut si bien battu, qu'il demeura malade au lict plus de quatre jours. Une autre fois Satan voulut la forcer et conoistre charnellement, et pour la résistance qu'elle fit, elle fut battue jusques à effusion de sang. Entre plusieurs qui virent cette fille fut un nommé Choinin, secretaire de l'evesque de Valence, lequel lui dit qu'il n'y avoit plus beau moyen de chasser l'esprit qu'en ne lui respondant rien de ce qu'il diroit : encore qu'il commandast de prier Dieu, ce qu'il ne fait jamais qu'en le blasphémant et le conjoignant tousjours avec ses créatures par irrision. De fait Satan voyant que la fille ne lui respondoit rien, ni ne faisoit chose quelconque pour lui la print et la jetta contre terre, et de puis elle ne vid rien. M. Amiot, evesque d'Auxerre et le curé de la fille n'y avoyent sceu remédier. »

Goulart raconte, d'après Hugues Horst (1) que, « l'an 1584 au marquisat de Brandebourg furent veus plus de huict vingts personnes démoniaques qui proferaient choses esmerveillables, conois-

---

(1) Hugues Horst, *Histoire de la dent d'or de l'enfant silésien.*

soyent et nommoyent ceux qu'ils n'avoyent jamais veus : entre ces personnes on en remarquoit qui longtemps auparavant estoyent décesdez, lesquels cheminoyent criant qu'on se repentist et qu'on quittast les dissolutions en habits, et dénonçoient le jugement de Dieu, avouans qu'il leur estoit recommandé de par le souverain de publier, maugré bongré qu'ils en eussent, qu'on s'amendast et qu'ainsy les pecheurs fussent ramenez au droit chemin. Ces démoniaques faisoyent rage par où ils passoient, vomissoyent une infinité d'outrages contre l'église, ne parloient que d'apparitions de bons et de mauvais anges; le diable se monstroit sous diverses semblances; lorsque le sermon se faisoit au temple, il voloit en l'air avec grand sifflement, et parfois crioit : *Hui, Hui* : semant par les places des esguillettes des pièces de monnoye d'or et d'argent. »

« En la province de Carthagène, dit Goulart (1), quand le malin esprit veut espouvanter ceux du pays, il les menace des huracans (2). De fait quelques fois il en suscite de si estranges, qu'ils emportent les maisons, desracinent les arbres et renversent (par maniere de dire) les montagnes sans dessus dessous. Oviedo raconte que une fois en passant sur une montagne de la terre ferme des Indes, il vid un terrible mesnage. Cette montagne (dit-il)

---

(1) *Thrésor des histoires admirables*, t. II, p. 772.
(2) Ouragans.

estoit toute couverte d'arbres grands et petits entassez espais, l'un sur l'autre, l'espace de plus de trois quarts de lieuë, et y en avoit beaucoup d'arrachez hors de terre avec toutes leurs racines, qui montoyent autant que tout le reste. Chose si espouvantable que seulement à la voir elle donnoit frayeur à tous ceux qui la regardoyent comme jugeans que c'estoit là pluslost une œuvre diabolique que naturelle. » (*Somm. de l'Inde occidentale*, chapitre II.)

Érasme rapporte dans ses épîtres cette histoire recueillie par un auteur anonyme (1) :

« Mais cecy est trop plus que véritable que naguère elle (Schiltach à huit lieues de Fribourg) a esté presque toute bruslée l'an 1533, le jeudy avant Pasques, et comme cela est advenu, voicy comme on l'a déposé véritablement devant le magistrat, ainsy que je l'ay ouy réciter à Henry Glaréan : c'est que le diable faisant signe en sifflant en quelque certaine maison, du hault d'icelle, il y eut un hostellier se tenant en icelle qui estimant que ce fut quelque larron, monta en hault mais n'y trouva personne, et soudain il oyt le mesme signe plus hault encore que la première fois, il y remonte, pour suivre, et empoigner le larron s'il le trouvoit par cas d'adventure; mais y estant, il ne voit rien, trop bien entendit-il le sifflet sur le feste de

---

(1) *Histoires prodigieuses extraictes de plusieurs fameux auteurs*. Paris, Jean de Bordeaux, 1571, 2 vol. in-18, p. 336.

la cheminée : ce qui lui feit penser que c'estoit quelque illusion et ruse diabolique, et pour ce il encouragea les siens et feit appeler les ecclésiastiques : voicy deux prestres arrivez qui font leurs exorcismes et adjurations, il respond et confesse franchement quel il estoit, et enquis à quelle fin il estoit là venu ne faignit de respondre que c'estoit pour brûler toute la susdite ville. Les gens d'église se mirent à l'adjurer, et le menacer, mais il dit qu'il ne craignoit point leurs parolles ny menaces à cause que l'un d'eux estoit paillard et tous les deux larrons. Peu de temps après, il prit et porta sur la cheminée une femme avec laquelle il avoit hanté l'espace de quatorze ans, quoyque tous les ans elle allast à confesse et reçeut le sainct sacrement, à laquelle il mit en main un pot à feu, et luy commande de l'espandre. Cas merveilleux, elle l'espand, et tout sur l'heure, toute la ville fut arse et réduite en cendres, par le fait du diable, s'aidant du ministère de cette sorcière, et laquelle fut depuis aussi bruslée. »

Camerarius (1) ajoute à propos de l'incendie diabolique de Sciltac ou Schiltach que « le feu tomboit çà et là sur les maisons, en forme de boulets enflammez, et quand quelques-uns couroyent pour aider à esteindre l'embrasement chez leurs voisins, on les rappelloit incontinent pour secourir leurs propres maisons. On eut toutes les peines du

---

(1) Dans ses *Méditations historiques*, ch. LXXIV, cité par Goulart dans son *Thrésor d'histoires admirables*.

monde à empescher qu'un chasteau basti de pierre de taille, et assez loin de la ville ne fust consommé de cest embrasement. J'ay entendu les particularitez de cette terrible visitation de la bouche propre du curé du lieu et d'autres habitans dignes de foy, qui avoyent été spectateurs de tout. Le curé me racontoit que ce malin et cruel esprit contrefaisoit au naturel les chants, ramages et mélodies de divers oiseaux. Plusieurs qui me tenoyent compagnie, s'esbahissoyent avec moi de voir que ce curé avoit comme une couronne entour ses longs cheveux qu'il portoit à l'antique, toute de diverses couleurs, et disoit que cela lui avoit esté fait par cest esprit, lequel lui jetta un cercle de tonneau à la teste. Il adjoustoit que le mesme esprit lui demanda un jour et à quelques autres s'ils avoyent jamais ouy crailler un corbeau? Que là dessus cest ennemi avoit crouassé si horriblement que tous tant qu'ils estoyent demeurerent si esperdus que si ce ramage infernal eust duré tant soit peu plus longtemps, ils fussent tous transsis de peur. Outre plus, ce vieillard affirmoit, non sans rougir, que souventes fois cest ennemi de salut deschifroit à lui et aux autres hommes qui l'accompagnoient, tous les pechez secrets par eux commis, si exactement que tous furent contraints de quiter la place et se retirer en leurs maisons : tant ils estoyent confus. »

« Un jour, dit Flodoard (historien, né à Épernay en 894, et qui a écrit l'histoire de l'église de Reims), un jour, saint Remi, archevêque de Reims, était absorbé en prières dans une église de sa ville chérie. Il remerciait Dieu d'avoir pu soustraire aux ruses du démon les plus belles âmes de son diocèse, lorsqu'on vint lui annoncer que toute la ville était en feu. Alors la brebis devint lion, la colère monta au visage du saint, qui frappa du pied les dalles de l'église avec une énergie terrible et s'écria : Satan je te reconnais ; je n'en ai donc pas encore fini avec ta méchanceté !

« On montre encore aujourd'hui, encastrée dans les pierres du portail occidental de Saint-Remi de Reims, la pierre où sont très visiblement empreintes les traces du pied irrité de saint Remi.

« Le saint s'arma de sa crosse et de sa chape comme un guerrier de son épée et de sa cuirasse, et vola à la rencontre de l'ennemi. A peine eut-il fait quelques pas qu'il aperçut des gerbes de flammes qui dévoraient, avec une furie que rien n'arrêtait, les maisons de bois dont la ville était bâtie et les toits de chaume dont ces maisons étaient couvertes. A la vue du saint, l'incendie sembla pâlir et diminuer. Remi, qui connaissait l'ennemi auquel il avait affaire, fit un signe de croix, et l'incendie recula.

« A mesure que le saint avançait en faisant des signes de croix, l'incendie lâchait prise et fuyait, comme fasciné devant la puissance de l'évêque ; on aurait dit un être intelligent et qui comprenait sa faiblesse. Quelquefois il se raidissait ; il reprenait courage ; il cherchait à cerner le saint dans une enveloppe de feu, à l'aveugler, à le réduire en cendres. Mais toujours un redoutable signe de croix parait les attaques et arrêtait les ruses.

« Forcé de reculer ainsi, de lâcher succcessivement toutes les maisons qu'il avait entamées, l'incendie vint s'abattre aux pieds de l'évêque, comme un animal dompté ; il se laissa prendre et conduire à la volonté du saint, hors de la ville, dans les fossés qui fortifient encore Reims. Là, Remi ouvrit une porte, qui donnait dans un souterrain ; il y précipita les flammes, comme on jette dans un gouffre un malfaiteur, et fit murer la porte.

« Sous peine d'anathème, sous peine de la ruine du corps et de la mort de l'âme, il défendit d'ouvrir à jamais cette porte. Un imprudent, un curieux, un sceptique peut-être, voulut braver la défense et entr'ouvrir le gouffre. Mais il en sortit des tourbillons de flammes qui le dévorèrent et rentrèrent ensuite d'elles-mêmes dans le trou où la volonté toujours vivante du saint les tenait enchaînées... »

« Voilà bien le démon de l'incendie ; voilà bien, comme le fait remarquer M. Guizot, dans la préface de Flodoard qu'il a traduit, une bataille épique, aussi belle que la bataille d'Achille contre le Xante : Le fleuve est un demi-dieu, l'incendie est un démon. C'est aussi beau que dans Homère (1). »

Goulart (2) rapporte, d'après Godelman (3), une

---

(1) M. Didron, *Histoire du diable.*
(2) *Thrésor des histoires admirables*, t. I, p. 290.
(3) En son traité *De magis, veneficis*, etc., liv. I, ch. I.

histoire qui montre le dangereux fruit des imprécations : « Un gentil-homme ayant convié quelques amis, et l'heure du somptueux festin venuë, se voyant frustré par l'excuse des conviez, entre en cholere, et commence à dire : Puisque nul homme ne daigne estre chez moi, que tous les diables y vienent. Quoy dit, il sort de sa maison, et entre au temple, où le pasteur de l'église preschoit, lequel il escoute assez longtemps et attentivement. Comme il estoit là, voici entrer en la cour du logis des hommes à cheval, de haute petarure tout noirs, qui commandent au valet de ce gentil-homme d'aller dire à son maistre, que ses hostes estoyent arrivez. Le valet tout effrayé court au temple, avertit son maistre, lequel bien estonné demande avis au pasteur. Icelui finissant son sermon conseille qu'on face sortir toute la famille hors du logis. Aussi tost dit, aussi tost executé : mais de haste que ces gens eurent de desloger, ils laisserent dedans la maison un petit enfant dormant au berceau. Ces hostes, c'est-à-dire les diables, commencent à remuer les tables, à hurler, à regarder par les fenestres, en forme d'ours, de loups, de chats, d'hommes terribles, tenans es pattes des verres pleins de vin, des poissons, de la chair rostie et bouillie. Comme les voisins, le gentilhomme, le pasteur et autres contemployent en grand frayeur un tel spectacle, le pauvre pere commence à crier : Hélas, où est mon enfant ! Il avoit encore le dernier mot en la bouche, quand un de ces hostes noirs apporte en ses bras l'enfant aux fenestres et le monstre à tous ceux qui estoyent en rue. Le gentil-homme tout esperdu, se prend à dire à celui de ses serviteurs auquel il se fioit le plus : Mon ami, que feroi-je ? Monsieur, répond le serviteur, je remettrai et recommanderai ma vie à Dieu, puis au nom d'icelui j'entrerai dans la maison, d'où moyennant sa faveur et son secours, je vous rapporteray l'enfant. A la bonne heure, dit le maistre, Dieu t'accompagne, t'assiste et fortifie. Le serviteur ayant reçeu la benediction du pasteur et d'autres gens de bien qui l'accompagnoyent, entre au logis, et aprochant du poisle où estoyent ces hostes tenebreux, se prosterne à genoux, se recommande à Dieu, puis ouvre la porte, et void les diables en horrible forme, les uns assis, les autres debout, aucuns se pourmenans, autres rampans contre le planché, qui tous accourent à lui crians ensemble : *Hui, hui,* que viens-tu faire ceans ? Le serviteur suant de destresse, et neantmoins fortifié de Dieu, s'adresse au malin qui tenoit l'enfant, et lui dit : Ça, baille moy cest enfant. Non feray, répond l'autre : il est mien. Va dire à ton maistre, qu'il viene le recevoir. Le serviteur insiste, et dit : Je fai la charge que Dieu m'a commise, et sçai que tout ce que je fai selon icelle lui est agreable. Pourtant à l'esgard de mon office, au nom, en l'assistance et vertu de Jésus-Christ, je t'arrache et saisi cest enfant, lequel je reporte à son pere. Ce disant, il empoigne l'enfant, puis le serre estroittement en ses bras. Les hostes noirs ne respondent que cris effroyables et ces mots : *Hui* meschant, *hui* garnement, laisse, laisse cest enfant : autrement nous te despecerons. Mais lui mesprisant leurs menaces sortit sain et sauf, et rendit l'enfant de mesmes es mains du gentil-homme son père. Quelques jours apres tous ces hostes s'esvanouirent, et le gentil-homme devenu sage et bon chrestien, retourna en sa maison.

Le diable aime à punir les méchants : Job Fincel (1) rapporte que « l'an 1532, un gentil-homme aleman cruel envers ses sujets, commanda à certain paysan de lui aller querir en la forest prochaine un grand chesne, et le lui amener en sa maison, à peine d'estre rudement chastié. Le paysan tenant cela comme impossible, part en souspirant et larmoyant. Entré dedans la forest, il rencontre un homme (c'estoit l'ennemi) qui lui demande la cause de sa tristesse ? A quoy le paysan satisfit, l'autre lui ayant commandé de s'en retourner, promet de donner ordre que le gentil-homme auroit bien tost un chesne. A peine le paysan estoit de retour au village que son homme de la forest jette tout contre la porte du gentil-homme et en travers un des plus gros et grands chesnes qu'on eust peu choisir, avec ses branches et rameaux. Qui plus est cest arbre se rendit dur comme fer tellement qu'il fust impossible de le mettre en pieces, au moyen de quoy le gentil-homme se vid

(1) Cité par Goulart, *Thrésor d'histoires admirables*, t. I, p. 540.

contraint à sa honte, fascherie et dispense de percer sa maison en autre endroit et y faire fenestres et portes nouvelles. »

On trouve sur le chapitre des malices du diable des légendes bien naïves. Il y avait à Bonn, dit Césaire d'Heisterbach, un prêtre remarquable par sa pureté, sa bonté et sa dévotion. Le diable se plaisait à lui jouer de petits tours de laquais : lorsqu'il lisait son bréviaire, l'esprit malin s'approchait sans se laisser voir, mettait sa griffe sur la leçon du bon curé et l'empêchait de finir ; une autre fois il fermait le livre, ou tournait le feuillet à contretemps. Si c'était la nuit, il soufflait la chandelle. Le diable espérait se donner la joie de mettre sa victime en colère ; mais le bon prêtre recevait tout cela si bien et résistait si constamment à l'impatience, que l'importun esprit fut obligé de chercher une autre dupe (1).

Un historien suisse rapporte qu'un baron de Regensberg s'était retiré dans une tour de son château de Bâle pour s'y adonner avec plus de soin à l'étude de l'Écriture sainte et aux belles-lettres. Le peuple était d'autant plus surpris du choix de cette retraite, que la tour était habitée par un démon. Jusqu'alors le démon n'en avait permis l'entrée à personne ; mais le baron était au-dessus d'une telle crainte. Au milieu de ses travaux, le démon lui apparaissait, dit-on, en habit séculier, s'asseyait à ses côtés, lui faisait des questions sur

(1) Cæsarii Heisterb. *Miracul.* lib. V, cap. LIII.

ses recherches, et s'entretenait avec lui de divers objets, sans jamais lui faire aucun mal. L'historien crédule ajoute que, si le baron eût voulu exploiter méthodiquement ce démon, il en eût tiré beaucoup d'éclaircissements utiles (1).

Cassien parle de plusieurs esprits ou démons de la même trempe qui se plaisaient à tromper les passants, à les détourner de leur chemin et à leur indiquer de fausses routes, le tout par malicieux divertissement (2).

Un baladin avait un démon familier, qui jouait avec lui et se plaisait à lui faire des espiègleries. Le matin il le réveillait en tirant les couvertures, quel que froid qu'il fît; et quand le baladin dormait trop profondément, son démon l'emportait hors du lit et le déposait au milieu de la chambre (3).

Pline parle de quelques jeunes gens qui furent tondus par le diable. Pendant que ces jeunes gens dormaient, des esprits familiers, vêtus de blanc, entraient dans leurs chambres, se posaient sur leur lit, leur coupaient les cheveux proprement, et s'en allaient après les avoir répandus sur le plancher (4).

(1) *Dictionnaire d'anecdotes suisses*, p. 82.
(2) Cassiani collat. VII, cap. xxxii.
(3) Guillelmi Parisiensis, partie II, princip., cap. viii.
(4) Pline, lib. XVI, epist. arg. 7.

LES BONS ANGES

Les Juifs, à l'exception des saducéens, admettaient et honoraient les anges, en qui ils voyaient, comme nous, des substances spirituelles, intelligentes, et les premières en dignité entre les créatures.

Les rabbins, qui placent la création des anges au second jour, ajoutent qu'ayant été appelés au conseil de Dieu, lorsqu'il voulut former l'homme, leurs avis furent partagés, et que Dieu fit Adam à leur insu, pour éviter leurs murmures. Ils reprochèrent néanmoins à Dieu d'avoir donné trop d'empire à Adam. Dieu soutint l'excellence de son ouvrage, parce que l'homme devait le louer sur la terre, comme les anges le louaient dans le ciel. Il leur demanda ensuite s'ils savaient le nom de toutes les créatures? Ils répondirent que non; et

Adam, qui parut aussitôt, les récita tous sans hésiter, ce qui les confondit.

L'Écriture Sainte a conservé quelquefois aux démons le nom d'anges, mais anges de ténèbres, anges déchus ou mauvais anges. Leur chef est appelé le grand dragon et l'ancien serpent, à cause de la forme qu'il prit pour tenter la femme.

Zoroastre enseignait l'existence d'un nombre infini d'anges ou d'esprits médiateurs, auxquels il attribuait non seulement un pouvoir d'intercession subordonné à la providence continuelle de Dieu, mais un pouvoir aussi absolu que celui que les païens prêtaient à leur dieux (1). C'est le culte rendu à des dieux secondaires, que saint Paul a condamné (2).

Les musulmans croient que les hommes ont chacun deux anges gardiens, dont l'un écrit le bien qu'ils font, et l'autre, le mal. Ces anges sont si bons, ajoutent-ils, que, quand celui qui est sous leur garde fait une mauvaise action, ils le laissent dormir avant de l'enregistrer, espérant qu'il pourra se repentir à son réveil.

Les Persans donnent à chaque homme cinq anges gardiens, qui sont placés : le premier à sa droite pour écrire ses bonnes actions, le second à sa gauche pour écrire les mauvaises, le troisième devant lui pour le conduire, le quatrième derrière

---

(1) Bergier, *Dictionnaire théologique.*
(2) Coloss., cap. II, vers. 18.

pour le garantir des démons, et le cinquième devant son front pour tenir son esprit élevé vers le prophète. D'autres en ce pays portent le nombre des anges gardiens jusqu'à cent soixante.

Les Siamois divisent les anges en sept ordres, et les chargent de la garde des planètes, des villes, des personnes. Ils disent que c'est pendant qu'on éternue que les mauvais anges écrivent les fautes des hommes.

Les théologiens admettent neuf chœurs d'anges, en trois hiérarchies : les séraphins, les chérubins, les trônes ; — les dominations, les principautés, les vertus des cieux ; — les puissances, les archanges et les anges.

Parce que des anges, en certaines occasions où Dieu l'a voulu, ont secouru les Juifs contre leurs ennemis, les peuples modernes ont quelquefois attendu le même prodige. Le jour de la prise de Constantinople par Mahomet II, les Grecs schismatiques, comptant sur la prophétie d'un de leurs moines, se persuadaient que les Turcs n'entreraient pas dans la ville, mais qu'ils seraient arrêtés aux murailles par un ange armé d'un glaive, qui les chasserait et les repousserait jusqu'aux frontières de la Perse. Quand l'ennemi parut sur la brèche, le peuple et l'armée se réfugièrent dans le temple de Sainte-Sophie, sans avoir perdu tout espoir ; mais l'ange n'arriva pas, et la ville fut saccagée.

Cardan raconte qu'un jour qu'il était à Milan, le bruit se répandit tout à coup qu'il y avait un ange dans les airs au-dessus de la ville. Il accourut et vit, ainsi que deux mille personnes rassemblées, un ange qui planait dans les nuages, armé d'une longue épée et les ailes étendues. Les habitants s'écriaient que c'était l'ange exterminateur; et la consternation devenait générale, lorsqu'un jurisconsulte fit remarquer que ce qu'on voyait n'était que la représentation, qui se faisait dans les nuées, d'un ange de marbre blanc placé au haut du clocher de Saint-Gothard.

« Plusieurs ont douté, dit Loys Guyon (1), si les anges qu'on appelle autrement intelligences, qui sont composez de substances incorporées, ministres, ambassadeurs et légats de Dieu, avoyent des corps humains ainsi qu'il se trouve escrit au dixiesme chapitre des Actes, de la vision d'un ange qui fut envoyé à Corneille, et qui parla à luy. Par les discours qu'il fait à ses amis, une fois il l'appelle homme, autrefois ange. Moyse pareillement appelle indifféremment maintenant anges, maintenant hommes, ceux qui apparurent à Abraham, estans vestus de corps humains. Et comme aussi en plusieurs autres passages de l'Escriture Saincte, il se trouve de telles choses.

« Tous théologiens catholiques tiennent que ces anges avoyent des corps humains, lesquels Dieu par son seul commandement leur avoit crée impassibles, sans aucune matière prejacente, et si

---

(1) *Diverses leçons*, t. II, p. 9.

tost qu'ils avoyent exploité ce qui leur avoit esté enjoint, les corps revenoyent à rien, comme ils avoyent esté crées de rien. Et quant à leurs vestemens, la Saincte Escriture les dit estre ordinairement blancs et reluisans. Les évangelistes rendent tesmoignage, qu'il y avoit une esmerveillable splendeur aux vestemens de Jésus-Christ, quand il fut transfiguré en la montagne saincte, et là manifesta sa gloire à trois de ses disciples. Ils en disent autant des anges qui ont esté envoyez pour tesmoigner la resurrection de Jésus-Christ.

« Tout ainsi que Nostre-Seigneur s'accommode jusques à nostre infirmité, il commande à ses anges de descendre sous la forme de nostre chair, aussi sème-il sur eux quelque rayon de gloire, à fin que ce qu'il leur a commis de nous commander, soit reçeu en plus grande certitude et reverence et ne faut douter que les corps semblables à ceux des humains sont donnez aux anges, aussi tost les habillemens se reduisent à néant, et eux remis en leur première nature, et que toutesfois ils n'ont esté sujets à aucunes infirmitez humaines, pendant qu'ils ont estez veus en forme d'homme. Et voila comme le doute de plusieurs sera osté touchant les corps des anges, et leurs vestemens. Aussi que si ces anges n'avoyent des organes, comme les autres hommes, ils ne pourroyent parler ni faire autres fonctions humaines, comme firent ceux qui osterent la grosse tombe et pierre qui estoit sur le sepulchre de Jésus-Christ.

« Il faut aussi noter la difference qu'il y a entre l'ame raisonnable et intelligence ou angelique nature. Parce que l'ame raisonnable est unie au corps et ensemble font une chose qui est l'homme, combien qu'elle puisse subsister à part ou separément. Mais la nature angelique n'est point unie au corps, mais sa création porte de subsister par soy. Toutesfois extraordinairement pour un peu de temps, et encore fort rarement Dieu crée quant il lui plaît un corps humain de rien à ses anges, qui retourne à rien. »

« Simon Grynee, très docte personnage, estant allé, dit Goulart (1), l'an 1529, de Heidelberg à Spire, où se tenoit une journée impériale, voulut ouyr certain prescheur, fort estimé à cause de son eloquence. Mais ayant entendu divers propositions contre la majesté et vérité du fils de Dieu, au sortir du sermon, il suit le prescheur, le salue honorablement, et le prie d'estre supporté en ce qu'il avoit à dire. Ils entrent doucement en propos. Grynee lui remonstre vivement et gravement les erreurs par lui avancez, lui ramentoit ce qu'avoit accoustumé faire sainct Polycarpe, disciple des apostres, s'il lui avenoit d'ouyr des faussetez et blasphesmes en l'eglise. L'exhortant au nom de Dieu de penser à sa conscience et se departir de ses opinions erronées. Le prescheur demeure court, et feignant un désir de conferer plus parti-

---

(1) *Thrésor d'histoires admirables*, t. I, p. 129.

culièrement, comme ayant haste de se retirer
chez soy, demande à Grynee son nom, surnom,
logis, et le convie à l'aller voir le lendemain pour
deviser amplement, et demonstre affectionner l'amitié de Grynee, adjoustant que le public recueilleroit un grand profit de ceste leur conference.
Outre plus il monstre sa maison à Grynee, lequel
delibere se trouver à l'heure assignée, se retire en
son hostellerie. Mais le prescheur irrité de la censure qui lui avoit esté faite, bastit en sa pensée
une prison, un eschaffaut et la mort à Grynee :
lequel disnant avec plusieurs notables personnages leur raconta les propos qu'il avoit tenus
à ce prescheur. La dessus on appelle le docteur
Philippe, assis à table aupres de Grynee, lequel
sort du poisle, et trouve un honorable vieillard,
beau de visage, honorablement habillé, inconnu,
qui de parole grave et amiable, commence à dire
que dedans l'heure d'alors arriveroyent en l'hostellerie des officiers envoyez de la part du roy des
Romains, pour mener Grynee en prison. Le vieillard adjouste en commandement à Grynee de desloger promptement hors de Spire, exhortant
Philippe a ne differer davantage. Et sur ce le vieillard disparoit. Le docteur Philippe, lequel raconte
l'histoire en son *Commentaire sur le prophète Daniel*,
chapitre dixiesme, adjouste ces mots : Je revin
vers la compagnie, je leur commande de sortir de
table, racontant ce que le vieillard m'avoit dit.
Soudain nous traversons la grande place ayant

Grynee au milieu de nous, et allons droict au Rhin, que Grynee passe promptement avec son serviteur dedans un esquif. Le voyans à sauveté, nous retournons à l'hostellerie, où l'on nous dit qu'incontinent apres nostre départ, les sergens estoyent venus cercher Grynee. »

André Honsdorf (1) raconte l'histoire suivante de l'apparition d'un ange à une pauvre femme :

« L'an 1539, au commencement de juin, une honneste femme veufve, chargée de deux fils, au pays de Saxe, n'ayant de quoi vivre en un temps de griefve famine, se vestit de ses meilleurs habits, et ses deux fils aussi, prenant son chemin vers certaine fontaine, pour y prier Dieu qu'il lui pleust avoir pitié d'eux pour les soulager. En sortant, elle rencontre un homme honorable, qui la salue doucement, et apres quelques propos, lui demande si elle pensoit trouver à manger vers cette fontaine? La femme respond : Rien n'est impossible à Dieu. S'il ne lui a point esté difficile de nourrir du ciel par l'espace de quarante ans au desert les enfans d'Israel, lui seroit-il malaisé de sustanter moi et les miens avec de l'eau? Disant ces paroles, de grand courage et d'un visage asseuré, ce personnage (lequel j'estime avoir esté un sainct ange) lui dit : Voici, puisque tu as une foy si constante, retourne et rentre en ta maison, tu y trouveras

---

(1) En son *Théâtre d'exemples,* cité par Goulart dans son *Thrésor d'histoires admirables,* t. I, p. 130.

trois charges de farine. Elle revenue chez soy, vid l'effect de ceste promesce. »

« L'an 1558, suivant Job Fincel (1), advint à Méchelrode en Allemagne, un cas merveilleux, confirmé par les tesmoignages de plusieurs hommes dignes de foy. Sur le soir, environ les neuf heures, un personnage vestu d'une robe blanche, suivi d'un chien blanc, vint heurter à la porte d'une pauvre honneste femme, et l'appelle par son nom. Elle estimant que ce fust son mari, lequel avoit esté fort long-temps en voyage lointain courut vite à la porte. Ce personnage la prenant par la main lui demande en qui elle mettait toute la fiance de son salut? En Jésus-Christ, respond-elle. Lors il lui commande de le suivre : dont faisant refus il l'exhorta d'avoir bon courage, de ne craindre rien. Quoy dit, il la mena toute la nuit par une forest. Le lendemain, il la fit monter environ midi sur une haute montagne, et lui montra des choses qu'elle ne sçeut jamais dire ni descouvrir à personne. Il luy enjoint de s'en retourner chez soy et d'exhorter chacun à se détourner de son mauvais train : adjoustant qu'un embrasement horrible estoit prochain et lui commanda aussi de se reposer huit jours dans sa maison, à la fin desquels il reviendroit à elle. Le jour suivant au matin, la femme fut trouvée à l'entrée du village et emme-

---

(1) Au troisième livre *des Miracles*, cité par Goulart, *Thrésor des histoires admirables*, t. I, p. 135.

née en son logis, où elle resta huit jours entiers sans boire ni manger.... disant qu'estant extremement lasse, rien ne lui estoit plus agréable que le repos; que dans huit jours l'homme qui l'avoit emmenée reviendroit et lors elle mangeroit. Ainsi avint-il : mais depuis ceste femme ne bougea du lit, le plus de temps souspirant le plus profond du cœur et s'escriant souventes fois : O combien sont grandes les joies de cette vie-là! ô que la vie présente est misérable! Quelques-uns lui demandant si elle estimoit que ce personnage vestu de blanc qui lui estoit ainsi aparu, fust un bon ange ou plustost quelque malin esprit, lequel se fust transformé en esprit de lumière? elle respondoit : Ce n'est point un malin esprit, c'est un sainct ange de Dieu, qui m'a commandé de prier Dieu soigneusement, d'exhorter grands et petits à amendement de vie. Si on l'interrogoit de sa créance : Je confesse (disoit-elle) que je suis une pauvre pécheresse; mais je croy que Jésus-Christ m'a acquis pardon de tous mes pechez par le benefice de sa mort et passion. Le pasteur du lieu rendoit tesmoignage de singuliere pieté et humble devotion à ceste femme, adjoustant qu'elle estoit bien instruite et pouvoit rendre raison de sa religion. »

Goulart (1) rapporte encore l'histoire d'une femme qui, le cerveau troublé, était descendue par la corde en un puits pour s'y noyer et avait

---

(1) *Thrésor des histoires admirables*, t. I, p. 138.

voulu se jeter ensuite à la rivière et qui lui déclara « qu'en ces accidens un homme vestu de blanc, et de face merveilleusement agréable lui aparoissoit, lequel lui tenoit la main, et l'exhortoit benignement et comme en souriant, d'espérer en Dieu. Comme elle estoit dedans le puits, et je ne sçai quoi de fort pesant lui poussoit la teste pour la plonger du tout en l'eau, et taschoit lui faire lascher la corde pour couler en fond : ce mesme personnage vint à elle, la souleva par les aisselles, et lui aida à remonter, ce qu'elle ne pouvoit nullement faire de soy-mesme. Aussi la consola-t-il au jardin, et la ramena doucement vers sa chambre, puis disparut. Le mesme lui vint à la rencontre, comme elle approchoit du pont et la suivoit de loin jusques à ce qu'elle fust de retour. »

LE ROYAUME DES FÉES

I. — FÉES

« Toutes les fées, dit M. Leroux de Lincy (1), se rattachent à deux familles bien distinctes l'une de l'autre. Les nymphes de l'île de Sein, principalement connues en France et en Angleterre, composent la première et aussi la plus ancienne, car on y retrouve le souvenir des mythologies antiques mêlé aux usages des Celtes et des Gaulois. Viennent après les divinités scandinaves, qui complètent en les multipliant les traditions admises à ce sujet. »

Pomponius Mela (2) nous apprend que « l'île de Sein est sur la côte des Osismiens; ce qui la distingue particulièrement, c'est l'oracle d'une divinité gauloise. Les prêtresses de ce dieu gardent une perpétuelle virginité; elles sont au nombre de

---
(1) *Le Livre des légendes*, introduction, par M. Leroux de Lincy, p. 170. Paris, Silvestre, 1836, in-8º.
(2) *De situ orbis*, liv. III, ch. vi.

neuf. Les Gaulois les nomment Cènes : ils croient qu'animées d'un génie particulier, elles peuvent par leurs vers, exciter des tempêtes et dans les airs et sur la mer, prendre la forme de toute espèce d'animaux, guérir les maladies les plus invétérées, prédire l'avenir ; elles n'exercent leur art que pour les navigateurs qui se mettent en mer dans le seul but de les consulter. »

« Telles sont, suivant M. Leroux de Lincy (1), les premières de toutes les fées que nous trouvons en France et dont le souvenir, conservé dans nos plus anciennes traditions populaires, s'est perpétué dans les chants de nos trouvères et dans nos romans de chevalerie ; il se mêle aux croyances que le paganisme avait laissées parmi nous, et ces deux éléments confondus, multiplièrent à l'infini ces fantastiques créatures. L'île de Sein ne fut bientôt plus assez vaste pour les contenir ; elles se répandirent au milieu de nos forêts, habitèrent nos rochers et nos châteaux, puis bien loin, vers le Nord, au delà de la Grande-Bretagne, fut placé le royaume de féerie. Il se nommait Avalon. »

Voici la description qu'en fait le *Roman de Guillaume au court nez* (2) :

> « Avalon fu mult riche et assazée
> Onques si riche cité ne fu fondée ;
> Li mur en sont d'une grant pierre lée,

---

(1) *Le Livre des légendes*, introduction, p. 174.
(2) Cité par M. Leroux de Lincy, *le Livre des légendes*, appendices, p. 249.

> Il n'est nus hons, tant ait la char navrée,
> S'à cele pierre pooist fere adesée
> Qu'ele ne fust tout maintenant sanée;
> Adès reluit com fournaise embrasée.
> Chescune porte est d'yvoire planée
> La mestre tour estoit si compassée,
> N'i avoit pierre ne fust à or fondée.
> .V. c. fenestes y cloent la vesprée
> C'onques de fust n'i ot une denrée.
> Il n'i ot ays saillie, ne dorée
> Qui de verniz ne soit fete et ouvrée.
> Et en chescune une pierre fondée
> Une esmeraude, .j. grant topace lée,
> Beric, jagonce, ou sadoine esmerée.
> La couverture fu à or tregetée,
> Sus .j. pomnel fu l'aygle d'or fermée,
> En son bec tint une pierre esprouvée ;
> Hom s'il la voit ou soir ou matinée,
> Quanqu'il demande ne li soit aprestée. »

On trouvait à Avalon ces simples précieux qui guérissaient les larges blessures des chevaliers. C'est là que fut porté Artur après le terrible combat de Cubelin : « Nous l'y avons déposé sur un lit d'or, dit le barde Taliessin dans la *Vie de Merlin* par Geoffroi de Monmouth ; Morgane après avoir longtemps considéré ses blessures, nous a promis de les guérir. Heureux de ce présage, nous lui avons laissé notre roi. »

C'est dans cette île aussi que Morgane mena son bien-aimé Ogier le Danois pour prendre soin de son éducation. C'est encore là que fut porté Renoart, l'un des héros de la chanson de gestes de Guillaume au court nez :

> Avec Artur, avecques Roland,
> Avec Gauvain, avecques Yvant.

Là étaient Auberon et Mallabron « ung luyton de

mer » dit le roman d'Ogier ; et M. Maury pense que c'est dans cette île mystérieuse que fut conduit Lanval par la fée sa maîtresse.

Giraud de Cambrie place à Glastonbury, dans le Somersetshire, la situation de cette île enchantée, de cette espèce de paradis des fées. « Cette île délicieuse d'Avalon, dit le roman d'Ogier le Danois, dont les habitants menoient vie très joyeuse, sans penser à nulle quelconque meschante chose, fors prendre leurs mondains plaisirs. »

Le nom d'Avalon vient d'*Inis Afalon*, île des pommes, en langue bretonne, et l'on a expliqué cette qualification par l'abondance des pommiers qui se rencontraient à Glastonbury. Suivant M. de Fréminville (1), Avalon serait la petite île d'Agalon, située non loin du célèbre château de Kerduel, et dont les chroniqueurs font le séjour favori du roi Artur.

D'après l'*Edda*, « les fées qui sont d'une bonne origine sont bonnes et dispensent de bonnes destinées ; mais les hommes à qui il arrive du malheur doivent l'attribuer aux méchantes fées. »

On lit dans le roman de Lancelot du Lac : « Toutes les femmes sont appelées fées qui savent des enchantements et des charmes et qui connaissent le pouvoir de certaines paroles, la vertu des pierres et des herbes ; ce sont les fées qui donnent la richesse, la beauté et la jeunesse. »

(1) *Antiquités de la Bretagne, Côtes-du-Nord*, p. 19.

« Mon enfant, dit un auteur anonyme du xive siècle, rapporté par M. Leroux de Lincy (1), les fées ce estoient diables qui disoient que les gens estoient destinez et faes les uns à bien, les autres à mal, selon le cours du ciel ou de la nature. Comme se un enfant naissoit à tele heure ou en tel cours, il li estoit destiné qu'il seroit pendu ou qu'il seroit noié, ou qu'il espouseroit tel dame ou teles destinées, pour ce les appeloit l'en fes, quar fée selon le latin, vaut autant comme destinée, *fatatrices vocabantur.* »

« Laissons les acteurs ester, dit Jean d'Arras (2), et racontons ce que nous avons ouy dire et raconter à nos anciens, et que cestui jour nous oyons dire qu'on a vu au païs de Poitou et ailleurs, pour coulourer nostre histoire, à estre vraie, comme nous le tenons et qui nous est publié par les vraies chroniques, nous avons ouy raconter à nos anciens que en plusieurs parties sont aparues à plusieurs tres familierement, choses lesquelles aucuns appeloient *luitons,* aucuns autres les *faës,* aucuns autres les *bonnes dames,* qui vont de nuit et entrent dedans les maisons, sans les huis rompre, ne ouvrir, et ostent les enffanz des berceulx et bestournent les membres, ou les ardent, et quant au partir les laissent aussi sains comme devant, et à aucuns

---

(1) *Le Livre des légendes,* introduction, p. 240.
(2) *Roman de Mélusine,* cité par M. Leroux de Lincy, *le Livre des légendes,* introduction, p. 172.

donnent grant eur en cest monde. Encores, dit Gervaise, que autres faës s'apairent de nuit en guise de femmes à face ridée, basses et en petite estature et font les besoignes des hostelz libéralement, et nul mal ne faisoient; et dit que, pour certain, il avoit veu ung ancien homme qui racontoit pour vérité qu'il avoit veu en son temps grant foison de telles choses. Et dit encore que les dictes faës se mettoient en fourme de très belles femmes; et en ont plusieurs hommes prinses pour moittiers; parmi aucunes convenances qu'elles leur faisoient jurer, les uns qu'ils ne les verroient jamais nues, les autres que le samedi ne querroient qu'elles seroient devenues; aucunes, se elles avoient enfans, que leurs mariz ne les verroient jamais en leur gésine, et tant qu'ils leur tenoient leurs convenances, ils estoient regnant en grant audicion et prospérité, et sitost qu'ils deffailloient ils les perdoient et décheoient de tous leur boneur petit à petit; et aucunes se convertissoient en serpens, ung ou plusieurs jours la sepmaine, etc. »

Le fond des forêts et le bord des fontaines étaient le séjour favori des fées.

« Les fées, dit M. A. Maury (1) se rendaient visibles près de l'ancienne fontaine druidique de Baranton, dans la forêt de Brochéliande :

« Là soule l'en les fées veoir », écrivait en 1096

---

(1) *Les fées du moyen âge, recherches sur leur origine, leur histoire et leurs attributs, pour servir à la connaissance de la mythologie gauloise*, par L. F. Alfred Maury. Paris, Ladrange, 1843. in-12.

Robert Wace. Ce fut également dans une forêt, celle de Colombiers en Poitou, près d'une fontaine appelée aujourd'hui par corruption la *font de scié*, que Mélusine apparut à Raimondin (1). C'est aussi près d'une fontaine que Graelent vit la fée dont il tomba amoureux et avec laquelle il disparut pour ne plus jamais reparaître (2). C'est près d'une rivière que Lanval rencontra les deux fées dont l'une, celle qui devint sa maîtresse, l'emmena dans l'île d'Avalon, après l'avoir soustrait au danger que lui faisait courir l'odieux ressentiment de Genevre (3). Viviane, fée célèbre dont le nom est une corruption de *Vivlian*, génie des bois, célébrée par les chants celtiques, habitait au fond des forêts, sous un buisson d'aubépine, où elle tint Merlin ensorcelé (4). »

« Les eaux minérales, dont l'action bienfaisante était attribuée à des divinités cachées, à Sirona, à Vénus anadyomène, auxquelles on consacrait des ex-voto et des autels, furent regardées au moyen âge comme devant leur vertu médicale à la présence des fées. Près de Domremy, la source thermale qui coulait au pied de l'arbre des fées et où s'était souvent arrêtée Jeanne d'Arc, en proie à ses étonnantes visions, avait jailli, suivant le dire

---

(1) *Histoire de Mélusine*, par Jean d'Arras. Paris, 1698, in-12, p. 125.
(2) *Poésies de Marie de France*, édit. Roquefort, t. I, p. 537; *lai de Graelent*.
(3) Même ouvrage, t. II, p. 207; *lai de Lanval*.
(4) Th. de la Villemarqué, *Contes populaires des anciens Bretons*.

populaire, sous la baguette des bonnes fées. C'est encore sous le même patronage que les montagnards de l'Auvergne placent les eaux minérales de Murat-le-Quaire. Les habitants de Gloucester, l'ancienne Kerloiou, prétendent que neuf fées, neuf magiciennes veillent à la garde des eaux thermales de cette ville; et ils ajoutent qu'il faut les vaincre quand on veut en faire usage. »

Une des principales occupations des fées, c'est de douer les enfants de vertus plus ou moins extraordinaires, plus ou moins surnaturelles.

Le *Roman d'Ogier le Danois* raconte que : « La nuit où l'enfant naquit, les demoiselles du château le portèrent dans une chambre séparée, et quand il fut là, six belles demoiselles qui étaient fées se présentèrent : s'étant approchées de l'enfant, l'une d'elles, nommée Gloriande, le prit dans ses bras, et le voyant si beau, si bien fait, elle l'embrassa et dit : Mon enfant, je te donne un don par la grâce de Dieu, c'est que toute ta vie tu seras le plus hardi chevalier de ton temps. Dame, dit une autre fée, nommée Palestrine, certes voilà un beau don, et moi j'y ajoute que jamais tournois et batailles ne manqueront à Oger. Dame, ajouta la troisième, nommée Pharamonde, ces dons ne sont pas sans péril, aussi je veux qu'il soit toujours vainqueur. Je veux, dit alors Melior, qu'il soit le plus beau, le plus gracieux des chevaliers. Et moi, dit Pressine, je lui promets un amour heureux et constant de la part de toutes les dames. Enfin, Mourgues, la sixième, ajouta : J'ai bien écouté tous les dons que vous avez faits à cet enfant, eh bien ! il en jouira seulement après avoir été mon ami par amour, et avoir habité mon château d'Avalon. Ayant dit, Mourgues embrassa l'enfant, et toutes les fées disparurent. »

Le *Roman de Guillaume au court nez,* cité par Leroux de Lincy (1), raconte les dons des fées à la naissance du fils de Maillefer :

> A ce termine que li enfès fu nez
> Fils Maillefer, dont vous oy avez,
> Coustume avoient les gens, par véritez,
> Et en Provence et en autres regnez,
> Tables métoient et sièges ordenez
> Et sur la table .iij. blancs pains buletez
> .Iij. poz de vin et .iij. hénas de lès.
> Et par encoste iert li enfès posez,
> En .i. mailluel y estoit aportez,
> Devant les dames estoit desvelopez
> Et de chascune véuz et esgardez
> S'iert filz ou fille, ne a droit figurez.
> Et en après baptisiez et levez.
> . . . .
> Biaus fut li temps, la lune luisoit cler
> Li eur est bone et mult fist à loer :
> Or nous devons de l'enfant raconter,
> Quelle aventure Dieu i volt demonstrer ;
> .Iij. fées vinrent port l'enfant revider.
> L'une le prist tantost, sans demorer,
> Et l'autre fée vait le feu alumer,
> L'enfant y font .i. petitet chaufer,
> La tierce fée là l'a renmailloter
> Et puis le vont couchier pour reposer ;
> Puis sont assises à la table, au souper,

(1) *Le Livre des légendes,* appendices, p. 257.

LE ROYAUME DES FÉES

Assez trovèrent pain et char et vin cler.
Quant ont maingié, se prisrent à parler;
Dist l'une à l'autre : il nous convient doner
A cest enfant et bel don présenter.
Dist la mestresse : premiers vueil deviser
Quel ségnorie ge li vueil destiner
S'il vient en aige, qu'il puist armes porter,
Biaus iert et fors et hardis por jouster;
Constantinoble qui mult fait à douter,
Tenra cis enfès, ains que doie finer,
Rois iert et sires de Gresce sur la mer,
Ceuz de Vénisce fera crestiener.
Jà pour assaut ne le convient armer!
Car jà n'iert homs qui le puist affoler
Ne beste nule qui le puist mal mener,
Ours, ne lyons, ne serpens, ne sengler,
N'auront pooir de lui envenimer.

Encore veil de moi soit enmiendrez
S'il avient chose qu'il soit en mer entrez,
Jà ses vaissiaux ne sera afondrez,
Ne par tourmente empiriez ne grevez;
Dist sa compaigne : or avez dit assez,
Or me lessiez dire mes volontez.
Je veil qu'il soit de dames bien amez
Et de pucèles joïs et honorez;
Et je voldrai qu'il soit bons clers letrez
D'art d'yngremance apris et doctrinez
Par quoi s'avient qu'il soit emprisonez
En fort chastel, ne en tour enfermez,
Que il s'en isse auçois .iij. jours passez,
Et dist la tierce : Dame, bien dit avez,
Or li donrai, se vous le comandez.
Dient les autres : faites vos volontez,
Mais gardez bien qu'il ne soit empirez.

La tierce fée fut mult de grand valour
A l'enfant done et prouece et baudour,
Cortois et sages, si est bel parliour
Chiens et oisiaux ne trace à nul jour,

> Et soit archiers c'on ne sache mellour.
> De .x. royaumes tendra encor l'ounour.
> A tant se liévent toutes .iij. sanz demour;
> Li jours apert, si voient la luour
> Alors s'en vont plus n'i ont fait sejour,
> L'enfant commandent à Dieu le créatour.

« Souvent, dit M. Leroux de Lincy (1) et principalement en Bretagne, au lieu d'attendre les fées, on allait au devant d'elles, et l'on portait l'enfant dans les endroits connus pour servir de demeure à ces divinités. Ces lieux étaient célèbres, on doit le penser, et beaucoup de nos provinces ont consacré le souvenir de cette croyance dans la désignation de *grottes aux fées* que portent quelques sites écartés ou souterrains de leur territoire. »

Le fragment du roman de *Brun de la Montagne* qui nous est parvenu se rapporte à cet usage : Butor, baron de la Montagne, ayant épousé une jeune femme, quoique vieux, en eut un fils, qu'il résolut de faire porter à la fontaine là où les fées viennent se reposer. Il dit à la mère :

> Il a des lieux faës ès marches de Champaigne,
> Et aussi en a il en la Roche Grifaigne;
> Et si croy qu'il en a aussi en Alemaigne,
> Et en bois Bersillant, par desous la montaigne;
> Et non pourquant ausi en a il en Espaigne,
> Et tout cil lieu faë sont Artu de Bretaigne.

Le seigneur de la Montagne confia son fils à Bruyant, chevalier qu'il aimait. Et celui-ci partit avec une troupe de vassaux. Ils déposèrent l'enfant

---

(1) *Le Livre des légendes*, introduction, p. 180.

auprès de la forêt de Brochéliande, et les dames fées ne tardèrent pas à s'y rendre; elles étaient bien gracieuses et leur corps, plus blanc que neige, était revêtu d'une robe de même couleur; sur leur tête brillait une couronne d'or. Elles s'approchèrent, et quand elles virent l'enfant : Voici un nouveau-né, dit l'une d'elles. Certainement, reprit la plus belle, qui paraissait commander aux deux autres; je suis sûre qu'il n'a pas une semaine. Allons, il faut le baptiser et le douer de grandes vertus. Je lui donne, reprit la seconde, la beauté, la grâce; je veux qu'on dise que ses marraines ont été généreuses. Je veux encore qu'il soit vainqueur dans les tournois, dans les batailles. Maîtresse, si vous trouvez mieux que cela, donnez-lui. Dame, reprit la maîtresse, vous avez peu de sens, quand vous osez devant moi donner tant à ce petit. Et moi je veux que dans sa jeunesse il ait une amie insensible à ses vœux. Et bien que par votre puissance, il soit noble, généreux, beau, courtois, il aura peine en amour; ainsi je l'ordonne. Dame, ajouta la troisième, ne vous fâchez pas si je fais courtoisie à cet enfant, car il vient de haut lignage et je n'en sais pas de plus noble. Aussi je veux m'appliquer à le servir et à l'aider dans toutes ses entreprises. Je le nourrirai, et c'est moi qui le garderai jusqu'à l'âge où il aura une amie, et c'est moi qui serai la sienne. Je vois, dit la maîtresse, que vous aimez beaucoup cet enfant; mais pour cela je ne changerai pas mon don. Je vous en conjure, dame, reprit la troisième, laissez-moi cet enfant ; je puis le rendre bien heureux... Non, répliqua la maîtresse, je veux que mes paroles s'accomplissent, et il aura, en dépit de vous deux, le plus vilain amour que l'on ait jamais éprouvé. Après avoir ainsi parlé, les trois fées disparurent, les chevaliers reprirent l'enfant et le reportèrent au château de la Montagne, où bientôt une fée se présenta comme nourrice.

Les fées assistèrent de même, dit M. Maury (1), à la venue au monde d'Isaïe le Triste. Aux environs de la Roche aux Fées, dans le canton de Rhétiers, les paysans croient encore aux fées qui prennent, disent-ils, soin des petits enfants, dont elles pronostiquent le sort futur ; elles descendent dans les maisons par les cheminées et ressortent de même pour s'en aller (2). Les volas ou valas scandinaves allaient de même prédire la destinée des enfants qui naissaient dans les grandes familles (3) ; elles assistaient aux accouchements laborieux et aidaient par leurs incantations (*galdrar*) les femmes en travail. Les fées voulaient même souvent être invitées. Longtemps, à l'époque des couches de leurs femmes, les Bretons servaient un repas dans une chambre contiguë à celle de l'accouchée, repas qui

---

(1) *Les Fées au moyen âge.*
(2) Mémoires de M. de la Pillaye, dans le t. II de la nouvelle série des *Mémoires des antiquaires de France*, p. 95.
(3) Bergmann, *Poèmes islandais*, p. 159. Grenville Pigott, *a Manual of Scandinavian mythology*, p. 353. Londres, 1839.

était destiné aux fées, dont ils redoutaient le ressentiment (1). Les fées furent invitées à la naissance d'Obéron, elles le dotèrent à l'envi des dons les plus rares ; une seule fut oubliée, et pour se venger de l'outrage qui lui était fait, elle condamna Obéron à ne jamais dépasser la taille d'un nain.

« Dans la légende de saint Armentaire, composée vers l'an 1300, par un gentilhomme de Provence nommé Raymond, on parle des sacrifices qu'on faisait à la fée Esterelle, qui rendait les femmes fécondes. Ces sacrifices étaient offerts sur une pierre nommée la Lauza de la fada (2). »

Les fées aimaient à suborner les jeunes seigneurs, témoin ce chant de la Bretagne que rapporte M. de la Villemarqué (3) : « La Korrigan était assise au bord d'une fontaine et peignait ses cheveux blonds ; elle les peignait avec un peigne d'or, car ces dames ne sont pas pauvres : Vous êtes bien téméraire, de venir troubler mon eau, dit la Korrigan ; vous m'épouserez à l'instant ou pendant sept années vous sécherez sur pied, ou vous mourrez dans trois jours. »

Mélusine suborna ainsi Raimondin pour échapper au destin cruel que lui avait prédit sa mère Pressine.

---

(1) Dans l'antiquité, à la naissance des enfants des familles riches, par suite de croyances analogues à celles-ci, on établissait dans l'atrium un lit pour Junon Lucine.
(2) Cambry, *Monuments celtiques*, p. 342.
(3) *Chants populaires de la Bretagne*, t. I, p. 4.

« La beauté, dit M. Maury (1), est, il est vrai, un des avantages qu'elles ont conservés ; cette beauté est presque proverbiale dans la poésie du moyen âge ; mais à ces charmes elles unissent quelques secrète difformité, quelque affreux défaut ; elles ont, en un mot, je ne sais quoi d'étrange dans leur conduite et leur personne. La charmante Mélusine devenait, tous les samedis, serpent de la tête au bas du corps. La fée qui, d'après la légende, est la souche de la maison de Haro, avait un pied de biche d'où elle tira son nom, et n'était elle-même qu'un démon succube. »

« Le nom de dame du lac, dit le même auteur, donné à plusieurs fées, à la Sibille du roman de Perceforest, à Viviane, qui éleva le fameux Lancelot, surnommé aussi du Lac, a son origine dans les traditions septentrionales. Ces dames du lac sont filles des meerweib-nixes qui, sur les bords du Danube, prédisent dans les Niebelungen, l'avenir au guerrier Hagène ; elles descendent de cette sirène du Rhin qui, à l'entrée du gouffre où avait été précipité le fatal trésor des Niebelungen, attirait par l'harmonie de ses chants que quinze échos répétaient, les vaisseaux dans l'abîme. »

« Les ondins, les nixes de l'Allemagne, attirent au fond des eaux les mortels qu'elles ont séduits ou ceux qui, à l'exemple d'Hylas, se hasardent imprudemment sur les bords qu'elles habitent. En France,

---

(1) *Les Fées du moyen âge*, p. 53.

une légende provençale raconte de même comment une fée attira Brincan sous la plaine liquide et le transporta dans son palais de cristal (1). Cette fée avait une chevelure vert glauque, qui rappelle celle que donnent les habitants de la Thuringe à la nixe du lac de Sal-Zung (2) ou celle qu'attribuent les Slaves à leurs roussalkis (3). Ces roussalkis, comme les ondins de Magdebourg (4), comme les Korrigans de la Bretagne, viennent souvent à la surface des eaux peigner leur brillante chevelure. Mélusine nous est représentée de même peignant ses longs cheveux, tandis que sa queue s'agite dans un bassin. »

« Plusieurs fées, dit M. A. Maury (5), sont représentées comme de véritables divinités domestiques. Dame Abonde, cette fée dont parle Guillaume de Paris, apporte l'abondance dans les maisons qu'elle fréquente (6). La célèbre fée Mélusine pousse des gémissements douloureux chaque fois

(1) Kirghtley, *The fairy Mythology*, t. II, p. 287.
(2) Bechstein, *der Sagenschatz und die Sagenkreise des Thuringeslandes*, P. IV, p. 117. Meiningen 1838, in-12. (Les nixes de ce lac enlevaient aussi les enfants, comme les Korrigans de la Bretagne).
(3) Makaroff, *Traditions russes* (en russe), t. I, p. 9.
(4) Grimm, *Traditions allemandes*, t. I, p. 83.
(5) *Les Fées du moyen âge*.
(6) Guillaume de Paris, *De Universo*, t. I, p. 1037. Orléans, 1674, in-fol. (Cette dame Abonde paraît être la même que la Mab dont Shakespeare parle dans sa tragédie de *Roméo et Juliette*. Elle se rattache à la Holda des Allemands). Voyez G. Zimmermann, *De Mutata saxonum veterum religione*, p. 21. Darmstadt, 1839.

que la mort vient enlever un Lusignan (1). Dans l'Irlande, la Banshee vient de même aux fenêtres du malade appartenant à la famille qu'elle protège, frapper des mains et faire entendre des cris de désespoir (2). En Allemagne, dame Berthe, appelée aussi la *Dame blanche* se montre comme les fées à la naissance des enfants de plusieurs maisons princières sur lesquelles elle étend sa protection... Dans les bruyères de Lunebourg, la Klage Weib annonce aux habitants leur fin prochaine. Quand la tempête éclate, que le ciel s'ouvre, quand la nature est en proie à quelques-unes de ces tourmentes où elle semble lutter contre la destruction, la Klage Weib se dresse tout à coup comme un autre Adamastor, et, appuyant son bras gigantesque sur la frêle cabane du paysan, elle lui annonce par l'ébranlement soudain de sa demeure que la mort l'a désigné (3).

Les historiens citent encore d'autres dames blanches, comme la dame blanche d'Avenel, la *dona bianca* des Colalto, la femme blanche des seigneurs de Neuhaus et de Rosenberg, etc.

On donne encore le nom de *dames blanches* aux fées bretonnes ou *Korrigans*. Elles connaissent l'avenir, commandent aux agents de la nature, peuvent se transformer en la forme qui leur plaît. En un clin d'œil les Korrigans peuvent se trans-

(1) J. d'Arras, *Histoire de Mélusine*, p. 310.
(2) Crofton Croker, *Fairy Legends and Traditions of the South of Ireland*. Londres, 1834, in-12, part. I, p. 228; part. II, p. 10.
(3) *Spiels Archiv*. II, 297.

porter d'un bout du monde à l'autre. Tous les ans, au retour du printemps, elles célèbrent une grande fête de nuit ; au clair de lune elles assistent à un repas mystérieux, puis disparaissent aux premiers rayons de l'aurore. Elles sont ordinairement vêtues de blanc, ce qui leur a valu leur surnom. Les paysans bas-bretons assurent que ce sont de grandes princesses gauloises qui n'ont pas voulu embrasser le christianisme lors de l'arrivée des apôtres (1).

« On a aussi appelé *dames blanches,* dit Reiffenberg (2), d'autres êtres, d'une nature malfaisante, qui n'étaient pas spécialement dévoués à une race particulière ; telles étaient les *witte wijven* de la Frise, dont parlent Corneil Van Kempen, Schott, T. Van Brussel et des Roches. Du temps de l'empereur Lothaire, en 830, dit le premier de ces écrivains, beaucoup de spectres infestaient la Frise, particulièrement les *dames blanches* ou nymphes des anciens. Elles habitaient des cavernes souterraines, et surprenaient les voyageurs égarés la nuit, les bergers gardant leurs troupeaux, ou encore les femmes nouvellement accouchées et leurs enfants, qu'elles emportaient dans leurs repaires, d'où l'on entendait sortir quantité de bruits étranges, des vagissements, quelques mots imparfaits et toute espèce de sons musicaux. »

(1) Voyez l'introduction des *Contes populaires des anciens Bretons,* par M. de la Villemarqué, p. XL, et *les Fées du moyen âge,* par M. Alfred Maury, p. 39.
(2) *Dictionnaire de la conversation,* article DAMES BLANCHES.

L'Aïa, Ambriane ou Caieta est une fée de la classe des *dames blanches*, qui habite le territoire de Gaëte, dans le royaume de Naples, et qui y préoccupe autant l'esprit des personnes faites que celui de l'enfance. Comme chez la plupart des dames blanches, les intentions de l'Aïa sont toujours bienveillantes : elle s'intéresse à la naissance, aux événements heureux et malheureux, et à la mort de tous les membres de la famille qu'elle protège. Elle balance le berceau des nouveau-nés. C'est principalement durant les heures du sommeil qu'elle se met à parcourir les chambres de la maison ; mais elle y revient encore quelquefois pendant le jour. Ainsi, lorsqu'on entend le craquement d'une porte, d'un volet, d'un meuble, et que l'air agité siffle légèrement, on est convaincu que c'est l'annonce de la visite de l'Aïa. Alors chacun garde le silence, écoute ; le cœur bat à tous ; on éprouve à la fois de la crainte et un respect religieux ; le travail est suspendu ; et l'on attend que la belle Ambriane ait eu le temps d'achever l'inspection qu'on suppose qu'elle est venue faire. Quelques personnes, plus favorisées ou menteuses, affirment avoir vu la fée, et décrivent sa grande taille, son visage grave, sa robe blanche, son voile qui ondule ; mais la plupart des croyants déclarent n'avoir pas été assez heureux pour l'apercevoir. Cette superstition remonte à des temps reculés, puisque Virgile la trouva existant déjà au même lieu.

II. — ELFES

Les Alfs ou Elfes sont dans les pays du Nord les génies des airs et de la terre. Ils ont quelque ressemblance avec les fées. Leur roi Oberon, immortalisé par Wieland, est le roi des aulnes, *Ellen König*, chanté par Gœthe.

Torfeus, historien danois qui vivait au xviie siècle, cité par M. Leroux de Lincy (1), rapporte dans la préface de son édition de la *Saga de Hrolf*, l'opinion d'un prêtre islandais nommé Einard Gusmond, relativement aux Elfes : « Je suis persuadé, disait-il, qu'ils existent réellement, et qu'ils sont la créature de Dieu; qu'ils se marient comme nous, et reproduisent des enfants de l'un et l'autre sexe : nous en avons une preuve dans ce que l'on sait des amours de quelques-unes de leurs femmes avec de simples mortels. Ils forment un peuple semblable aux autres peuples, habitent des châteaux, des maisons, des chaumières; ils sont pauvres ou riches, gais ou tristes, dorment et veillent, et ont toutes les autres affections qui appartiennent à l'humanité. »

Chez les peuples septentrionaux, dit M. A. Maury (2), d'après M. Crofton Croker (3), « les Elfes

---

(1) *Le Livre des légendes*, introduction, p. 159. Paris, 1836, in-8°.
(2) *Les Fées du moyen âge*, p. 73.
(3) *Fairy Legends and Traditions of the South of Ireland*. Londres, 1834, in-12.

ont été divisés en diverses classes suivant les lieux qu'ils habitent et auxquels ils président. On distingue les *Dunalfenne*, qui répondent aux nymphes *monticolæ, castalides* des anciens, les *Feldalfenne*, qui sont les naïades, les hamadryades; les *Muntalfenne* ou orcades; les *Scalfenne* ou naïades; les *Undalfenne* ou dryades. »

« On dépeint les Elfes, dit M. Leroux de Lincy (1), comme ayant une grosse tête, de petites jambes et de longs bras; quand ils sont debout, ils ne s'élèvent pas au-dessus de l'herbe des champs. Adroits, subtils, audacieux, toujours malins, ils ont des qualités précieuses et surhumaines. C'est ainsi que ceux qui vivent sous la terre et qui veillent à la garde des métaux sont réputés comme très habiles à forger des armes. Ceux qui habitent l'onde aiment beaucoup la musique et sont doués de talents merveilleux en ce genre. La danse est le partage de ceux qui vivent entre le ciel et la terre, ou dans les rochers. Ceux qui séjournent en de petites pierres appelées *Elf-mills, Elf-guarnor* ont une voix douce et mélodieuse. »

« Chez les peuples scandinaves, les Elfes passaient pour aimer passionnément la danse. Ce sont eux, disait-on, qui forment des cercles d'un vert brillant, nommés *Elf-dans*, que l'on aperçoit sur le gazon. Aujourd'hui encore, quand un paysan danois rencontre un cercle semblable, aux premiers

---

(1) *Le Livre des légendes*, introduction, p. 160.

rayons du jour, il dit que les Elfes sont venus danser pendant la nuit. Tout le monde ne voit pas les *Elfs-dans*. Ce don est surtout le partage des enfants nés le dimanche; mais les Elfes ont le pouvoir de douer de cette science leurs protégés en leur donnant un livre dans lequel ceux-ci apprennent à lire l'avenir. »

« Les Elfes demeurent dans les marais, au bord des fleuves, disent encore les paysans danois; ils prennent la forme d'un homme vieux, petit, avec un large chapeau sur la tête. Leurs femmes sont jeunes, belles, et d'un aspect attrayant, mais par derrière elles sont creuses et vides. Les jeunes gens doivent surtout les éviter. Elles savent jouer d'un instrument délicieux qui trouble l'esprit. On rencontre souvent les Elfes se baignant dans les eaux qu'ils habitent. Si un mortel ose approcher d'eux, ils ouvrent leur bouche, et, atteint du souffle qui s'en échappe, l'imprudent meurt empoisonné. »

« Souvent, par un beau clair de lune, on voit les femmes des Elfes danser en rond sur les vertes prairies; un charme irrésistible entraîne ceux qui les rencontrent à danser avec elles : malheur à qui succombe à ce désir! car elles emportent l'imprudent dans une ronde si vive, si animée, si rapide qu'il tombe bientôt sans vie sur le gazon. Plusieurs ballades ont perpétué le souvenir de ces terribles morts. »

« Ces Elfes habitants des eaux s'appellent *Nokkes*,

chez les Danois. Beaucoup de souvenirs se rattachent à eux. Tantôt on croit les voir au milieu d'une nuit d'été, rasant la surface des ondes, sous la forme de petits enfants aux longs cheveux d'or, un chaperon rouge sur la tête. Tantôt ils courent sur le rivage, semblables aux centaures, ou bien sous l'apparence d'un vieillard, avec une longue barbe dont l'eau s'échappe, ils sont assis au milieu des rochers. »

« Les Nokkes punissent sévèrement les jeunes filles infidèles, et quand ils aiment une mortelle, ils sont doux et faciles à tromper. Grands musiciens, on les voit assis au milieu de l'eau, touchant une harpe d'or qui a le pouvoir d'animer toute la nature. Quand on veut apprendre la musique avec de pareils maîtres, il faut se présenter à l'un d'eux avec un agneau noir, et lui promettre qu'il sera sauvé comme les autres hommes et ressuscitera au jour solennel. »

A ce propos, M. Leroux de Lincy (1) fait le récit suivant d'après Keightley (2) : « Deux enfants jouaient au bord d'une rivière qui coulait au pied de la maison de leur père. Un Nokke parut, et, s'étant assis sur les eaux, il commença un air sur sa harpe d'or. Mais l'un des enfants lui dit : « A « quoi ton chant peut-il te servir, bon Nokke ; tu « ne seras jamais sauvé. » A ces paroles, l'esprit

---

(1) *Le Livre des Légendes*, p. 162.
(2) *The fairy Mythology*, t. I, p. 236.

fondit en larmes et de longs soupirs s'échappèrent de son sein. Les enfants revinrent chez eux et dirent cette aventure à leur père, qui était prêtre de la paroisse. Ce dernier blâma une telle conduite, et leur dit de retourner de suite au bord de l'eau et de consoler le Nokke en lui promettant miséricorde. Les enfants obéirent. Ils trouvèrent l'habitant des ondes assis à la même place et pleurant toujours : « Bon Nokke, lui ont-ils dit, ne pleure « pas ; notre père assure que tu seras sauvé comme « tous les autres. » Aussitôt le Nokke reprit sa harpe d'or et en joua délicieusement jusqu'à la fin du jour. »

On lit dans la *Saga d'Hervarar*, citée par M. Leroux de Lincy (1) : « Suafurlami, monarque scandinave, revenant de la chasse, s'égara dans les montagnes. Au coucher du soleil, il aperçut une caverne dans une masse énorme de rochers, et deux nains assis à l'entrée. Le roi tira son épée, et, s'élançant dans la caverne, il se préparait à les frapper, quand ceux-ci demandèrent grâce pour leur vie. Les ayant interrogés, Suafurlami apprit d'eux qu'ils se nommaient Dyrinus et Dualin. Il se rappela aussitôt qu'ils étaient les plus habiles d'entre tous les Elfes à forger des armes. Il leur permit de s'éloigner, mais à une condition, c'est qu'ils lui feraient une épée avec un fourreau et un baudrier d'or pur. Cette épée ne devait jamais

---

(1) *Le Livre des légendes*, p. 163.

manquer à son maître, ne jamais se souiller, couper le fer et les pierres aussi aisément que le tissu le plus léger, et rendre toujours vainqueur celui qui la posséderait. Les deux nains consentirent à toutes ces conditions et le roi les laissa s'éloigner. Au jour fixé, Suafurlami se présenta à l'entrée de la caverne, et les deux nains lui apportèrent la plus brillante épée qu'on eût jamais vue. Dualin, montant sur une pierre, lui dit : « Ton épée, ô roi, tuera un homme chaque fois qu'elle « sera levée; elle servira à trois grands crimes, elle « causera ta mort.» A ces mots, Suafurlami s'élança contre le nain pour le frapper, mais il se sauva au milieu des rochers, et les coups de la terrible épée fendirent la pierre sur laquelle ils étaient tombés. »

« En Suède, dit M. Alf. Maury (1), les paysans vénèrent les tilleuls, comme ayant jadis été la demeure des Elfes. C'était sous un arbre gigantesque, le frêne Yggdrasill, auprès de la fontaine Urda, que les gnomes liés à ces esprits des airs avaient fixé leur demeure. »

« L'herbe des champs est sous la protection des Elfes; tant qu'elle n'a pas encore levé, qu'elle ne fait que germer sous terre, ce sont les Elfes noirs (*Schwarsen Elfen*) qui la protègent, qui veillent sur elle; puis a-t-elle élevé au-dessus du sol sa tige délicate, elle passe sous la garde des Elfes lumineux (*Licht Elfen*), des Elfes de lumière. »

---

(1) *Les Fées du moyen âge,* p. 76.

On retrouve les Elfes dans les autres pays de l'Europe sous différents noms. En Allemagne ils jouent un rôle dans les *Niebelungen* et dans le *Heldenbuch*.

« Les femmes des Elfes, dit M. Alf. Maury (1), sont regardées en Allemagne comme aussi habiles que nos fées à tourner le fuseau. Une foule de traditions rappellent ces mystérieuses ouvrières. Telle est la légende de la jeune fille de Scherven près de Cologne, qu'on voit la nuit filer un fil magique; telle est celle de dame Hollé, que la croyance populaire place dans la Hesse, sur le mont Meisner. Hollé distribue des fleurs, des fruits, des gâteaux de farine et répand la fertilité dans les champs qu'elle parcourt; elle excelle à filer; elle encourage les fileuses laborieuses et punit les paresseuses; elle préside à la naissance des enfants, se montre alors sous l'apparence d'une vieille femme aux vêtements blancs; parfois aussi elle est vindicative et cruelle. Elle se venge en enlevant les enfants et en les entraînant au fond des eaux. Pschipolonza, cette petite femme vieille, hideuse et ridée, qui effraie souvent les paysans des environs de Zittau, se montre au bord des chemins dans les bois, vêtue de blanc et occupée à filer. Dans la Livonie, on croit aux *Swehtas jumprawas*, jeunes filles qu'on aperçoit la nuit filant mystérieusement.

En Angleterre, les Elfes se partagent en deux

---

(1) *Les Fées du moyen âge*, p. 71-72.

classes : ceux qui habitent les montagnes, les forêts, les cavernes, et qu'on appelle *rural Elves*, et les Gobelins (*Hobgobelins*) qui ont coutume de vivre parmi les Elfes. Mais c'est en Irlande surtout qu'on se rappelle les Elfes. Ils s'y divisent en plusieurs familles distinctes par le nom, le pouvoir ou les actions qu'on leur attribue : ainsi on connaît les *Shepo*, les *Cluricaune*, les *Banshee*, les *Phooca*, ou *Pouke*, les *Sullahan* ou *Dullahan*, etc.

« *Shepo,* qui signifie littéralement une fée de maison, dit M. Leroux de Lincy, en citant l'ouvrage de M. Crofton Croker (1), est le nom qu'on donne aux esprits qui vivent en commun, et que le peuple suppose avoir des châteaux et des habitations; au contraire on nomme *Cluricaune* ceux qui vivent seuls et se cachent dans les lieux retirés. Les *Banshee* sont des fées qui, suivant la tradition, s'attachent à certaines familles et que l'on entend pousser des gémissements quand un malheur doit frapper celles qu'elles ont adoptées. Quant au *Phooca,* au *Dullahan,* c'est le nom qu'on donne au diable, aussi appelé *Fir Darriz.* »

« Suivant la croyance populaire de l'Irlande, dit M. Alf. Maury (2), les Elfes célèbrent deux grandes fêtes dans l'année; l'une est au commencement du printemps, quand le soleil approche du solstice d'été; alors le héros O'Donoghue, qui jadis régna

---

(1) *Fairy legends and Traditions of the South of Ireland.* Londres, Murray, 1834, in-12.

(2) *Les Fées du moyen âge,* p. 58.

sur la terre, monte dans les cieux sur un cheval blanc comme le lait, entouré du cortège brillant des Elfes. Heureux celui qui l'aperçoit lorsqu'il s'élève des profondeurs du lac de Killarney! Cette rencontre lui porte bonheur. A Noël, les esprits souterrains célèbrent une fête nocturne avec une joie sauvage et qui inspire la frayeur. Les esprits des forêts courent dans les clairières, revêtus d'habillements verts ; l'oreille distingue alors le trépignement des chevaux, le mugissement des bœufs sauvages. Lorsque le peuple entend ce vacarme, il dit que c'est le guerrier, les chasseurs furieux, *das wuthende Heer, die wuthenden Jäger.* Dans l'île de Moen, on appelle ce bruit le *Gronjette*; en Suède on le nomme la chasse d'Odin. »

« Les feux folets changés en lutins par nos paysans, ajoute M. Leroux de Lincy (1), ont gardé quelques rapports avec les Elfes norvégiens. En Bretagne, sous le nom de *Gourils, Gories* ou *Crions*, les Elfes se sont réfugiés dans les monuments de Karnac, près Quiberon. Là, comme on sait, dans une plaine vaste, aride, où pas un arbre, pas une plante ne croît, sont debout environ douze à quinze cents pierres, dont les plus hautes peuvent avoir dix-huit à vingt pieds. Interrogez les Bretons sur ces pierres, ils vous diront : C'est un vieux camp de César; ces pierres furent une armée ; elles ont été apportées là par des Gourils, race de petits

---

(1) *Le Livre des légendes*, p. 167.

hommes hauts d'un pied, mais forts comme des géants; chaque nuit ils forment une ronde immense autour de ces pierres; prenez garde! ô vous qui voyagez à cette heure aux environs de Karnac, prenez garde! les Gourils vous saisiront, vous forceront à tourner, tourner longtemps jusqu'au premier point du jour, alors ils disparaîtront; et vous... vous serez mort! »

Enfin, suivant M. Maury (1) : « Les femmes des Elfes et des nains rappellent par leur beauté et la blancheur de leurs vêtements les fées françaises. Mais comme chez celles-ci, cette beauté est souvent trompeuse. Ces yeux charmants, ces traits délicats se changent au grand jour en des yeux caves, des joues décharnées; cette blonde et soyeuse chevelure fait place à un front nu que garnissent à peine quelques cheveux blancs. »

---

(1) *Les Fées du moyen âge*, p. 95.

NATURE TROUBLÉE

I. — POSSÉDÉS. — DÉMONIAQUES

Goulart (1) rapporte d'après Wier (2) plusieurs histoires de démoniaques : « Antoine Benivenius au vIII^e chapitre *du Livre des causes cachées des maladies,* escrit avoir veu une jeune femme aagée de seize ans dont les mains se retiroyent estrangement si tost que certaine douleur la prenoit au bas du ventre. A son cri effroyable, tout le ventre lui enfloit si fort qu'on l'eust estimée enceinte de huict mois : enfin elle perdoit le soufle et ne pouvant demeurer en place se tourmentait çà et là dedans son lict, mettant quelquefois ses pieds dessus son col, comme si elle eust voulu faire la culebute. Ce qu'elle recommençoit tant et jusque à ce que son mal s'accoisast peu à peu et qu'elle fust aucunemens soulagée. Lors enquise sur ce qui lui estoit avenu, elle confessoit ne s'en ressou-

---

(1) *Thrésor d'histoires admirables,* t. I, p. 143.
(2) *Illusions et impostures des diables.*

venir aucunement. Mais, dit-il, en cerchant les causes de ceste maladie, nous eusmes opinion qu'elle procédait d'une suffocation de matrice et de vapeurs malignes s'élevant en haut au détriment du cœur et du cerveau. Toutes fois après nous estre efforcez de la soulager par médicamens et cela ne servant de rien, icelle devint plus furieuse et, regardant de travers, se mit finalement à vomir de longs cloux de fer tout courbez, des aiguilles d'airin picquées dedans de la cire et entrelassées de cheveux, avec une portion de son desjuné, si grand qu'homme quelconque n'eust peu l'avaller entier. Ayant en ma présence recommencé plusieurs fois tels vomissements, je me doutais qu'elle estoit possédée d'un esprit malin, lequel charmoit les yeux des assistants pendant qu'il remuoit ces choses. Depuis nous l'entendîmes faisant des prédictions et autres choses qui dépassent toute intelligence humaine. »

« Meiner Clath, gentilhomme demeurant au château de Boutenbrouch situé au duché de Juliers, avoit un valet nommé Guillaume, lequel depuis quatorze ans estoit tourmenté et possédé du diable, dont ainsi qu'il commençoit quelquefois à se porter mal, à la suscitation de ce malin esprit, il demanda pour confesseur le curé de Saint-Gerard, Barthelemy Paven... lequel étant venu pour jouer son petit rollet... ne put faire du tout le personnage muet. Or ainsi que ce démoniacle avoit la gorge enflée, la face ternie, et que l'on craignoit qu'il n'estouffast, Judith femme de Clath, honneste matrone, ensemble tous ceux de la maison commencent à prier Dieu. Et incontinent il sortit de la bouche de ce Guillaume entre autre barbouilleries, toute la partie du devant des brayes d'un berger, des cailloux dont les uns estoyent entiers et les autres rompus, des petites plotes de fil, une perruque semblable à celle dont les filles ont accoustumé d'user, des esguilles, un morceau de la doublure de la saye d'un petit garçon, et une plume de paon, laquelle ce mesme Guillaume avoit tiré de la queue de un paon des huict jours auparavant qu'il devint malade. Estant interrogué de la cause de son mal, il respondit qu'il avoit rencontré une femme près de Camphuse, laquelle luy avoit soufflé au visage : et que toute sa calamité ne procédoit d'ailleurs. Toutes fois après qu'il fust guéry il nia que ce qu'il avoit dict fut vray : mais au contraire, il confessa qu'il avoit esté induit par le diable à dire ce qu'il avoit dict. D'avantage il ajouta que toutes ces matières prodigieuses n'avoient pas été dedans son ventre, ains qu'elles avoyent été poussées dedans son gosier par le diable, cependant que l'on le regardoit vomir. Satan le déceut par illusions. On pensa plusieurs fois qu'il voulust se tuer on s'en voulust fuir. Un jour, s'estant jetté dedans un tect à pourceaux, et gardé plus soigneusement que de coustume, il demeura les yeux tellement fermez qu'impossible fut les desclorre. Enfin Gertrude, fille aisnée de Clath, aagée d'onze ans, s'approchant de lui, l'admonesta de prier Dieu que son bon plaisir fust lui rendre la veue. Sur cela Guillaume la requit de prier, ce qu'elle fit, et incontinent elle lui ouvrit les yeux, au grand esbahissement de chacun. Le diable l'exhortoit souvent de ne prester l'oreille ni à sa maîtresse, ni aux autres qui lui rompoyent la teste, en lui parlant de Dieu, duquel il ne pouvoit estre aidé, puisqu'il estoit mort une fois, ainsi qu'il l'avoit entendu prescher publiquement. »

« Or comme une fois il s'efforçoit de taster impudiquement une chambrière de cuisine, et qu'elle le tançast par son nom, il respondit d'une voix enrouée, qu'il ne se nommoit pas Guillaume mais Beelzebub : à quoi la maistresse respondit : Pense tu donc que nous te craignons? Celui auquel nous nous fions, est infiniment plus fort et plus puissant que tu n'es. Alors Clath lut l'onziesme chapitre de St-Luc où il est fait mention du diable muet jeté dehors par la puissance de nostre Sauveur, et aussi de Beelzebub, prince des diables. A la parfin Guillaume commence à reposer, et dort jusques au matin, comme un homme esvanoui : puis ayant pris un bouillon et se sentant du tout allégé, il fut ramené chez ses parents après avoir remercié ses maistres et sa maistresse, et prié Dieu qu'il voulust les récompenser pour les ennuis qu'ils avoyent receus de ceste affliction. Depuis il se maria, eut des enfants, et ne se sentit plus de tourment du diable. »

« L'an 1566, le dix-huictiesme jour de mars, avint en la ville d'Amsterdam en Hollande un cas mémorable, duquel M. Adrian Nicolas, chancelier de Gueldres, fit un discours public contenant ce qui s'ensuit : Il y a deux mois ou environ (dit-il), qu'en ceste ville trente enfans commencèrent à estre tourmentés d'une façon estrange, comme s'ils eussent esté maniaques ou furieux. Par intervalles, ils se jettoyent contre terre et ce tourment duroit demi-heure ou une heure au plus. S'estant relevez debout, ils ne se souvenoyent d'aucun mal ni de chose quelconque faete lors, ains pensoyent avoir dormi. Les médecins, ausquels on recourut, n'y firent rien... Les sorciers ne firent pas davantage, les exorcistes perdirent aussi leur temps. Durant les exorcismes les enfants vomirent force aiguilles, des epingles, des doigtiers à couldre, des lopins de drap, des pièces de pots cassez, du verre, des cheveux et telles autres choses : pour cela toutesfois les enfans ne furent gueris, ains retomberent en ce mal de fois à autre, au grand estonnement de chacun pour la nouveauté d'un si estrange spectacle. »

« Jean Laugius, très docte médecin, escrit au premier livre de ses *Espitres* estre avenu l'an 1539 à Fugenstal, village de l'évesché d'Eysteten ce qui s'ensuit, vérifié par grand nombre de tesmoins. Ulric Neusesser, laboureur demeurant en ce village, estoit misérablement tourmenté d'une douleur de flancs. Un jour le chyrurgien ayant fait quelque incision en la peau, l'on en tira un clou de fer : pour cela les douleurs ne s'appaisèrent, au contraire accreurent tellement, que le pauvre homme tombe en désespoir, d'un couteau tranchant se coupe la gorge. Comme on voulait le cacher en terre, deux chyrurgiens lui ouvrirent l'estomach en présence de plusieurs et dans icelui trouvèrent du bois rond et long, quatre cousteaux d'acier les uns aigus, les autres dentelez comme une scie ; ensemble deux bastons de fer, chacun de neuf poulces de longueur et un gros toupillon de cheveux : je m'esbahi comment cette ferraille a peu estre amassée dedans la capacité de l'estomach et par quelle ouverture. C'est sans doute par un artifice du diable, lequel suppose dextrement toutes choses, pour se maintenir et faire redouter.

« Antoine Lucquet, chevalier de l'ordre de la Toison, personnage de grande reputation par toute la Flandre, et conseiller au privé conseil de Brabant, outre trois enfans légitimes, eut un bastard, qui print femme à Bruges. Icelle peu après les noces commença d'être misérablement tourmentée par le malin esprit, tellement qu'en quelque part qu'elle fust, mesme au milieu des dames et damoiselles, elle estoit soudain emportée et trainée par les chambres et souventes fois jettée puis en un coin, puis en l'autre, quoi que ceux qui estoient présens taschassent de la retenir et de l'empescher. Mais en ses agitations elle n'estoit pas beaucoup intéressée en son corps. Chascun pensoit que ce mal lui eust esté procuré par une femme autrefois entretenue par son mari, jeune homme de belle taille, gaillard et dispos. En ses entrefaites, elle devint enceinte et ne cessa le malin esprit de la tourmenter. Le terme de l'accouchement venu, il ne se trouve qu'une femme en sa compagnie, laquelle fut incontinent envoyée vers la sage-femme. Cependant il lui fut avis que cette femme, dont j'ai parlé, entroit dedans la chambre et lui servoit de sage-femme, dont la pauvre damoiselle fut si esperdue que le cœur lui en faillit. Revenue à soi, elle se trouva deschargée de son fardeau; toutesfois, il n'aparut enfant quelconque dont chascun demeura esperdu. Le jour suivant, l'accouchée trouva en son resveil un enfant emmailloté et couché dedans le lict, qu'elle allaita par deux fois. S'estant peu après endormie, l'enfant en fut pris de ses costez et oncques depuis ne fut veu. Le bruit courut que l'on avoit trouvé dedans la porte quelques billets avec des caractères magiques. »

Goulart (1) fait connaître, d'après Wier « les convulsions monstrueuses et innombrables advenues aux nonnains du couvent de Kentorp en la cote de la Marche près Hammone. Un peu devant leurs accès et durant celui, elles poussoient de leur bouche une puante haleine, qui continuoit parfois quelques heures. En leur mal aucunes ne laissoient d'avoir l'entendement sain, d'ouïr et de reconnoistre ceux qui estoyent autour d'elles, encore qu'à cause

(1) *Thrésor d'histoires admirables*, t. I, p. 143.

des convulsions de la langue et des parties servantes à la respiration elles ne peussent parler durant l'accès. Or estoyent les unes plus tourmentées que les autres et quelques-unes moins. Mais ceci leur estoit commun, qu'aussitost que l'une estoit tourmentée, au seul bruit les autres séparées en diverses chambres estoyent tourmentées aussi. Ayant envoyé vers un devin, qui leur dit qu'elles avoient été empoisonnées par leur cuisinière nommée Else Kamense, le diable empoignant ceste occasion commença à les tourmenter plus que devant et les induisit à s'entremordre, entrebattre et se jeter par terre les unes les autres. Après qu'Else et sa mère eurent esté bruslées, quelques-uns des habitants de Hammone commencèrent à estre tourmentez du malin esprit. Le pasteur de l'église en appela cinq en son logis afin de les instruire et fortifier contre les impostures de l'ennemi. Ils commencèrent à se mocquer du pasteur et à nommer certaines femmes du lieu, chez lesquelles ils disoyent vouloir aller, montez sur des boucs, qui les y porteroient. Incontinent l'un d'eux se met à chevauchon sur une escabelle, s'escriant qu'il alloit et estoit porté là. Un autre se mettant à croupeton se recourba du tout en devant puis se roula vers la porte de la chambre, par laquelle soudain ouverte il se jetta et tomba du haut en bas des degrés sans se faire mal. »

« Les nonnains du couvent de Nazareth, à Cologne, dit le même auteur (1), furent presque tour-

---

(1) *Thrésor des histoires admirables*, t. I, p. 153.

mentées comme celles de Kentorp. Ayant esté par long espace de temps tempestées en diverses sortes par le diable, elles le furent encore plus horriblement l'an 1564, car elles estoyent couchées par terre et rebrassées comme pour avoir compagnie d'hommes. Durant laquelle indignité leurs yeux demeuroyent clos, qu'elles ouvroyent après honteusement et comme si elles eussent enduré quelque griève peine. Une fort jeune fille nommée Gertrude, aagée de quatorze ans, laquelle avoit esté enfermée en ce couvent ouvrit la porte à tout ce malheur. Elle avoit souvent esté tracassée de ces folles apparitions en son lict, dont ses risées faisoient la preuve quoiqu'elle essayât parfois d'y remédier mais en vain. Car ainsi qu'une siene compagne gisoit en une couchette tout expres pour la deffendre de ceste apparition, la pauvrette eut frayeur, entendant le bruit qui se faisoit au lict de Gertrude, de laquelle le diable print finalement possession, et commença de l'affliger par plusieurs sortes de contorsions..... Le commencement de toute cette calamité procédoit de quelques jeunes gens desbauchez, qui ayant prins accointance par un jeu de paulme proche de là, avec une ou deux de ces nonnains, estoyent depuis montez sur les murailles pour jouyr de leurs amours. »

« Les tourmens que les diables firent à quelques nonnains enfermées à Wertet en la comté de Horne, sont esmerveillables. Le commencement vint (à ce qu'on dit) d'une pauvre femme, laquelle durant le caresme emprunta des nonnains une quarte de sel pesant environ trois livres, et en rendit deux fois autant, un peu devant Pasques. Dès lors elles commencerent à trouver dedans leur dortoir des petites boules blanches semblables à de la dragée de sucre, salées au goust, dont toutefois on ne mangea point, et ne sçavoit-on d'où elles venoient. Peu de temps après elles s'apperceurent de quelque chose qui sembloit se plaindre comme feroit un homme malade; elles entendirent aussi une fois admonnestant quelques nonnains de se lever et venir à l'aide d'une de leurs sœurs malade : mais elles ne trouverent rien, y estant courues. Si quelques fois elles vouloient uriner en leur pot de chambre, il leur estoit soudainement osté tellement qu'elles gastoyent leur lict. Par fois elles en estoyent tirées par les pieds, traînées assez loin et tellement chatouillées par les plantes, qu'elles en pasmoyent de rire. On arrachoit une partie de la chair à quelques-unes, aux autres on retournoit s'en devant derrière les jambes, les bras et la face. Quelques-unes ainsi tourmentées vomissoyent grande quantité de liqueur noire, comme ancre, quoi que auparavant elles n'eussent mangé six sepmaines durant que du jus de raiforts, sans pain. Ceste liqueur estoit si amere et poignante qu'elle leur eslevoit la première peau de la bouche, et ne sçavoit-on leur faire sauce quelconque qui peust les mettre en appétit de prendre autre chose. Aucunes estoient eslevées en l'air à la hauteur d'un homme, et tout soudain rejettées contre terre. Or comme quelques-uns de leurs amis jusques au nombre de treize fussent entrez en ce couvent pour resjouir celles qui sembloyent soulagées et presque gueries, les unes tomberent incontinent à la renverse hors de la table où elles estoyent, sans pouvoir parler, ni conoistre personne, les autres demeurerent estendues comme mortes, bras et jambes renversées. Une d'entre elles fut soulevée en l'air, et quoi que les assistans s'efforçassent l'empescher et y missent la main, toutes fois elle leur estoit arrachée maugré eux, puis tellement rejettée contre terre qu'elle sembloit morte. Mais se relevant puis après, comme d'un somme profond, elle sortoit du réfectoir n'ayant aucun mal. Les unes marchoyent sur le devant des jambes, comme si elles n'eussent point eu de pieds, et sembloit qu'on les trainast par derrière, comme dedans un sac deslié. Les autres grimpoyent au faiste des arbres comme des chats, et en descendoyent à l'aise du corps. Il advint aussi comme leur abbesse parloit à madame Marguerite, comtesse de Bure, qu'on lui pinça fort rudement la cuisse, comme si la pièce en eust esté emportée, dont elle s'écria fort. Portée incontinent en son lict, la playe fut veue livide et noire, dont toutes fois elle guérit. Cette bourrellerie de nonnains dura trois ans a descouvert, depuis on tint cela caché.

« Ce qui advint jadis aux nonnains de Brigitte en leur couvent près de Xante, convient à ce que nous venons de réciter. Maintenant elles tressailloyent ou beeloyent comme brebis, ou faisoyent des cris horribles. Quelques fois elles estoyent poussées hors de leurs chaires au temple où là mesmes on leur attachoit la voile dessus la teste : et quelques fois leur gavion estoit tellement estouppé qu'impossible leur estoit d'avaler aucune viande. Ceste estrange calamité dura l'espace de dix ans en quelques-unes. Et disoit-on qu'une jeune nonnain, esprise de l'amour d'un jeune homme en estoit cause, pour ce que ses parens le lui avoyent refusé en mariage. Et que le diable prenant la forme de ce jeune homme s'estoit monstré à elle en ses plus ardentes chaleurs, et lui avoit conseillé de se rendre nonnain, comme elle fit incontinent. Enfermée au couvent, elle devint comme furieuse et monstra à chacun des horribles et estranges spectacles. Ce mal se glissa comme une peste en plusieurs autres nonnains. Cette premiere sequestrée s'abandonna à celui qui la gardoit et en eust deux enfans. Ainsi Satan dedans et dehors le couvent fit ses efforts détestables. »

« Cardon rapporte qu'un laboureur... vomissait souventes fois du voirre (1), des cloux et des cheveux, et (qu'après sa guérison) il sentait dedans son corps une grande quantité de voirre rompu : lequel faisoit un bruit pareil à celuy qui se fait par plusieurs pièces de voirre rompu enfermées en un

(1) Verre.

sac. Il dit encore qu'il se sentoit fort travaillé de ce bruit et que de dix-huit en dix-huit nuicts sur les sept heures, encore qu'il n'observast le nombre d'icelles, si est-ce qu'il avoit senti par l'espace de dix-huit ans qu'il y avoit qu'il estoit guari, autant de coups en son cœur, comme il y avoit d'heures à sonner : ce qu'il endurait non sans un grand tourment. »

« J'ay veu plusieurs fois, dit Goulart (1), une démoniaque, nommée George, qui par l'espace de trente ans fut par intervalles fréquens tourmentée du malin esprit, tellement que parfois en ma présence elle s'enfloit, et demeuroit si pesante que huict hommes robustes ne pouvoyent la souslever de terre. Puis un peu après, exhortée au nom de Dieu de s'accourager, certain bon personnage lui tendant la main, elle se relevoit en pieds, et s'en retournoit courbée et gémissante chez soy. En tels acces oncques elle ne fit mal à personne quelconque fust de nuict, fust de jour, et si demeuroit avec un sien parent qui avoit force petits enfans tellement accoustumez à cette visitation, que soudain qu'ils l'entendoyent se tordre les bras, fraper des mains, et tout son corps enfler d'estrange sorte, ils se rangeoyent en certain endroit de la maison pour recommander ceste patiente à Dieu. Leurs prières n'estoyent jamais vaines. La trouvant un jour en certaine autre maison du village où elle

---

(1) *Thrésor des histoires admirables*, t. II, p. 791.

demeuroit, je l'exhortoy à patience... Elle commence à rugir de façon estrange, et de promptitude merveilleuse me lance sa main gauche, dont elle m'empoigne les deux poings, me serrant aussi ferme que si j'eusse été lié de fortes cordes. J'essaye me despetrer, mais en vain, quoy que je fusse aussi robuste qu'un autre. Elle ne me fit aucune nuisance, ni ne me toucha de la main droite. Ayant esté retenu d'elle autant de temps que j'ai employé à descrire son histoire, elle me lasche soudain, me demandant pardon. Je la recommande à Dieu, puis la conduisis paisiblement en son logis... Quelques jours devant son trespas, ayant esté fort tourmentée elle s'alicta, saisie d'une fièvre lente. Alors la fureur du malin esprit fut tellement bridée et limitée, que la patiente fortifiée extraordinairement en son âme par l'espace de dix ou douze jours ne cessa de louer Dieu, qui l'avoit soutenue si miséricordieusement en son affliction, consolant toutes personnes qui la visitoyent... Je puis dire que Satan fut mis sous les pieds de ceste patiente, laquelle deceda fort paisiblement en l'invocation de son sauveur. »

Goulart (1) raconte que « il y avoit à Leucnstcet, village appartenant au duc de Brunswick, une jeune fille nommée Marguerite Achels, aagée de vingt ans, laquelle demeuroit avec sa sœur. Un jour de juin, voulant nettoyer quelques souliers, elle

---

(1) *Thrésor des histoires admirables*, t. I, p. 155.

prit l'un de ses cousteaux de demi pied de longueur et comme elle commençoit, assise en un coin de chambre, et encore toute faible d'une fièvre qui l'avoit tenue long-temps, entra soudain une vieille, qui l'interrogua si elle avoit encore la fièvre, et comment elle se portoit de sa maladie, puis sortit sans dire mot. Après que les souliers eurent esté nettoyés, cette fille laisse tomber le couteau en son giron lequel depuis elle ne put retrouver, encore qu'elle le cerchast diligemment; ce qui l'effroya, mais encores plus quand elle descouvrit un chien noir couché dessous la table qu'elle chassa, espérant trouver son cousteau. Le chien tout irrité commence à lui monstrer les dents et grondant se lance en rue, puis s'enfuit. Il sembla incontinent à cette fille qu'elle sentit je ne sçay quoi, qui lui descendoit par derrière le lez du dos comme quelque humeur froide, et soudain elle s'esvanouit demeurant ainsi jusques au troisiesme jour suivant, qu'elle commença à respirer un petit et à prendre quelque chose pour se sustanter. Or estant diligemment interroguée de la cause de sa maladie, elle respondit sçavoir certainement que le couteau tombé en son giron estoit entré dedans son costé gauche, et qu'en ceste partie elle sentoit douleur. Et encore que ses parents lui contredissent, d'autant qu'ils attribuoyent cette indisposition a un humeur melancholique, et qu'elle resvoit à raison de sa maladie, de ses longues abstinences et autres accidens, si ne cessa-elle point de persister en ses plaintes, larmes et veilles continuelles, tellement qu'elle en avoit le cerveau troublé et estoit quelquefois l'espace de deux jours sans rien prendre, encore qu'on l'en priast par douceur, et quelquefois on la contraignoit par force. Or avoit-elle ses accès plus forts en un temps qu'en l'autre, tellement que son repos duroit peu à raison des continuelles douleurs qui la tourmentoyent : tellement qu'elle estoit contrainte de se tenir toute courbée sur un baston. Et ce qui plus augmentoit son angoisse et diminuoit son allegement, estoit que véritablement, elle croyoit que le cousteau fut en son corps et qu'en cela chacun lui contredisoit opiniatrement, et lui proposoit l'impossibilité, jugeant qu'elle avoit la phantasie troublée, attendu que rien n'apparaissoit qui peust les induire à tel avis, sans que ses continuelles larmes et plaintes, esquelles on la vit continuer pendant l'espace de quelques mois et jusques à ce qu'il apparut au costé gauche un peu au-dessus de la ratelle, entre les deux dernieres costes que nous nommons fausses, une tumeur de la grosseur d'un œuf, en forme de croissant, laquelle accreut et diminua, selon que l'enfleure apparut et print fin. Alors ceste pauvre malade leur dit : Jusques à présent vous n'avez voulu croire que le cousteau fut en mon corps, mais vous verrez bientôt comme il est caché en mon costé. Ainsi le trentième de juin, à sçavoir environ treize mois accomplis de cette affliction, sortit si grande abondance de boue hors de l'ulcère, qui s'estoit fait en ce costé, que l'enflure vint à diminuer, et lors parut la pointe du couteau que la fille désiroit arracher : toutes fois elle en fut empeschée par ses parens, lesquels envoyèrent chercher le chirurgien du duc Henri, qui pour lors estoit au chasteau de Wolfbutel. Ce chirurgien venu le quatriesme jour de juillet, pria le curé de consoler, instruire et accourager la fille, et de prendre garde aussi à ses réponses, pour autant que chacun la réputoit démoniaque. Elle condescendit à estre gouvernée par le chirurgien, non sans opinion que la mort soudaine s'en ensuivroit. Le chirurgien, voyant la pointe du cousteau qui se monstroit sous les costes le tint avec ses instruments et le trouva semblable à l'autre, qui estoit resté dans la gaine, et fort usé environ le milieu du tranchant. Depuis l'ulcère fut guéri par le chirurgien. »

Mélanchthon (1) cité par Goulart (2) rapporte « qu'il y avoit une fille au marquisat de Brandebourg, laquelle en arrachant des poils du vestement de quelque personnage que ce fust, ces poils estoyent incontinent changez en pièces de monnoye du pays, lesquelles ceste fille maschoit avec un horrible craquement de dents. Quelques-uns luy ayant arraché de ces pièces d'entre les mains trouvèrent que c'estoyent vrayes pièces de monnoye, et

---

(1) En ses *Épitres*.
(2) *Thrésor des histoires admirables.*

les gardent encore. Au reste cette fille estoit fort tourmentée de fois à autre : mais au bout de quelques mois elle fut du tout guerie et a vescu depuis en bonne santé ; on fit souvent prières pour elle, et s'abstint-on expressément de toutes autres cérémonies. »

« J'ay entendu, rapporte le même auteur au même endroit (1), qu'en Italie y avoit une femme fort idiote, agitée du diable, laquelle enquise par Lazare Bonami, personnage assisté de ses disciples, quel estoit le meilleur vers de Virgile, répondit tout soudain :

Discite justitiam moniti et non temnere divos.

C'est, adjousta-t-elle le meilleur et le plus digne vers que Virgile fit oncques : va-t-en et ne retourne plus ici pour me tenter. »

Une nommée Louise Maillat, petite démoniaque qui vivait en 1598, perdit l'usage de ses membres ; on la trouva possédée de cinq démons qui s'appelaient *loup, chat, chien, joly, griffon*. Deux de ces démons sortirent d'abord par sa bouche en forme de pelotes de la grosseur du poing ; la première rouge comme du feu, la seconde, qui était le chat, sortit toute noire ; les autres partirent avec moins de violence. Tous ces démons étant hors du corps de la jeune personne firent plusieurs tours devant le foyer et disparurent. On a su que c'était Françoise Secrétain qui avait fait avaler ces diables à

---

(1) Cité par Goulart, *Thrésor des histoires admirables*, t. I, p. 143.

cette petite fille dans une croûte de pain de couleur de fumier (1).

II. — ENSORCELÉS

« On tient, dit Goulart (2), d'après Vigenère (3), que si les sorciers guérissent (c'est-à-dire dessorcelent) un homme maleficié, et par eux ou autres leurs compagnons ensorcellé, il faut qu'ils donnent le sort à un autre. Cela est vulgaire par leur confession. De fait, j'ay veu un sorcier d'Auvergne prisonnier à Paris, l'an 1569, qui guerissoit les bestes et les hommes quelquefois : et fut trouvé saisi d'un grand livre, plein de poils de chevaux, vaches et autres bestes, de toutes couleurs. Quand il avoit jeté le sort pour faire mourir quelque cheval, on venoit à lui, et le guerissoit en apportant du poil; puis il donnoit le sort à un autre, et ne prenoit point d'argent ; car autrement (comme il disoit) il n'eust pas gueri. Aussi estoit-il habillé d'une vieille saye composée de mille pieces. Un jour ayant donné le sort au cheval d'un gentilhomme, on vint à lui. Il guerit le cheval et donna le sort au palefrenier. On retourne afin qu'il guerist l'homme. Il respond qu'on demandast au gentilhomme lequel il aimoit mieux perdre, son homme

---

(1) M. Garinet, *Hist. de la Magie en France*, p. 162.
(2) *Thrésor des histoires admirables*, t. II, p. 826.
(3) Annotation sur la statue d'Esculape, au 2ᵉ volume de *Philostrate*.

ou son cheval. Tandis que le gentilhomme fait de l'empesché et qu'il delibere, son homme mourut, et le sorcier fut pris. Il fait à noter que le diable veut toujours gaigner au change, tellement que si le sorcier oste le sort à un cheval, il le donnera à un autre cheval qui vaudra mieux. S'il guerit une femme, la maladie tombera sur un homme. S'il dessorcelle un vieillard, il ensorcellera un jeune garçon. Et si le sorcier ne donne le sort à un autre il est en danger de sa vie. Brief si le diable guérit (en apparence) le corps, il tue l'ame. »

« J'en reciteray quelques exemples, dit Bodin (1) : M. Fournier, conseiller d'Orléans, m'a raconté d'un nommé Hulin Petit, marchand de bois en ceste ville-là, qu'estant ensorcellé à la mort, il envoya querir un qui se disoit guerir de toutes maladies (suspect toutes fois d'estre grand sorcier), pour le guérir : lequel fit response qu'il ne pouvoit le guerir s'il ne donnoit la maladie à son fils, qui estoit encores à la mammelle. Le (malheureux) père consentit au parricide de son fils ; qui fait bien à noter pour conoistre la malice de Satan, et la juste fureur du Souverain sur les personnes qui recourent à cest esprit homicide et à ses instrumens. La nourrisse entendant cela s'enfuit avec son fils, pendant que le sorcier touchoit le père pour le guerir. Après l'avoir touché, le père se trouva gueri. Mais le sorcier demandant le fils, et ne le

---

(1) *Démonomanie*, liv. III, ch. II.

trouvant point, commence à crier : Je suis mort! où est l'enfant? Ne l'ayant point trouvé, il s'en alla; mais il n'eut pas mis les pieds hors la porte que le diable le tua soudain. Il devint aussi noir que si on l'eust noirci de propos délibéré. »

« J'ay sceu aussi qu'au jugement d'une sorcière, accusée d'avoir ensorcellé sa voisine en la ville de Nantes, les juges lui commanderent de toucher celle qui estoit ensorcellée; chose ordinaire aux juges d'Alemagne, et mesmes en la chambre impériale cela se fait souvent. Elle n'en vouloit rien faire: on la contraignit; elle s'escria : Je suis morte! Ayant touché la femme ensorcellée, soudain elle guerit; et la sorciere tomba roide morte par terre. Elle fut condamnée d'estre bruslée toute morte. Je tiens l'histoire de l'un des juges qui assista au jugement. »

« J'ai aprins à Thoulouse, qu'un escholier du parlement de Bourdeaux voyant son ami travaillé d'une fièvre quarte à l'extrémité, lui conseilla de donner sa fièvre à l'un de ses ennemis. Il fit réponse qu'il n'avoit point d'ennemis. Donnez-la donc, dit-il, à vostre serviteur : de quoy le malade ayant fait conscience, enfin le sorcier lui dit : Donnez-la-moi. Le malade respond : Je le veux bien. La fièvre empoigne le sorcier qui en mourut, et le malade reschappa. »

« C'est aux juges qui commandent, reprend Goulart, d'après Vigenère, et à ceux qui permettent aux sorciers de toucher les personnes ensorcellées, de penser à leurs consciences. Dieu seul guérit, Satan frappe par les sorciers, Dieu le permettant ainsi. Mais Satan ni ses instrumens ne guérissent point : ains par le courroux redoutable du juste juge, levant le baston de dessus un pour charger sur l'autre, soit au corps, soit à l'âme, comme ces exemples le monstrent. Et ainsi font tousjours mal. Comme aussi Bodin adjouste proprement que les sorciers à l'aide de Satan (auquel ils servent d'instrumens volontaires, et qui ont leur mouvement procédant d'une affection dépravée) peuvent nuire et offenser non pas tous, mais seulement ceux que Dieu permet par son jugement secret (soyent bons ou mauvais) pour chastier les uns et esprouver les autres ; afin de multiplier en ses esleus sa bénédiction les ayant trouvez (c'est-à-dire rendus par sa grâce tout puissante) fermes et constans. Néantmoins (dit-il) pour monstrer que les sorciers, par leurs maudites execrations et sacrifices detestables, sont ministres de la vengeance de Dieu, prestans la main et la volonté à Satan, je reciteray une histoire estrange. Au duché de Clèves, près du bourg d'Elten, sur le grand chemin, les gens de pied et de cheval estoyent frappez et battus, et les charettes versées : et ne se voyoit autre chose qu'une main qu'on appeloit Ekerken. Enfin l'on print une sorcière nommée Sybille Dinscops, qui demeuroit es environs de ce pays-là. Et depuis qu'elle fut bruslée on n'y a rien veu. Ce fut l'an 1535. »

« Près le village de Baron en Valois fut jetté un bouquet au passage d'un escallier pour entrer d'un mauvais chemin en un champ : si empoisonné mais de sortilège, qu'un chien ayant bondi pardessus le premier en mourut soudain. Le maistre passa après ; et encore que la première furie et vigueur de l'enchantement, pour avoir operé sur cest animal fust aucunement rebouchée, l'homme ne laissa pas pour cela d'entrer en un acces d'ire dont il cuida presque mourir, et en estoit desja en termes, si l'autheur ayant esté pris par soupçon n'eus desfait le charme. Il fut tost apres executé dans Paris et confessa à la mort que si l'autre eust evé le bouquet il fut expiré sur le champ. »

« Je raconteray encore ce que j'ay ouï n'y a pas longtemps raconter à monseigneur le duc de Nivernois et à plus de vingt gentils hommes dignes de foy avoir veu de leurs propres yeux, ce qui advint à Neufvy-sur-Loire, où le sieur et la dame du lieu ayant déposé leur procureur fiscal, tost apres une jeune fille qu'ils avoyent de l'aage de quinze à seize ans, se trouva tout à un instant saisie d'une langueur universelle en tous ses membres, si qu'elle sechoit à veue d'œil, sans que les médecins y peussent non seulement trouver remed d'y donner quelque allegement, mais non pas mesme concevoir aucune occasion apparente d'où pouvoit prevenir ce mal. Estans doncques venus le père et la mère comme au dernier desespoir, il leur va tomber en la fantaisie que ce pourroit estre par avanture quelque vengeance de leur procureur, qui avoit une fort estroite communication et accointance avec un berger d'auprès de Sancerre, le plus grand sorcier de tout le Berry : et sur ce soupçon le firent fort bien mettre en cul de fosse ; là où menacé d'infinies tortures, il desbagoula enfin que ceste damoiselle avoit esté ensorcellée par le berger, lequel avoit fait une image de cire : et à mesure qu'il la molestoit la fille se trouvoit molestée de mesme. Enfin ils dirent à la mère : Madame, il n'y a qu'un seul moyen de la guerir, et faut nécessairement que pour la sauver vous vous resolviez de perdre la plus chere chose que vous ayez en ce monde, excepté les créatures raisonnables. En bonne foy, répondit-elle, je vous en diray la pure verité : il n'y a rien que pour le regard j'aime tant que ma guenon. Mais pour garantir ma fille de la langueur où je la voy, je vous l'abandonne. On ne se donna garde que peu de jours après on vid la fille s'aider d'un bras, et la guenon demeurer percluse de mesme. Consequemment peu à peu dans la revolution de la lune ceste jeune damoiselle fut du tout guerie, fors sa foiblesse, et la guenon mourut en douleurs extremes. »

Suivant Bodin (1), « Hippocrates, au livre *de l'Épilepsie,* qu'il appelle maladie sacrée, escrit qu'il y avoit plusieurs imposteurs qui se vantoyent de guérir du mal caduc, disant que c'estoit la puis-

---

(1) *Démonomanie,* liv. III, ch. v.

sance des démons : en fouissant en terre, ou jettant en la mer le sort d'expiation, et la plupart n'estoit que belistres. Enfin il adjouste, il n'y a que Dieu qui efface les pechers, qui soit notre salut et delivrance. Et à ce propos Jacques Spranger, inquisiteur des sorciers, escrit qu'il a veu un evesque d'Alemagne, lequel estant ensorcellé fut averti par une vieille sorcière que sa maladie estoit venue par malice, et qu'il n'y avoit moyen de la guerir que par sort, en faisant mourir la sorcière qui l'avoit ensorcelé. De quoy estant estonné, il envoye en poste à Rome prier le pape Nicolas V qu'il lui donnast dispense de guerir en ceste sorte : ce que le pape lui accorda, aimant uniquement l'evesque; et portoit la dispense ceste clause, pour fuir de deux maux le plus grand. La dispense venue, la sorcière dit, puisque le pape et l'evesque le vouloyent, qu'elle s'y employeroit. Sur la minuict l'evesque recouvra santé ; et au mesme instant la sorcière qui avoit ensorcellé l'evesque fut frappée de maladie dont elle mourut. Aussi void-on que Satan fit que le pape, l'evesque et la sorcière furent homicides : et laissa à tous trois une impression de servir et obéir à ses commandemens : et cependant la sorcière qui mourut ne voulut oncques se repentir, au contraire elle se recommandoit à Satan afin qu'il la guerist. On voit aussi le terrible jugement de Dieu qui se venge de ses ennemis par ses ennemis. Car ordinairement les sorciers descouvrent le malefice, et se font mourir les uns les autres : d'autant qu'il ne chaut à Satan par quel moyen, pourveu qu'il vienne à bout du genre humain, en tuant le corps ou l'ame, ou les deux ensemble. Je diray un exemple avenu en Poictou, l'an 1571. Le roy Charles IX ayant disné commanda qu'on lui amenast le sorcier Trois-Eschelles, auquel il avoit donné sa grace pour accuser ses complices. Il confessa devant le roy, enpresence de plusieurs grands seigneurs, la façon du transport des sorciers, des danses, des sacifices faits à Satan, des paillardises avec les diables en figures d'hommes et de femmes : et que chacun prenoit des pouldres pour faire mourir gens, bestes et fruits. Et comme chacun s'estonnoit de ce qu'il disoit, Gaspar de Colligni, lors amiral de France, qui estoit présent, dit qu'on avoit prins en Poictou peu de temps auparavant un jeune garçon accusé d'avoir fait mourir deux gentilshommes. Il confessa qu'il estoit leur serviteur, et que les ayant veu jetter des pouldres aux maisons, et sur des bleds, disant ces mots, Malediction, etc., ayant trouvé de ces pouldres il en print, et en jetta sur le lict où couchoyent les deux gentilshommes, qui furent trouver morts en leur lict, tout enflez, et tout noirs. Il fut absouls par les juges. Trois-Eschelles en raconta lors beaucoup de semblables. »

Le vendredi, 1er mai 1705, à cinq heures du soir, Denis Milanges de la Richardière, fils d'un avocat au parlement de Paris, fut attaqué, à dix-huit ans, de léthargies et de démences si singulières, que les médecins ne surent qu'en dire. On lui donna de l'émétique, et ses parents l'emmenèrent à leur maison de Noisy-le-Grand, où son mal devint plus fort; si bien qu'on déclara qu'il était ensorcelé.

On lui demanda s'il n'avait pas eu de démêlés avec quelque berger; il conta que le 18 avril précédent, comme il traversait à cheval le village de Noisy, son cheval s'était arrêté court dans la rue de Feret, vis-à-vis la chapelle, sans qu'il pût le faire avancer; qu'il avait vu sur ces entrefaites un berger qu'il ne connaissait pas, lequel lui avait dit : Monsieur, retournez chez vous, car votre cheval n'avancera point.

Cet homme, qui lui avait paru âgé d'une cinquantaine d'années, était de haute taille, de mauvaise physionomie, ayant la barbe et les cheveux noirs, la houlette à la main, et deux chiens noirs à courtes oreilles auprès de lui.

Le jeune Milanges se moqua du propos du berger. Cependant il ne put faire avancer son cheval et il fut obligé de le ramener par la bride à la maison, où il tomba malade. Était-ce l'effet de l'impatience et de la colère? ou le sorcier lui avait-il jeté un sort?

M. de la Richardière le père fit mille choses en vain pour la guérison de son fils. Comme un jour ce jeune homme rentrait seul dans sa chambre, il y trouva son vieux berger, assis dans un fauteuil, avec sa houlette et ses deux chiens noirs. Cette vision l'épouvanta; il appela du monde; mais personne que lui ne voyait le sorcier. Il soutint toutefois qu'il le voyait très bien; il ajouta même que ce berger s'appelait *Danis*, quoiqu'il ignorât qui pouvait avoir révélé son nom. Il continua de le voir tout seul. Sur les six heures du soir, il tomba à terre en disant que le berger était sur lui et l'écrasait; et, en présence de tous les assistants, qui ne voyaient rien, il tira de sa poche un couteau pointu, dont il donna cinq ou six coups dans le visage du malheureux par qui il se croyait assailli.

Enfin, au bout de huit semaines de souffrances, il alla à Saint-Maur, avec confiance qu'il guérirait ce jour-là. Il se trouva mal trois fois; mais après la messe, il lui sembla qu'il voyait saint Maur debout, en habit de bénédictin, et le berger à sa gauche, le visage ensanglanté de cinq coups de couteau, sa houlette à la main et ses deux chiens à ses côtés. Il s'écria qu'il était guéri, et il le fut en effet dès ce moment.

Quelques jours après, chassant dans les environs de Noisy, il vit effectivement son berger dans une vigne. Cet aspect lui fit horreur; il donna au sorcier un coup de crosse de fusil sur la tête : Ah! monsieur, vous me tuez! s'écria le berger en fuyant; mais le lendemain il vint trouver M. de la Richardière, se jeta à ses genoux, lui avoua qu'il s'appelait Danis, qu'il était sorcier depuis vingt ans, qu'il lui avait en effet donné le sort dont il avait été affligé, que ce sort devait durer un an; qu'il n'en avait été guéri au bout de huit semaines qu'à la faveur des neuvaines qu'on avait faites; que le maléfice était retombé sur lui Danis, et qu'il se recommandait à sa miséricorde. Puis, comme les archers le poursuivaient, le berger tua ses chiens, jeta sa houlette, changea d'habits, se réfugia à Torcy, fit pénitence et mourut au bout de quelques jours...

Le père Lebrun, qui rapporte (1) longuement cette aventure, pense qu'il peut bien y avoir là sortilège. Il se peut aussi, plus vraisemblablement, qu'il n'y eût qu'hallucination.

III. — HOMMES CHANGÉS EN BÊTES.
LYCANTHROPES. LOUPS-GAROUS.

Suivant Donat de Hautemer (2), cité par Goulart (3), « il y a des lycanthropes esquels l'humeur melancholique domine tellement qu'ils pensent véritablement estre transmuez en loups. Ceste maladie, comme tesmoigne Aetius au sixiesme livre, chapitre xi et Paulus au troisième livre, chapitre xvi, et autres modernes, est une espece de melancholie, mais estrangement noire et vehemente. Car ceux qui en sont atteints sortent de leurs maisons au mois de fevrier, contrefont les loups presques en toute chose, et toute nuict ne font que courir par les cœmetieres et autour des

---

(1) *Histoire des pratiques superstitieuses*, t. I, p. 281.
(2) Au ix° chapitre de son *Traicté de la guérison des maladies*.
(3 *Thrésor des histoires admirables*, t. I, p. 336.

sepulchres, tellement qu'on descouvre incontinent en eux une merveilleuse alteration de cerveau, surtout en l'imagination et pensée misérablement corrompue : en telle sorte que leur memoire a quelque vigueur, comme je l'ay remarqué en un de ces melancholiques lycanthropes que nous appelons loups-garoux. Car lui qui me conoissoit bien, estant un jour saisi de son mal, et me rencontrant, je me tiray à quartier craignant qu'il m'offensast. Lui m'ayant un peu regardé passa outre suivi d'une troupe de gens. Il portait lors sur ses espaules la cuisse entière et la jambe d'un mort. Ayant esté soigneusement medicamenté, il fut gueri de cette maladie. Et me rencontrant une autre fois me demanda si j'avais point eu peur, lorsqu'il me vint à la rencontre en tel endroit : ce qui me fait penser que sa memoire n'estoit point blessée en l'accès et vehemence de son mal, combien que son imagination le fust grandement.

« Guillaume de Brabant, au récit de Wier (1) répété par Goulart (2), a escrit en son *Histoire* qu'un homme de sens et entendement rassis, fut toutes fois tellement travaillé du malin esprit, qu'en certaine saison de l'année il pensoit estre un loup ravissant, couroit çà et là dedans les bois, cavernes et deserts, surtout après les petits enfants: mesmes il dit que cest homme fut souvent trouvé

---

(1) En son IVe livre *Des prestiges*, ch. xxiii.
(2) *Thrésor des histoires admirables*, t. I, p. 336.

courant par les deserts comme un homme hors du sens, et qu'enfin par la grâce de Dieu il revint à soy et fut gueri. Il y eust aussi, comme récite Job Fincel au II° livre *des Miracles*, un villageois près de Paule l'an mil cinq cens quarante et un, lequel pensoit estre loup, et assaillit plusieurs hommes par les champs : en tua quelques-uns. Enfin, prins et non sans grande difficulté, il asseura fermement qu'il estoit loup, et qu'il n'y avoit autre difference, sinon que les loups ordinairement estoyent velus dehors et lui l'estoit entre cuir et chair. Quelques-uns trop inhumains et loups par effect, voulans experimenter la verité du faict, lui firent plusieurs taillades sur les bras et sur les jambes, puis conoissans leur faute, et l'innocence de ce melancholique, le commirent aux chirurgiens pour le penser, entre les mains desquels il mourut quelques jours apres. Les affligez de telle maladie sont pasles, ont les yeux enfoncez et haves, ne voyent que malaisement, ont la langue fort seiche, sont alterez et sans salive en bouche. Pline et autres escrivent que la cervelle d'ours esmeut des imaginations bestiales Mesme il se dit que l'on en fit manger de nostre temps à un gentil-homme espagnol, lequel en eut la fantaisie tellement troublée, que pensant estre transformé en ours, il s'enfuit dans les montagnes et deserts. »

« Quant aux lycanthropes, qui ont tellement l'imagination blessée, dit Goulart (1), qu'outre plus que

(1) *Thrésor des histoires admirables*, t. I, p. 338.

par quelque particularité efficace de Satan, ils apparoissent loups et non hommes à ceux qui les voyent courir et faire divers dommages, Bodin soustient que le diable peut changer la figure d'un corps en autre, veu la puissance grande que Dieu lui donne en ce monde élémentaire. Il veut donc qu'il y ait des lycanthropes transformez réellement et de fait d'hommes en loups, alleguant divers exemples et histoires à ce propos. Enfin apres plusieurs disputes, il maintient l'une et l'autre sorte de lycanthropie. Et quant à celle-ci, represente tout à la fin de ce chapitre le sommaire de son propos, à sçavoir, que les hommes sont quelquefois transmuez en beste, demeurant la forme et la raison humaine : soit que cela se fasse par la puissance de Dieu immediatement, soit qu'il donne ceste puissance à Satan, executeur de sa volonté, ou plustost de ses redoutables jugements. Et si nous confessons (dit-il) la vérité de l'histoire sacrée en Daniel, touchant la transformation de Nabuchodonosor, et de l'histoire de la femme de Lot changée en pierre immobile, il est certain que le changement d'homme en bœuf ou en pierre est possible : et par conséquent possible en tous autres animaux. »

G. Peucer (1) dit en parlant de la lycanthropie : « Quant est de moy j'ay autresfois estimé fabuleux et ridicule ce que l'on m'a souvent conté de cette transformation d'hommes en loups : mais j'ay

---

(1) *Les Devins*, p. 198.

aprins par certains et éprouvez indices et par tesmoins dignes de foy que ce ne sont choses du tout controverses et incroyables, attendu ce qu'ils disent de telles transformations qui arrivent tous les ans douze jours apres Noel en Livonie et les pays limitrophes : comme ils l'ont sceu au vray par les confessions de ceux qui ont été emprisonnez et tourmentez pour tels forfaits. Voicy comme ils disent que cela se fait. Incontinent apres que le jour de Noel est passé, un garçon boiteux va par pays appeler ces esclaves du diable, qui sont en grand nombre, et leur enjoint de s'acheminer après luy. S'ils different ou retardent, incontinent vient un grand homme avec un fouet fait de chaînettes de fer, dont il se hate bien d'aller, et quelquefois estrille si rudement ces misérables, que long-temps après les marques du fouet demeurent et font grande douleur à ceux qui ont esté frappez. Incontinent qu'ils sont en chemin les voilà tous changez et transformez en loups... Ils se trouvent par milliers, ayans pour conducteur ce porte-fouet après lequel ils marchent, s'estimans estre devenus loups. Estans en campagne, ils se ruent sur les troupeaux de bestail qui se trouvent, deschirent et emportent ce qu'ils peuvent, font plusieurs autres dommages; mais il ne leur est point permis de toucher ni blesser les personnes. Quand ils approchent des rivières, leur guide fend les eaux avec son fouet tellement qu'elles semblent s'entr'ouvrir et laisser un entre deux pour passer à sec. Au bout de douze jours toute la troupe s'escarte, et chascun retourne en sa maison ayant despoullé la forme de loup et reprins celle d'homme. Cette transformation se fait, disent-ils, en ceste sorte. Les transformez tombent soudain par terre comme gens sujets au mal caduc, et demeurent estendus comme morts et privez de tout sentiment, et ils ne bougent de là ni ne vont en lieu quelconque, ni ne sont aucunement transformez en loups, ains ressemblent à des charongnes, car quoy qu'on les roule et secoue ils ne montrent aucune apparence quelconque de vie. »

Bodin (1) rapporte en effet plusieurs cas de lycanthropie et d'hommes changés en bêtes.

« Pierre Mamot, en un petit traicté qu'il a fait des sorciers, dit avoir veu ce changement d'hommes en loups, luy estant en Savoye. Et Henry de Cologne au traicté qu'il a fait *de Lamiis* tient cela pour indubitable. Et Ulrich le meusnier en un petit livre qu'il a dédié à l'empereur Sigismond, escrit la dispute qui fut faite devant l'empereur et dit qu'il fut conclu par vive raison et par l'expérience d'infinis exemples que telle transformation estoit véritable, et dit luy-mesme avoir veu un lycanthrope à Constance, qui fut accusé, convaincu, condamné et puis exécuté à mort après sa confession. Et se trouvent plusieurs livres publiez en Allemagne que l'un des plus grands rois de la

---

(1) *Démonomanie.*

chrétienté, qui est mort n'a pas longtemps, et qui estoit en réputation d'être l'un des plus grands sorciers du monde souvent estoit mué en loup. »

« Il me souvient que le procureur général du roy Bourdin m'en a récité un autre qu'on luy avoit envoyé du bas pays, avec tout le procès signé du juge et des greffiers, d'un loup qui fut frappé d'un traict dans la cuisse, et depuis se trouve dans son lict avec le traict, qui luy fut arraché estant rechangé en forme d'homme et le traict cogneu par celuy qui l'avoit tiré, le temps et le lieu justifié par la confession du personnage. »

« Garnier jugé et condamné par le parlement de Dole estant en forme de loup-garou print une jeune fille de l'aage de dix à douze ans près le bois de la Serre, en une vigne, au vignoble de Chastenoy près Dole un quart de lieue, et illec l'avoit tuée, et occise tant avec ses mains semblans pattes, qu'avec ses dents, et mangé la chair des cuisses et bras d'icelle, et en avoit porté à sa femme. Et pour avoir en mesme forme un mois après pris une autre fille et icelle tuée pour la manger s'il n'eust esté empéché par trois personnes comme il l'a confessé ; et quinze jours après avoir estranglé un jeune enfant de dix ans au vignoble de Gredisans et mangé la chair des cuisses, jambes et ventre d'iceluy, et pour avoir en forme d'homme et non de loup tué un autre garçon de l'aage de douze à treze ans au bois du village de Porouse en intention de le manger, si on ne l'eust empesché, il fut condamné à estre brûlé vif et l'arrêt exécuté. »

« Au Parlement de Bezançon, les accusés estoient Pierre Burgot et Michel Verdun qui confessèrent avoir renoncé à Dieu et juré de servir le diable. Et Michel Verdun mena Burgot au bord du Chastel Charlon, où chacun avoit une chandelle de cire verde qui faisoit la flamme bleue et obscure et faisoient les danses et sacrifices au diable. Puis après s'estans oincts furent retournez en loups courant d'une legereté incroyable, puis ils s'estoyent changez en hommes et soudain rechangez en loups et couplez avec louves avec tel plaisir qu'ils avoient accoutumé avec les femmes; ils confessèrent auss à sçavoir : Burgot avoir tué un jeune garçon de sept ans avec ses pattes et dents de loup et qu'il le vouloit manger, n'eust esté les paysans luy donnèrent la chasse... Et que tous deux avoient mangé quatre jeunes filles; et qu'en touchant d'une poudre ils faisoient mourir les personnes. »

« Job Fincel, au livre XI des *Merveilles* écrit qu'il y avoit à Padoue un lycanthrope qui fut attrappé et ses pattes de loup luy furent coupées, et au mesme instant il se trouva les bras et les piez coupez. Cela est pour confirmer le procès fait aux sorciers de Vernon (an 1556), qui fréquentaient et s'assembloient ordinairement en un chastel vieil et ancien en guise de nombre infini de chats. Il se trouva quatre ou cinq hommes qui résolurent d'y demeurer la nuict, où ils se trouvèrent assaillis de la multitude de chats; et l'un des hommes y fut tué, les autres bien marquez, et néanmoins blessèrent plusieurs chats qui se trouvèrent après mués, enfermés et bien blessés. Et d'autant que cela semblait incroyable, la procédure fut délaissée. »

« Mais les cinq inquisiteurs qui estoient expérimentez en telles causes ont laissé par écrit qu'il y eut trois sorciers près Strasbourg qui assaillirent un laboureur en guise de trois grands chats, et en se défendant il blessa et chassa les chats, qui se trouvèrent au lit malade en forme de femmes fort blessées à l'instant même : et sur ce enquises elles accusèrent celuy qui les avoit frappées, qui dit aux juges l'heure et le lieu qu'il avoit été assailly de chats, et qu'il les avoit blessés. »

Guyon (1) rapporte l'histoire d'un enchanteur qui se changeait en différentes bêtes :

« Aucuns persuadèrent, dit-il, à Ferdinand, empereur premier de ce nom, de faire venir devant lui un enchanteur et magicien polonais en la ville de Numbourg, pour s'informer quelle yssue auroit le different qu'il avoit avec le Turc, touchant le royaume de Hongrie, et que non seulement il usoit de divination, mais aussi faisoit beaucoup de choses merveilleuses, et combien que ledit sieur Roy ne le vouloit voir, si est-ce que ses courtizans l'introduirent dans sa chambre, où il fit beaucoup de choses admirables, entre autres, il se transformoit en cheval, s'estanz oing de quelque graisse,

---

(1) *Les diverses leçons.*

puis en forme de bœuf, et tiercement en lyon, tout en moins d'une heure, dont ledit empereur eut si grande frayeur, qu'il commanda qu'on le chassât, et ne voulut onc s'enquerir de ce maraud des choses futures. »

« Il ne faut plus douter, ajoute le même auteur (1), si Lucius Apuleius Platonic auroit été sorcier, et s'il auroit esté transformé en asne, d'autant qu'il en fut tiré en justice par devant le proconsul d'Affrique, du temps de l'empereur Antonin premier, l'an de J.-C. 150, comme Appoloine Tiance, longtemps avant luy, soubz Domitian, l'an 60, fut aussi actionné pour mesme fait. Et plus de trois ans après ce bruit persista jusqu'au temps de sainct Augustin qui estoit africain, qui l'a escrit et confirmé; comme aussi de son temps le père d'un Prestantius fut transmué en cheval, ainsi que ledit l'assura audit sainct Augustin... Son père estant décédé, il despendit en peu de temps la plus grande partie de ses biens, usant des arts magiques, et pour fuir la pauvreté pourchassa de se marier avec Pudentille, femme veufve et riche d'Oer, fort longtemps, et y persista tant qu'elle acquiesça. Bientôt après mourut un fils unique héritier qu'elle avoit eu de son autre mary. Ces choses passées en ceste façon firent conjecturer qu'il avoit par art magique séduit Pudentille, que plusieurs illustres personnes n'avoyent pu faire

---

(1) *Les diverses leçons.*

condescendre à se marier, pour parvenir aux biens du susdit fils. On disoit aussi que le grand et profond sçavoir qui estoit en luy, pour les grandes et difficiles questions qu'il résolvoit ordinairement passoit le commun des autres hommes, pour ce qu'il avoit un démon ou diable familier. Plus, on lui avoit vu faire beaucoup de choses admirables, comme se rendre invisible, autres fois se transformer en cheval ou en oyseau, se percer le corps d'une espée, sans se blesser, et plusieurs autres choses semblables. Il fut en fin accusé par un Sicilius Æmilianus, censeur, devant Claude Maxime, proconsul d'Affrique, qu'on disoit estre chrestien : on ne trouve point de condamnation contre luy. Or qu'il aye esté transformé en asne, sainct Augustin le tient pour tout asseuré, l'ayant lu dans certains autheurs véritables et dignes d'estre creuz, aussi qu'il estoit du mesme pays : et ceste transformation lui advint en Thessalie avant qu'il fust versé en la magie, par une sorcière qui le vendit, laquelle le recouvra après qu'il eut servi de son mestier d'asne quelques ans, ayant les mesmes forces et façons de manger et braire que les autres asnes, l'ame raisonnable neantmoins demeura entière et saine, comme luy-mesme atteste. Et à fin de couvrir son fait parce que le bruit estoit tel et vraysemblable, il en a composé un livre qu'il a intitulé l'*Asne d'or*, entremeslé de beaucoup de fables et discours, pour démontrer les vices des hommes de son temps, qu'il avoit ouy lire ou veu faire, durant sa transformation, avec plusieurs de ses travaux et peines qu'il souffrit durant sa métamorphose. »

« Quoy qu'il puisse estre, ledit sainct Augustin, au livre de la *Cité de Dieu*, livre XVIII, chap. XVII et XVIII, récite que de son temps, il y avoit es Alpes certaines femmes sorcières qui donnoyent à manger de certain formage aux passants et soudainement estoyent transformez en asnes ou en autres bestes de sommes, et leur faisoyent porter des charges jusqu'à certains lieux; ce qu'ayant exécuté, leur rendoyent la forme humaine. »

« L'évesque de Tyr, historien, escrit que de son temps, qui pouvoit estre 1220, il y eut quelques Anglois que leur Roy envoyoit au secours des Chrestiens qui guerroyoient en la terre saincte, qui estans arrivez en une havre de l'isle de Cypre, une femme sorcière transmua un jeune soldat anglois en asne, lequel voulant retourner vers ses compagnons dans le navire fut chassé à coups de baston, lequel s'en retourna à la sorcière, qui s'en servit jusqu'à ce qu'on s'apperceut que l'asne s'agenouilla dans une Église, faisant choses qui ne pouvoyent partir que d'un animal raisonnable, et par suspicion la sorcière qui le suivoit estant prise par authorité de justice, le restitua en forme humaine trois ans après sa transformation, laquelle fut sur le champ exécutée à mort. »

« Nous lisons, reprend Loys Guyon (1) qu'Am-

---

(1) *Diverses leçons*, t. I, p. 426.

monius, philosophe peripateticien, avoit ordinairement à ses leçons et lors qu'il enseignoit un asne, qui estoit du temps de Lucius Septimius Severus, empereur, l'an de J.-C. 196. Je penseroy bien que cest asne eust esté autrefois homme, et qu'il comprenoit bien ce que ledit Ammonius enseignoit, car ces personnes transformées, la raison leur demeure comme l'asseure le dit sainct Augustin et plusieurs autres auteurs. »

« Fulgose escrit, livre VIII, chap. II, que du temps du pape Léon, qui vivoit l'an 930, il y avoit en Allemagne deux sorcières hostesses qui avoyent accoustumé de changer ainsi quelques fois leurs hostes en bestes, et comme une fois elles changèrent un jeune garçon basteleur en asne, qui donnoit mille plaisirs aux passans, n'ayant point perdu la raison, leur voisin l'acheta bien cher, mais elles dirent à l'acheteur qu'elles ne le luy garantiroient pas et qu'il le perdoit s'il alloit à la rivière. Or l'asne s'estant un jour eschappé, courant au lac prochain où s'étant plongé en l'eau, retourna en sa figure. Nostre Apuleius dit qu'il reprint sa forme humaine pour avoir mangé des roses. »

« On voit encore aujourd'huy en Egypte des asnes qu'aucuns menent en la place publique lesquels font plusieurs tours d'agilité, et des singeries, entendans tout ce qu'on leur commande, et l'exécutent : comme de monstrer la plus belle femme de la compagnie, ce qu'ils font, et plusieurs austres choses qu'on ne voudroit croire : ainsi que le récite Belon, medecin, en ses observations, qu'il a veus et d'autres aussi, qui y ont esté, qui me l'ont affirmé de mesme. »

« On amena un jour à sainct Macaire l'Egyptien, dit dom Calmet (1), une honnête femme qui avoit été métamorphosée en cavalle par l'art pernicieux d'un magicien. Son mari et tous ceux qui la virent crurent qu'elle étoit réellement changée en jument. Cette femme demeura trois jours et trois nuits sans prendre aucune nourriture, ni propre à l'hommé, ni propre à un cheval. On la fit voir aux prêtres du lieu, qui ne purent y apporter aucun remède. On la mena à la cellule de sainct Macaire, à qui Dieu avoit révélé qu'elle devoit venir. Ses disciples vouloient la renvoyer, croyant que c'étoit une cavalle, ils avertirent le saint de son arrivée, et du sujet de son voyage. Il leur dit : Vous êtes de vrais animaux, qui croyez voir ce qui n'est point; cette femme n'est point changée, mais vos yeux sont fascinés. En même temps, il répandit de l'eau bénite sur la tête de cette femme, et tous les assistants la virent dans son premier état. Il lui fit donner à manger, et la renvoya saine et sauve avec son mari. En la renvoyant, il lui dit : Ne vous éloignez point de l'église, car ceci vous est arrivé, pour avoir été cinq semaines sans vous approcher des sacremens de notre Sauveur. »

---

(1) *Traité des apparitions des esprits*, t. I, p. 102.

IV. — SORTILÈGES

On appelle sortilèges ou maléfices toutes pratiques superstitieuses employées dans le dessein de nuire aux hommes, aux animaux ou aux fruits de la terre. On appelle encore maléfices les malapies et autres accidents malheureux causés par un art infernal et qui ne peuvent s'enlever que par un pouvoir surnaturel.

Il y a sept principales sortes de maléfices employés par les sorciers : 1° ils mettent dans le cœur une passion criminelle ; 2° ils inspirent des sentiments de haine ou d'envie à une personne contre une autre ; 3° ils jettent des ligatures ; 4° ils donnent des maladies ; 5° ils font mourir les gens ; 6° ils ôtent l'usage de la raison : 7° ils nuisent dans les biens et appauvrissent leurs ennemis. Les anciens se préservaient des maléfices à venir en crachant dans leur sein.

En Allemagne, quand une sorcière avait rendu un homme ou un cheval impotent et maléficié, on prenait les boyaux d'un autre homme ou d'un cheval mort, on les traînait jusqu'à quelque logis, sans entrer par la porte commune, mais par le soupirail de la cave, ou par-dessous terre, et on y brûlait ces intestins. Alors la sorcière qui avait jeté le maléfice sentait dans les entrailles une violente douleur, et s'en allait droit à la maison où l'on brûlait les intestins pour y prendre un charbon ardent, ce qui faisait cesser le mal. Si on ne lui ouvrait promptement la porte, la maison se remplissait de ténèbres avec un tonnerre effroyable, et ceux qui étaient dedans étaient contraints d'ouvrir pour conserver leur vie (1). Les sorciers, en ôtant un sort ou maléfice, sont obligés de le donner à quelque chose de plus considérable que l'être ou l'objet à qui ils l'ôtent : sinon, le maléfice retombe sur eux. Mais un sorcier ne peut ôter un maléfice s'il est entre les mains de la justice : il faut pour cela qu'il soit pleinement libre.

On a regardé souvent les épidémies comme des maléfices. Les sorciers, disait-on, mettent quelquefois, sous le seuil de la bergerie ou de l'étable qu'ils veulent ruiner, une touffe de cheveux, ou un crapaud, avec trois maudissons, pour faire mourir étiques les moutons et les bestiaux qui passent dessus : on n'arrête le mal qu'en ôtant le maléfice. De Lancre dit qu'un boulanger de Limoges, voulant faire du pain blanc suivant sa coutume, sa pâte fut tellement charmée et maléficiée par une sorcière qu'il fit du pain noir, insipide et infect.

Une magicienne ou sorcière, pour gagner le cœur d'un jeune homme marié, mit sous son lit, dans un pot bien bouché, un crapaud qui avait les yeux fermés; le jeune homme quitta sa femme et ses enfants pour s'attacher à la sorcière; mais la

---

(1) Bodin, *Démonomanie.*

femme trouva le maléfice, le fit brûler, et son mari revint à elle (1).

Un pauvre jeune homme ayant quitté ses sabots pour monter à une échelle, une sorcière y mit quelque poison sans qu'il s'en aperçut, et le jeune homme, en descendant, s'étant donné une entorse, fut boiteux toute sa vie (2).

Une femme ensorcelée devint si grasse, dit Delrio, que c'était une boule dont on ne voyait plus le visage, ce qui ne laissait pas d'être considérable. De plus, on entendait dans ses entrailles le même bruit que font les poules, les coqs, les canards, les moutons, les bœufs, les chiens, les cochons et les chevaux, de façon qu'on aurait pu la prendre pour une basse-cour ambulante.

Une sorcière avait rendu un maçon impotent et tellement courbé, qu'il avait presque la tête entre les jambes. Il accusa la sorcière du maléfice qu'il éprouvait; on l'arrêta, et le juge lui dit qu'elle ne se sauverait qu'en guérissant le maçon. Elle se fit apporter par sa fille un petit paquet de sa maison, et, après avoir adoré le diable, la face en terre, en marmottant quelques charmes, elle donna le paquet au maçon, lui commanda de se baigner et de le mettre dans son bain, en disant : *Va de par le diable!* Le maçon le fit, et guérit. Avant de mettre le paquet dans le bain, on voulut savoir ce qu'il

---

(1) Delrio, *Disquisitions magiques.*
(2) De Lancre, *De l'inconstance,* etc.

contenait : on y trouva trois petits lézards vifs ; et quand le maçon fut dans le bain, il sentit sous lui comme trois grosses carpes, qu'on chercha un moment après sans rien trouver (1).

Les sorciers mettent parfois le diable dans des noix, et les donnent aux petits enfants, qui deviennent maléficiés. Un de nos démonographes (c'est, je pense, Boguet) rapporte que, dans je ne sais quelle ville, un sorcier avait mis sur le parapet d'un pont une pomme maléficiée, pour un de ses ennemis, qui était gourmand de tout ce qu'il pouvait trouver sans desserrer la bourse. Heureusement le sorcier fut aperçu par des gens expérimentés, qui défendirent prudemment à qui que ce fût d'oser porter la main à la pomme, sous peine d'avaler le diable. Il fallait pourtant l'ôter, à moins qu'on ne voulût lui donner des gardes. On fut longtemps à délibérer, sans trouver aucun moyen de s'en défaire ; enfin il se présenta un champion qui, muni d'une perche, s'avança à une distance de la pomme et la poussa dans la rivière, où étant tombée, on en vit sortir plusieurs petits diables en forme de poissons. Les spectateurs prirent des pierres et les jetèrent à la tête de ces petits démons, qui ne se montrèrent plus...

Boguet conte encore qu'une jeune fille ensorcelée rendit de petits lézards, lesquels s'envolèrent par un trou qui se fit au plancher.

---

(1) Bodin, *Démonomanie.*

« Il faut bien prendre garde, dit Bodin (1), à la distinction des sortilèges, pour juger l'énormité d'entre les sorciers qui ont convention expresse avec le diable et ceux qui usent de ligatures et autres arts de sortilèges. Car il y en a qui ne se peuvent oster ni punir par les magistrats, comme la superstition de plusieurs personnes de ne filer par les champs, la crainte de saigner de la narine senestre, ou de rencontrer une femme enceinte devant disné. Mais la superstition est bien plus grande de porter des rouleaux de papier pendus au col ou l'hostie consacrée en sa pochette; comme faisoit le président Gentil, lequel fut trouvé saisi d'une hostie par le bourreau qui le pendit à Montfaucon; et autres superstitions semblables que l'Ecriture Saincte appelle abominations et train d'Amorrhéens. Cela ne se peut corriger que par la parole de Dieu : mais bien le magistrat doit chastier les charlatans et porteurs de billets qui vendent ces fumées là et les bannir du pays. Car s'il est ainsi que les empereurs payens ayant banni ceux qui faisoyent choses qui donnent l'espouvante aux ames superstitieuses, que doyvent faire les chrestiens envers ceux là, ou qui contrefont les esprits comme on fit à Orleans et à Berne ? Il n'y a doute que ceux là ne méritassent la mort comme aussi ceux de Berne furent executez à mort : et en cas pareil de faire pleurer les crucifix ainsi qu'on

---

(1) *Démonomanie*, livr. IV, ch. IV.

fit à Muret, près Thoulouse, et en Picardie, et en la ville d'Orleans à Saint-Pierre des Puilliers. Mais quelque poursuite qu'on ait fait, cela est demeuré impuni. Or c'est double impiété en la personne des prestres. Et ceste impiété est beaucoup plus grande quand le prestre a paction avec Satan et qu'il fait d'un sacrifice une sorcellerie detestable. Car tous les théologiens demeurent d'accord que le prestre ne consacre point s'il n'a intention de consacrer, encore qu'il prononce les mots sacramentaux.

De fait, il y eut un curé de Sainct-Jean-le-Petit à Lyon, lequel fut bruslé vif l'an 1558 pour avoir dit, ce que depuis il confessa en jugement qu'il ne consacroit point l'hostie quand il chantoit messe, pour faire damner les paroissiens, comme il disoit, à cause d'un procès qu'il avoit contre eux... Il s'est trouvé en infinis procès que les sorciers bien souvent sont prestres, ou qu'ils ont intelligence avec les prestres : et par argent ou par faveurs, ils sont induits à dire des messes pour les sorciers, et les accommodent d'hosties, ou bien ils consacrent du parchemin vierge, ou bien ils mettent des aneaux, lames characterisées, ou autres choses semblables sur l'autel, ou dessous les linges : comme il s'est trouvé souvent. Et n'a pas longtemps qu'on y a surprint un curé, lequel a evadé, ayant bon garant, qui lui avoit baillé un aneau pour mettre sous les linges de l'autel quand il disoit messe. »

« D'après dom Calmet (1), Æneas Sylvius Piccolomini, qui fut depuis pape sous le nom de Pie II, écrit dans son *Histoire de Bohême* qu'une femme prédit à un soldat du roi Wladislas que l'armée de ce prince seroit taillée en pièces par le duc de Bohême; que si le soldat vouloit éviter la mort, il falloit qu'il tuât la première personne qu'il rencontreroit en chemin, qu'il lui coupât les oreilles et les mît dans sa poche; qu'avec l'épée dont il l'auroit percée, il traçât sur terre une croix entre les jambes de son cheval, qu'il la baisât, et que montant sur son cheval, il prit la fuite. Le jeune homme exécuta tout cela. Wladislas livra la bataille, la perdit et fut tué : le jeune soldat se sauva; mais entrant dans sa maison, il trouva que c'étoit sa femme qu'il avoit tuée et percée de son épée, et à qui il avoit coupé les oreilles. »

Dom Calmet (2) nous apprend d'après Frédéric Hoffmann (3) que « Une bouchère de la ville de Jenes, dans le duché de Weimar en Thuringe ayant refusé de donner une tête de veau à une vieille femme, qui n'en offroit presque rien, cette vieille se retira, grondant et murmurant entre ses dents. Peu de tems après, la bouchère sentit de grandes douleurs de tête. Comme la cause de cette maladie étoit inconnue aux plus habiles médecins, ils ne purent y apporter aucun remède; cette

---

(1) *Traité sur les apparitions des esprits,* t. I, p. 100.
(2) *Traité sur les apparitions des esprits,* t. I, p. 101.
(3) *De Diaboli potentia in corpora,* 1736, p. 382.

femme rendoit de tems en tems par l'oreille gauche de la cervelle, que l'on prit d'abord pour sa propre cervelle. Mais comme elle soupçonnait cette vieille de lui avoir donné un sort à l'occasion de la tête de veau, on examina la chose de plus près, et on reconnut que c'étoit de la cervelle de veau; et l'on se fortifia dans cette pensée, en voyant des osselets de la tête de veau, qui sortoient avec la cervelle. Ce mal dura assez longtems, et enfin la femme du boucher guérit parfaitement. Cela arriva en 1685. »

Bodin a escrit livre II, chap. III, de la *Démonomanie*, dit Guyon (1), que le sieur Nouilles, abbé de l'Isle, et depuis evesque de Dax, ambassadeur à Constantinople, dit qu'un gentilhomme polonois, nommé Pruiski, qui a esté ambassadeur en France, luy dit que l'un des grands roys de la chrestienté, voulant sçavoir l'yssue de son estat, fit venir un prestre necromantien et enchanteur, lequel dit la messe, et après avoir consacré l'hostie, trancha la teste à un jeune enfant de dix ans, premier né, qui estoit préparé pour cest effet, et fit mettre sa teste sur l'hostie, puis disant certaines paroles, et usant de caractères qu'il n'est besoin sçavoir, demanda ce qu'il vouloit. La teste ne respondit que ces deux mots : *Vim patior* en latin : c'est à dire j'endure violence. Et aussitost le roy entra en furie, criant sans fin : Ostez-moi ceste teste, et mourut ainsi

---

(1) *Les diverses leçons de Loys Guyon*, t. I, p. 735.

enragé. Depuis que ces choses furent escrites, j'ay demandé audit sieur de Dax si ce que Bodin avoit escrit de luy estoit vray, lequel m'asseura qu'ouy, mais quel roy c'estoit, il ne le me voulut jamais dire. »

P. Leloyer (1) rappelle encore l'histoire d'une autre tête qui parla après la séparation du corps, dont Pline fait mention. « En la guerre de Sicile entre Octave César qui depuis fut surnommé Auguste et Sextus Pompeius fils de Pompée le Grand, y eut, dit-il, un des gens d'Octave appelé Gabinius qui fut prins des ennemis, et eut la teste coupée par le commandement de Sextus Pompeius, de sorte qu'elle ne tenoit plus qu'un petit à la peau. Il est oüy sur le soir qu'il se plaignoit et désiroit parler à quelqu'un. Aussitost une grande multitude s'assemble autour du corps; il prie ceux qui estoient venus de faire parler à Pompée et qu'il estoit venu des enfers pour luy dire chose qui luy importoit. Cela est rapporté à Pompée, il n'y veut aller et y envoye quelqu'un de ses familiers, ausquels Gabinius dit que les dieux d'en bas recevoient les justes complaintes de Pompée et qu'il auroit toute telle issue qu'il souhaitoit. En signe de vérité, il dit qu'il devoit aussitost retomber mort qu'il auroit accomply son message. Cela advint et Gabinius tomba à l'heure tout mort comme devant. » Il faut, du reste, noter que la prédiction de Gabinius ne se réalisa pas.

(1) *Discours et histoires des spectres*, p. 259.

L. Du Vair (1) raconte que les Biarmes, peuples septentrionaux fort voisins du pole arctique, estans un jour tout prets de combattre contre un tres puissant roy nommé Regner commencerent à s'adresser au ciel avec beaux carmes enchantez et firent tant qu'ils solliciterent les nues à les secourir, et les contraignirent jusqu'à verser une grande violence et quantité de pluie qu'ils firent venir tout à coup sur leurs ennemis. Quant est de commander aux orages et aux vents, Olaüs affirme que Henry, roy de Suece, qui avait le bruit d'être le premier de son temps en l'art magique estoit si familier avec les démons et les avoit tellement à son commandement, que, de quelque costé qu'il tournast son chapeau, tout aussitost le vent qu'il désiroit venait à souffler et halener de cette part-là, et pour cet effet son chappeau fut nommé de tous ceux de la contrée le *chappeau venteux.* »

D'après Jean des Caurres (2) : « Olaus le Grand escrit (3) plusieurs moyens d'enchantemens spéciaux et observez par les septentrionaux en ces paroles : L'on trouvoit ordinairement des sorciers et magiciens entre les Botniques, peuples septentrionaux, comme si en ceste contrée eust esté leur propre habitation, lesquels avoient apprins de desguiser leurs faces, et celles d'autruy, par plu-

---

(1) *Trois livres des charmes, sorcelages,* etc., p. 304.
(2) *OEuvres morales et diversifiées,* p. 394.
(3) Livre III, ch. xxxix de l'*Histoire des peuples septentrionaux.*

sieurs representations de choses, au moyen de la grande adresse qu'ils avoient à tromper et charmer les yeux. Ils avoient aussi apprins d'obscurcir les véritables regards par les trompeuses figures. Et non seulement les luicteurs, mais aussi les femmes et jeunes pucelles, ont accoustumé selon leur souhait, d'emprunter leur subtile et ténue substance de l'air, pour se faire comme des masques horrides, et pleins d'une ordure plombeuse, ou bien pour faire paroistre leurs faces distinguées par une couleur pasle et contrefaite, lesquelles après elles deschargent, à la clarté du temps serain, de ces ténébreuses substances qui y sont attachées, et par ce moyen elles chassent la vapeur qui les recouvroit. Il appert aussi qu'il y avoit si grande vertu en leurs charmes, qu'il sembloit qu'elles eussent pouvoir d'attirer du lieu le plus distant, et se rendre visibles à elles seules et toucher une chose la plus esloignée : voire et eust elle esté arrestée et garrottée par mille liens (1). Or font-elles demonstrance de ces choses par telles impostures. Lors qu'elles ont envie de sçavoir de l'estat de leurs amis ou ennemis absents en lointaines contrées, a deux cens ou quatre cens lieues, elles s'adressent vers Lappon, ou Finnon, grand docteur en cest art : et apres qu'elles luy ont fait quelques presens d'une robbe de lin, ou d'un arc, elles le

---

(1) Saxon le grammairien, au commencement de l'*Histoire de Danemark*.

prient experimenter en quel pays peuvent estre leurs amis ou ennemis, et que c'est qu'ils font. Parquoy il entre dedans le conclave, accompagné seulement de sa femme et d'un sien compagnon; puis il frappe avec un marteau dessus une grenouille d'airain, ou sur un serpent estendu sur une enclume, et luy baille autant de coups qu'il est ordonné : puis en barbotant quelques charmes, il les retourne çà et là, et incontinent il tombe en extase, et est ravy, et demeure couché peu de temps, comme s'il estoit mort. Ce temps pendant il est gardé diligemment par son compaignon de crainte qu'aucune pulce ou mousche vivante, ou autre animal ne le touche. Car par le pouvoir des charmes, son esprit, qui est guidé et conduit par le diable, rapporte un anneau, ou un cousteau, ou quelque autre chose semblable, en signe et pour tesmoignage qu'il a faist ce qui lui estoit commandé : et alors se relevant, il déclare à son conducteur les mesmes signes, avec les circonstances. »

« Le mesme auteur, au chapitre XVIII du troisième livre *Des vents venaux*, escrit le miracle qui ensuit. Les Finnons avoient quelque-fois accoustumé, entre les autres erreurs de leur race, de vendre un vent à ceux qui negocioient en leurs havres, lorsqu'ils estoient empeschez par la contraire tempeste des vents. Après doncques qu'on leur avoit baillé le payement, ils donnoient trois nœuds magiques aux acheteurs, et les advertissoient qu'en desnouant le premier ils avoient les vents amiables et doux : et en desnouant le second, ils les avoient plus forts : et là où ils desnoueroient le troisième il leur surviendroit une telle tempeste, qu'ils ne pourroient jouyr à leur aise de leur vaisseau, ny jeter l'œil hors la proue, pour éviter les rochers, ny asseurer le pied en la navire, pour abbatre les voiles, ny mesmes l'asseurer en la poupe pour manier le gouvernail. »

« J'ai ouï raconter plusieurs fois, à un bon et docte personnage, dit Goulart (1), qu'estant jeune escholier à Thoulouse, il fut par deux fois voyager es monts Pyrénées. Qu'en ces deux voyages il advint et vid ce qui s'ensuit. En une croupe fort haute et spacieuse de ces monts, se trouve une forme d'autel fort antique, sur quelques pierres duquel sont gravez certains charactères de forme estrange. Autour et non loin de cest autel se trouverent lors d'iceux voyages des pastres et rustiques, lesquels exhorterent et prierent ce personnage et plusieurs autres, tant escholiers que de diverses conditions, de ne toucher nullement cest autel. Enquis pourquoy ils faisoyent cette instance, respondirent qu'il n'importoit d'en approcher pour le voir et regarder de près tant que l'on voudroit : mais de l'attouchement s'ensuivoyent merveilleux changemens en l'air. Il faisoit fort beau en tous les deux voyages. Mais au premier se trouva un moine en la com-

---

(1) *Thrésor des histoires admirables*, t. II, p. 776.

pagnie, qui se riant de l'advertissement de ces pastres, dit qu'il vouloit essayer que c'estoit de cest enchantement : et tandis que les autres amusoyent ces rustiques, approche de l'autel et le touche comme il voulut. Soudain le ciel s'obscurcit, les tonnerres grondent : le moine et tous les autres gaignent au pied, mais avant qu'ils eussent atteint le bas de la montagne, apres plusieurs esclats de foudre et d'orages effroyables, ils furent moüillez jusques à la peau, poursuivis au reste par les pastres à coups de cailloux et de frondes. Au second voyage le mesme fut attenté par un escholier avec mesmes effects de foudres, orages et ravines d'eaux les plus estranges qu'il est possible de penser. »

Selon Dom Calmet (1), « Spranger *in mallio maleficorum* raconte qu'en Souabe un paysan avec sa petite fille âgée d'environ huit ans, étant allé visiter ses champs, se plaignait de la sécheresse, en disant : Hélas, Dieu nous donnera-t-il de la pluie ! La petite fille lui dit incontinent, qu'elle lui en feroit venir quand il voudroit. Il répondit : Et qui t'a enseigné ce secret ? C'est ma mère, dit-elle, qui m'a fort défendu de le dire à personne. Et comment a-t-elle fait pour te donner ce pouvoir ? Elle m'a menée à un maître, qui vient à moi autant de fois que je l'appelle. Et as-tu vu ce maître ? Oui, dit-elle, j'ai souvent vu entrer des hommes chez

---

(1) *Traité sur les apparitions des esprits*, t. I, p. 156.

ma mère, à l'un desquels elle m'a vouée. Après ce dialogue, le père lui demanda comment elle feroit pour faire pleuvoir seulement sur son champ. Elle demanda un peu d'eau ; il la mena à un ruisseau voisin, et la fille ayant nommé l'eau au nom de celui auquel sa mère l'avoit vouée, aussi-tôt on vit tomber sur le champ une pluie abondante. Le père convaincu que sa femme était sorcière, l'accusa devant les juges, qui la condamnèrent au feu. La fille fut baptisée et vouée à Dieu ; mais elle perdit alors le pouvoir de faire pleuvoir à sa volonté. »

Bodin (1) dit que « la coustume de traîner les images et crucifix en la riviere pour avoir de la pluye se pratique en Gascongne, et l'ay veu (dit-il) faire à Thoulouse en plein jour par les petits enfans devant tout le peuple, qui appellent cela la tire-masse. Et se trouva quelqu'un qui jetta toutes les images dedans les puits du salin l'an 1557. Lors la pluye tomba en abondance. C'est une signalée meschanceté qu'on passe par souffrance et une doctrine de quelques sorciers de ce païs là qui ont enseigné ceste impiété au pauvre peuple. »

Jovianus Pontanus (2) parlant des superstitions damnables de quelques Napolitains qui adjoustoyent foi aux sorciers, dict ces mots : « Aucuns des habitans et assiegez dans la ville de Suesse, sorti-

---

(1) *Démonomanie*, liv. II, ch. VIII.

(2) Au Ve livre des *Histoires de son temps*, cité par Goulart, *Thrésor des histoires admirables*, t. II, p. 1051.

rent de nuit et tromperent les corps de garde, puis traverserent les plus rudes montagnes, et gaignerent finalement le bord de la mer. Ils portoyent quand et eux un crucifix, contre lequel ils prononcerent un certain charme execrable, puis se jetterent dedans la mer, prians que la tempeste troublast ciel et terre. Au mesme temps, quelques prestres de la mesme ville, désireux de s'accommoder aux sorcelleries des soldats en inventerent une autre, esperant attirer la pluye par tel moyen. Ils apporterent un asne aux portes de leur eglise, et lui chanterent un requiem, comme à quelque personne qui eust rendu l'âme. Après cela, ils lui fourrerent en la gueule une hostie consacrée, et après avoir fait maint service autour de cet asne, finalement l'enterrerent tout vif aux portes de leur dite église. A peine avoyent-ils achevé leur sorcellerie, que l'air commença à se troubler, la mer à estre agitée, le plein jour à s'obscurcir, le ciel à s'éclairer, le tonnerre à esbranler tout : le tourbillon des vents arrachoit les arbres et remplissoit l'air de cailloux et d'esclats volans des rochers : une telle ravine d'eaux survint, et de la pluye en si grande abondance que non seulement les cisternes de Suesse furent remplies, mais aussi les monts et rochers fendus de chaleur servoyent lors de canal aux torrens. Le roy de Naples qui n'espéroit prendre la ville que par faute d'eau, se voyant ainsi frustré leva le siége et s'en revint trouver son armée à Savonne. »

« Les procès des sorciers et sorcières, dit Goulart (1), faisans esmouvoir par leurs sorcelleries divers orages et tempestes, proposent infinis estranges exemples de ceci... J'ai ouï asseurer à personnage digne de foi que quelques sorciers de Danemarc firent un charme terrible pour empescher que la princesse de Danemarc ne fust menée par mer au roy d'Escosse, à qui elle estoit fiancée, tellement que la flotte qui la conduisoit fut plusieurs fois en danger de naufrage, et poussée loin de sa route, où force lui fut d'attendre commodité d'une autre navigation. Que ceste conjuration finalement descouverte l'on fit justice des sorciers, lesquels declarerent les malins esprits leur avoir confessé que la piété de la princesse et de quelques bons personnages qui l'accompagnoyent, par l'invocation ardente et continuelle du nom de Dieu, avoit rendu vains tous leurs efforts. »

Jacques d'Autun (2) rapporte un orage extraordinaire accompagné de grêle excité en Languedoc par des sorciers l'an 1668.

« Sur les trois heures après midi le onziesme du mois de juin s'esleva, dit-il, un tourbillon de vent si impétueux qu'il desracinoit les arbres et faisoit

---

(1) *Thrésor des histoires admirables*, t. II, p. 1052.
(2) *L'incrédulité sçavante et la crédulité ignorante*, etc., par Jacques d'Autun, prédicateur capucin. Lyon, Jean Cesté, 1674, in-4º, p. 857.

trembler les maisons aux environs de Langon; ce furieux orage semblait devoir s'appaiser par une pluye assez médiocre, laquelle peu apres fut meslée de grelle grosse comme des œufs de poule et ce qui fit l'admiration des curieux, qui en firent ramasser plusieurs pièces, est qu'elles étaient hérissées et pointues comme si à dessein on les eut travaillées pour leur donner cette figure; d'autres ressembloient parfaitement à de gros limaçons avec leur coquille, la teste, le col et les cornes dehors; l'on voyoit en d'autres des grenouilles et des crapaux si bien taillés, que l'on eut dit qu'un sculpteur s'étoit appliqué à les façonner; mais ce qui surprit davantage en ce spectacle d'horreur, est que cette gresle changeoit de figure selon la différence des insectes, que le démon vouloit probablement représenter : car l'on vit gresler des serpens ou de la gresle en forme de serpens de la longueur d'un demy pied : certes la gresle qui fit trembler toute l'Egypte laquelle sainct Augustin attribue à l'opération des démons, n'avoit rien de si effroyable; l'on trouva des pièces de ce funeste météore qui représentoient la main d'un homme avec deux ou trois doigts distinctement formez, d'autres estoient taillées en estoiles à trois et à cinq pointes : enfin en quelque endroit, comme au port de Saincte-Marie, il tomba de la gresle d'une si prodigieuse grosseur que les animaux et les hommes qui en estoient frappez expiroient sur le champ..... On trouva un cheveu blanc dans tous les grains de grelle qui furent ouverts et dans tous le cheveu blanc étoit de la même longueur. »

L'Espagnol Torquémada formule ainsi la biographie d'une fameuse sorcière du moyen âge :

« Aucuns parlent, dit-il, d'une certaine femme nommée *Agaberte*, fille d'un géant qui s'appelait *Vagnoste*, demeurant aux pays septentrionaux, laquelle était grande enchanteresse. Et la force de ses enchantements était si variée, qu'on ne la voyait presque jamais en sa propre figure : quelque fois c'était une petite vieille fort ridée, qui semblait ne se pouvoir remuer, ou bien une pauvre femme malade et sans forces ; d'autres fois elle était si haute qu'elle paraissait toucher les nues avec sa tête. Ainsi elle prenait telle forme qu'elle voulait aussi aisément que les auteurs décrivent *Urgande la méconnue*. Et, d'après ce qu'elle faisait, le monde avait opinion qu'en un instant elle pouvait obscurcir le soleil, la lune et les étoiles, aplanir les monts, renverser les montagnes, arracher les arbres, dessécher les rivières, et faire autres choses pareilles si aisément qu'elle semblait tenir tous les diables attachés et sujets à sa volonté. »

Les magiciens et les devins emploient une sorte d'anathème pour découvrir les voleurs et les maléfices : voici cette superstition. Nous prévenons ceux que les détails pourraient scandaliser, qu'ils sont extraits des grimoires. On prend de l'eau limpide ; on rassemble autant de petites pierres qu'il y a de personnes soupçonnées ; on les fait bouillir dans cette eau ; on les enterre sous le seuil de la porte par où doit passer le voleur ou la sorcière, en y joignant une lame d'étain sur laquelle sont écrits ces mots : *Christus vincit, Christus regnat, Christus imperat.* On a eu soin de donner à chaque pierre le nom de l'une des personnes que l'on a lieu de soupçonner. On ôte le tout de dessus le seuil de la porte au lever du soleil ; si la pierre qui représente le coupable est brûlante, c'est déjà un indice. Mais, comme le diable est sournois, il ne faut pas s'en contenter ; on récite donc les sept Psaumes de la pénitence, avec les litanies des saints : on prononce ensuite les prières de l'exorcisme, contre le voleur ou la sorcière ; on écrit son nom dans un cercle ; on plante sur ce nom un clou d'airain, de forme triangulaire, qu'il faut enfoncer avec un marteau dont le manche soit en bois de cyprès, et on dit quelques paroles prescrites rigoureusement à cet effet (1). Alors le voleur se trahit par un grand cri.

S'il s'agit d'une sorcière, et qu'on veuille seulement ôter le maléfice pour le rejeter sur celle qui l'a jeté, on prend, le samedi, avant le lever du soleil, une branche de coudrier d'une année, et on dit l'oraison suivante : « Je te coupe, rameau de cette
« année, au nom de celui que je veux blesser comme
« je te blesse. » On met la branche sur la table, en

---

(1) *Justus es Domine, et justa sunt judicia tua.*

répétant trois fois une certaine prière (1) qui se termine par ces mots : Que le sorcier ou la sorcière soit anathème, et nous saufs (2)!

Bodin et de Lancre content (3) qu'en 1536, à Casal, en Piémont, on remarqua qu'une sorcière, nommée Androgina, entrait dans les maisons, et que bientôt après on y mourait. Elle fut prise et livrée aux juges ; elle confessa que quarante sorcières, ses compagnes avaient composé avec elle le maléfice. C'était un onguent avec lequel elles allaient graisser les loquets des portes ; ceux qui touchaient ces loquets mouraient en peu de jours.

« La même chose advint à Genève en 1563, ajoute de Lancre, si bien qu'elles y mirent la peste, qui dura plus de sept ans. Cent soixante-dix sorcières furent exécutées à Rome pour cas semblable sous le consulat de Claudius Marcellus et de Valerius Flaccus : mais la sorcellerie n'étant pas encore bien reconnue, on les prenait simplement alors pour des empoisonneuses.... »

On remarquait, dit-on, au dix-septième siècle, dans la forêt de Bondi, deux vieux chênes que l'on disait enchantés. Dans le creux de l'un de ces

---

(1) Comme la première, c'est une inconvenance. On ajoute aux paroles saintes du signe de la croix: Droch, Mirroch, Esenaroth, Bétubaroch, Assmaaroth, qu'on entremêle de signes de croix.

(2) Wierus, *De Praestig. dæm.*, lib. V, cap. v.

(3) *Démonomanie*, liv. IV, ch. iv. *Tableau de l'inconstance*, etc., liv. II, disc. iv.

chênes on voyait toujours une petite chienne d'une éblouissante blancheur. Elle paraissait endormie, et ne s'éveillait que lorsqu'un passant s'approchait ; mais elle était si agile, que personne ne pouvait la saisir. Si on voulait la surprendre, elle s'éloignait de quelques pas, et, dès qu'on s'éloignait, reprenait sa place avec opiniâtreté. Les pierres et les balles la frappaient sans la blesser ; enfin on croyait dans le pays que c'était un démon, ou l'un des chiens du grand veneur, ou du roi Arthus, ou encore la chienne favorite de saint Hubert, ou enfin le chien de Montargis, qui, présent à l'assassinat de son maître dans la forêt de Bondi, révéla le meurtrier et vengea l'homicide au xive siècle. On disait aussi que des sorciers faisaient assurément le sabbat sous les deux chênes.

Un jeune garçon de dix à douze ans, dont les parents habitaient la lisière de la forêt, faisait ordinairement de petits fagots à quelque distance de là. Un soir qu'il ne revint pas, son père, ayant pris sa lanterne et son fusil, s'en alla avec son fils aîné battre le bois. La nuit était sombre. Malgré la lanterne, les deux bûcherons se heurtaient à chaque instant contre les arbres, s'embarrassaient dans les ronces, revenaient sur leurs pas et s'égaraient sans cesse. « Voilà qui est singulier, dit enfin le père ; il ne faut qu'une heure pour traverser le bois, et nous marchons depuis deux sans avoir trouvé les chênes ; il faut que nous les ayons passés. »

En ce moment, un tourbillon ébranlait la forêt.

Ils levèrent les yeux, et virent, à vingt pas, les deux chênes. Ils marchèrent dans cette direction; mais à mesure qu'ils avancent, il semble que les chênes s'éloignent: la forêt paraît ne plus finir; on entend de toutes parts des sifflements, comme si le bois était rempli de serpents; ils sentent rouler à leurs pieds des corps inconnus; des griffes entourent leurs jambes et les effleurent; une odeur infecte les environne; ils croient sentir des êtres impalpables errer autour d'eux....

Le bucheron, exténué de fatigue, conseille à son fils de s'asseoir un instant; mais son fils n'y est plus. Il voit à quelques pas, dans les buissons, la lumière vacillante de la lanterne; il remarque le bas des jambes de son fils, qui l'appelle; il ne reconnaît pas la voix. Il se lève; alors la lanterne disparaît; il ne sait plus où il se trouve; une sueur froide découle de tous ses membres; un air glacé frappe son visage, comme si deux grandes ailes s'agitaient au-dessus de lui. Il s'appuie contre un arbre, laisse tomber son fusil, recommande son âme à Dieu, et tire de son sein un crucifix; il se jette à genoux et perd connaissance.

Le soleil était levé lorsqu'il se réveilla; il vit son fusil brisé et macéré comme si on l'eût mâché avec les dents; les arbres étaient teints de sang; les feuilles noircies; l'herbe desséchée; le sol couvert de lambeaux; le bûcheron reconnut les débris des vêtements de ses deux fils, qui ne reparurent pas. Il rentra chez lui épouvanté. On visita ces lieux redoutables. On y vérifia toutes les traces du sabbat ; on y revit la chienne blanche insaisissable. On purifia la place ; on abattit les deux chênes, à la place desquels on planta deux croix, qui se voyaient encore il y a peu de temps ; et, depuis, cette partie de la forêt cessa d'être infestée par les démons (1).

Ce que les sorciers appellent *main de gloire* est la main d'un pendu, qu'on prépare de la sorte : On la met dans un morceau de drap mortuaire, en la pressant bien, pour lui faire rendre le peu de sang qui pourrait y être resté ; puis on la met dans un vase de terre, avec du sel, du salpêtre, du zimax et du poivre long, le tout bien pulvérisé. On la laisse dans ce pot l'espace de quinze jours ; après quoi on l'expose au grand soleil de la canicule, jusqu'à ce qu'elle soit complètement desséchée ; si le soleil ne suffit pas, on la met dans un four chauffé de fougère et de verveine. On compose ensuite une espèce de chandelle avec de la graisse de pendu, de la cire vierge et du sésame de Laponie ; et on se sert de la main de gloire comme d'un chandelier, pour tenir cette merveilleuse chandelle allumée. Dans tous les lieux où l'on va avec ce funeste instrument, ceux qui y sont demeurent immobiles, et ne peuvent non plus remuer que s'ils étaient morts. Il y a diverses manières de se servir de la main de gloire ; les scélérats les connaissent bien ; mais, depuis qu'on ne pend plus chez nous, ce doit être chose rare.

(1) *Infernaliana*, p. 152.

Deux magiciens, étant venus loger dans un cabaret pour y voler, demandèrent à passer la nuit auprès du feu, ce qu'ils obtinrent. Lorsque tout le monde fut couché, la servante, qui se défiait de la mine des deux voyageurs, alla regarder par un trou de la porte pour voir ce qu'ils faisaient. Elle vit qu'ils tiraient d'un sac la main d'un corps mort, qu'ils en oignaient les doigts de je ne sais quel onguent, et les allumaient, à l'exception d'un seul qu'ils ne purent allumer, quelques efforts qu'ils fissent, et cela parce que, comme elle le comprit, il n'y avait qu'elle des gens de la maison qui ne dormît point ; car les autres doigts étaient allumés pour plonger dans le plus profond sommeil ceux qui étaient déjà endormis. Elle alla aussitôt à son maître pour l'éveiller, mais elle ne put en venir à bout, non plus que les autres personnes du logis, qu'après avoir éteint les doigts allumés, pendant que les deux voleurs commençaient à faire leur coup dans une chambre voisine. Les deux magiciens, se voyant découverts, s'enfuirent au plus vite, et on ne les trouva plus (1).

Il y avait autrefois beaucoup d'anneaux enchantés ou chargés d'amulettes. Les magiciens faisaient des anneaux constellés avec lesquels on opérait des merveilles. Cette croyance était si répandue chez les païens, que les prêtres ne pouvaient porter

---

(1) Delrio, *Disquisitions magiques.*

d'anneaux, à moins qu'il ne fussent si simples qu'il était évident qu'ils ne contenaient point d'amulettes (1).

Les anneaux magiques devinrent aussi de quelque usage chez les chrétiens et même beaucoup de superstitions se rattachèrent au simple *anneau d'alliance*. On croyait qu'il y avait dans le quatrième doigt, qu'on appela spécialement doigt annulaire ou doigt destiné à l'anneau, une ligne qui correspondait directement au cœur; on recommanda donc de mettre l'anneau d'alliance à ce seul doigt. Le moment où le mari donne l'anneau à sa jeune épouse devant le prêtre, ce moment, dit un vieux livre de secrets, est de la plus haute importance. Si le mari arrête l'anneau à l'entrée du doigt et ne passe pas la seconde jointure, la femme sera maîtresse; mais s'il enfonce l'anneau jusqu'à l'origine du doigt, il sera chef et souverain. Cette idée est encore en vigueur, et les jeunes mariées ont généralement soin de courber le doigt annulaire au moment où elles reçoivent l'anneau de manière à l'arrêter avant la seconde jointure.

Les Anglaises, qui observent la même superstition, font le plus grand cas de l'anneau d'alliance à cause de ses propriétés. Elles croient qu'en mettant un de ces anneaux dans un bonnet de nuit, et plaçant le tout sous leur chevet, elles verront en songe le mari qui leur est destiné.

---

(1) Aulu-Gelle, lib. X, cap. xxv.

Les Orientaux révèrent les anneaux et les bagues, et croient aux anneaux enchantés. Leurs contes sont pleins de prodiges opérés par ces anneaux. Ils citent surtout, avec une admiration sans bornes, l'*anneau de Salomon*, par la force duquel ce prince commandait à toute la nature. Le grand nom de Dieu est gravé sur cette bague, qui est gardée par des dragons, dans le tombeau inconnu de Salomon. Celui qui s'emparerait de cet anneau serait maître du monde et aurait tous les génies à ses ordres.

A défaut de ce talisman prodigieux, ils achètent à des magiciens des anneaux qui produisent aussi des merveilles.

Henri VIII bénissait des anneaux d'or qui avaient disait-il, la propriété de guérir de la crampe (1).

Les faiseurs de secrets ont inventé des bagues magiques qui ont plusieurs vertus. Leurs livres parlent de l'*anneau des voyageurs*. Cet anneau, dont le secret n'est pas bien certain, donnait à celui qui le portait le moyen d'aller sans fatigue de Paris à Orléans, et de revenir d'Orléans à Paris dans la même journée.

Mais on n'a pas perdu le secret de l'*anneau d'invisibilité*. Les cabalistes ont laissé la manière de faire cet anneau, qui plaça Gygès au trône de Lydie. Il faut entreprendre cette opération un mercredi de

---

(1) Misson, *Voyage d'Italie*, t. III, p. 16, à la marge.

printemps, sous les auspices de Mercure, lorsque cette planète se trouve en conjonction avec une des autres planètes favorables, comme la Lune, Jupiter, Vénus et le Soleil. Que l'on ait de bon mercure fixé et purifié ; on en formera une bague où puisse entrer facilement le doigt du milieu ; on enchâssera dans le chaton une petite pierre que l'on trouve dans le nid de la huppe, et on gravera autour de la bague ces paroles : *Jésus passant † au milieu d'eux † s'en alla* (1) ; puis ayant posé le tout sur une plaque de mercure fixé, on fera le parfum de Mercure ; on enveloppera l'anneau dans un taffetas de la couleur convenable à la planète, on le portera dans le nid de la huppe d'où l'on a tiré la pierre, on l'y laissera neuf jours ; et quand on le retirera, on fera encore le parfum comme la première fois ; puis on le gardera dans une petite boîte faite avec du mercure fixé, pour s'en servir à l'occasion. Alors on mettra la bague à son doigt. En tournant la pierre au dehors de la main, elle a la vertu de rendre invisible aux yeux des assistants celui qui la porte ; et quand on veut être vu, il suffit de rentrer la pierre en dedans de la main, que l'on ferme en forme de poing.

Porphyre, Jamblique, Pierre d'Apone et Agrippa, ou du moins les livres de secrets qui leur sont attribués, soutiennent qu'un anneau fait de la manière suivante a la même propriété. Il faut prendre

---

(1) Saint Luc, ch. iv, verset 30.

des poils qui sont au dessus de la tête de la hyène et en faire de petites tresses avec lesquelles on fabrique un anneau, qu'on porte aussi dans le nid de la huppe. On le laisse là neuf jours ; on le passe ensuite dans des parfums préparés sous les auspices de Mercure (planète). On s'en sert comme de l'autre anneau, excepté qu'on l'ôte absolument du doigt quand on ne veut plus être invisible.

Si, d'un autre côté, on veut se précautionner contre l'effet de ces anneaux cabalistiques, on aura une bague faite de plomb raffiné et purgé ; on enchâssera dans le chaton l'œil d'une belette qui n'aura porté des petits qu'une fois ; sur le contour on gravera les paroles suivantes : *Apparuit Dominus Simoni.* Cette bague se fera un samedi, lorsqu'on connaîtra que Saturne est en opposition avec Mercure. On l'enveloppera dans un morceau de linceul mortuaire qui ait enveloppé un mort ; on l'y laissera neuf jours ; puis, l'ayant retirée, on fera trois fois le parfum de Saturne, et on s'en servira.

Ceux qui ont imaginé ces anneaux ont raisonné sur l'antipathie qu'ils supposaient entre les matières qui les composent. Rien n'est plus antipathique à la hyène que la belette, et Saturne rétrograde presque toujours à Mercure ; ou, lorsqu'ils se rencontrent dans le domicile de quelques signes du zodiaque, c'est toujours un aspect funeste et de mauvais augure (1).

(1) *Petit Albert.*

On peut faire d'autres anneaux sous l'influence des planètes, et leur donner des vertus au moyen de pierres et d'herbes merveilleuses. « Mais dans ces caractères, herbes cueillies, constellations et charmes, le diable se coule, » comme dit Leloyer, quand ce n'est pas simplement le démon de la grossière imposture. « Ceux qui observent les heures des astres, ajoute-t-il, n'observent que les heures des démons qui président aux pierres, aux herbes et aux astres mêmes. » — Et il est de fait que ce ne sont ni des saints ni des cœurs honnêtes qui se mêlent de ces superstitions.

On appelle amulettes certains remèdes superstitieux que l'on porte sur soi ou que l'on s'attache au cou pour se préserver de quelque maladie ou de quelque danger. Les Grecs les nommaient phylactères, les Orientaux talismans. C'étaient des images capricieuses (un scarabée chez les Égyptiens), des morceaux de parchemin, de cuivre, d'étain, d'argent, ou encore de pierres particulières où l'on avait tracé de certains caractères ou de certains hiéroglyphes.

Comme cette superstition est née d'un attachement excessif à la vie et d'une crainte puérile de tout ce qui peut nuire, le christianisme n'est venu à bout de le détruire que chez les fidèles (1). Dès les premiers siècles de l'Église, les Pères et

---

(1) Bergier, *Dictionnaire théologique.*

les conciles défendirent ces pratiques du paganisme. Ils représentèrent les amulettes comme un reste idolâtre de la confiance qu'on avait aux prétendus génies gouverneurs du monde. Le curé Thiers (1) a rapporté un grand nombre de passage des Pères à ce sujet, et les canons de plusieurs conciles.

Les lois humaines condamnèrent aussi l'usage des amulettes. L'empereur Constance défendit d'employer les amulettes et les charmes à la guérison des maladies. Cette loi, rapportée par Ammien Marcellin, fut exécutée si sévèrement, que Valentinien fit punir de mort une vieille femme qui ôtait la fièvre avec des paroles charmées, et qu'il fit couper la tête à un jeune homme qui touchait un certain morceau de marbre en prononçant sept lettres de l'alphabet pour guérir le mal d'estomac (2).

Mais comme il fallait des préservatifs aux esprits fourvoyés, qui forment toujours le plus grand nombre, on trouva moyen d'éluder la loi. On fit des talismans et des amulettes avec des morceaux de papier chargés de versets de l'Écriture sainte. Les lois se montrèrent moins rigides contre cette singulière coutume, et on laissa aux prêtres le soin d'en modérer les abus.

Les Grecs modernes, lorsqu'ils sont malades, écrivent le nom de leur infirmité sur un mor-

---

(1) *Traité des superstitions*, liv. V, ch. 1.
(2) Voyez Ammien-Marcellin, lib. XVI, XIX, XXIX, et le P. Lebrun, liv. III, ch. 2.

ceau de papier de forme triangulaire qu'ils attachent à la porte de leur chambre. Ils ont grande foi à cette amulette.

Quelques personnes portent sur elles le commencement de l'Évangile de saint Jean comme un préservatif contre le tonnerre; et ce qui est assez particulier, c'est que les Turcs ont confiance à cette même amulette, si l'on en croit Pierre Leloyer.

Une autre question est de savoir si c'est une superstition de porter sur soi les reliques des saints, une croix, une image, une chose bénite par les prières de l'Église, un *Agnus Dei*, etc., et si l'on doit mettre ces choses au rang des amulettes, comme le prétendent les protestants. — Nous reconnaissons que si l'on attribue à ces choses la vertu surnaturelle de préserver d'accidents, de mort subite, de mort dans l'état de péché, etc., c'est une superstition. Elle n'est pas du même genre que celle des amulettes, dont le prétendu pouvoir ne peut pas se rapporter à Dieu; mais c'est ce que les théologiens appellent vaine observance, parce que l'on attribue à des choses saintes et respectables un pouvoir que Dieu n'y a point attaché. Un chrétien bien instruit ne les envisage point ainsi; il sait que les saints ne peuvent nous secourir que par leurs prières et par leur intercession auprès de Dieu. C'est pour cela que l'Église a décidé qu'il est utile et louable de les honorer et de les invoquer. Or c'est un signe d'invocation et de respect à leur égard de porter sur soi leur image ou leurs reliques;

de même que c'est une marque d'affection et de respect pour une personne que de garder son portrait ou quelque chose qui lui ait appartenu. Ce n'est donc ni une vaine observance ni une folle confiance d'espérer qu'en considération de l'affection et du respect que nous témoignons à un saint, il intercédera et priera pour nous. Il en est de même des croix et des *Agnus Dei*.

On lit dans Thyræus (1) qu'en 1568, dans le duché de Juliers, le prince d'Orange condamna un prisonnier espagnol à mourir ; que ses soldats l'attachèrent à un arbre et s'efforcèrent de le tuer à coups d'arquebuse ; mais que les balles ne l'atteignirent point. On le déshabilla pour s'assurer s'il n'avait pas sur la peau une armure qui arrêtât le coup ; on trouva une amulette portant la figure d'un agneau ; on la lui ôta, et le premier coup de fusil l'étendit raide mort.

On voit, dans la vieille chronique de dom Ursino, que quand sa mère l'envoya, tout petit enfant qu'il était, à Saint-Jacques de Compostelle, elle lui mit au cou une amulette que son mari avait arrachée à un chevalier maure. La vertu de cette amulette était d'adoucir la fureur des bêtes cruelles. En traversant une forêt, une ourse enleva le prince des mains de sa nourrice et l'emporta dans sa caverne. Mais, loin de lui faire aucun mal, elle l'éleva avec tendresse ; il devint par la suite très fameux sous le

---

(1) *Disp. de Dæmoniac.* pars III, cap. XLV.

nom de dom Ursino, qu'il devait à l'ourse, sa nourrice sauvage, et il fut reconnu par son père, à qui la légende dit qu'il succéda sur le trône de Navarre.

Les nègres croient beaucoup à la puissance des amulettes. Les Bas-Bretons leur attribuent le pouvoir de repousser le démon. Dans le Finistère, quand on porte un enfant au baptême, on lui met au cou un morceau de pain noir, pour éloigner les sorts et les maléfices que les vieilles sorcières pourraient jeter sur lui.

Helinand conte qu'un soldat nommé Gontran, de la suite de Henry, archevêque de Reims, s'étant endormi en pleine campagne, après le dîner, comme il dormait la bouche ouverte, ceux qui l'accompagnaient et qui étaient éveillés, virent sortir de sa bouche une bête blanche semblable à une petite belette, qui s'en alla droit à un ruisseau assez près de là. Un homme d'armes la voyant monter et descendre le bord du ruisseau pour trouver un passage tira son épée et en fit un petit pont sur lequel elle passa et courut plus loin....

Peu après, on la vit revenir, et le même homme d'armes lui fit de nouveau un pont de son épée. La bête passa une seconde fois et s'en retourna à la bouche du dormeur, où elle rentra....

Il se réveilla alors ; et comme on lui demandait s'il n'avait point rêvé pendant son sommeil, il répondit qu'il se trouvait fatigué et pesant, ayant fait une longue course et passé deux fois sur un pont de fer.

Mais ce qu'il y a de merveilleux, c'est qu'il alla par le chemin qu'avait suivi la belette; qu'il bêcha au pied d'une petite colline et qu'il déterra un trésor que son âme avait vu en songe.

Le diable, dit Wierus, se sert souvent de ces machinations pour tromper les hommes et leur faire croire que l'âme, quoique invisible, est corporelle et meurt avec le corps; car beaucoup de gens ont cru que cette bête blanche était l'âme de ce soldat, tandis que c'était une imposture du diable....

MONDE DES ESPRITS

I. — NATURE DES ESPRITS

« Il y a, dit un manuscrit de magie (1), plusieurs sortes d'esprits de différents ordres et de différents pouvoirs. Les terrestres sont les gnomes qui sont les gardiens des trésors cachés... Les nimphes résident aux eaux. Les silphes habitent dans les airs. Les salamandres habitent dans la région du feu. Il faut noter que tous ces esprits sont sous la domination des sept planètes. »

Pour Taillepied (2), les corps des esprits sont de l'air. « Pour résolution donc de ce point, dit-il, il faut conclure que les corps des esprits, quand

---

(1) *Opérations des sept esprits des planètes*, manuscrit de la Bibliothèque de l'Arsenal, n° 70, p. 1.
(2) *Traicté de l'apparition des esprits*, etc., par F.-N. Taillepied. Paris, Fr. Julliot, 1617, in-12, p. 186.

ils se veulent apparoistre, sont de l'air. Et comme l'eau s'amasse en glace, et quelquefois se durcit et devient cristal, ainsi l'air duquel les esprits s'enveloppent, s'espaissit en corps visible. Que si l'air ne peut suffire, ils peuvent rester parmi quelque chose de vapeur ou d'eau, pour leur donner couleur, comme nous voyons cela advenir en l'arc qui est aux nuées, lequel, comme dit le poëte au quatriesme des Énéides :

> Du clair soleil à l'opposite estant
> Mille couleurs diverses va portant.

Il n'est pas bon d'attribuer aux esprits angéliques tant bons que mauvais, les membres de vie, comme les poulmons, le cœur et le foye : car ils ne vestent pas des corps pour les vivifier ains seulement pour se faire voir et s'en servir comme d'instruments. Il est vray qu'ils boyvent et mangent, mais ce n'est pas par nécessité, c'est afin que, se manifestant à nous par quelques arguments, ils nous donnent à entendre la volonté de Dieu. »

« Loys Vivès, au premier livre *de la Vérité de la religion chrestienne*, escrit, dit le même auteur (1), qu'ès terres nouvellement descouvertes n'y a chose si commune que les esprits qui apparoissent environ midy, tant ès villes comme aux champs, parlent aux hommes, leur commandent

---

(1) Page 100.

ou défendent quelque chose, les tourmentent, espouvantent et battent aussy..... Olaus le Grand, archeveque d'Upsale, escrit au second livre de son *Histoire des peuples septentrionaux*, chapitre troisième, qu'il y a en Irlande des esprits qui apparoissent en forme d'hommes qu'on aura cogneus, ausquels ceux du pays touchent en la main avant que de sçavoir rien de la mort de ceux qu'ils touchent. Quelques-uns pensent que ce ne sont pas ames des trespassez, ains seulement démons surnommez par les anciens Lémures ou loups garoux, Faunes, Satyres, Larves ou masques, Manes, Pénates ou dieux tutélaires et domestiques, Nymphes, Demy-dieux, Luittons, Fées et d'une multitude d'autres noms; mais comme il n'y a point de répugnance que les démons, soient bons ou mauvais, ne se représentent aux hommes sous quelque forme visible, aussi, il ne répugne point que les âmes séparées ne s'apparoissent ainsy, le tout par la permission de Dieu et sa volonté. »

Le comte de Gabalis (1) raconte que « Un jour il fut transporté en la caverne de Typhon, qui n'est pas fort esloignée des sources du Nil du costé de la Libie, par une jeune sylfe qui avoit conceu une forte passion d'amour pour luy; il y trouva une salamandre qui après un long discours qu'elle luy fit de la nature des estres spirituels et nuisibles, de leur naissance et de leur mort, ajouta :

(1) *Les Sorts égyptiens*, manuscrit de la Bibliothèque de l'Arsenal, n° 94, préface.

« Je suis sur le poinct de voir finir une vie qui a
« desjà duré 9715 ans et qui doit aller jusqu'à
« 9720 ans qui est l'aage des demy-dieux; voicy,
« comte, un présent que je vous fais dont vous ne
« connoistrez bien le prix qu'après que vous l'aurez
« gardé quelque temps, je vous prie de l'estimer
« pour l'amour de moy », puis elle disparut. C'estoit
des secrets merveilleux escritz sur des escorces
d'arbre, en langue égyptienne, que la belle sylfe
luy expliqua... et d'où il prétendoit avoir tiré son
excellent livre.

« Le plus célèbre des gnomes, d'après M. Alf.
Maury (1), est Alberick, qui était commis à la garde
du trésor des Niebelungen. Les gnomes fuient
la présence du jour, habitent sous les pierres,
comme nous l'apprend l'Avismal, et dans les cavernes, ainsi qu'on le dit dans les Niebelungen.
Plusieurs légendes racontent comment des gnomes
ont été découverts sous des pierres, derrière lesquelles ils étaient blottis. Telle est la légende dans
laquelle il est question d'un de ces nains, qu'un
jeune berger trouva près de Dresde, sous une
pierre, et qu'il employa dès lors à garder ses troupeaux. »

S'il y a dans le monde des esprits quelques
géants, en général ils se présentent plutôt sous la
forme de nains.

« Dans toutes les contrées septentrionales, les

(1) *Les Fées du moyen âge*, p. 70.

croyances relatives aux Elfes sont associées à d'autres relatives aux nains, dit M. A. Maury (1). Les légendes sur ces êtres singuliers sont fort nombreuses en Allemagne; elles nous les représentent comme les génies de la terre et du sol; mais outre les nains proprements dits, les *dwergs* ou *dwerfs* et les *bergmännchen*, tout le peuple des esprits participe de ce caractère de petitesse. Les Elfes, les Nix, les Trolls nous sont représentés comme d'une taille plus qu'enfantine. Les Berstuc, les Koltk (2) n'ont que quelques pouces de hauteur. En Bretagne, il en est de même des fées ou Korrigans. Mille contes, mille *Mährchen* disent comment des laboureurs, des paysans les ont découverts cachés sous une motte de terre reposant à l'ombre d'un brin d'herbe (3). »

D'après les croyances bretonnes, il existe des génies de la taille des pygmées, doués, ainsi que les fées, d'un pouvoir magique, d'une science prophétique. Mais loin d'être blancs et aériens comme celles-ci, ils sont noirs, velus et trapus; leurs mains sont armées de griffes de chat et leurs pieds de cornes de bouc; ils ont la face ridée, les

---

(1) *Les Fées du moyen âge*, p. 80.

(2) Berstuc, Maskrop et Koltk sont les noms que reçoivent les nains chez les Wendes. Cf. Mash, *Obotritische alterthumer*, III, 39. Les nains, sont appelés en danois, *dverg*; en allemand, *zwerg*; en vieil allemand, *duuerch;* en flamand, *dwerg*; aux îles Feroe, *drorg*, *drórg;* en écossais, *duergh;* en anglais, *dwarf*.

(3) Voyez, par exemple, dans Keightley, la légende de Reichest, t. I, p. 24.

cheveux crêpus, les yeux creux et petits, mais brillants comme des escarboucles, la voix sourde et cassée par l'âge.

II. — FOLLETS ET LUTINS

« Les Elfes, dit M. A. Maury (1), attachent souvent leurs services à un homme ou à une famille, et suivant les contrées, ils ont reçu dans ce cas des noms différents. On les appelle *nis, kobold*, en Allemagne; *brownie*, en Écosse; *cluircaune*, en Irlande; le vieillard *Tom Gubbe* ou *Tonttu*, en Suède; *niss-god-drange*, dans le Danemark et la Norwège; *duende, trasgo*, en Espagne; *lutin, goblin* ou *follet* en France; *hobgoblin, puck, robin good-fellow, robinhood*, en Angleterre; *pwcca*, dans le pays de Galles.

En Suisse, des génies familiers sont attachés à la garde des troupeaux; on les appelle *servants*. Le pasteur de l'Helvétie leur fait encore sa libation de lait.

« Le cluricaune se distingue des Elfes, parce qu'on le rencontre toujours seul. Il se montre sous la figure d'un petit vieillard, au front ridé, au costume antique; il porte un habit vert foncé à larges boutons; sa tête est couverte d'un chapeau à bords

(1) *Les Fées du moyen âge*, p. 76.

retroussés. On le déteste à raison de ses méchantes dispositions, et son nom est employé comme expression de mépris. On parvient quelquefois par les menaces ou la séduction à le soumettre comme serviteur ; on l'emploie alors à fabriquer des souliers. Il craint l'homme, et lorsque celui-ci le surprend, il ne peut lui échapper. Le cluricaune connaît en général, ainsi que les nains, les lieux où sont enfouis les trésors ; et, comme les nains bretons, on le représente avec une bourse de cuir à la ceinture, dans laquelle se trouve toujours un shelling. Quelquefois il a deux bourses, l'une contient alors un coin de cuivre. Le cluricaune aime à danser et à fumer ; il s'attache en général à une famille, tant qu'il en subsiste un membre ; il a un grand respect pour le maître de la maison, mais entre dans de violents accès de colère lorsque l'on oublie de lui donner sa nourriture. »

« En plusieurs lieux, les servants s'appellent *drôles*, mot qui est la corruption de *troll*. Les trolls sont, dans certaines légendes, de véritables génies domestiques. Dans le Perche, on trouve des croyances analogues ; des servants prennent soin des animaux et promènent quelquefois d'une main *invisible* l'étrille sur la croupe du cheval (1). Dans la Vendée, moins complaisants, ils s'amusent seu-

---

(1) Fret, *Chroniques percheronnes*, tome 1, p. 67. L'auteur du *Petit Albert*, rapporte l'histoire d'un de ces invisibles palefreniers qui, dans un château, étrillait les chevaux depuis six ans.

lement à leur tirer les crins (1). Cependant, en général, les soins de tous ces êtres singuliers ne sont qu'à moitié désintéressés, ils se contentent de peu, mais néanmoins ils veulent être payés de leur peine (2).

Don Calmet (3) raconte certains faits singuliers qu'il rapporte aux follets :

« Pline (4) le Jeune avoit un affranchi, nommé Marc, homme lettré, qui couchoit dans un même lit avec son frère plus jeune que lui. Il lui sembla voir une personne assise sur le même lit, qui lui coupoit les cheveux du haut de la tête; à son réveil il se trouva rasé, et ses cheveux jetés par terre au milieu de la chambre. Peu de temps après, la même chose arriva à un jeune garçon qui dormoit avec plusieurs autres dans une pension : celui-ci vit entrer par la fenêtre deux hommes vêtus de blanc, qui lui coupèrent les cheveux comme il dormoit, puis sortirent de même par la fenêtre; à son réveil, il trouva ses cheveux répandus sur le plancher. A quoi attribuer tout cela, sinon à un follet?

« Tritheme dans sa chronique d'Hirsauge (5),

---

(1) A. de la Villegille, *Notice sur Chavagne en Paillers*, p. 30. *Mém. des antiq. de France*, nouv. série, tome VI.
(2) Suivant Shakspeare (*Midsummer night's dream*, Acte II,) Robin Good Fellow est chargé de balayer la maison à minuit, de moudre la moutarde ; mais si l'on n'a pas soin de laisser pour lui une tasse de crème et de lait caillé, le lendemain le potage est brûlé, le feu ne peut pas prendre.
(3) *Traité sur les apparitions des esprits*, t. I, p. 246.
(4) Plin. l. VII. Epist. 27 et suiv.
(5) *Chronic. Hirsaug.*, ad ann. *1130*.

sous l'an 1130, raconte qu'au diocèse d'Hildesheim en Saxe, on vit assez longtemps un esprit qu'ils appeloient en allemand *Heidekind,* comme qui diroit *génie champêtre* : *Heide* signifie vaste campagne, *Kind,* enfant. Il apparoissoit tantôt sous une forme, tantôt sous une autre; et quelquefois sans apparoître il faisoit plusieurs choses qui prouvoient et sa présence et son pouvoir. Il se mêloit quelquefois de donner des avis importants aux puissances : souvent on l'a vu dans la cuisine de l'évêque aider les cuisiniers et faire divers ouvrages. Un jeune garçon de cuisine qui s'étoit familiarisé avec lui lui ayant fait quelques insultes, il en avertit le chef de cuisine, qui n'en tint compte ; mais l'Esprit s'en vengea cruellement : ce jeune garçon, s'étant endormi dans la cuisine, l'Esprit l'étouffa, le mit en pièces et le fit cuire. Il poussa encore plus loin sa fureur contre les officiers de la cuisine et les autres officiers du prince. La chose alla si loin qu'on fut obligé de procéder contre lui par censures, et de le contraindre par les exorcismes à sortir du pays.

« Olaus Magnus dit que dans la Suède et dans les pays septentrionaux, on voyait autrefois des esprits familiers qui, sous la forme d'hommes ou de femmes, servaient des particuliers.

« Un nouveau voyage des pays septentrionaux, imprimé à Amsterdam en 1708, dit que les peuples d'Islande sont presque tous sorciers; qu'ils ont des démons familiers qu'ils nomment *Troles,* qui les servent comme des valets, qui les avertissent des accidents ou des maladies qui leur doivent arriver : ils les réveillent pour aller à la pêche quand il y fait bon, et s'ils y vont sans l'avis de ces génies, ils ne réussissent pas.

« Le père Vadingue rapporte d'après une ancienne légende manuscrite, dit dom Calmet (1), qu'une dame nommée Lupa, avoit eu pendant treize ans un démon familier qui lui servoit de femme de chambre, et qui la portoit à beaucoup de désordres secrets, et à traiter inhumainement ses sujets. Dieu lui fit la grâce de reconnoître sa faute, et d'en faire pénitence par l'intercession de saint François d'Assise et de saint Antoine de Padoue, en qui elle avoit toujours eu une dévotion particulière. »

« Cardan parle d'un démon barbu de Niphus qui lui faisait des leçons de philosophie.

« Le Loyer raconte que dans le temps qu'il étudioit en droit à Toulouse, il étoit logé assez près d'une maison où un follet ne cessoit toute la nuit de tirer de l'eau d'un puits et de faire crier la poulie. D'autres fois il sembloit tirer sur les degrés quelque chose de pesant ; mais il n'entroit dans les chambres que très rarement et à petit bruit. »

« On m'a raconté plusieurs fois qu'un religieux de l'ordre de Cîteaux avoit un génie familier qui le servoit, accommodoit sa chambre, et préparoit

(1) *Traité sur l'apparition des esprits*, t. Ier, p. 252.

toutes choses lorsqu'il devoit revenir de campagne. On y étoit si accoutumé, qu'on l'attendoit à ces marques, et qu'il arrivoit en effet. On assure d'un autre religieux du même ordre qu'il avoit un esprit familier qui l'avertissoit non seulement de ce qui se passoit dans la maison, mais aussi de ce qui arrivoit au dehors; et qu'un jour, il fut éveillé par trois fois, et averti que des religieux s'étoient pris de querelles et étoient prêts à en venir aux mains, il y accourut et les arrêta.

« On nous a raconté plus d'une fois qu'à Paris, dans un séminaire, il y avoit un jeune ecclésiastique qui avoit un génie qui le servoit, lui parloit, arrangeoit sa chambre et ses habits. Un jour le supérieur passant devant la chambre de ce séminariste l'entendit qui parloit avec quelqu'un; il entra, et demanda avec qui il s'entretenoit : le jeune homme soutint qu'il n'y avoit personne dans sa chambre, et en effet le supérieur n'y vit et n'y découvrit personne; cependant comme il avoit ouï leur entretien, le jeune homme lui avoua qu'il avoit depuis quelques années un génie familier, qui lui rendoit tous les services qu'auroit pu faire un domestique, et qui lui avoit promis de grands avantages dans l'état ecclésiastique. Le supérieur le pressa de lui donner des preuves de ce qu'il disoit : il commanda au génie de présenter une chaise au supérieur; le génie obéit. L'on donna avis de la chose à Monseigneur l'archevêque, qui ne jugea pas à propos de la faire éclater. On renvoya le jeune clerc, et on ensevelit dans le silence cette aventure si singulière. »

« Guillaume, évêque de Paris (1), dit qu'il a connu un baladin qui avoit un esprit familier qui jouoit et badinoit avec lui, et qui l'empêchoit de dormir, jettant quelque chose contre la muraille, tirant les couvertures du lit, ou l'en tirant lui-même lorsqu'il étoit couché. Nous sçavons par le rapport d'une personne fort sensée qu'il lui est arrivé en campagne et en plein jour de se sentir tirer le manteau et les bottes, et jetter à bas le chapeau; puis d'entendre des éclats de rire et la voix d'une personne décédée et bien connue qui sembloit s'en réjouir. »

« Voici, rapporte dom Calmet (2), une histoire d'un esprit, dont je ne doute non plus que si j'en avois été témoin, dit celui qui me l'a écrite. Le comte Despilliers le père, étant jeune, et capitaine des cuirassiers, se trouva en quartier d'hiver en Flandre. Un de ses cavaliers vint un jour le prier de le changer d'hôte, disant que toutes les nuits il revenoit dans sa chambre un esprit qui ne le laissoit pas dormir. Le comte Despilliers renvoya son cavalier, et se mocqua de sa simplicité. Quelques jours après le même cavalier vint lui faire la même prière; et le capitaine pour toute réponse voulut lui décharger une volée de coups de bâton,

---

(1) Guillelm. Paris, 2 part. quæst. 2, c. 8.
(2) *Traité sur les apparitions des esprits*, t. I, p. 267.

qu'il n'évita que par une prompte fuite. Enfin il revint une troisième fois à la charge, et protesta à son capitaine qu'il ne pouvoit plus résister, et qu'il seroit obligé de déserter si on ne le changeoit de logis. Despilliers qui connoissoit le cavalier pour brave soldat et fort raisonnabe lui dit en jurant : Je veux aller cette nuit coucher avec toi et voir ce qui en est. Sur les dix heures du soir, le capitaine se rend au logis de son cavalier, et ayant mis ses pistolets en bon état sur la table, se couche tout vêtu, son épée à côté de lui, près de son soldat, dans un lit sans rideaux. Vers minuit, il entend quelque chose qui entre dans la chambre et qui en un instant met le lit sans dessus dessous et enferme le capitaine et le soldat sous le matelas et la paillasse. Despilliers eut toutes les peines du monde à se dégager, et à retrouver son épée et ses pistolets, et s'en retourna chez lui fort confus. Le cavalier fut changé de logis dès le lenmain, et dormit tranquillement chez un nouvel hôte. M. Despilliers racontoit cette aventure à qui vouloit l'entendre; c'étoit un homme intrépide et qui n'avoit jamais sçu ce que c'étoit que de reculer. Il est mort maréchal de camp des armées de l'empereur Charles VI et gouverneur de la forteresse de Segedin. M. son fils m'a confirmé depuis peu la même aventure comme l'ayant apprise de son père. »

III. — GNOMES. ESPRITS DES MINES. GARDES DES TRÉSORS.

« George Agricola (1) qui a sçavamment traité la matière des mines, des metaux, et de la maniere de les tirer des entrailles de la terre, reconnoit, dit dom Calmet (2), deux ou trois sortes d'esprits qui apparoissent dans les mines : les uns sont fort petits, et ressemblent à des nains ou des pygmées ; les autres sont comme des vieillards recourbés et vêtus comme des mineurs, ayant la chemise retroussée et un tablier de cuir autour des reins ; d'autres font ou semblent faire ce qu'ils voient faire aux autres, sont fort gais, ne font mal à personne ; mais de tous leurs travaux il ne résulte rien de réel. »

« Lavater, cité par Taillepied (3), dit qu'un homme luy a escrit qu'à Davoise, au pays des Grisons, il y a une mine d'argent en laquelle Pierre Buol, homme notable et consul de ce lieu-là, a faict travailler ès années passées, et en a tiré de grandes richesses. Il y avoit en icelle un esprit de montagne lequel principalement le jour de vendredy, et souvent, lorsque les métaillers versoient ce qu'ils avoient tiré dans les cuves, faisoit fort de l'em-

---

(1) *De mineral. subterran.*, p. 504.
(2) *Traité sur les apparitions des esprits*, t, I, p, 248.
(3) *Traité sur l'apparition des esprits*, p. 128-130.

pescher, changeant e s ę fantaisie les métaux des cuves en autres. Ce consul ne s'en soucioit autrement, car quand il vouloit descendre en la mine ou en remonter, se confiant en Jésus-Christ, s'armoit du signe de la croix, et jamais ne lui advint aucun mal. Or un jour advint que cest esprit fit plus de bruit que de coutume, tellement qu'un métailler impatient commença à l'injurier et à luy commander d'aller au gibet avec imprécation et malédiction. Lors cet esprit print le métailler par la tête, laquelle il luy tordit en telle sorte que le devant estoit droitement derrière : dont il ne mourut pas toutefois, mais vesquit depuis longtemps ayant le col tors et renversé, cognu familièrement de plusieurs qui vivent encor; quelques années après il mourut.

« George Agricola escrit qu'à Annenberg, en une mine qu'on appelle *Couronne de rose,* un esprit ayant forme de cheval tua douze hommes, ronflant et soufflant contre eux, tellement qu'il la fallut quitter, encore qu'elle fût riche d'argent.

« Semblablement, on dit qu'en la mine de Saint-Grégoire en Schueberg, il en fut veu un, ayant la teste enchaperonnée de noir, lequel print un tireur de métal et l'esleva fort haut, qui ne fut pas sans l'offenser grandement en son corps.

« Olaus Magnus, cité par dom Calmet (1), dit qu'on voit dans les mines, surtout dans celles

---

(1) *Traité sur les apparitions des esprits,* t. I, p. 251.

d'argent où il y a un plus grand profit à espérer, six sortes de démons qui, sous diverses formes, travaillent à casser les rochers, à tirer les seaux, à tourner les roues, qui éclatent quelquefois de rire et font diverses singeries ; mais que tout cela n'est que pour tromper les mineurs qu'ils écrasent sous les rochers ou qu'ils exposent aux plus éminents dangers pour leur faire proférer des blasphèmes ou des jurements contre Dieu. Il y a plusieurs mines très riches qu'on a été obligé d'abandonner par la crainte de ces dangereux esprits. »

« Les nains de la Bretagne, les *bergmännchen* de l'Allemagne sont regardés, dit M. A. de Maury (1), comme d'une extrême habileté dans l'art de travailler les métaux. Les idées défavorables que l'on a sur eux les font même passer chez les Bretons, les Gallois, les Irlandais, comme de faux monnayeurs ; c'est au fond des grottes, dans les flancs des montagnes, qu'ils cachent leurs mystérieux ateliers. C'est là qu'aidés souvent des Elfes et des autres génies analogues, ils forgent, ils trempent, ils damasquinent ces armes redoutables dont ils ont doté les dieux et parfois les mortels. L'un de ces forgerons nommé Wiéland ou Velant, instruit par les nains de la montagne de Kallowa, s'était acquis une immense renommée. Son nom de la Scandinavie était passé dans la France,

---

(1) *Les Fées du moyen âge*, p. 81-82.

changé en celui de Galant, Galant qui avait fabriqué Durandal, l'épée de Charlemagne, et Merveilleuse, l'épée de Doolen de Mayence. La *Vilkina Saga* nous dit que la mère de ce célèbre Vieland était un Elfe et son père un géant vade. Suivant d'autres traditions, il serait lui-même un *licht elf*. Ainsi, les Elfes, en une foule de circonstances, voient leur histoire se mêler à celle des nains. L'Edda parle aussi de l'extrême habileté des Elfes dans l'art de travailler les métaux : ce sont eux qui ont forgé Gungner, l'épée d'Odin, qui ont fait à Sifa sa chevelure d'or, à Freya sa chaîne d'or. Le cluricaune irlandais est aussi un forgeron et le paysan assure entendre souvent la montagne retentir du bruit de son marteau. »

« A la ville de Greisswald et dans les environs, ajoute M. Alfred Maury (1), c'est une tradition répandue chez le peuple, que jadis, à une époque que l'on ne peut plus déterminer, le pays était habité par un grand nombre de nains. On ignore le chemin qu'ils ont suivi en s'en allant, mais on croit qu'ils se sont réfugiés dans les montagnes. Une légende prussienne raconte comment les nains qui habitaient Dardesheim furent chassés par un forgeron, et comment depuis on ne les a plus revus. Dans l'Erzgebirge, une tradition toute semblable dit que les nains ont été chassés par l'établissement des forges. Dans le Harz, même légende.

(1) *Les Fées du moyen âge,* p. 91-92.

Le peuple du Nord-Jutland dit que les trolls ont quitté Vendyssel pour ne plus reparaître. »

« Suivant Bodin (1), Oger Ferrier, médecin fort sçavant, estant à Thoulouse, print à louage une maison près de la Bourse, bien bastie et en beau lieu, qu'on lui bailla quasi pour neant, pource qu'il y avoit un esprit malin qui tourmentoit les locataires. Mais lui ne s'en soucioit non plus que le philosophe Athenodorus, qui osa seul demeurer en une maison d'Athènes, deserte et inhabitée par le moyen d'un esprit. Oyant ce qu'il n'avoit jamais pensé, et qu'on ne pouvoit seurement aller en la cave, ni reposer quelquefois, on l'avertit qu'il y avoit un jeune escholier portugais, estudiant lors à Thoulouse, lequel faisoit voir sur l'ongle d'un jeune enfant les choses cachées. L'escholier appelé usa de son mestier, et une petite fille enquise dit qu'elle voyoit une femme richement parée de chaînes et dorures, et qui tenoit une torche en la main, près d'un pilier. Le Portugais conseilla au médecin de faire fouir en terre, dedans la cave, près du pilier, et lui dit qu'il trouveroit un thrésor. Qui fut bien aise, ce fut le médecin, lequel fit creuser. Mais lors qu'il esperoit trouver le thrésor, il se leva un tourbillon de vent, lequel esteignit la lumière, sortit par un soupirail de la cave et rompit deux toises de creneaux qui estoyent en la

---

(1) *Démonomanie*, liv. III, chap. III, cité par Goulart, *Thrésor des histoires admirables*, t. II, p. 629.

maison voisine, dont il tomba une partie sur l'ostvent et l'autre partie en la cave, par le soupirail, et sur une femme portant une cruche d'eau qui fut rompue. Depuis, l'esprit ne fut ouï en sorte quelconque. Le jour suivant, ce Portugais, averti du fait, dit que l'esprit avoit emporté le thrésor, et que c'estoit merveille qu'il n'avoit offensé le médecin, lequel me conta l'histoire deux jours après, qui estoit le 15 de decembre 1558, estant le ciel serein et beau comme il est d'ordinaire es-jours alcyoniens, et fus voir les creneaux de la maison voisine abatus, et l'ost de la boutique rompu. »

« Philippe Mélanchthon, ajoute le même auteur (1), récite une histoire quasi semblable, qu'il y eut dix hommes, à Magdebourg, tuez de la ruine d'une tour lors qu'ils fossoyoient pour trouver les thrésors que Satan leur avoit enseignez. J'ay apris aussi d'un Lyonnais, qui depuis fut chapelain à l'église Notre-Dame de Paris, que lui avec ses compagnons avoyent descouvert par magie un thrésor à Arcueil près de Paris. Mais voulant avoir le coffre où il estoit, qu'il fut emporté par un tourbillon et qu'il tomba sur lui un pan de la muraille, dont il est et sera boiteux toute la vie. Et n'y a pas long-temps qu'un prestre de Nuremberg ayant trouvé un thrésor à l'aide de Satan, et sur le point d'ouvrir le coffre, fut accablé des ruines de la maison. J'ay sceu aussi d'un praticien de Lyon, qu'ayant

(1) Au même endroit.

esté avec ses compagnons la nuict, pour conjurer les esprits à trouver un thrésor, comme ils avoient commencé de fouir en terre, ils ouyrent la voix comme d'un homme qui estoit sur la roue, près du lieu où ils creusoyent, criant espouvantablement aux larrons; ce qui les mit en fuite. Au mesme instant les malins esprits les poursuivirent battans jusques en la maison d'où ils estoyent sortis, et entrèrent dedans, faisant un bruit si grand, que l'hoste pensoit qu'il tonnast. Depuis, il fit serment qu'il n'iroit jamais cercher thrésor.

Le sieur de Villamont (1) raconte ce qui suit :
« Près de Naples, nous trouvans au bord de la mer, joignant une montagne où l'on descend en la grotte qu'on appelle du roi Salar, nous entrasmes dedans icelle grotte avec un flambeau allumé, et cheminasmes jusques à l'entrée de certaine fosse, où nostre guide s'arresta, ne voulant passer outre. Lui ayant demandé la cause de cela, respondit que ceste entrée estoit très périlleuse et que ceux qui s'ingeroyent de passer plus avant n'en retournoyent jamais dire nouvelles aux autres: ainsi qu'arriva (dit-il) il y a environ six ans (il racontoit l'histoire au commencement de l'année 1589), au prieur de l'abbaye de Margouline, à un François et à un Aleman, lesquels arrivez à ceste fosse furent avertis par moi de n'entrer dedans. Mais se mocquant de mes admonitions prindrent chacun son

---

(1) *Voyages*, liv. I, chap. xxiii.

flambeau pour descendre. Ce que voyans, je les y laissai entrer, sans vouloir aller en leur compagnie, les attendant toutefois à l'entrée d'icelle. Mais voyant qu'ils ne retournoyent point, je me doutai incontinent qu'ils estoyent morts, de sorte qu'estant retourné à Naples, je le récitay à plusieurs; tant qu'enfin cela vint à la connaissance des parents du prieur, qui me firent constituer prisonnier, alléguant contre moi que je l'avois fait entrer dedans, ou du moins ne l'avois averti de l'inconvénient. Mais sur-le-champ, je prouvay le contraire et fus absous à pur et à plein. En peu de jours après on descouvrit que ces trois estoient magiciens qui avoyent entrepris de descendre en cette fosse pour y cercher un thrésor. »

« L'an 1530, dit Jean des Caurres (1), le diable monstra à un prestre, au travers d'un crystal, quelques thrésors en la ville de Noriberg. Mais ainsi que le prestre le cherchoit dedans un lieu fossoyé devant la ville, ayant pris un sien amy pour spectateur, et comme déjà il commençoit à voir un coffre au fond de la caverne, auprès duquel il y avoit un chien noir couché, il entra dedans et incontinent il fut estouffé et englouti dedans la terre, laquelle tomba dessus et remplit de rechef la caverne. »

« Dom Calmet (2), rapporte que deux religieux

---

(1) *OEuvres morales et diversifiées et histoires*, p. 292.
(2) *Traité sur les apparitions des esprits*, t. I, p. 274.

fort éclairés et fort sages, le consultèrent sur une chose arrivée à Orbé, village d'Alsace, près l'abbaye de Pairis.

« Deux hommes de ce lieu leur dirent qu'ils avoient vu dans leur jardin sortir de la terre une cassette, qu'ils présumoient être remplie d'argent, et que l'ayant voulu saisir, elle s'étoit retirée et cachée de nouveau sous la terre. Ce qui leur étoit arrivé plus d'une fois. »

Le même auteur ajoute (1) :

« Théophane, historiographe grec, célèbre et sérieux, sous l'an de J.-C. 408, raconte que Cabades, roi de Perse, étant informé qu'entre le pays de l'Inde et de la Perse, il y avoit un château nommé Zubdadeyer, qui renfermoit une grande quantité d'or, d'argent et de pierreries, résolut de s'en rendre maître ; mais ces trésors étoient gardés par des démons, qui ne souffroient point qu'on en approchât. Il employa, pour les conjurer et les chasser, les exorcismes des mages et des Juifs qui étoient auprès de lui ; mais leurs efforts furent inutiles. Le roi se souvint du Dieu des chrétiens, lui adressa ses prières, fit venir l'évêque qui étoit à la tête de l'Eglise chrétienne de Perse, et le pria de s'employer pour lui faire avoir ces trésors, et pour chasser les démons qui les gardoient. Le prélat offrit le saint sacrifice, y participa, et étant allé sur le lieu, en écarta les démons gardiens de

(1) Au même endroit.

ces richesses, et mit le roi en paisible possession du château. »

« Racontant cette histoire à un homme de considération (1), il me dit que dans l'isle de Malthe, deux chevaliers ayant aposté un esclave qui se vantoit d'avoir le secret d'évoquer les démons, et de les obliger de découvrir les choses les plus cachées, ils le menèrent dans un vieux château où l'on croyoit qu'étoient cachés des trésors. L'esclave fit ses évocations, et enfin le démon ouvrit un rocher d'où sortit un coffre. L'esclave voulut s'en emparer, mais le coffre rentra dans le rocher. La chose recommença plus d'une fois; et l'esclave, après de vains efforts, vint dire aux chevaliers ce qui lui étoit arrivé, mais qu'il étoit tellement affaibli par les efforts qu'il avoit faits, qu'il avoit besoin d'un peu de liqueur pour se fortifier; on lui en donna, et quelque temps après, étant retourné, on ouït du bruit, l'on alla dans la cave avec de la lumière pour voir ce qui étoit arrivé, et l'on trouva l'esclave étendu mort et ayant sur toute sa chair comme des coups de canifs représentant une croix. Il en étoit si chargé qu'il n'y avoit pas de quoi poser le doigt qui n'en fût marqué. Les chevaliers le portèrent au bord de la mer, et l'y précipitèrent avec une grosse pierre pendue au col. »

« La même personne nous raconta encore à cette occasion qu'il y a environ quatre-vingt-dix ans

---

(1) M. le chevalier Guiot de Marre.

qu'une vieille femme de Malthe fut avertie par un génie qu'il y avoit dans sa cave un trésor de grand prix, appartenant à un chevalier de très grande considération, et lui ordonna de lui en donner avis : elle y alla, mais elle ne put obtenir audience. La nuit suivante, le même génie revint, lui ordonna la même chose ; et comme elle refusoit d'obéir, il la maltraita et la renvoya de nouveau. Le lendemain elle revint trouver le seigneur, et dit aux domestiques qu'elle ne sortiroit point qu'elle n'eût parlé au maître. Elle lui raconta ce qui lui étoit arrivé ; et le chevalier résolut d'aller chez elle, accompagné de gens munis de pieux et d'autres instruments propres à creuser : ils creusèrent, et bientôt il sortit de l'endroit où ils piochoient une si grande quantité d'eau, qu'ils furent obligés d'abandonner leur entreprise. Le chevalier se confessa à l'inquisiteur, de ce qu'il avoit fait et reçut l'absolution, mais il fut obligé d'écrire dans les registres de l'inquisition le fait que nous venons de raconter.

« Environ soixante ans après, les chanoines de la cathédrale de Malthe, voulant donner au devant de leur église une place plus vaste, achetèrent des maisons qu'il fallut renverser, et entre autres celle qui avoit appartenu à cette vieille femme ; en y creusant, on y trouva le trésor, qui consistoit en plusieurs pièces d'or de la valeur d'un ducat, avec l'effigie de l'empereur Justin 1er. Le grand maître de Malthe prétendoit que le trésor lui appartenoit comme souverain de l'isle; les chanoines le lui contestoient. L'affaire fut portée à Rome. Le grand maître gagna son procès; l'or lui fut apporté de la valeur d'environ soixante mille ducats; mais il les céda à l'église cathédrale. Quelque temps après, le chevalier dont nous avons parlé, qui étoit alors fort âgé, se souvint de ce qui lui étoit arrivé, et prétendit que ce trésor lui devoit appartenir: il se fit mener sur les lieux, reconnut la cave où il avoit d'abord été et montra dans les registres de l'inquisition ce qu'il y avoit écrit soixante ans auparavant. Cela ne lui fit point recouvrer le trésor, mais c'était une preuve que le démon connoissoit et gardoit cet argent. »

« Voici l'extrait d'une lettre écrite de Kirchheim, du 1ᵉʳ janvier 1747, à M. Schopfflein, professeur en histoire et en éloquence à Strasbourg, et rapportée par dom Calmet (1):

« Il y a plus d'un an que M. Cavallari, premier musicien de mon sérénissime maître, et Venitien de nation, avoit envie de faire creuser à Rothenkirchen, à une lieue d'ici, qui étoit autrefois une abbaye renommée, et qui fut ruinée du temps de la réformation. L'occasion lui en fut fournie par une apparition que la femme du censier de Rothenkirchen avoit eue plus d'une fois en plein midi, et surtout le 7 mai, pendant deux ans consécutifs. Elle jure et en peut faire serment, qu'elle a vu un

---

(1) Ouvrage cité, p. 282-283.

prêtre vénérable en habits pontificaux, brodés en or, qui jetta devant lui un grand tas de pierres, et quoiqu'elle soit luthérienne, par conséquent incrédule sur ces sortes de choses-là, elle croit pourtant que si elle avoit eu la présence d'esprit d'y mettre un mouchoir ou un tablier, toutes les pierres seroient devenues de l'argent. M. Cavallari demanda donc permission d'y creuser, ce qui lui fut d'autant plus facilement accordé que le dixième du trésor est dû au souverain. On le traita de visionnaire, et on regarda l'affaire des trésors comme une chose inouïe. Cependant il se moqua du *qu'en dira-t-on*, et me demanda si je voulois être de moitié avec lui ; je n'ai pas hésité un moment d'accepter cette proposition, mais j'ai été bien surpris d'y trouver de petits pots de terre remplis de pièces d'or. Toutes ces pièces plus fines que les ducats sont pour la plupart du quatorzième et quinzième siècle. Il m'en a échu pour ma part 666, trouvées à trois différentes reprises. Il y en a des archevêques de Mayence, de Trèves et de Cologne, des villes d'Oppenheim, de Baccarat, de Bingen, de Coblens ; il y en a aussi de Rupert Paladin, de Frederic, burgrave de Nuremberg, quelques-unes de Wenceslas, et une de l'empereur Charles IV, etc.

« L'histoire qu'on vient de rapporter est rappelée, ajoute dom Calmet, avec quelques circonstances différentes, dans un imprimé qui annonce une lotterie de pièces trouvées à Rothenkirchen, au pays de Nassau, pas loin de Donnersberg. On y lit que la valeur de ces pièces est de 12 livres 10 sols, argent de France. La lotterie devait se tirer publiquement le 1ᵉʳ février 1750. Chaque billet étoit de six livres, argent de France. »

Bartolin, dans son livre de la *Cause du mépris de la mort, que faisoient les anciens Danois*, liv. II, ch. II, raconte, d'après dom Calmet (1), « que les richesses cachées dans les tombes aux des grands hommes de ce pays-là, étoient gardées par les mânes de ceux à qui elles appartenoient, et que ces mânes ou ces démons répandoient la frayeur dans l'âme de ceux qui vouloient enlever ces trésors, par un déluge d'eau qu'ils répandoient, ou par des flammes qu'ils faisoient paroître autour des monuments qui renfermoient ces corps et ces trésors. »

IV. — ESPRITS FAMILIERS.

« Plutarque, au livre qu'il a fait du Dæmon de Socrates, tient, dit Bodin (2) comme chose très certaine l'association des esprits avec les hommes et dit que Socrates, estimé le plus homme de bien de la Grèce, disoit souvent à ses amis qu'il sentoit assiduellement la présence d'un esprit, qui le destournoit toujours de mal faire et de danger. Le discours de Plutarque est long et chacun en croira ce qu'il voudra, mais je puis assurer avoir entendu

---

(1) Ouvrage cité, t. I, p. 284.
(2) *Démonomanie*, liv. I, ch. II.

d'un personnage encore en vie l'an 1580 qu'il y
avoit un esprit qui lui assistoit assiduellement, et
commença à le connoistre ayant environ trente-
sept ans : combien que ce personnage me disoit
qu'il avoit opinion que toute sa vie l'esprit l'avoit
accompagné, par les songes précédens et visions
qu'il avoit eu de se garder des vices et incon-
véniens. Toutesfois il ne l'avoit jamais apperceu
sensiblement, comme il fit depuis l'âge de trente-
sept ans : ce qui lui avint, comme il dit, ayant un
an auparavant continué de prier Dieu de tout son
cœur soir et matin à ce qu'il lui pleust envoyer
son bon ange, pour le guider en toutes ses actions.
Après et devant la prière il employoit quelque
temps à contempler les œuvres de Dieu, se tenant
quelques fois deux ou trois heures tout seul assis
à méditer et contempler, et cercher en son esprit,
et à lire la Bible pour trouver laquelle de toutes
les religions débatues de tout costez estoit la vraye.
Et disoit souvent ces vers du pseaume 143 :

> Enseigne-moi comme il faut faire,
> Pour bien ta volonté parfaire :
> Car tu es mon vrai Dieu entier.
> Fay que ton esprit débonnaire
> Me guide et meine au droit sentier.

Il blasmoit ceux qui prient Dieu qu'il les entre-
tiene en leur opinion, et continuant ceste prière
et lisant les sainctes Escritures il trouve en Philon,
Hebrieu, au livre des Sacrifices que le plus grand
et le plus agréable sacrifice que l'homme de bien

et entier peut faire à Dieu, c'est de soi-mesme estant purifié par lui. Il suivit ce conseil offrant à Dieu son âme. Depuis il commença comme il m'a dit d'avoir des songes et visions pleines d'instructions : tantost pour corriger un vice, tantost un autre, tantost pour se garder d'un danger, tantost pour estre résolu d'une difficulté, puis d'une autre, non seulement des choses divines, mais encores des choses humaines. Entre autres il lui sembla avoir ouy la voix de Dieu en dormant, qui lui dit : Je sauverai ton âme : c'est moi qui te suis apparu ci-devant. Depuis, tous les matins, sur les trois ou quatre heures, l'esprit frappoit à sa porte : lui se leva quelquefois ouvrant la porte et ne voyoit personne. Tous les matins l'esprit continuoit : et s'il ne se levoit, il frappoit de rechef et le resveilloit jusques à ce qu'il se fust levé. Alors il commença d'avoir crainte pensant que ce fust quelque malin esprit, comme il disoit : pour ceste cause il continuoit de prier Dieu, sans faillir un seul jour, que Dieu lui envoyast son bon ange, et chantoit souvent les Psalmes qu'il sçavoit quasi tous par cœur. Et lors l'esprit se fit connoistre en veillant, frappant doucement. Le premier jour il apperceut sensiblement plusieurs coups sur un bocal de verre, ce qui l'estonnoit bien fort : et deux jours après ayant un sien ami secrétaire du Roy disnant avec lui oyant que l'esprit frappoit sur une escabelle joignant de lui, commença à rougir et craindre ; mais il lui dit : N'ayez point de crainte.

ce n'est rien. Toutes fois pour l'asseurer il lui conta la vérité du fait. Or il m'a asseuré que depuis cest esprit l'a toujours accompagné, lui donnant un signe sensible, comme le touchant tantost l'oreille dextre, s'il faisoit quelque chose qui ne fust bonne, et à l'oreille senestre, s'il faisoit bien. Et s'il venoit quelqu'un pour le tromper et surprendre, il sentoit soudain le signal à l'oreille dextre; si c'estoit quelque homme de bien, et qui vinst pour son bien, il sentoit aussi le signal à l'oreille senestre. Et quand il vouloit boire et manger chose qui fust mauvaise, il sentoit le signal; s'il doutoit aussi de faire ou entreprendre quelque chose, le mesme signal lui avenoit. S'il pensoit quelque chose mauvaise, et qu'il s'y arrestast, il sentoit aussi tost le signal pour s'en destourner. Et quelquesfois quand il commençoit à louër Dieu par quelque psalme ou parler de ses merveilles, il se sentoit saisi de quelque force spirituelle, qui lui donnoit courage. Et afin qu'il discernast le songe par inspiration d'avec les autres resveries qui aviennent quand on est mal disposé, ou que l'on est troublé d'esprit, il estoit esveillé de l'esprit sur les deux ou trois heures du matin; et un peu après il s'endormoit. Alors il avoit les songes véritables de ce qu'il devoit faire ou croire des doutes qu'il avoit, ou de ce qui lui devoit avenir. En sorte qu'il dit que depuis ce temps-là ne lui est advenu quasi chose dont il n'ait eu advertissement, ni doute des choses qu'on doit croire, dont il n'ait eu resolution. Vrai est qu'il demandoit tous les jours à Dieu qu'il lui enseignast sa volonté, sa loy, sa vérité... Au surplus de toutes ses actions il estoit assez joyez et d'un esprit gay. Mais si en compagnie il lui advenoit de dire quelque mauvaise parole et de laisser pour quelques jours à prier Dieu, il estoit aussi tost adverti en dormant. S'il lisoit un livre qui ne fust bon, l'esprit frappoit sur le livre, pour le lui faire laisser, et estoit aussi tost destourné s'il faisoit quelque chose contre sa santé, et en sa maladie gardé soigneusement... Surtout il estoit adverti de se lever matin, et ordinairement dès quatre heures, il dit qu'il ouyt une voix en dormant qui disoit : Qui est celui qui le premier se levera pour prier? Aussi dit-il qu'il estoit souvent adverti de donner l'aumosne ; et lorsque plus il donnoit l'aumosne, plus il sentoit que ses afaires prosperoyent. Et comme ses ennemis avoyent délibéré de le tuer, ayans sceu qu'il devoit aller par eau, il eust vision, en songe, que son pere lui amenoit deux chevaux, l'un rouge et l'autre blanc ; qui fust cause qu'il envoya louër deux chevaux, que son homme lui amena, l'un rouge et l'autre blanc, sans lui avoir dit de quel poil il les vouloit. Je lui demanday pourquoy il ne parloit à l'esprit? Il me fit responce qu'une fois il le pria de parler à lui : mais qu'aussi tost l'esprit frappa bien fort contre sa porte, comme d'un marteau, lui faisant entendre qu'il n'y prenoit pas plaisir, et souvent le destournoit de s'arrester à lire et escrire pour reposer son esprit et à méditer tout seul, oyant souventes fois en veillant une voix bien fort subtile et inarticulée. Je lui demanday s'il avoit jamais veu l'esprit en forme. Il me dit qu'il n'avoit jamais rien veu en veillant, hors-mis quelque lumière en forme d'un rondeau, bien fort claire. Mais un jour estant en extrême danger de sa vie, ayant prié Dieu de tout son cœur, qu'il lui plust le preserver, sur le poinct du jour entre-sommeillant dit qu'il apperceut sur le lict où il estoit couché, un jeune enfant vestu d'une robe blanche, changeant en couleur de pourpre, d'un visage de beauté esmerveillable : ce qu'il asseuroit bien fort. Une autre fois, estant aussi en danger extreme, se voulant coucher, l'esprit l'en empescha, et ne cessa qu'il ne fust levé ; lors il pria Dieu toute la nuict sans dormir. Le jour suivant Dieu le sauva de la main des meurtriers d'une façon estrange et incroyable. Après s'estre eschappé du danger, dit qu'il ouit en dormant une voix qui disoit : Il faut bien dire qui en la garde du haut Dieu pour jamais se retire. Pour le faire court, en toutes les difficultez, voyages, entreprises qu'il avoit à faire, il demandoit conseil à Dieu. Et comme il prioit Dieu qu'il lui donnast sa bénédiction, une nuict il fut advis en dormant qu'il voyoit son père qui le bénissoit. »

« Il y a, dit Bodin (1), un gentilhomme en Picardie, auprès de Villiers-Costerets, qui avoit un

---

(1) *Démonomanie*, liv. II, ch. III.

esprit familier en un anneau, duquel il vouloit disposer à son plaisir, et l'asservir comme un esclave, l'ayant acheté bien cher d'un Espagnol ; et d'autant qu'il lui mentoit le plus souvent, il jetla l'anneau dedans le feu, pensant y jetter l'esprit aussi, comme si cela se pouvoit enclorre. Depuis il devint furieux et tourmenté du diable. »

Au récit de Paul Jove (1), Corneille Agrippa avait un chien noir qui n'était autre que le diable, lequel lui apprenait ce qui se passait partout. Ce chien noir se tenait dans le cabinet de Corneille Agrippa couché sur des tas de papiers, pendant que son maître travaillait. Au moment de mourir et pressé de se repentir, Agrippa ôta à ce chien un collier de clous qui formaient des inscriptions magiques, et lui dit d'un ton affligé : Va-t'en, malheureuse bête, qui es cause de ma perte. Ce chien voyant son maître prêt à expirer alla se précipiter dans le Rhône.

« J'ay connu un personnage, dit Bodin (2), lequel me descouvrit une fois qu'il estoit fort en peine à cause d'un esprit qui le suivoit et se présentoit à lui en plusieurs formes : de nuict le tiroit par le nez, l'esveilloit, le battoit souvent, et quoy qu'il le priast de laisser reposer, il n'en vouloit rien faire ; et le tourmentoit sans cesse lui disant : Commande moi quelque chose : et qu'il estoit venu à Paris

---

(1) *Elogia virorum illustrium.* Venise, 1546, in-fol.
(2) *Démonomanie*, liv. II, ch. III.

pensant qu'il le deust abandonner, ou qu'il y peust trouver remede à son mal, sous ombre d'un procès qu'il estoit venu solliciter. J'apperçus bien qu'il n'osoit pas me descouvrir tout. Lui demandant quel profit il avoit eu de s'assujettir à tel maistre, il me dit qu'il pensoit parvenir aux biens et honneurs, et sçavoir les choses cachées : mais que l'esprit l'avoit toujours abusé ; que pour une vérité il disoit trois mensonges, et ne l'avoit jamais sceu enrichir d'un double, ni faire jouir de celle qu'il aimoit, principale occasion qui l'avoit induit à l'invoquer, et qu'il ne lui avoit aprins les vertus des plantes, ni des pierres, ni des sciences secrettes, comme il esperoit, et qu'il ne lui parloit que de se venger de ses ennemis, ou faire quelque tour de finesse et de meschanceté. Je lui dis qu'il estoit aisé de se défaire d'un tel maistre, et sitost qu'il viendroit, qu'il appelast le nom de Dieu à son aide et qu'il s'adonnast à servir Dieu de bon cœur. Depuis je n'ay veu le personnage, ni peu sçavoir s'il s'estoit repenti. »

PRODIGES

I. — PRODIGES CÉLESTES

« L'an 1500, dit Goulart (1) d'après Conrad Licosthenes (2), qui avait recueilli toutes ces histoires de Job Fincel, de Marc Frytsch, et de plusieurs autres, l'on vit en Alsace, près de Saverne, une teste de taureau, entre les cornes de laquelle estincelloit une fort grande estoile.

« En la même année, le vingt uniesme jour de may, sur la ville de Lucerne en Suisse, se vid un dragon de feu, horrible à voir, de la grosseur d'un veau, et de douze pieds de long, lequel vola vers le pont de la rivière de Russ qui y passe.

« L'an 1503, en la duché de Baviere, sur une vil-

---

(1) *Thrésor des histoires admirables*, t. I, p. 46 et suiv.
(2) *De prodigiis et ostentis*.

lette nommée Vilsoc, fut veu un dragon couronné et jettant des flammes de feu par la gorge.

« Sur la ville de Milan, en plein jour, le ciel net et serain, furent veuës plusieurs estoiles merveilleusement luisantes.

« Au commencement de janvier l'an 1514, environ les huit heures du matin, en la duché de Witemberg furent veus trois soleils au ciel. Celui du milieu estoit beaucoup plus grand que les autres. Tous les trois portoient la figure d'une longue espée, de couleur luisante et marquettée de sang, dont les poinctes s'estendoyent fort avant. Cela avint le douziesme jour du mois. Le lendemain sur la ville de Rotvil on vid le soleil monstrant une face effroyable, environné de cercles de diverses couleurs. Deux jours auparavant, et le dix-septième de mars suivant, furent veus trois soleils, et trois lunes aussi l'onziesme de janvier et le dix-septiesme de mars. Jacques Stopel, médecin de Memminge fit un ample discours et prognostic sur ces apparitions suivies de grands troubles, notamment en Souabe.

« En l'année 1520, les bourgeois de Wissembourg, ville assise au bord du Rhin, entendirent un jour en plein midi bruire estrangement en l'air un horrible cliquetis d'armes, et des courses de gens combatans et crians comme en bataille rangée. Ce qui donna telle espouvante que tous coururent aux armes, pensans que la ville fust assiegée et que les ennemis fussent près des portes.

« Lorsque l'empereur Charles V fut couronné en la ville d'Aix-la-Chapelle, on vid le soleil environné d'un grand cercle, avec un arc en ciel. En la ville d'Erford furent veus trois soleils. Outre plus un chevron ardant terrible à regarder à cause de sa masse et de sa longueur. Ce chevron baissant en terre, y fist un grand degast, puis remontant en l'air, se convertit en forme de cercle.

« Job Fincel, en son recueil *des Merveilles de nostre temps*, remarque que l'an 1523, un paysan de Hongrie, faisant quelque voyage avec son chariot, fut surpris de la nuict et contraint demeurer à la campagne pour y attendre le jour. Ayant dormi quelque temps il se resveille, descend du chariot pour se promener, et, regardant en haut, vid en l'air les semblances de deux princes combatans avec les espées es mains l'un contre l'autre. Il y en avoit un de haute taille et robuste : l'autre estoit plus petit et portoit une couronne sur la teste. Le grand mit bas et tua le petit, puis luy ayant osté la couronne la jetta comme contre terre, tellement qu'elle fut despecée en diverses pièces. Trois ans après, Ladislas, roy de Hongrie, fut tué en bataille par les Turcs.

« En l'an 1525 fut veu en Saxe, environ le trespas de l'électeur Frédéric, surnommé le Sage, le soleil couronné d'un grand cercle entier et tout rond, resemblant en couleur l'arc céleste. Au mois d'aoust de la mesme année, le soleil se monstra l'espace de quelques jours ainsi qu'une grosse boule de feu allumée et de toute autre couleur que l'ordinaire. S'ensuivit tost après la sédition des paysans en Alemagne.

« L'an 1528, environ la mi-may, sur la ville de Zurich furent veus quatre parélies environnez de deux cercles entiers et le soleil entouré de quatre petits cercles. Au mesme an, la ville d'Utrecht, estroitement assiégée et finalement prinse par les Bourguignons, apparut en l'air un prognostic de ce malheur, dont les habitants furent aussi merveilleusement estonnez. C'est à sçavoir une grande croix qu'on surnomme de sainct André, laquelle estoit de couleur blafarde et hideuse à voir.

« Le septiesme jour de février 1536, environ minuict, furent veus au ciel, sur un quartier d'Espaigne, deux hommes armez, et courans sus l'un à l'autre avec l'espée au poing; l'un portoit au bras gauche une rondelle où estoit peint un aigle avec ce mot autour, *Regnabo*, c'est-à-dire *Je régnerai*. L'autre avoit un grand bouclier avec une estoile et un croissant et cette inscription *Regnavi*, c'est-à-dire *J'ai régné*. Celui qui portoit l'aigle renversa l'autre.

« En l'an 1537, le premier jour de février, fut veu en Italie un aigle volant en l'air, portant au pied droict une bouteille et au gauche un serpent entortillé, suivi d'un nombre innombrable de pies. Au même temps fut veue aussi en l'air une croix bourguignonne de diverses couleurs. Quinze jours auparavant, fut veue en Franconie, entre Pabenberp et la forest de Turinge, une estoile de grandeur merveilleuse, laquelle s'estant abaissée peu à peu se réduisit en forme d'un grand cercle blanc, dont tost après sortirent des tourbillons de vent et des touffes de feu, qui tombans en terre, firent fondre des pointes de picques, fers et mords de cheval, sans offenser homme ni édifice quelconque.

« Le vingt-neuviesme jour de mars 1545, environ les huict heures du matin, cheut es environs de Cracovie un esclat de fouldre après un tonnerre si impétueux que toute la Pologne en fust esmeue. Incontinent aparurent au ciel trois croix roussastres, entre lesquelles estoit un homme armé de toutes pièces, lequel, avec une espée ardante, combatoit une armée, laquelle il desfit : et là-dessus survint un horrible dragon lequel engloutit cest homme victorieux. Incontinent le ciel s'ouvrit comme tout en feu, et fut ainsi veu l'espace d'une bonne heure. Puis aparurent trois arcs en ciel avec leurs couleurs acoustumées, sur le plus haut desquels estoit la forme d'un ange comme on le représente en figure de jeune homme qui a des ailes aux espaules, tenant un soleil en l'une de ses mains, une lune en l'autre. Ce deuxiesme spectacle ayant duré une demi-heure en presence de tous ceux qui voulurent le voir, quelques nuées s'eslevèrent qui couvrirent ces aparences.

« Un jour d'octobre 1547, environ les sept heures du matin, fut veue au pays de Saxe la forme d'une bière de trespassé couverte d'un drap noir, chamarré d'une croix de couleur rousse, précédée et suivie de plusieurs figures d'hommes en dueil, chacun d'iceux portant une trompette dont ils commencerent à sonner si haut que les habitans du pays en entendoyent aisement le bruit. En ces entrefaites aparut un homme armé de toutes pieces, de terrible regard, lequel desgaignant son espée coupa une partie du drap, puis de ses deux mains deschira le reste, quoi fait lui et tous les autres s'esvanouyrent.

« Au mois de juin 1553, furent veus en l'air serain et descouvert, sur la ville de Cobourg, entre cinq et six heures du soir, diverses sortes d'hommes, puis des armées qui se donnoyent bataille, et un aigle voltigeant, les ailes tout espandues. En juillet furent veus au ciel deux serpens entrelassez, se rongeans l'un l'autre, et au milieu d'eux une croix de feu. En cette mesme année décéda le duc George, prince d'Anhalt, excellent théologien. Le jour qu'il trespassa, l'on apperceut de nuict au ciel sur la ville de Witteberg une croix bleuë. Quelques jours devant la bataille donnée entre Maurice, duc de Saxe et Albert, marquis de Brandebourg, l'image d'un grand homme apparut es nuees en un endroit de Saxe. Du corps de cest homme, lequel paroissoit nud, commença tout premier à decouler du sang goute apres goute, puis on en vid sortir des étincelles de feu, finalement il disparut peu à peu.

« L'onziesme jour de janvier 1556, vers les montagnes qui ceignent d'un costé la ville d'Augsbourg, le ciel s'ouvrit, et sembla se fendre, dont tous furent merveilleusement estonnez : surtout à cause des cas pitoyables qui avindrent incontinent apres. Car au mesme jour le messager d'Augsbourg tua d'un coup de pistole certain capitaine aux portes de la ville. Le lendemain la femme d'un forgeur d'espées, estimant faire un grand butin, tua dedans sa maison un marchant. Incontinent après sa servante se tua soi-mesme d'un coup de cousteau. Un jour après, en querelle, un boucher fut renversé mort d'un coup d'espée : et deux villages furent tous bruslez. Le quinziesme jour du mesme mois, le garde de la forest de Saincte-Catherine fut transpercé et trouvé occis d'un coup de harquebuse. Et le dix-septiesme, un valet d'orfevre, poussé de désespoir, se noya. La nuict suivante, plusieurs furent blessez à mort par les rues.

« En divers jours et mois de la mesme année 1556 furent remarquées autres apparitions ; comme en février furent veus au ciel sur la comté de Bœts des armées à pied et à cheval qui combatoyent furieusement. Au mois de septembre, sur une villette du marquisat de Brandebourg, nommée Custrin, environ les neuf heures du soir, on vid infinies flammesches de feu saillans du ciel, et au milieu deux grands chevrons ardans. Sur la fin fut entendue une voix criant : Malheur, malheur à l'Église !

« Wolfgang Strauch, de Nuremberg, escrit que l'an 1556, sur une ville de Hongrie qu'il nomme Babatscha, fut veue, le sixiesme jour d'octobre, peu, avant soleil levant, la semblance de deux garçons nuds combatans en l'air avec le cimeterre es mains et le bouclier es bras. Celui qui portoit en son bouclier un aigle double chamailla si rudement sur l'autre dont le bouclier portoit un croissant, qu'il sembla que le corps navré de plusieurs playes tombast du ciel en terre. Au mesme temps et lieu fut veu l'arc en ciel avec ses couleurs accoustumées et aux bouts d'icelui deux soleils. Non gueres loin d'Augsbourg fut veu au ciel le combat d'un ours contre un lyon, au mois de decembre en la mesme annee; et à Witteberg, en Saxe, le sixiesme jour d'icelui mois, trois soleils et une nuée tortue marquetée de bleu et de rouge, estendue en arc, le soleil paroissant pasle et triste entre les parélies.

Fr. des Rues (1) rapporte que « L'an 1558, veille de Pasques, s'esleva de terre sur le midi en la lande de Raoul en Normandie un tourbillon tel, qu'il entrainoit tout ce qui lui estoit à la rencontre, enfin se haussant en l'air, parut une colonne coulouree de rouge et de bleu, qui l'accompagnoit et s'arresta en l'air. Cependant on voyoit des flesches et dards qui s'eslançoyent contre ceste colonne, sans que l'on vist ceux qui les descochoyent : et

---

(1) Dans ses *Antiquitez de France*.

au haut du tourbillon, sur la colonne, l'on entendoit crier des oiseaux de diverses sortes voltigeans à l'entour. Ce tourbillon fut suivi de griefve mortalité au pays. »

« Après la considération des nues, dit Gaffarel (1) vient celle de la pluye en laquelle on ne peut rien lire que par la troisieme espèce de lecture qui est par hieroglyphe, et de ce genre est la pluye de sang ou de couleur rouge tombée en Suisse l'an 1534, laquelle se formait en croix sur les habits. Jean Pic a immortalisé ce prodige par une longue suite de vers, dont ceux-ci expriment nettement l'histoire :

>Permixtam crucem rubro spectavimus olim
>Nec morum discrimen erat sacer atque prophanus
>Jam conspecta sibi gestabant mystica Patres
>Conscripti et pueri, conscriptus sexus uterque
>Et templa et vestes, a summa Cæsari aula
>Ad tenues vicos, ad dura mapalia ruris
>Cernere erat liquido deductam ex æthere signum.

Ces gouttes d'eau ne formaient pas seulement des croix sur les vetements mais encore sur les pierres et sur la farine, conséquence assurée, dit Gaffarel, qu'il y avait quelque chose de divin.

« La neige, la gresle et la gelée, continue le même auteur, portent encore quelquefois des charactères bien estranges, et dont la lecture n'est pas à mespriser. On a souvent veu de la gresle sur laquelle on a remarqué ou la figure d'une croix, ou d'un bouclier, ou d'un cœur, ou d'un mort, et si nous ne méprisions pas ces merveilles, nous li-

---

(1) *Curiositez inouyes.*

rions sans doute dans l'advenir la vérité de ces figures hieroglyphiques. Faict quelques ans qu'en Languedoc, un de mes amis, se trouvant à la chasse, fut estonné par le bruit extraordinaire du tonnerre et d'un vent fort violent; il pensa de se mettre à l'abry, mais comme il estoit bien avant dans le bois, jugeant qu'avant la pluie qui suit ordinairement cet orage, il ne pourrait arriver à sa maison, il choisit la couverture d'un rocher, sous lequel après qu'il eust demeuré l'espace d'un quart d'heure, que la malice du temps estoit passée avec une légère pluie il se remit en route malgré la grele.

Mais comme il prit garde que cette grele estoit faite à son advis autrement que la commune, il s'arrête pour la considérer, il en prend une, et veid en meme temps, prodige espouventable! qu'elle portait la figure d'un casque, d'autres un escusson, et d'autres une espée. Ce nouveau prodige l'estonne, et l'appréhension de quelque malheur luy fit reprendre le chemin du rocher, où il ne fut pas plustost arrivé, qu'il tomba si grande quantité de gresle et avec telle violence qu'elle tua, non pas seulement les oyseaux, mais quantité d'autres animaux. Il me souvient d'avoir veu le mesme autrefois en Provence... Quelque temps après, le Languedoc veit ses campagnes couvertes de soldats et les places rebelles assiégées et assaillies avec tant de sang répandu que le seul souvenir en sera à jamais funeste. »

Goulart (1) rapporte que « Au mois de novembre de l'année 1523 fut veue une comete et tost apres le ciel tomba tout en feu, lançant une infinité d'esclairs et foudres en terre, laquelle trembla, puis survindrent des estranges ravines d'eaux, notamment au royaume de Naples. Peu après s'ensuivit la prise de François Ier, roi de France; l'Allemagne fut troublée d'horribles séditions, Louys, roi de Hongrie, fut tué en bataille contre les Turcs. Il y eut par toute l'Europe de merveilleux remuements. Rome fut prinse et pillée par l'armée impériale.

« En cette mesme année de la prinse et du sac de Rome, à sçavoir l'an 1527, on vid une comete plus effroyable que les précédentes. Après icelle survindrent les terribles ravages des Turcs en Hongrie, la famine en Souabe, Lombardie et Venise, la guerre en Suisse, le siege de Viene, en Autriche, la suete en Angleterre, le desbord de l'Océan en Hollande et Zélande, où il noya grande estendue de pays, et un tremblement de terre de huict jours durant en Portugal. »

« La plus redoutable des cometes de notre temps, ajoute le même auteur, fut celle de l'an 1527. Car le regard d'icelle donna telle frayeur à plusieurs qu'aucuns en moururent, autres tombèrent malades. Elle fut veue de plusieurs milliers d'hommes paraissant fort longue et de couleur de sang. Au sommet d'icelle fut veue la représentation d'un

---

(1) *Thrésor des histoires admirables.*

bras courbé tenant une grande espée en sa main, comme s'il eust voulu frapper. Au bout de la pointe de cette espée, il y avoit trois estoiles : mais celle qui touchoit droitement la pointe estoit plus claire et plus luisante que les autres. Aux deux costez de cette comete se voyaient force haches, poignards, espées sanglantes, parmi lesquelles on remarquait un grand nombre de testes d'hommes descapitez, ayant les barbes et cheveux hérissez horriblement. Et qu'a veu l'espace de soixante-trois ans l'Europe, sinon les horribles effects en terre de cest horrible présage au ciel ? »

II. — ANIMAUX PARLANTS

Un ancien auteur (1) nous rappelle plusieurs histoires d'animaux parlants :

« Quelquefois, dit-il, Dieu fait parler les bestes brutes pour enseigner les créatures humaines en leur ignorance. Une asnesse me servira de caution, laquelle comme elle portoit Balaam sur son dos, apperceut l'ange du Seigneur. A raison de quoy elle se destourna de la voye pour luy ceder la place : mais Balaam qui ne sçavoit point la cause de ce desvoyement, battit avec excedscesté simple beste, toutes les trois fois qu'elle s'estoit desplacée de son chemin, pour la reverance qu'elle

(1) *Le chois de plusieurs histoires et autres choses mémorables*, p. 648 et suiv.

portoit au serviteur de Dieu : et à cause de ce respectueux devoir, le Seigneur disposa la bouche de l'asnesse à proferer tels propos : « Quel sujest t'ay-je donné pour estre si rudement frapée de toy d'un baston par trois diverses reprises ? Ne suis-je pas ta beste qui t'ay tousiours fidelement porté jusques à ce jour ? Et n'eust esté la reverance que j'ai referé à l'ange du Seigneur, je ne me fusse retiré du chemin par lequel je t'ay fort souvent porté en toutes les affaires. » Ces paroles finies, Dieu dessilla les yeux de Balaam pour contempler l'ange tenant un glaive nud en la main, et lors il s'inclina en terre, et adora ce messager du Tout-Puissant, qui luy fit une reprimende pour avoir outragé son asnesse, mesme luy dit qu'il estoit sorti tout expres pour estre son adversaire à cause de sa vie perverse, et du tout esloignée des ordonnances du Seigneur. Ce n'est donc à tort que nous sommes envoyez par les sages à l'escolle des bestes, l'instinct naturel desquelles Dieu fortifie souventes fois de la parole, pour recevoir d'elles quelque instruction en nos impiétés.

« Quelque temps auparavant la mort de Cæsar, dictateur, un bœuf, tirant à la charrue, se tourna vers le laboureur qui le pressoit par trop à la besongne, et luy dit qu'à grand tort il le frappoit, parce que la récolte des bleds seroit si abondante qu'il ne se trouveroit pas assez d'hommes pour les manger.

« Sur la fin de l'empire de Domitian, l'on entendit une corneille prononcer ces mots en grec : *Toutes choses prendront un heureux succeds,* voulant par là signifier que les injustices et severitez de Domitian devoient bien tost prendre fin avec sa vie, selon qu'il advint. Car la benignité et clemence de Nerva et Trajan succédèrent à l'arrogance et cruauté de Domitian, au grand contentement de tout l'empire romain.

« Le seigneur de Moreuil, père de Joachime de Soissons, dame de Crequi, estoit si adonné au plaisir de la chasse, qu'il ne se contentoit point d'y employer les jours ouvriers, mais davantage desroboit à l'Eglise catholique les festes pour les prophaner à tels vains exercices. Tellement qu'un jour il se seroit monstré si aveuglé et refroidy de devotion que d'aller courir un lievre le jour du vendredy sainct, au lieu qu'il ne devoit bouger de l'Eglise pour vacquer à prières et contemplation de la douloureuse mort de Jesus-Christ, qui avoit esté flagellé et attaché à l'arbre de la croix, ce jour-là, pour la rédemption de nos âmes. Mais son péché fut tallonné de pres d'une grande repentance. Car il courut un lievre qui luy fit tant de ruses et de hourvaris que non seulement il eschapa de la poursuite des chiens, et rendit vaine l'expérience des veneurs, mais davantage ce maistre lievre se mettant sur son derriere tourna les yeux devers ledit seigneur de Moreuil, en luy disant : « Que t'en semble? n'ay-je pas bien couru pour un courtault? » Cest estrange prodige donna une telle espouvante à ce seigneur, qu'il ne pouvoit assez tost retrouver son chasteau pour se debotter et aller à l'Eglise, à celle fin que par sa penitence et prieres il peust expier l'énormité de son offence, faisant vœu que delà en avant il ne prostitueroit plus les jours de festes en la vanité de tels plaisirs, ains les passeroit en toutes sainctes occupations. Or comme l'asnesse de Balaam se plaignoit à son maistre d'avoir esté batue quand elle honora l'ange de Dieu, tout de mesme le lievre fit cognoistre au seigneur de Moreuil qu'il ne devoit estre si maltraicté de ses veneurs et chiens en un jour plus convenable aux œuvres pieuses qu'à se donner du plaisir. »

EMPIRE DES MORTS

I. — AMES EN PEINE. LAMIES ET LÉMURES.

Suivant Loys Lavater (1) : « Quelquefois un esprit se montrera en la maison, ce qu'appercevant, les chiens se jetteront entre les jambes de leurs maîtres et n'en voudront partir, car ils craignent fort les esprits. D'autrefois quelqu'un viendra tirer ou emporter la couverture du lit, se mettra dessus ou dessous icelle, ou se pourmenera par la chambre. On a veu des gens à cheval ou à pied comme du feu, qu'on cognoissoit bien et qui estoyent morts auparavant. Parfois aussi ceux qui estoyent morts en bataille ou en leur lict venoyent appeler les leurs, qui les cognoissoyent à la voix. Souventes fois on a veu la nuit des esprits trainans les pieds, toussans et souspirans, lesquels estans

---

(1) *Des apparitions des esprits*, etc.

interroguez, se disoyent estre l'esprit de cestui ou de cestui là. Estans de rechef enquis comme on pourroit les aider, requeroyent qu'on fit dire des messes, qu'on allast en pèlerinage et qu'ainsi ils seraient délivrés. Puis après sont apparus en grande magnificence et clarté, disant qu'ils estoyent délivrés et remercyoient grandement leurs bienfaiteurs : promettans d'intercéder pour eux envers Dieu et la vierge Marie. »

« Mélanchthon, dit le même auteur (1), en son *Traité de l'âme* escrit avoir eu lui mesme plusieurs apparitions, et connu plusieurs personnes dignes de foy qui affirmoyent avoir parlé à des esprits. En son livre intitulé *Examen ordinandorum*, il dit avoir eu une tante sœur de son père, laquelle demeurée enceinte après la mort de son mari, ainsi qu'elle estoit assise près du feu, deux hommes entrent en sa maison, l'un desquels ressembloit au mari mort, et se donnoit a conoistre pour tel, l'autre de fort haute taille, estoit vestu en cordelier. Celui qui ressembloit au mari s'approche du fouyer, salue sa femme, la prie de ne s'estonner point, disant qu'il venoit lui donner charge de faire quelque chose. Sur ce, il commande au cordelier de se retirer dedans le poisle. Et ayant devisé longuement avec la femme, lui parlant de prestres et de messes, estant prest à partir, il lui dit, tendant sa main : Touchez là ; mais pour ce qu'elle

---

(1) Livre I, ch. xiv.

estoit saisie d'estonnement, il l'asseura qu'elle n'auroit aucun desplaisir. Ainsi donc elle le toucha et combien que la main d'icelle ne devinst impotente, tant y a qu'il la brusla tellement qu'elle fut tousiours nouée depuis. Cela fait, il appelle le cordelier, puis tous deux disparurent.

Suivant Le Loyer (1), « Jean Pic de la Mirandole apparut à Hierosme Savonarolle, jacobin ferrarais, et luy dist qu'il souffrait les peines du purgatoire pour n'avoir assez fait profiter le talent que Dieu luy avait donné et pour avoir faict fort peu de cas des révélations intérieures à luy faictes, qui l'advertissaient de continuer ses honnêtes travaux et achever ce qu'il avait pourpensé en son esprit. Et ne craignit point Savonarolle de dire en plein sermon la révélation qu'il avait eue, admonestant ses parents et amis de prier et faire prier Dieu pour son âme. »

« Les trespassez, dit Jean des Caurres (2), recognoissent les biens qu'on leur faict, comme a esté cogneu de nostre temps, en la cité de Ponts, près Narbonne, où trespassa un escolier qui estoit excommunié, pour le salaire qu'il devoit à un sien regent, à la cité de Rhodes, l'esprit duquel parla à son amy, le priant s'en aller audit Rhodes querir son absolution, ce que son compagnon luy accorda, et s'en allant, passa par les montagnes chargées

---

(1) *Discours et histoires des spectres*, p. 649.
(2) *Œuvres morales et diversifiées*, p. 377.

de neige; ledict esprit l'accompagnoit tousiours, et parloit à luy sans qu'il veit rien. Et à cause que le chemin estoit couvert de neige, l'esprit lui ostoit la neige et luy monstroit le chemin. Après avoir obtenu l'absolution de l'évesque de Rhodes, l'esprit le conduit derechef à Saint-Ponts, et donna l'absolution au corps mort comme est la coustume en l'Eglise catholique, et ledit esprit et ame du trespassé, ayans tous, print congé de luy, le remerciant et promettant luy rendre le service. »

Ils se vengent aussi de ce qu'on leur manque de parole :

« Aux gestes de Charles le Grand, on lit, dit des Caurres (1), qu'un de ses capitaines pria un sien compagnon que s'il mouroit en la bataille, qu'il donnast un beau cheval qu'il avoit pour son ame. Luy trespassé, son compagnon voyant la beauté du cheval, le tient pour luy. Douze jours après, le trespassé s'apparut à luy, se lamentant, que à faute de n'avoir donné le cheval en aumosne pour son ame, il avoit demouré douze jours en peine, et qu'il en porteroit la peine. Pour quoy mourut soudain. »

« J'ai vu, dit Bodin (2), un jeune homme prisonnier l'an 1590 qui avoit tué sa femme en cholère, et avoit eu sa grace qui lui fut intériné, lequel néanmoins se plaignoit qu'il n'avoit aucun

---

(1) *Œuvres morales et diversifiées*, p. 377.
(2) *Démonomanie*, livre II, ch. III.

repos, estant toutes les nuicts battu par icelle, comme il disoit. Les anciens tenoyent que les ames des occis souvent pourchassent la vengeance des meurtriers. Nous lisons en Plutarque que Pausanias, roy de Lacedemone, estant à Constantinople, on lui fit présent d'une jeune damoiselle... Entrant de nuit en la chambre, elle fit tomber la lumière, ce qui esveilla Pausanias en sursaut, et pensant qu'on voulust le tuer en tenebres ; tout effrayé il print sa dague, et tua la demoiselle sans connoistre qui elle estoit. Dès lors Pausanias fut incessamment tourmenté d'un esprit jusques à la mort, qui ressembloit (comme il disoit) à la damoiselle. »

Selon Taillepied (1) : « Si un brigand s'approche du corps qu'il aura occis, le mort commencera à escumer, suer, et donner quelque autre signe. Platon au neufviesme livre de ses loix, dit que les ames des meurtris poursuivent furieusement, et souvent, les ames des meurtriers. A l'occasion de quoy Marsile Ficius, au seiziesme livre de l'*Immortalité des âmes*, chapitre cinquiesme, estime qu'il advient que si un meurtrier vient où sera à descouvert le corps de celuy qu'il aura fraischement tué, et il approche près pour regarder et contempler la playe, le sang en sortira de rechef. Ce qu'aussi Lucrèce affirme estre véritable, et les juges l'ont observé..... Quand un voleur sera assis à table, s'il advient que quelque verre de vin soit

(1) *Traité de l'apparition des esprits* p. 139.

espandu, le vin ne tombera de côté ne d'autre, ains percera la table...

« D'après Jean de Caurres (1), saint Augustin au II *de Civitate Dei* parle de Tiberius Graccus, duquel aussi fait mention Saluste *de Bello Jugurtino*, lequel fut meurdry estant tribun du peuple, et comment après sa mort, son frère Caius Graccus, aspiroit audit office odieux au peuple, la nuict en dormant luy apparut la face de son frère, luy disant que s'il acceptoit ledit office, qu'avoit esté cause de sa mort, qu'il mourroit de mesme mort que luy, ce qu'advint.

« Valère au premier (1), qui parle des songes et des miracles recite de Simonides, lequel venant à un port de mer par navire, trouva audict port un homme mort, non ensevely, lequel il ensevelit. Et pour recompense de ceste œuvre de charité l'esprit appartenant à ce corps, la nuict, en dormant, parla à luy, en demonstrant qu'il se gardast le matin de monter sur le navire s'il aymoit ne point mourir. Simonides creut, et estant au port, il vit devant ses yeux perir le navire et tous ceux qui estoient avec luy. Le jour precedent, ledit Simonides encore receut une autre bénéfice, pour avoir ensevely celuy que dessus : car soupant chez Stophas, au village de Cyanone en Thessale, voicy un messager qui vient à luy soudain, disant qu'il

---

(1) *Œuvres morales et diversifiées*, p. 377.
(2) En son premier livre.

y avoit à l'huys deux jeunes jouvenceaux qui instamment demandoient parler à luy : parquoy il sortit sur l'heure, et s'en alla à l'huys, et ne trouva aucun. Et estant là, le soupoir où Stophas, et autres invités faisoient grande chere, tomba et tous moururent à ceste ruine, hormis le Simonides.

« Avenzoar Albamaaron, medecin arabe mahométiste, escrit comment luy estant malade d'une grande maladie des yeux, un sien amy medecin desia trespassé, luy apprint en dormant la medecine pour sa maladie, par laquelle il guarit.

Loys Lavater (1) rapporte, d'après Manlius, en ses *Lieux communs*, le fait suivant :

« Théodore Gaza, docte personnage, avoit obtenu en don du pape certaine mestairie. Son fermier fossoyant un jour en certain endroit trouva une buye ou urne, en laquelle y avoit des os. Sur ce un fantosme lui aparut et commanda de remettre cette urne en terre, autrement son fils mourroit. Et pour ce que le fermier ne tint conte de cela, bien peu de temps apres son fils fut tué. Au bout de quelques jours le fantosme retourna, menassant le fermier de lui faire mourir son autre fils, s'il ne remettoit en terre l'urne et les os qu'il avoit trouvés dedans. Le fermier ayant pensé à soy, en voyant son autre fils tombé malade, conta le tout à Théodore, lequel estant allé en sa mestairie,

---

(1) *De l'apparition des esprits*, liv. I, ch. II.

et au lieu d'où le fermier avoit tiré l'urne, fit refaire une fosse au mesme endroit, où ils cachèrent et l'urne et les os ; ce qu'estant fait, le fils du fermier recouvra incontinent la santé. »

« Il y avoit, dit Jean des Caurres (1), en Athenes, une grande maison, mais fort descriée et dangereuse. Lorsqu'il estoit nuict, on y entendoit un bruict, comme de plusieurs fers, lequel commençoit premierement de loin : mais puis estant approché plus pres, il sembloit que ce fut le bruit de quelques menotes, ou des fers que l'on met aux pieds des prisonniers. Incontinent apparoissoit la semblance d'un vieil homme tout atténué de maigreur et rempli de crasse, portant une longue barbe, et les cheveux hérissés. Il avoit les fers aux pieds, et des menotes aux mains, qu'il faisoit cliqueter. Et aussi ceux qui habitoient la dedans, passoient les miserables nuicts sans dormir, estans remplis de peur et d'horreur : dont ils tomboient en maladie, et en la fin, par augmentation de la peur, ils mouroient. Car le long du jour encore que l'image fut absente, si est-ce que la memoire leur en demeuroit en l'entendement : si bien que la premiere crainte estoit cause d'une plus longue. Ainsi la maison descriée demeura deserte, et du tout abandonnée à ce monstre. Toutefois on y avoit mis un escriteau pour la vendre ou loüer à quelqu'un qui par aventure ne

(1) *OEuvres morales et diversifiées*, p. 388.

seroit adverty du faict. Or sus ces entrefaictes, le philosophe Athenodore vint en Athènes. Il leut l'escriteau, il sceut le prix, et soupçonnant par le bon marché qu'on luy en faisoit, et s'en estant enquis, on luy en dist la verité. Ce nonobstant il la loua de plus grande affection. Le soir approchait, il commanda que l'on fist son lict en la première partie de la maison. Il demanda ses tablettes à escrire, sa touche, sa lumière, et laissa tous ses domestiques au dedans. Et à fin que son esprit oisif ne luy fantastiquast les espouvantails et craintes, dont on luy avoit parlé, il se mit attentivement à escrire, et y employa, non seulement les yeux, mais aussi l'esprit et la main. La nuict venuë, il entendit le fer qui cliquetoit : toutefois il ne leva point l'œil, et ne laissa d'escrire, mais il s'asseura davantage, et presta l'aureille. Alors le bruit augmenta, redoubla et approcha : tellement qu'il l'entendoit desia comme à l'entrée, puis au dedans. Il regarde, et voit, et recognoist la semblance de laquelle on luy avoit parlé. Elle estoit debout, et lui faisoit signe du doigt, comme si elle l'eust appelé. Et luy au contraire luy faisoit signe de la main qu'elle attendist un petit. Derechef il se mit à escrire. Mais elle vint sonner ses chaisnes à l'entour de la teste de l'écrivain, lequel la regarda comme auparavant. Et voyant qu'elle lui faisoit signe, tout soudainement il prit sa lumière, et la suyvit. Elle alloit lentement comme si elle eust eu peine à marcher, à cause de ses fers. Et incontinent qu'elle fut au milieu de la maison, elle se disparut et laissa le philosophe tout seul. Lequel print quelques herbes et feuilles, pour marquer le lieu auquel elle l'avoit laissé. Le jour suivant il s'en alla vers le magistrat, et l'advertit de faire foüiller au lieu marqué. On trouva des os entrelassez de chaisnes, que le corps pourry par la terre, et par la longueur du temps, avoit quitté aux fers, lesquels estant rassemblez furent enterrez publiquement, et n'y eust onques depuis esprit qui apparust en la maison. »

Goulart (1) rapporte l'histoire suivante :

« Jean Vasques d'Ayola et deux autres jeunes Espagnols partis de leur pays pour venir estudier en droit à Boulogne la Grasse, ne pouvant trouver logis commode pour faire espargne, furent avertis qu'en la rue où estoit leur hostellerie y avoit une maison deserte et abandonnée, à cause de quelques fantosmes qui y apparoissoyent, laquelle leur seroit laissée pour y habiter sans payer aucun louage, tandis qu'il leur plairoit y demeurer. Eux acceptent la condition, sont mesmes accommodez de quelques meubles, et font joyeusement leur mesnage en icelle l'espace d'un mois, au bout duquel comme les deux compagnons d'Ayola se fussent couchez d'heure, et lui fust en son estude fort tard, entendant un grand bruit comme de plusieurs chaisnes de fer, que l'on bransloit et faisoit

---

(1) *Trésor des histoires admirables*, t. I, p. 543.

entrechoquer, sortit de son estude, avec son espée, et en l'autre main son chandelier et la chandelle allumée, puis se planta au milieu de la salle, sans resveiller ses compagnons, attendant que deviendroit ce bruit, lequel procedoit à son advis du bas des degrez du logis respondant à une grande cour que la salle regardoit. Sur ceste attente, il descouvre à la porte de ces degrez un fantosme effrayable, d'une carcasse n'ayant rien que les os, traînant par les pieds et le faut du corps ces chaisnes qui bruioyent ainsi. Le fantosme s'arreste, et Ayola s'acourageant commence à le conjurer, demandant qu'il eust à lui donner à entendre en façon convenable ce qu'il vouloit. Le fantosme commence à croiser les bras, baisser la teste, et l'appeler d'une main pour le suivre par les degrez. Ayola respond : Marchez devant et je vous suivray. Sur ce le fantosme commence à descendre tout bellement, comme un homme qui traîneroit des fers aux pieds, suivi d'Ayola, duquel la chandelle s'esteignit au milieu des degrez. Ce fut renouvellement de peur : néantmoins, s'esvertuant de nouveau, il dit au fantosme : Vous voyez bien que ma chandelle s'est amortie, je vay la r'allumer; si vous m'attendez ici, je retourneray incontinent. Il court au foyer, r'allume la chandelle, revient sur les degrez, où il trouve le fantosme et le suit. Ayant traversé la cour du logis, ils entrent en un grand jardin, au milieu duquel estoit un puits; ce qui fit douter Ayola que le fantosme ne lui nuisît :

pourtant il s'arresta. Mais la fantosme se retournant fit signe de marcher jusques vers un autre endroit du jardin : et comme ils s'avançoyent celle part, le fantosme disparut soudain. Ayola resté seul commence à le rappeler, protestant qu'il ne tiendroit à lui de faire ce qu'il seroit en sa puissance; et attendit un peu. Le fantosme ne paroissant plus, l'Espagnol retourne en sa chambre, resveille ses compagnons, qui le voyant tout pasle, lui donnerent un peu de vin et quelque confiture, s'enquerans de son avanture, laquelle il leur raconta. Tost après le bruit semé par la ville de cest accident, le gouverneur s'enquit soigneusement de tout, et entendant le rapport d'Ayola en toutes ses circonstances, fit fouiller en l'endroit où le fantosme estoit disparu. Là fut trouvée la carcasse enchaînée ainsi qu'Ayola l'avoit veuë, en une sépulture peu profonde, d'où ayant esté tirée et enterrée ailleurs avec les autres, tout le bruit qui paravant avoit esté en ce grand logis cessa. Les Espagnols retournez en leur pays, Ayola fut pourvu d'office de judicature : et avoit un fils président en une ville d'Espagne du temps de Torquemada, lequel fait ce discours en la troisième journée de son *Hexameron*. »

Taillepied (1) raconte le fait suivant : « Environ l'an 1559, un gentilhomme d'un village près de Meulan sur Seine, seigneur de Flins, avoit ordonné

---

(1) *Traité de l'apparition des esprits*, p. 123.

par testament qu'on ensevelist son corps avec ses ancetres en la ville de Paris. Quand il fut trespassé, son fils héritier ne s'en souciant beaucoup d'exécuter la volonté de son père le fit inhumer dans l'église dudit village. Mais advint que l'esprit du père fit tant grand bruit et tourmente dans la chambre du fils qui couchoit en son lict à Paris que le fils fut contrainct d'envoyer des saquemans (pillards, voleurs) qu'il loua à prix d'argent, pour aller deterrer le corps dudit trespassé, et le faire apporter au lieu où il avait esleu sa sépulture. Le lendemain matin je fus à ce village, en un jour de dimanche, où l'histoire me fut récitée tout au long, et y avoit dans l'église une si grande puanteur de ce corps qui avoit esté levé le jour précédent, qu'on n'y pouvoit aucunement durer pour l'infection. »

« En Islande, dit Jean des Caurres (1), qui est une isle vers Aquilon des dernières en laquelle, au solstice de l'esté, n'y a nulle nuit, et à celuy de l'hyver n'y a nul jour, il y a une montagne nommée Hecla, qui est bruslante comme Ethna, et là bien souvent les morts se monstrent aux gens qui les ont cogneus, comme s'ils estoient vifs : en sorte que ceux qui n'ont sceu leur mort, les estiment vivans. Et revelent beaucoup de nouvelles de loin pays. Et quand on les invite de venir en leurs maisons, ils respondent avec grands gemissemens qu'ils ne peuvent, mais faut qu'ils

(1) *Œuvres morales et diversifiées*, p. 378.

s'en aillent à la montaigne de Hecla, et soudain disparoissent, et ne les voit-on point. Et communément apparoissent ceux qui ont esté submergez en la mer, ou qui sont morts de quelque mort violente. »

Adrien de Montalembert (1) raconte cette histoire d'Antoinette, jeune religieuse de l'abbaye de Saint-Pierre à Lyon et d'une grande piété, qui parlait souvent de l'abbesse du monastère, morte dans le repentir après une vie déréglée et se recommandait à elle :

« Or advint une nuit que la dicte Antoinette, jeune religieuse, estoit toute seule en sa chambre, en son lict couchée et dormoit non point trop durement si luy fut advis que quelque chose luy levoit son queuvrechef tout bellement et luy fesoit au front le signe de la croix puis doulcement et souef en la bouche le baisoit. Incontinent la pucelle se réveille non point grandement effrayée ains tant seulement esbahye, pensant a par soy que ce pourroit estre qui l'auroit baisée et de la croix signée, entour d'elle rien n'apperçoit... pour cette fois la pucelle ne y prinst pas grand advis cuydant qu'elle eust ainsi songé et n'en parla a personne.

---

(1) *La merveilleuse histoire de l'esprit qui depuis naguères est apparu au monastère des religieuses de Saint-Pierre de Lyon, laquelle est plaine de grant admiration, comme l'on pourra voir à la lecture de ce présent livre,* par Adrien de Montalembert Paris, 1528, in-12.

Advint aucuns jours après qu'elle ouyt quelque chose entour d'elle faisant aucun son, et comme soubz ses pieds frapper aucuns petiz coups, ainsi qui heurteroit du bout d'un baston dessoubz ung carreau ou un marchepied. Et sembloit proprement que ce qui fesoit ce son et ainsi heurtoit fust dedans terre profondement; mays le son qui se faisoit estoit ouy quasi quatre doys en terre tousjours soubz les piedz de la dicte pucelle. Je l'ay ouy maintes fois et en me repondant sur ce que l'enqueroys frapoit tant de coups que demandoys. Quand la pucelle eut ja plusieurs fois entendu tel son et bruyt estrange elle commença durement s'esbahir, et toute espouvantée le compta a la bonne abbesse, laquelle bien la sceut réconforter et remectre en bonne asseurance non pensant à autre chose qu'à la simplesse de la pucelle. Et pour mieulx y pourvoir ordonna qu'elle coucheroit en une chambre prochaine d'elle si que la pucelle n'eust sceu tant bellement se remuer que incontinent ne l'eust ouye.

« Les povres religieuses de léans furent toutes esperdues de prime face, ignorans encore que c'estoit. Si vindrent premièrement au refuge à nostre Seigneur et se misrent toutes en bon estat. Et fut interroguée la pucelle diligemment assavoir que lui sembloit de ceste adventure. Elle respond qu'elle ne sçait que ce pourroit estre si ce n'estoit seur Alis la secrétaine pourtant que depuys son trespas souvant l'avoit songée et veue en son dormant. Lors fut conjuré l'esperit pour sçavoir que c'estoit. Il respondit qu'il estoit l'esperit de seur Alis véritablement de léans jadis secrétaine. Et en donna signe évident. La chose fut assez facile à croyre par ce que moult tousjours avoit aymé la pucelle. L'abbesse, voyant ce, délibéra apres soy estre conseillée envoyer quérir le corps de la trespassée et pour ce fut enquise l'âme premierement si elle vouldroit que son corps fust léans en terre. Elle incontinent donna signe que moult le désiroit ; adonc la bonne dame abbesse l'envoya déterrer et amener honnestement en l'abbaye. Cependant l'ame menoit bruit entour la pucelle a mesure que son corps de léans approuchait de plus en plus. Et quand il fut à la porte du monastère moult se démenoit en frappant et en heurtant dessoubz les pieds de la pucelle. Durant aussi que les dames faisoient le service de ses funérailles ne cessoit et n'avoit aucun repos. Bonnemens ne sçait-on pourquoy ainsy se démenoit cette ame ou pour la douleur qu'elle enduroit ou pour le plaisir qu'elle avoit de veoir son corps en son abbaye dont jadis elle estoit partie. Le service achevé fut mys en une fousse la casse ou cercueil qui contenoit les ossements en une petite chapelle de Notre-Dame, sans les couvrir aultrement fors d'ung drap mortuaire. Et ainsi me fust montré.

« Or sachez sire que cest esperit ne faisoit aucun mal, frayeur ne destourbier a créature, ains les dames de léans le tindrent depuys à grande consolation pourtant que le dit esperit faisoit signe de grand resjouissance quand l'on chantoit le service divin et quand l'on parloit de Dieu fust à l'esglise ou aultre part. Mais jamais n'estoit ouy si la pucelle n'estoit présente, car jour et nuict luy tenoit compaignie et la suyvoit; ny oncques puis ne l'abandonna en quelque lieu qu'elle fust. Je vous diray grand merveille de ceste bonne ame. Je luy demanday en la conjurant ou nom de Dieu assavoir si incontinent qu'elle fut partie de son corps elle suyvit ceste jeune religieuse. L'ame respondit que ouy véritablement ny jamais ne l'abandonneroit que ne vollast au ciel pour jouyr de la vision éternelle entièrement. Ce sçay bien véritablement car ce luy ay je demandé depuys et l'ay ouy maintes fois. Et moult estoit famyliere de moy. Et par elle ont esté sceuz de grans cas qui ne pourroient estre congneuz de mortelle créature dont je me suys donné grand admiration et merveilles. Les secretz de Dieu sont inscrutables et aux ignorants incrédibles. Mais ceulx qui ont ouy et veu telles choses certes l'en les doit croire plus entièrement. »

II. — REVENANTS, SPECTRES, LARVES.

Goulart (1) rappelle cette histoire d'après Job Fincel (2) : « Un riche homme de Halberstad, ville renommée en Allemagne, tenoit d'ordinaire fort bonne table, se donnant en ce monde tous les plaisirs qu'il pouvoit imaginer, si peu soigneux de son salut, qu'un jour il osa vomir ce blasphème entre ses escornifleurs, que s'il pouvoit tousiours passer ainsi le temps en délices, il ne désireroit point d'autre vie. Mais au bout de quelques jours et outre sa pensée, il fut contraint mourir. Après sa mort on voyoit tous les jours en sa maison superbement bastie, des fantosmes survenant au soir, tellement que les domestiques furent contraints cercher demeure ailleurs. Ce riche aparoissoit entre autres, avec une troupe de banquetteurs en une sale qui ne servoit de son vivant qu'à faire festins. Il estoit entouré de serviteurs qui tenoyent des flambeaux en leurs mains, et servoyent sur table couverte de coupes et gobelets d'argent doré, portans force plats, puis desservans : outre plus on oyoit le son des flustes, luths, espinettes et autres instrumens de musique, bref, toute la magnificence mondaine dont

---

(1) *Thrésor des histoires admirables*, t. I, p. 539.
(2) Au IIe livre des *Merveilles de notre temps*.

ce riche avoit eu son passetemps en sa vie. Dieu permit que Satan représentast aux yeux de plusieurs de telles illusions, afin d'arracher l'impiété du cœur des Epicuriens. »

Des Caurres (1) raconte « comment l'an 1555 en une bourgade, près de Damas en Syrie, nommée Mellula, mourut une femme villageoise, qui demeura six jours au sepulchre; le septiesme jour elle commença à crier dessous terre, à la voix de laquelle s'assemblerent une grande multitude de gens et appelerent les parens et mary de la defuncte, devant lesquels elle fut tirée vive du sepulchre et ressuscitée. Et voulant son mary la conduire à sa maison, ne vouloit, mais à grande instance demandoit estre amenée à l'église des chrestiens, ce que le mary et parens ne vouloient: mais elle persistoit à prier qu'on la y menast, car vouloit estre baptisée et estre chrestienne. Les parens indignez la menerent à la grande ville de Damas, et la livrerent ez mains de la justice, à fin que comme heretique elle fut punie. Le bruit en courut par tout le pays. Dont s'assembla en Damas une infinité de peuple pour ceste chose nouvelle. Elle fut presentée à celuy qui est juge des choses appartenans à la religion, le cadi, à laquelle dit le juge : O insensée! veux-tu suivre la foy damnée des chrestiens pour estre condamnée à damnation éternelle en enfer? Auquel respondit, disant : Je

---

(1) *Œuvres morales et diversifiées*, p. 376.

veux estre chrestienne pour évader les peines que tu dis, à cause que nul n'est sauvé que les chrestiens : à laquelle respondit le cadi : Et quelle certitude as-tu de cecy? Elle respond que tous ceux laquelle avoit cogneu en leur vie qui estoient trespassez, les avoit tous veus en enfer. Alors crierent tous ceux qui estoient la présens : Adonc nous sommes tous damnez? elle respond qu'ouy ; ce que entendant, le peuple avec grande fureur la voulurent lapider, les autres crioient que comme infidelle fut bruslée. Le cadi dit qu'il n'en estoit pas d'avis, afin que les chrestiens ne s'en glorifiassent au grand mespris d'eux et de leur foy, mais pour nostre gloire traittons la comme folle et insensée et la renvoyons pour telle, par instrument public. Ce que fut fait ; à l'heure ceste bonne femme s'en vint à l'église des chrétiens, et receut la foy et le baptesme : et depuis vesquit avec les chrestiens en la religion chrestienne, et en icelle mourut. »

« Certain Italien, dit Alexandre d'Alexandrie (1), ayant fait enterrer honnestement un sien ami trespassé, et comme il revenoit à Rome, la nuict l'ayant surpris, il fut contraint s'arrester en une hostellerie, sur le chemin, où, bien las de corps et affligé d'esprit, il se met en la couche pour reposer. Estant seul et bien esveillé, il lui fut avis que

---

(1) Au IIe livre de ses *Jours géniaux*, ch. IX, cité par Goulart, *Thrésor d'histoires admirables*, t. I, p. 533.

son ami mort, tout pasle et descharné, lui aparoissoit tel qu'en sa dernière maladie, et s'aprochoit de lui, qui levant la teste pour le regarder et transi de peur, l'interrogue, qu'il estoit? Le mort ne respondant rien se despouille, se met au lict, et commence à s'approcher du vivant, ce lui sembloit. L'autre ne sçachant de quel costé se tourner, se met sur le fin bord, et comme le défunct aprochoit tousiours, il le repousse. Se voyant ainsi rebuté, ce fut à regarder de travers le vivant, puis se vestir, se lever du lict, chausser ses souliers et sortir de la chambre sans plus aparoir. Le vivant eut telles affres de ceste caresse, que peu s'en falut aussi qu'il ne passast le pas. Il recitoit que quand ce mort aprocha de lui dans le lict, il toucha l'un de ses pieds, qu'il trouva si froid que nulle glace n'est froide à comparaison. »

Goulart (1) rapporte, d'après divers auteurs résumés par Camerarius (2), les apparitions des morts dans certains cimetières : « Un personnage digne de foy, dit-il, qui avoit voyagé en divers endroits de l'Asie et de l'Egypte, tesmoignoit à plusieurs avoir veu plus d'une fois en certain lieu, proche du Caire (où grand nombre de peuple se trouve, à certain jour du mois de mars, pour estre spectateur de la resurrection de la chair, ce disent-ils), des corps des trespassez, se monstrans,

---

(1) *Thrésor des histoires admirables*, t. I, p. 42.
(2) *Méditations historiques*, ch. LXXIII.

et se poussans comme peu à peu hors de terre : non point qu'on les voye tout entiers, mais tantost les mains, parfois les pieds, quelquesfois la moitié du corps : quoi faict ils se recachent de mesme peu à peu dedans terre. Plusieurs ne pouvans croire telles merveilles, de ma part désirant en sçavoir de plus près ce qui en est, je me suis enquis d'un mien allié et singulier ami, gentilhomme autant accompli en toutes vertus qu'il est possible d'en trouver, eslevé en grands honneurs, et qui n'ignore presque rien. Iceluy ayant voyagé en pays susnommez, avec un autre gentil-homme aussi de mes plus familiers et grands amis, nommé le seigneur Alexandre de Schullembourg, m'a dit avoir entendu de plusieurs que ceste apparition estoit chose très-vraye, et qu'au Caire et autres lieux d'Egypte on ne la revoquoit nullement en doute. Pour m'en asseurer d'avantage, il me monstra un livre italien, imprimé à Venise, contenant diverses descriptions des voyages faits par les Ambassadeurs de Venise en plusieurs endroits de l'Asie et de l'Afrique : entre lesquels s'en lit un intitulé *Viaggio di Messer Aluigi di Giovanni, di Alessandria nelle Indie.* J'ay extrait d'icelui, vers la fin quelques lignes tournées de l'italien en latin (et maintenant en françois) comme s'ensuit. Le 25ᵉ jour de mars, l'an 1540, plusieurs chrestiens, accompagnez de quelques janissaires, s'acheminèrent du Caire vers certaine montagnette stérile, environ à demi lieuë de là, jadis désignée pour cœmitiere aux trespassez : auquel lieu s'assemble ordinairement tous les ans une incroyable multitude de personnes, pour voir les corps morts y enterrez, comme sortans de leurs fosses et sepulchres. Cela commence le jeudi, et dure jusques au samedi, que tous disparoissent. Alors pouvez-vous voir des corps envelopez de leurs draps, à la façon antique, mais on ne les void ni debout, ni marchans : ains seulement les bras, ou les cuisses, ou autres parties du corps que vous pouvez toucher. Si vous allez plus loin, puis revenez incontinent, vous trouvez que ces bras ou autres membres paroissent encore d'avantage hors de terre. Et plus vous changez de place, plus ces mouvements se font voir divers eslevez. En mesmes temps il y a force pavillons tendus autour de la montagne. Car et sains et maades qui vienent là par grosses troupes croyent fermement que quiconque se lave la nuict precedente le vendredi, de certaine eau puisée en un marest proche de là, c'est un remede pour recouvrer et maintenir la santé, mais je n'ai point veu ce miracle. C'est le rapport du Venitien. Outre lequel nous avons celui d'un jacopin d'Ulme, nommé Felix, qui a voyagé en ces quartiers du Levant, et a publié un livre en alemand touchant ce qu'il a veu en la Palestine et en Egypte. Il fait le mesme récit. Comme je n'ai pas entrepris de maintenir que ceste apparition soit miraculeuse, pour confondre ces superstitieux et idolastres d'Egypte, et leur monstrer qu'il y a une resurrection et vie à venir, ni ne veux non plus refuter cela, ni maintenir que ce soit illusion de Satan, comme plusieurs estiment ; aussi j'en laisse le jugement au lecteur, pour en penser et résoudre ce que bon lui semblera. »

« J'adjousteray, dit Goulart, quelque chose à ce que dessus, pour le contentement des lecteurs. Estienne du Plais, orfevre ingénieux, homme d'honneste et agreable conversation, aagé maintenant d'environ quarante-cinq ans, qui a esté fort curieux en sa jeunesse de voir divers pays, et a soigneusement consideré diverses contrées de Turquie et d'Egypte, me fit un ample recit de ceste apparition susmentionnée, il y a plus de quinze ans, m'affermant en avoir esté le spectateur Claude Rocard, apoticaire à Cably en Champagne, et douze autres chrestiens, ayans pour trucheman et conducteur un orfevre d'Otrante en la Pouille, nommé Alexandre Maniotti, il me disoit d'avantage avoir (comme aussi firent les autres) touché divers membres de ces ressuscitans. Et comme il vouloit se saisir d'une teste chevelue d'enfant, un homme du Caire s'escria tout haut : *Kali, kali, anté matarafdé :* c'est-à-dire, Laisse, laisse, tu ne sçais que c'est de cela. Or, d'autant que je ne pouvois bonnement me persuader qu'il fust quelque chose de ce qu'il me contoit apporté de si loin, quoy qu'en divers autres recits, conferez avec ce qui se lit en nos modernes, je l'eusse toujours trouvé simple et veritable, nous demeurasmes fort longtemps en ceste opposition de mes oreilles à ses yeux, jusques à l'an 1591, que luy ayant monstré les observations susmentionnées du docteur Camerarius : Or cognoissez-vous (me dit-il) maintenant que je ne vous ay point conté des fables. Depuis, nous en avons devisé maintesfois, avec esbahissement et reverence de la sagesse divine. Il me disoit la dessus qu'un chrestien habitant en Egypte, lui a raconté par diverses fois, sur le discours de ceste apparition ou resurrection, qu'il avoit aprins de son ayeul et pere, que leurs ancestres recitoyent, l'ayant receu de longue main, qu'il y a quelques centaines d'années, que plusieurs chrestiens, hommes, femmes, enfans, s'estans assemblez en ceste montagne, pour y faire quelque exercice de leur religion, ils furent ceints et environnez de leurs ennemis en tres grand nombre (la montagnette n'ayant gueres de circuit) lesquels taillerent tout en pièces, couvrirent de terre ces corps, puis se retirerent au Caire ; que depuis, ceste resurrection s'est demonstrée l'espace de quelques jours devant et apres celui du massacre. Voila le sommaire du discours d'Estienne du Plais, par lui confirmé et renouvellé à la fin d'avril 1600, que je descrivois ceste histoire, à laquelle ne peut prejudicier ce que recite Martin de Baumgarten en son voyage d'Egypte, faict l'an 1507, publié par ses successeurs, et imprimé à Nuremberg l'an 1594. Car au XVIIIe

chap. du Ier liv. il dit que ces apparitions se font en une mosquée de Turcs pres du Caire. Il y a faute en l'exemplaire: et faut dire Colline ou Montagnette, non à la rive du Nil, comme escrit Baumgarten, mais à demie lieuë loin, ainsi que nous avons dit. »

« Ceux qui ont remarqué, dit un écrivain anonyme (1), les gestes ou escript la vie des papes sont autheurs que le pape Benoist 9° du nom, apparut après sa mort vagant çà et là, avec une façon fort horrible, ayant le corps d'un ours, la queue d'un asne, et qui interrogué d'où luy estoit advenue une telle métamorphose, il répondit : Je suis errant de ceste forme, pour ce que j'ay vescu en mon pontificat sans loy comme une beste. »

Le Loyer (2) rapporte l'histoire d'une Péruvienne qui reparut après sa mort. « C'est d'une Catherine, Indienne native de Peru, qui desdaignant de se confesser et morte impénitente, apparut toute en feu, et jettant de grandes flammes par la bouche, et par toutes les jointures du corps, tourmentant et inquiétant premièrement ceux de la maison où elle était décédée jusques à jetter pierres et puis à la fin se monstrant particulièrement à une servante, à laquelle ceste Catherine confessa qu'elle estoit damnée et luy en dit la cause. Il se remarque qu'elle avoit en horreur une chandelle de

---

(1) *Histoires prodigieuses extraites de plusieurs fameux auteurs*, etc.

(2) *Discours et histoires des spectres*, p. 638.

cire bénite ardente, qu'avoit la servante en main, et qu'elle pria la servante de la jetter par terre et l'estaindre parce qu'elle r'engregeoit sa peine. Les épistres de quelques jésuites attestent cette vision véritable, et produisent tant de personnes dignes de foy à tesmoignage, que force est d'en croire quelque chose et par les merveilles veues en ce siecle apprendre à ne se rendre trop incrédules aux miracles du passé. »

« L'an 1534, dit Taillepied (1) la femme d'un prévost de la ville d'Orléans se sentant desjà de la farine luthérienne, pria son mary qu'on l'enterrast après son décez sans pompe ne bruit de cloche, ny d'aucunes prières d'église. Le mary qui portoit fort bonne affection à sa femme fit selon qu'elle avoit ordonné et la fit enterrer aux cordeliers, dans l'église aupres de son père et de son ayeul. Mais la nuict ensuyvant, ainsy qu'on disoit matines, l'esprit de la deffuncte s'apparut comme sur la voute de l'église, qui faisoit un merveilleux bruit et tintamarre. Les religieux advertirent les parents et amys de la deffuncte, ayant soupçon que ce bruict inaccoutumé venoit d'elle qui avoit été ainsi inhumée sans solennité. Et comme le peuple se fut trouvé en telle heure et qu'on eut adjuré l'esprit, il dit qu'il estoit damné pour s'estre adonné à l'hérésie de Luther, et commandoit que son corps fut déterré et porté hors de

(1) *Traité de l'apparition des esprits*, p. 123.

terre sainte. Et comme les cordeliers deliberoient de ce faire, ils furent empeschez par gens mal sentans de la foy, lesquels pour se purger firent comme les ariens envers Athanase. »

« Chacun sçait, dit Alexandre d'Alexandrie (1), que durant la grande prosperité de Ferdinand Ier, roi d'Arragon, la ville et le royaume de Naples ne voyant pres ni loin de soi tant soit petite apparence de guerre ou autre redoutable changement, un sainct homme nommé Catalde, lequel pres de mille ans auparavant avoit esté evesque de l'église de Tarente, qui depuis le tenoit pour son patron, une fois aparut sur la minuit en vision à un prestre d'icelle eglise, et l'admonesta soigneusement de fouiller en certain endroit qu'il lui designa, ou il trouveroit un livre, par lui escrit durant sa vie, dedans lequel y avoit beaucoup de secrets, escrits par mandement expres de Dieu; qu'ayant trouvé ce livre, il le portast promptement au roi Ferdinand Ier. Le prestre adjoustant peu de foi à ceste vision, laquelle lui aparut encore plusieurs fois depuis en son repos, avint un jour que s'estant levé fort matin, et se trouvant seul en l'eglise, l'evesque Catalde se presente à lui, la mittre en teste, couvert de chape episcopale, et fit au prestre veillant et le contemplant le mesme commandement susmentionné, adjoustant des menaces s'il

---

(1) Au IIIe livre de ses *Jours géniaux*, ch. xv, cité par Goulart, *Thrésor des histoires admirables*, t. IV, p. 331.

n'executoit ce qu'il lui estoit enjoint. Le jour, ce prestre, suivi de grande multitude de peuple, s'achemina en procession solennelle vers la cachette où estoit le livre, qui fut trouvé en placques ou tablettes de plomb, bien attachées et clouées, contenant ample declaration de la ruine, des miseres, desolations, et pitoyables confusions du royaume de Naples, au temps de Ferdinand Ier. De fait sur les aprests de la guerre, Ferdinand mourut. Charles VIII, roi de France, envahit le royaume de Naples; Alfonse, fils aisné de Ferdinand, des son advenement à la couronne dechassé, fut contraint s'enfuir en exil, où il mourut. Son fils, Ferdinand le Jeune, prince de tres grande esperance, heritier du royaume, fut envelopé en guerre, et mourut en fleur d'aage. Puis les François et Espagnols partagerent le royaume, chassans Frideric, fils puisné de Ferdinand, firent des desordres et saccagemens incroyables par tout le pays. Enfin les Espagnols en chasserent du tout les François. »

« Sabellic (1) escrit que la commune voix fut, lors que Charles VIII entreprit la conqueste de Naples par l'aveu du pape Alexandre VI, que le fantosme de Ferdinand Ier, mort peu auparavant, aparut par diverses fois de nuict à un chirurgien de la maison du roi, nommé Jaques, et du commencement en gracieux langage, puis avec menasses et rudes

---

(1) Au IXe livre de ses *Histoires*, Ennead. 10, cité par Goulart, *Thrésor des histoires admirables*, t. IV, p. 332.

paroles, lui enjoignit de dire à son fils Alfonse, qu'il n'esperast pouvoir faire teste au roi de France : d'autant qu'il estoit ordonné que sa race, apres avoir passé par infinis dangers, seroit privée de ce beau royaume, et finalement aneantie. Que leurs pechez seroyent cause de ce changement, spécialement un forfait commis par le conseil de Ferdinand dans l'eglise de Sainct-Leonard à Pouzzol, pres de Naples. Ce forfait ne fut point déclaré. Tant y a qu'Alfonse quitta Naples, et avec quatre galeres chargées de ce qu'il avoit de plus precieux se sauva en Sicile. Bref en peu de temps, la maison d'Arragon perdit le royaume de Naples. »

Arluno (1), cité par Goulart (2), rapporte que « Deux marchans italiens estans en chemin pour passer de Piedmont en France, rencontrerent un homme de beaucoup plus haute stature que les autres, lequel les appelant à soy leur tint tels propos : Retournez vers mon frère Ludovic, et lui baillez ces lettres que je luy envoye. Eux fort estonnez, demandent : Qui estes-vous ? Je suis, dit-il, Galeas Sforce, et tout soudain s'esvanouit. Eux tournent bride vers Milan, de là à Vigevene, où Ludovic estoit pour lors. Ils prient qu'on les face parler au Duc, disans avoir lettres à lui bailler de la part de son frere. Les courtisans se mocquent

---

(1) En la première section de l'*Histoire de Milan*.
(2) *Thrésor d'histoires admirables*, t. I, p. 531.

d'eux ; et pour ce qu'ils faisoyent tousiours instance de mesme, on les emprisonne, on leur presente la question : mais ils maintienent constamment leur premiere parole. La dessus les conseillers du duc furent en dispute, de ce qu'il faloit faire de ces lettres, ne sachans que respondre tant ils estoyent esperdus. Un d'entr'eux nommé le vicomte Galeas empoigne les lettres escrites et un papier plié en forme de briefs de Rome, le fermant attaché de menus filets de laiton, dont le contenu estoit : Ludovic, Ludovic, pren garde à toy ; les Venitiens et François s'allieront ensemble pour te ruiner, et renverser entierement tes afaires. Mais si tu me fournis trois mille escus, je donneray ordre que les cœurs s'adouciront, et que le mal qui te menace s'eslongnera, me confiant d'en venir à bout, si tu veux me croire. Bien te soit. Et au bas : L'esprit de ton frère Galeas. Les uns estonnez de la nouveauté du fait, les autres se mocquant de tout cela, plusieurs conseillans qu'on mist les trois mille escus en depost au plus pres de l'intention de Galeas, le Duc estimant qu'on se mocqueroit de lui, s'il laschoit tant la main, s'abstint de desbourser l'argent et de le commettre en l'estrange main, puis renvoya les marchans en leurs maisons. Mais au bout de quelque temps, il fut dejetté de sa duché de Milan, prins et emmené prisonnier. »

« En 1695, un certain M. Bézuel (qui depuis fut curé de Valogne), étant alors écolier de quinze ans, fit la connaissance des enfants d'un procureur nommé d'Abaquène, écoliers comme lui. L'aîné était de son âge ; le cadet, un peu plus jeune s'appelait Desfontaines ; c'était celui des deux frères que Bézuel aimait davantage. Se promenant tous deux en 1696, ils s'entretenaient d'une lecture qu'ils avaient faite de l'histoire de deux amis, lesquels s'étaient promis que celui qui mourrait le premier viendrait dire des nouvelles de son état au survivant. Le mort revint, disait-on, et conta à son ami des choses surprenantes. »

« Le jeune Desfontaines proposa à Bézuel de se faire mutuellement une pareille promesse. Bézuel ne le voulut pas d'abord ; mais quelques mois après il y consentit, au moment où son ami allait partir pour Caen. Desfontaines tira de sa poche deux petits papiers qu'il tenait tout prêts, l'un signé de son sang, où il promettait, en cas de mort, de venir voir Bézuel ; l'autre où la même promesse était écrite, fut signée par Bézuel. Desfontaines partit ensuite avec son frère, et les deux amis entretinrent correspondance. »

« Il y avait six semaines que Bézuel n'avait reçu de lettres, lorsque, le 31 juillet 1697, se trouvant dans une prairie, à deux heures après midi, il se sentit tout d'un coup étourdi et pris d'une faiblesse, laquelle néanmoins se dissipa ; le lendemain, à pareille heure, il éprouva le même symptôme ; le surlendemain, il vit pendant son affaiblissement son ami Desfontaines qui lui faisait signe de revenir à lui... Comme il était assis, il se recula sur son siège. Les assistants remarquèrent ce mouvement. »

« Desfontaines n'avançant pas, Bézuel se leva pour aller à sa rencontre ; le spectre s'approcha alors, le prit par le bras gauche et le conduisit à trente pas de là dans un lieu écarté. »

« Je vous ai promis, lui dit-il, que si je mourais
« avant vous, je viendrais vous le dire : je me suis
« noyé avant-hier dans la rivière, à Caen, vers
« cette heure-ci. J'étais à la promenade ; il faisait si
« chaud qu'il nous prit envie de nous baigner. Il
« me vint une faiblesse dans l'eau, et je coulai.
« L'abbé de Ménil-Jean, mon camarade, plongea ;
« je saisis son pied, mais soit qu'il crût que ce fût
« un saumon, soit qu'il voulût promptement re-
« monter sur l'eau, il secoua si rudement le jarret,
« qu'il me donna un grand coup dans la poitrine,
« et me jeta au fond de la rivière, qui est là très
« profonde. »

« Desfontaines raconta ensuite à son ami beaucoup d'autres choses. »

« Bézuel voulut l'embrasser, mais alors il ne trouva qu'une ombre. Cependant, son bras était si fortement tenu qu'il en conserva une douleur. »

« Il voyait continuellement le fantôme, un peu plus grand que de son vivant, à demi nu, portant entortillé dans ses cheveux blonds un écriteau où il ne pouvait lire que le mot *in*... Il avait le même son de voix ; il ne paraissait ni gai ni triste, mais dans une tranquillité parfaite. Il pria son ami survivant, quand son frère serait revenu, de le charger de dire certaines choses à son père et à sa mère ; il lui demanda de réciter pour lui les sept Psaumes qu'il avait eus en pénitence le dimanche précédent, et qu'il n'avait pas encore récités ; ensuite il s'éloigna en disant : « *Jusqu'au revoir,* » qui était le terme ordinaire dont il se servait quand il quittait ses camarades. »

« Cette apparition se renouvela plusieurs fois. L'abbé Bézuel en raconta les détails dans un dîner, en 1718, devant l'abbé de Saint-Pierre, qui en fait une longue mention dans le tome IV de ses *OEuvres politiques* (1).

Dans ses *Mémoires,* publiés en 1799, la célèbre tragédienne Clairon raconte l'histoire d'un revenant qu'elle croit être l'âme de M. de S..., fils d'un négociant de Bretagne, dont elle avait rejeté les vœux, à cause de son humeur haineuse et mélancolique, quoiqu'elle lui eût accordé son amitié. Cette passion malheureuse avait conduit le jeune insensé au tombeau. Il avait souhaité de la voir dans ses derniers moments ; mais on avait dissuadé Mlle Clairon de faire cette démarche ; et il s'était écrié avec désespoir : « Elle n'y gagnera rien, je la poursuivrai autant après ma mort que je l'ai poursuivie pendant ma vie !... »

« Depuis lors, Mlle Clairon entendit, vers les

---

(1) *Dictionnaire des sciences occultes,* de l'abbé Migne.

onze heures du soir, pendant plusieurs mois, un cri aigu; ses gens, ses amis, ses voisins, la police même, entendirent ce bruit, toujours à la même heure, toujours partant sous ses fenêtres, et ne paraissant sortir que du vague de l'air. »

« Ces cris cessèrent quelque temps. Mais ils furent remplacés, toujours à onze heures du soir, par un coup de fusil tiré dans ses fenêtres, sans qu'il en résultât aucun dommage. »

« La rue fut remplie d'espions, et ce bruit fut entendu, frappant toujours à la même heure dans le même carreau de vitre, sans que jamais personne ait pu voir de quel endroit il partait. A ces explosions succéda un claquement de mains, puis des sons mélodieux. Enfin, tout cessa après un peu plus de deux ans et demi (1) ».

« Le samedi qui suivit les obsèques d'un notable bourgeois d'Oppenheim, Birck Humbert, mort en novembre 1620, peu de jours avant la Saint-Martin, on ouït certains bruits dans la maison où il avait demeuré avec sa première femme; car étant devenu veuf, il s'était remarié. Son beau-frère soupçonnant que c'était lui qui revenait, lui dit:

« Si vous êtes Humbert, frappez trois coups
« contre le mur. »

« En effet, on entendit trois coups seulement; d'ordinaire il en frappait plusieurs. Il se faisait

(1) *Mémoires d'Hippolyte Clairon*, édit. de Buisson, p. 167.

entendre aussi à la fontaine où l'on allait puiser de l'eau, et troublait le voisinage, se manifestant par des coups redoublés, un gémissement, un coup de sifflet ou un cri lamentable. Cela dura environ six mois. »

« Au bout d'un an, et peu après son anniversaire, il se fit entendre de nouveau plus fort qu'auparavant. On lui demanda ce qu'il souhaitait : il répondit d'une voix rauque et basse : « Faites « venir, samedi prochain, le curé et mes enfants. »

« Le curé étant malade ne put venir que le lundi suivant, accompagné de bon nombre de personnes. On demanda au mort s'il désirait des messes ? Il en désira trois ; s'il voulait qu'on fît des aumônes ? il dit : « Je souhaite qu'on donne « aux pauvres huit mesures de grain ; que ma « veuve fasse des cadeaux à tous mes enfants, et « qu'on réforme ce qui a été mal distribué dans « ma succession, » somme qui montait à vingt florins. »

« Sur la demande qu'on lui fit, pourquoi il infestait plutôt cette maison qu'une autre, il répondit qu'il était forcé par des conjurations et des malédictions. S'il avait reçu les sacrements de l'Église ? « Je les ai reçus, dit-il, du curé, votre « prédécesseur. » On lui fit dire avec peine le *Pater* et l'*Avé*, parce qu'il en était empêché, à ce qu'il assurait, par le mauvais esprit, qui ne lui permettait pas de dire au curé beaucoup d'autres choses. »

« Le curé, qui était un prémontré de l'abbaye

de Toussaints, se rendit à son couvent afin de prendre l'avis du supérieur. On lui donna trois religieux pour l'aider de leurs conseils. Ils se rendirent à la maison, et dirent à Humbert de frapper la muraille ; il frappa assez doucement. « Allez « chercher une pierre, lui dit-on alors, et frappez « plus fort. » Ce qu'il fit. »

« Quelqu'un dit à l'oreille de son voisin, le plus bas possible : « Je souhaite qu'il frappe sept fois, » et aussitôt l'âme frappa sept fois. »

« On dit le lendemain trois messes que le revenant avait demandées ; on se disposa aussi à faire un pèlerinage qu'il avait spécifié dans le dernier entretien qu'on avait eu avec lui. On promit de faire les aumônes au premier jour, et dès que ses dernières volontés furent exécutées, Humbert Birck ne revint plus (1). »

III. — FANTÔMES

Un autre auteur (2) raconte cette singulière apparition : « Au mois d'avril 1567 on vit... en celle grande plaine qui est dite d'Heyton souz Mioland (en Savoie) par l'espace de six jours continuels sortir d'une isle non habitée trois hommes vestuz

---

(1) *Livre des prodiges*, édit. de 1821, p. 75.
(2) *Histoires prodigieuses extraictes de plusieurs fameux auteurs*, etc. Paris, Jean de Bordiane, 2 tomes, 1571, in-8°, p. 320.

de noir, incogneuz de chacun, et chacun desquelz tenoit une croix en la main et après iceux marchoit une dame accoustrée en dueil et ainsi que se vestent coustumièrement les vefves, laquelle suyvant ces porte-croix, se tourmentoit et démenoit avec une si triste contenance qu'on eut dit qu'elle estoit attainte de quelque douleur, et angoisse désespérée. Cecy n'est rien si un grand escadron de peuple n'eust suivy ces vestus de dueil qui marchoient en procession, et l'habillement duquel representoit plus de joye que des quatre premiers, en tant que toute ceste multitude estoit vestue à blanc, et monstrant plus de plaisir et allegresse que la susdite femme. La course de ces pourmeneurs s'estendoit tout le long de la campagne susnommée jusques à une autre isle voisine, où tous ensemble s'esvanouyssaient, et n'en voyait on rien n'en plus que si jamais il n'en eut esté mémoire, et au reste dès que quelcun approchoit pour les voir de plus près il en perdoit incontinent la vue... »

Suivant Job Fincel, cité par Goulart (1), « Il y a un village en la duché de Brunswic, nommé Gehern, à deux licuës de Blommenaw. L'an 1555, un paysan sorti au matin de ce lieu avec son chariot et ses chevaux pour aller querir du bois en la forest, descouvrit à l'entrée d'icelle quelques troupes de reitres couverts de cuirasses noires.

(1) *Thrésor des histoires admirables*, t. l. p. 540.

Estonné de ceste rencontre, il retourne en porter les nouvelles au village. Les plus anciens du lieu, accompagnez de leur curé ou pasteur, sortent incontinent en campagne suivis de cent personnes, tant hommes que femmes, pour voir ceste cavalerie, et content quatorze bandes ou troupes distinctes, lesquelles en un instant se mirent en deux gros, comme pour combatre à l'opposite l'un de l'autre. Puis après on aperceut sortir de chasque gros un grand homme de contenance fiere et fort effroyable à voir. Ces deux de costé et d'autre descendent de cheval, faisant soigneuse reveue de leurs troupes : quoy fait, tous deux remontent. Incontinent les troupes commencent à s'avancer et à courir une grande campagne, sans se choquer : ce qui dura jusques à la nuict toute close, en présence de tous les paysans. Or en ce temps ne se parloit en la duché de Brunswic ni es environs d'aucune entreprise de guerre, ni d'amas de reitres : ce qui fit estimer que telle vision estoit un presage des maux avenus depuis par le juste jugement de Dieu. »

Au récit de Torquemade (1), « Antoine Costille, gentil-homme espagnol demeurant à Fontaines de Ropel, sortit un jour de sa maison bien monté, pour aller à quelques lieuës de là expédier des affaires, ausquelles ayant pourveu, et la nuict aprochant, il delibere retourner en sa maison. Au sor-

---

(1) En la 3ᵉ journée de son *Hexameron*, cité par Goulart, *Thrésor des histoires admirables*, t. I, p. 541.

tir du village où il estoit allé, il trouve un petit hermitage et chappelle garnie de certain treillis de bois au devant et une lampe allumée au dedans. Descendu de cheval il fait ses devotions, puis jettant la veuë dedans l'hermitage, void, ce lui semble, sortir de dessouz terre trois personnes qui venoyent à lui les testes couvertes, puis se tenir coyes. Les ayant un peu contemplés, voyant leurs cheveux estinceller, quoy qu'il fust estimé fort vaillant, il eut peur, et remonté à cheval commence à picquer. Mais levant les yeux il descouvre ces personnes qui marchoyent un peu devant luy, et sembloyent l'accompagner. Se recommandant sans cesse à Dieu, il tourne de part et d'autre, mais ceste troupe estoit tousiours autour de lui. Finalement il coucha une courte lance qu'il portoit et brocha des esperons contre, pour donner quelque atteinte : mais ces fantosmes alloyent de mesme pas que le cheval, de manière qu'Antoine fut contraint les avoir pour compagnie jusques à la porte de son logis, où il y avoit une grande cour. Ayant mis pied à terre, il entre et trouve ces fantosmes : monte à la porte d'une chambre où sa femme estoit, qui ouvrit à sa parole, et comme il entroit, les visions disparurent. Mais il aparut tout esperdu, si desfait et troublé que sa femme estima qu'il avoit eu quelque rude traictement de la part de ses ennemis, en ce voyage. S'en estant enquise, et ne pouvant rien tirer de lui, elle envoye appeller un grand ami qu'il avoit, homme fort docte, lequel vint tout à l'heure : et le trouvant aussi passé qu'un mort, le pria instamment de descouvrir son avanture. Costille lui ayant fait le discours, cest ami tascha de le resoudre, puis le fit souper, le conduisit en sa chambre, le laissa sur son lict avec une chandelle allumée sur la table, et sortit pour le laisser en repos. A peine fust-il hors de la chambre, que Costille commence à crier tant qu'il peut : A l'aide! à l'aide! secourez-moi! Lors tous les domestiques rentrèrent en la chambre, ausquels il dit que les trois visions estoyent venues à luy seul et qu'ayant creusé la terre de leurs mains, elles la lui avoyent jettée dessus les yeux, de manière qu'il ne voyoit goutte. Pourtant ne l'abandonnerent plus ses domestiques, ains à toute heure il estoit bien accompagné, mais leur assistance et vigilance ne le peut garder de mourir le septiesme jour suivant, sans autre accident de maladie. »

Le même (1) rapporte cette vision singulière :

« Un chevalier espagnol, riche et de grande authorité, s'amouracha d'une nonnain, laquelle s'accordant à ce dont il la requeroit, pour lui donner libre entrée, lui conseilla de faire forger des clefs semblables à celles des portes de l'eglise, où elle trouveroit moyen d'entrer par autre endroit pour se rendre en certain lieu designé. Le chevalier fit

---

(1) En la 3ᵉ journée de son *Hexameron*, cité par Goulart, *Thresor des histoires admirables*, t. I, p. 547.

accommoder deux clefs, l'une servant ouvrir la porte du grand portail de l'eglise, l'autre pour la petite porte d'icelle eglise. Et pour ce que le couvent des nonnains estoit un peu loin de son village, il partit sur la minuict fort obscure tout seul; et laissant son cheval en certain lieu seur, marcha vers le couvent. Ayant fait ouverture de la première porte, il vid l'église ouverte, et au dedans grande clairté de lampes et de cierges, et force gens qui chantoyent et faisoyent le service pour un trespassé. Cela l'estonna: neantmoins il s'approche, pour voir que c'estoit, et regardant de tous costez, apperçoit l'eglise pleine de moines et de prestres qui chantoyent aussi à ces funérailles, ayans au milieu d'eux un aix en forme de tombeau fort haut, couvert de noir, et à l'entour force cierges allumez en leurs mains. Son estonnement redoubla quand entre tous ces chantres il n'en peut remarquer pas un de sa cognoissance. Pourtant apres les avoir bien contemplez, il s'approche de l'un des prestres, et lui demande pour qui l'on faisoit ce service. Le prestre respond que c'estoit pour un chevalier, designant le nom et surnom de celui qui parloit, adjoustant que ce chevalier estoit mort et qu'on faisoit ses funérailles. Le chevalier se prenant à rire respond : Ce chevalier que vous me nommez est en vie : par ainsi vous vous abusez. Mais le prestre repliqua : Oui bien vous, car pour certain il est mort, et est ici pour estre enseveli; quoy dit il se remit à chanter. Le chevalier fort esbahi de ce devis, s'adresse à un autre et lui fait la mesme demande. Ce deuxiesme fait mesme response, affermant vrai ce que le premier avoit dit. Alors le chevalier tout estonné, sans attendre davantage, sortit de l'eglise, remonte à cheval, et s'achemine vers sa maison. Il est suivi et acompagné de deux grands chiens noirs qui ne bougent de ses costez, et quoi qu'il les menaçast de l'espée, ils ne l'abandonnent point. Mettant pied à terre à la porte de son logis, et entrant dedans, ses serviteurs le voyans tout changé le prient instamment de leur réciter son avanture : ce qu'il fait de poinct en poinct. On le mesne en sa chambre, où achevant de raconter ce qui estoit passé, les deux chiens entrent, se ruent furieusement sur lui, l'estranglent et despecent sans qu'aucun des siens peust le secourir. »

« Un mien ami nommé Gordian, personnage digne de foy, m'a recité, dit Alexandre d'Alexandrie (1), qu'allant vers Arezze avec certain autre de sa connoissance, s'estans esgarez en chemin ils entrerent en des forests, où ils ne voyent que de la neige, des lieux inaccessibles, et une effrayable solitude. Le soleil estant fort bas, ils s'assirent par terre tous recreus. Sur ce leur fut avis qu'ils entendoyent une voix d'homme assez pres de là; ils approchent et voyent sur une terre

---

(1) Au IIe livre de ses *Jours géniaux*, ch. ix, cité par S. Goulart, *Thrésor d'histoires admirables*, t. I, p. 534.

proche trois gigantales et espouvantables formes d'hommes, vestus de longues robes noires, comme en deuil, avec grands cheveux et fort longues barbes, lesquels les appellerent. Comme ces deux passans approchoyent, les trois fantosmes se firent plus grands de beaucoup qu'à la premiere fois : et l'un d'iceux paroissant nud, fit des fauts mouvemens et contenances fort deshonnestes. Ces deux fort estonnez de tel spectacle commencerent à fuir de vitesse à eux possible, et ayans traversé des precipices et chemins, du tout fascheux, se rendirent à toute peine en la logette d'un paysan, où ils passerent la nuict. »

« Ce que j'ay par tesmoignage de moy-mesme, et dont je suis bien asseuré, je l'adjouste, continue le même auteur. Estant malade à Rome, et couché dedans le lict, où j'estois bien eveillé, m'apparut un fantosme de belle femme, laquelle je regardai longuement tout pensif et sans dire mot, discourant en moy-mesme si je resvois, ou si j'estois vrayement esveillé. Et conoissant que tous mes sens estoyent en leur pleine vigueur, et que ce fantosme se tenoit toujours devant moy, je lui demande qui elle estoit. Elle se sousriant repetoit les mesmes mots, comme par mocquerie, et m'ayant contemplé longuement s'en alla. »

Torquemada (1) nous apprend encore que « An-

---

(1) En la 3ᵉ journée de son *Hexameron*, cité par Goulart. *Thrésor des histoires admirables*, t. I, p. 547.

oine de la Cueva, chevalier espagnol, pour raisons à nous incongnues, et par la permission de Dieu, fut tenté et travaillé en la vie de fantosmes et visions, de manière que pour la continuation il en avoit finalement perdu la crainte, combien qu'il ne laissast pas d'avoir tousiours de la lumière en la chambre où il couchoit. Une nuict, estant en la couche, et lisant en un livre, il sentit du bruit dessous la couche, comme s'il y eust quelque personne : et ne sachant que ce pouvoist estre, vid sortir d'un costé du lict un bras nûd, qui sembloit estre de quelque more, lequel empoignant la chandelle la jetta à bas, avec le chandelier et l'esteignit. Alors le chevalier sentit ce more monter et se mettre avec lui en la couche. Comme ils se fusrent empoignez et embrassez ils commencerent à lutter de toute leur force, menans tel bruit que ceux de la maison se resveillerent, et venans voir que c'estoit ne trouverent autre que le chevalier, lequel estoit tout en eau, comme s'il fust sorti d'un bain et tout enflammé. Il leur conta son avanture, et que ce more les sentant venir s'estoit desfait de lui, et ne sçavoit qu'il estoit devenu. »

Au recit de Goulart (1), « Le sieur de Voyennes, gentil-homme picard, en ses devis ordinaires, limitoit ses jours au signe de Taurus. Un jour estant à table en bonne compagnie, avis lui fut qu'il voyoit acourant à lui un taureau furieux. Lors tout

---

(1) Goulart, *Thrésor des histoires admirables*, t. III, p. 329.

esperdu il commença à s'escrier : Ha, messieurs, ce meschant animal me perce de ses cornes. Disant telles paroles, il cheut mort au bas de sa chaise. »

Cardan (1), cité par Goulart (2), raconte que « Jacques Donat, riche gentil-homme vénitien, estant couché avec sa femme, et ayant un cierge allumé en sa chambre, deux nourrices dormantes en une couchette basse près d'un petit enfant, vid qu'on ouvroit tout bellement l'huis de sa chambre, et un homme inconnu mettant la teste à la porte. Donat se leve, empoigne son espée, fait allumer deux grands cierges, et, accompagné des nourrices, entre en sa salle et trouve tout clos. Il se retire en sa chambre fort esbahi. Le lendemain, ce petit enfant aagé d'un an non encore accompli et qui se portoit bien meurt. »

D'après Bartelemi de Bologne (3), « Antoine Urceus, la nuict dernière de sa vie, estant couché, pensa voir un fort grand homme, lequel avoit la teste rase, la barbe pendante jusqu'en terre, les yeux estincellans, deux flambeaux es mains, se hérissant depuis les pieds jusques à la teste, auquel Antoine demanda : Qui es-tu, qui seul en équipage de furie, te promènes ainsi hors heures, et quand chacun repose ? Di moy, que cherches-tu ? En disant cela, Antoine se jette en bas du lict pour se

---

(1) Au XVIe livre de la *Diversité des choses*, ch. xciii.
(2) *Thrésor d'histoires admirables*, t. I, p. 531.
(3) En la *Vie d'Urceus*, citée par Goulart, *Thrésor d'histoires admirables*, t. I, p. 530.

sauver arrière de ce visiteur, et mourut misérablement le lendemain. »

Gilbert Cousin (1) raconte que « L'an 1536, un marchant sicilien allant de Catane à Messine, logea le vingt-unième jour de mars à Torminio, dit des anciens Taurominium. Remontant à cheval le lendemain matin, n'estant encore gueres esloigné de la ville, il rencontre dix massons, ce lui sembloit, tous chargez d'outils de leur mestier. Enquis de lui où ils alloyent, respondirent : Au Montgibel. Tost après, il en retrouva dix autres qui font mesme response que les precedens : et adjoustent que leur maistre les envoyoit à cause de quelque bastiment au Montgibel. Quel maistre ? replique le marchant. Vous le verrez bien tost fit l'un d'entre eux. Incontinent apres lui vint à la rencontre en ce mesme chemin un géant, avec une fort longue barbe noire, comme le plumage d'un corbeau, lequel, sans autre préface ni salutation, s'enquiert du marchant s'il avoit point rencontré ses ouvriers en ce chemin. J'ay, dit l'autre, veu quelques massons prétendant aller bastir au Montgibel, mais je ne scay par le commandement de qui : si vous estes l'entrepreneur de tel bastiment, je désire entendre comment vous pensez faire en une montagne tellement couverte de neige, que le plus habile piéton du monde seroit bien empesché d'en sortir. Ce maistre bastis-

---

(1) Au VIIIᵉ livre de ses *Recueils et récits*, cité par Goulart, *Thrésor d'histoires admirables*, t. I, p. 532.

seur commence à respondre qu'il avoit la science et les moyens pour en venir à bout, voire pour faire plus grandes choses quand bon lui sembleroit ; que le marchant qui ne faisoit gueres d'estat des paroles en croiroit bien tost ses propres yeux : quoi disant, il disparut en l'air. Le marchant esperdu de telle vision commence à paslir et chanceller, et peu s'en fallut qu'il n'esvanouyt sur la place. Il tourne bride demi mort vers la ville, où ayant raconté à gens dignes de foy ce qu'il avoit veu, donné ordre à ses afaires et pensé à sa conscience, il rend l'âme le soir de ce mesme jour. Au commencement de la nuict du jour suivant, qui estoit le vingt-troisiesme jour de mars, un horrible tremblement de terre se fit, et du faiste de ce Montgibel, du costé d'Orient, sortit avec bruit merveilleux une extraordinaire abondance de feu qui s'eslançoit fort impetueusement de ce mesme coté : dont les habitans de Catane estans bien estonnez, s'amasserent crians : Miséricorde ! et continuans en supplications et prières jusques à ce que le feu vint à diminuer et s'esteindre. »

D'après les *Curiositez inouyes* de Gaffarel (1), « Cardan asseure que dans la ville de Parme il y a une noble famille de laquelle, quand quelqu'un doit mourir, on void toujours en la sale de la maison une vieille femme incogneue assise sous la cheminée, mais si assurément qu'elle ne manque jamais. »

(1) Page 59.

IV. — VAMPIRES

« Les revenans de Hongrie, ou les Vampires, sont, d'après dom Calmet (1), des hommes morts depuis un temps considérable, quelquefois plus, quelquefois moins long, qui sortent de leurs tombeaux et viennent inquiéter les vivans, leur sucent le sang, leur apparoissent, font le tintamare à leurs portes, et dans leurs maisons et enfin leur causent souvent la mort. On leur donne le nom de Vampires ou d'Oupires, qui signifie, dit-on, en esclavon une sangsue. On ne se délivre de leurs infestations qu'en les déterrant, en leur coupant la tête, en les empalant, en les brûlant, en leur perçant le cœur. »

« J'ai appris, dit dom Calmet (2), de feu monsieur de Vassimont, conseiller de la chambre des comtes de Bar, qu'ayant été envoyé en Moravie par feu Son Altesse royale Léopold premier, duc de Lorraine, pour les affaires de monseigneur le prince Charles, son frère, évêque d'Olmutz et d'Osnabruck, il fut informé par le bruit public qu'il étoit assez ordinaire dans ce pays-là de voir des hommes décédés quelque tems auparavant se pré-

---

(1) *Traité sur les apparitions des esprits*, tome II, p. 2.
(2) Même ouvrage, t. II, p. 31.

senter dans les compagnies et se mettre à table avec les personnes de leur connoissance sans rien dire ; mais que faisant un signe de tête à quelqu'un des assistans, il mourroit infailliblement quelques jours après. Ce fait lui fut confirmé par plusieurs personnes, et entre autres par un ancien curé, qui disoit en avoir vu plus d'un exemple. »

Charles-Ferdinand de Schertz raconte (1) « Qu'en un certain village, une femme étant venuë à mourir munie de tous ses sacremens, fut enterrée dans le cimetière à la manière ordinaire. Quatre jours après son décès, les habitans du village ouirent un grand bruit et un tumulte extraordinaire, et virent un spectre qui paroissoit tantôt sous la forme d'un chien, tantôt sous celle d'un homme, non à une personne, mais à plusieurs, et leur causoit de grandes douleurs, leur serrant la gorge, et leur comprimant l'estomac jusqu'à les suffoquer : il leur brisoit presque tout le corps, et les réduisoit à une faiblesse extrême, en sorte qu'on les voyoit pâles, maigres et exténués. Le spectre attaquoit même les animaux, et l'on a trouvé des vaches abbatues et demi-mortes ; quelquefois il les attachoit l'une à l'autre par la queuë. Ces animaux par leurs mugissemens marquoient assez la douleur qu'ils ressentoient. On voyoit les chevaux comme accablés de fatigue, tout en sueur ;

---

(1) *Magia posthuma*, Olmutz, 1706, cité par dom Calmet, *Traité sur les apparitions des esprits*, t. I, p. 23.

principalement sur le dos, échauffés, hors d'haleine, chargés d'écume comme après une longue et pénible course. Ces calamités durèrent plusieurs mois. »

Le même auteur rapporte l'exemple d'un pâtre du village de Blow, près de la ville de Kadam en Boheme, qui parut pendant quelque tems et qui appelloit certaines personnes, lesquelles ne manquoient pas de mourir dans la huitaine. Les paysans de Blow déterrèrent le corps de ce pâtre, et le fichèrent en terre avec un pieu, qu'ils lui passèrent à travers le corps. Cet homme en cet état se moquoit de ceux qui lui faisoient souffrir ce traitement, et leur disoit qu'ils avoient bonne grâce de lui donner ainsi un bâton pour se défendre contre les chiens. La même nuict il se releva, et effraya par sa présence plusieurs personnes, et en suffoqua plus qu'il n'avoit fait jusqu'alors. On le livra ensuite au bourreau, qui le mit sur une charrette pour le transporter hors du village et l'y brûler. Ce cadavre hurloit comme un furieux et remuoit les pieds et les mains comme vivant; et lorsqu'on le perça de nouveau avec des pieux, il jetta de très-grands cris, et rendit du sang très-vermeil, et en grande quantité. Enfin on le brûla, et cette exécution mit fin aux apparitions et aux infestations de ce spectre.

« Il y a environ quinze ans, rapporte dom Calmet (1), qu'un soldat étant en garnison chez un paysan

(1) *Traité sur les apparitions des esprits*, t. I, p. 37.

haïdamaque, frontière de Hongrie, vit entrer dans la maison, comme il étoit à table auprès du maître de la maison son hôte, un inconnu qui se mit aussi à table avec eux. Le maître du logis en fut étrangement effrayé, de même que le reste de la compagnie. Le soldat ne savoit qu'en juger, ignorant de quoi il étoit question. Mais le maître de la maison étant mort dès le lendemain, le soldat s'informa de ce que c'étoit. On lui dit que c'étoit le père de son hôte, mort et enterré depuis plus de dix ans, qui s'étoit ainsi venu asseoir auprès de lui, et lui avoit annoncé et causé la mort.

« En conséquence on fit tirer de terre le corps de ce spectre, et on le trouva comme un homme qui vient d'expirer, et son sang comme d'un homme vivant. Le comte de Cabreras lui fit couper la tête, puis le fit remettre dans son tombeau. Il fit encore informations d'autres pareils revenans, entr'autres d'un homme mort depuis plus de trente ans, qui étoit revenu par trois fois dans sa maison à l'heure du repas, avoit sucé le sang au col, la première fois à son propre frère, la seconde à un de ses fils, et la troisième à un valet de la maison ; et tous trois en moururent sur-le-champ. Sur cette déposition, le commissaire fit tirer de terre cet homme, et, le trouvant comme le premier, ayant le sang fluide comme l'aurait un homme en vie, il ordonna qu'on lui passât un grand clou dans la tempe, et ensuite qu'on le remît dans le tombeau.

« Il en fit bruler un troisième qui étoit enterré

depuis plus de seize ans, et avoit sucé le sang et causé la mort à deux de ses fils. »

Voici, d'après dom Calmet (1), ce qu'on lit dans les *Lettres juives :*

« Au commencement de septembre, mourut dans le village de Kisilova, à trois lieues de Gradisch, un vieillard âgé de soixante-deux ans. Trois jours après avoir été enterré, il apparut la nuit à son fils, et lui demanda à manger ; celui-ci lui en ayant servi, il mangea et disparut.

« Le lendemain, le fils raconta à ses voisins ce qui étoit arrivé.

« Cette nuit le père ne parut pas ; mais la nuit suivante il se fit voir, et demanda à manger. On ne sait pas si son fils lui en donna ou non, mais on trouva le lendemain celui-ci mort dans son lit : le même jour, cinq ou six personnes tombèrent subitement malades dans le village, et moururent l'une après l'autre, peu de jours après.

« On ouvrit tous les tombeaux de ceux qui étoient morts depuis six semaines : quand on vint à celui du vieillard, on le trouva les yeux ouverts, d'une couleur vermeille, ayant une respiration naturelle, cependant immobile comme mort ; d'où l'on conclut qu'il étoit un signalé vampire. Le bourreau lui enfonça un pieu dans le cœur.

« On fit un bûcher, et l'on réduisit en cendres le cadavre.

---

(1) *Traité sur les apparitions des esprits*, t. IV, p. 39.

« On ne trouva aucune marque de vampirisme, ni dans le cadavre du fils, ni dans celui des autres. »

Dom Calmet (1) rapporte en outre d'autres cas :

« Dans un certain canton de la Hongrie, nommé en latin *Oppida Heidonum*, le peuple connu sous le nom de *Heiduque* croit que certains morts, qu'ils nomment vampires, sucent tout le sang des vivants, en sorte que ceux-ci s'exténuent à vue d'œil, au lieu que les cadavres, comme les sangsues, se remplissent de sang en telle abondance, qu'on le voit sortir par les conduits et même par les porres. Cette opinion vient d'être confirmée par plusieurs faits dont il semble qu'on ne peut douter, vu la qualité des témoins qui les ont certifiés.

« Il y a environ cinq ans, qu'un certain Heiduque, habitant de Médreïga, nommé Arnold Paul, fut écrasé par la chute d'un chariot de foin. Trente jours après sa mort, quatre personnes moururent subitement, et de la manière que meurent, suivant la tradition du pays, ceux qui sont molestés des vampires. On se ressouvint alors que cet Arnold Paul avoit souvent raconté qu'aux environs de Cassova et sur les frontières de la Servie turque, il avoit été tourmenté par un vampire turc : car ils croyent aussi que ceux qui ont été vampires passifs pendant leur vie, les deviennent actifs après leur mort, c'est-à-dire que ceux qui ont été sucés, sucent aussi à leur tour ; mais qu'il avoit trouvé

---

(1) *Traité sur les apparitions des esprits*, t. II, p. 43.

moyen de se guérir, en mangeant de la terre du sépulchre du vampire et en se frottant de son sang, précaution qui ne l'empêcha pas cependant de le devenir après sa mort, puisqu'il fut exhumé quarante jours après son enterrement, et qu'on trouva sur son cadavre toutes les marques d'un archi-vampire. Son corps étoit vermeil, ses cheveux, ses ongles, sa barbe, s'étoient renouvellés, et ses veines étoient toutes remplies d'un sang fluide et coulant de toutes les parties de son corps sur le linceul dont il étoit environné. Le Haduagi ou le bailli du lieu, en présence de qui se fit l'exhumation, et qui étoit un homme expert dans le vampirisme, fit enfoncer selon la coutume, dans le cœur du défunt Arnold Paul, un pieu fort aigu, dont on lui traversa le corps de part en part, ce qui lui fit, dit-on, jetter un cri effroyable, comme s'il étoit en vie. Cette expédition faite, on lui coupa la tête, et l'on brûla le tout. Après cela, on fit la même expédition sur les cadavres de ces quatre autres personnes mortes de vampirisme, crainte qu'ils n'en fissent mourir d'autres à leur tour.

« Toutes ces expéditions n'ont cependant pu empêcher que sur la fin de l'année dernière, c'est-à-dire au bout de cinq ans, ces funestes prodiges n'ayent recommencé, et que plusieurs habitans du même village ne soient péris malheureusement. Dans l'espace de trois mois, dix-sept personnes de différent sexe et de différent âge sont mortes de vampirisme, quelques-unes sans être malades, et d'autres après deux ou trois jours de langueur.

« Une nommée Stanoska, fille, dit-on, du Heiduque Sovitzo, qui s'étoit couchée en parfaite santé, se réveilla au milieu de la nuit, toute tremblante et faisant des cris affreux, disant que le fils du Heiduque Millo, mort depuis neuf semaines, avoit manqué de l'étrangler pendant son sommeil. Dès ce moment elle ne fit que languir, et au bout de trois jours elle mourut. Ce que cette fille avoit dit du fils de Millo le fit d'abord reconnoître pour un vampire ; on l'exhuma, et on le trouva tel. Les principaux du lieu, les médecins, les chirurgiens, examinèrent comment le vampirisme avoit pu renaître après les précautions qu'on avoit prises quelques années auparavant. On découvrit enfin, après avoir bien cherché, que le défunt Arnold Paul avoit tué non seulement les quatre personnes dont nous avons parlé, mais aussi plusieurs bestiaux, dont les nouveaux vampires avoient mangé, et entr'autres, le fils de Millo. Sur ces indices, on prit la résolution de déterrer tous ceux qui étoient morts depuis un certain tems, etc. Parmi une quarantaine, on en trouva dix-sept avec tous les signes les plus évidents de vampirisme : aussi leur a-t-on transpercé le cœur et coupé la tête, et ensuite on les a brûlés, et jetté leurs cendres dans la rivière.

« Toutes les informations et exécutions dont nous venons de parler ont été faites juridiquement, en bonne forme, et attestées par plusieurs officiers, qui sont en garnison dans le pays, par les chirurgiens majors, et par les principaux habitans du lieu. Le procès-verbal en a été envoyé vers la fin de janvier dernier au conseil de guerre impérial à Vienne, qui avait établi une commission militaire, pour examiner la vérité de tous ces faits. »

Dom Calmet (1) imprime une lettre d'un officier du duc Alexandre de Wurtemberg qui certifie tous ces faits.

« Pour satisfaire, y est-il dit, aux demandes de Monsieur l'Abbé dom Calmet, le soussigné a l'honneur de l'assûrer, qu'il n'est rien de plus vrai et de si certain que ce qu'il en aura sans doute lu dans les actes publics et imprimés, qui ont été insérés dans les Gazettes par toute l'Europe ; mais à tous ces actes publics qui ont paru, Monsieur l'Abbé doit s'attacher pour un fait véridique et notoire à celui de la députation de Belgrade par feu S. M. Imp. Charles VI, de glorieuse mémoire, et exécutée par feu son Altesse Sérénissime le Duc Charles-Alexandre de Wurtemberg, pour lors Vice-Roi, ou Gouverneur du Royaume de Servie.

« Ce Prince fit partir une députation de Belgrade moitié d'officiers militaires, et moitié du civil, avec l'Auditeur général du Royaume, pour se transporter dans un village, où un fameux Vampire décédé depuis plusieurs années faisoit un ravage excessif parmi les siens : car notez que

---

(1) Même ouvrage, t. I, p. 64.

ce n'est que dans leur famille et parmi leur propre parenté, que ces suceurs de sang se plaisent à détruire notre espèce. Cette députation fut composée de gens et de sujets reconnus pour leurs mœurs, et même pour leur savoir, irréprochables et même savans parmi les deux ordres : ils furent sermentés, et accompagnés d'un lieutenant de Grenadiers du Régiment du Prince Alexandre de Wurtemberg, et de 24 Grenadiers dudit Régiment.

« Tout ce qu'il y eut d'honnêtes gens, le Duc lui-même qui se trouvèrent à Belgrade, se joignirent à cette députation, pour être spectateurs oculaires de la preuve véridique qu'on allait faire.

« Arrivés sur les lieux, l'on trouva que dans l'espace de quinze jours le vampire, oncle de cinq, tant neveux que nièces, en avoit déjà expédié trois et un de ses propres frères; il en étoit au cinquième, belle jeune fille, sa nièce, et l'avoit déjà sucée deux fois, lorsque l'on mit fin à cette triste tragédie par les opérations suivantes.

« On se rendit avec les commissaires députés pas loin de Belgrade, dans un village, et cela en public, à l'entrée de la nuit, à sa sépulture. Il y avoit environ trois ans qu'il étoit enterré; l'on vit sur son tombeau une lueur semblable à celle d'une lampe, mais moins vive.

« On fit l'ouverture du tombeau, et l'on y trouva un homme aussi entier, et paroissant aussi sain qu'aucun de nous assistans : les cheveux et les poils de son corps, les ongles, les dents et les yeux (ceux-ci demi-fermés) aussi fortement attachés après lui, qu'ils le sont actuellement après nous qui avons vie, et existons, et son cœur palpitant.

« Ensuite l'on procéda à le tirer hors de son tombeau, le corps n'étant pas à la vérité flexible, mais n'y manquant nulle partie ni de chair, ni d'os; ensuite on lui perça le cœur avec une espèce de lance de fer rond et pointu; il en sortit une matière blanchâtre et fluide avec du sang, mais le sang dominant sur la matière, le tout n'ayant aucune mauvaise odeur; ensuite de quoi on lui trancha la tête avec une hache semblable à celle dont on se sert en Angleterre pour les exécutions : il en sortit aussi une matière et du sang semblable à celle que je viens de dépeindre, mais plus abondamment à proportion de ce qui sortit du cœur.

« Au surplus, on le rejetta dans la fosse, avec force chaux vive pour le consommer plus promptement; et dès-lors sa nièce, qui avoit été sucée deux fois, se porta mieux. A l'endroit où ces personnes sont sucées, il se forme une tache très bleuâtre; l'endroit du moment n'est pas déterminé, tantôt c'est en un endroit, tantôt c'est en un autre. C'est un fait notoire attesté par les actes les plus authentiques, et passé à la vue de plus de 1,300 personnes toutes dignes de foi. »

Le même abbé donne cette autre lettre sur le même sujet (1) :

---

(1) Même ouvrage, t. II, p. 68.

« Vous souhaitez, mon cher cousin, être informé au juste de ce qui se passe en Hongrie au sujet de certains revenants, qui donnent la mort à bien des gens en ce pays-là. Je puis vous en parler savamment : car j'ai été plusieurs années dans ces quartiers-là, et je suis naturellement curieux. J'ai ouï en ma vie raconter une infinité d'histoires ou prétendues telles, sur les esprits et sortilèges ; mais de mille à peine ai-je ajouté foi à une seule : on ne peut être trop circonspect sur cet article sans courir risque d'en être la dupe. Cependant il y a certains faits si avérés, qu'on ne peut se dispenser de les croire. Quant aux revenants de Hongrie, voici comme la chose s'y passe. Une personne se trouve attaquée de langueur, perd l'appétit, maigrit à vue d'œil, et au bout de huit ou dix jours, quelquefois quinze, meurt sans fièvre ni aucun autre symptôme, que la maigreur et le dessèchement.

« On dit en ce pays-là que c'est un revenant qui s'attache à elle et lui suce le sang. De ceux qui sont attaqués de cette maladie, la plupart croyent voir un spectre blanc, qui les suit partout comme l'ombre fait le corps. Lorsque nous étions en quartier chez les Valaques, dans le Bannat de Temeswar, deux cavaliers de la compagnie dont j'étois cornette moururent de cette maladie, et plusieurs autres qui en étoient encore attaqués en seroient morts de même, si un caporal de notre compagnie n'avoit fait cesser la maladie, en exécutant le remède que les gens du pays emploient pour cela. Il est des plus particuliers, et quoiqu'infaillible, je ne l'ai jamais lu dans aucun rituel. Le voici : « On choisit un jeune garçon qui est d'âge à n'avoir jamais fait œuvre de son corps, c'est-à-dire, qu'on croit vierge. On le fait monter à poil sur un cheval entier qui n'a jamais sailli, et absolument noir ; on le fait promener dans le cimetière, et passer sur toutes les fosses : celle où l'animal refuse de passer malgré force coups de corvache qu'on lui délivre, est réputée remplie d'un vampire ; on ouvre cette fosse, et l'on y trouve un cadavre aussi gras et aussi beau que si c'étoit un homme heureusement et tranquillement endormi : on coupe le col à ce cadavre d'un coup de bêche, dont il sort un sang des plus beaux et des plus vermeils et en quantité. On jureroit que c'est un homme des plus sains et des plus vivans qu'on égorge. Cela fait, on comble la fosse, et on peut compter que la maladie cesse, et que tous ceux qui en étoient attaqués, recouvrent leurs forces petit à petit, comme gens qui échappent d'une longue maladie, et qui ont été exténués de longuemain. C'est ce qui arriva à nos cavaliers qui en étoient attaqués. J'étois pour lors commandant de la compagnie, et mon capitaine et mon lieutenant étant absens, je fus très-piqué que ce caporal eût fait faire cette expérience sans moi. »

Dom Calmet (1) rapporte encore deux faits de vampirisme en Pologne :

« A Warsovie, un prêtre ayant commandé à un sellier de lui faire une bride pour son cheval, mourut auparavant que la bride fût faite ; et comme il étoit de ceux que l'on nomme vampires en Pologne, il sortit de son tombeau habillé comme on a coutume d'inhumer les ecclésiastiques, prit son cheval à l'écurie, monta dessus, et fut à la vue de tout Warsovie à la boutique du sellier, où d'abord il ne trouva que la femme qui fut fort effrayée, et appela son mari, qui vint ; et ce prêtre lui ayant demandé sa bride, il lui répondit : Mais vous êtes mort, M. le curé ; à quoi il répondit : Je te vas faire voir que non, et en même tems le frappa de telle sorte que le pauvre sellier mourut quelques jours après et le prêtre retourna en son tombeau. »

« L'intendant du comte Simon Labienski, Staroste de Posnanie, étant mort, la comtesse douairière de Labienski voulut, par reconnaissance de ses services, qu'il fut inhumé dans le caveau des seigneurs de cette famille ; ce qui fut exécuté. Quelque tems après, le sacristain qui avoit soin du caveau s'aperçut qu'il y avoit du dérangement, et en avertit la comtesse, qui ordonna suivant l'usage reçu en Pologne qu'on lui coupât la tête, ce qui fut fait en présence de plusieurs personnes, et entre autres du sieur Jonvinski, officier polonois et gouverneur du jeune comte Simon Labienski, qui

---

(1) Même ouvrage, t. II, p. 72-73.

vit que lorsque le sacristain tira ce cadavre de sa tombe pour lui couper la tête, il grinça les dents, et le sang en sortit aussi fluide que d'une personne qui mourroit d'une mort violente, ce qui fit dresser les cheveux à tous les assistans, et l'on trempa un mouchoir blanc dans le sang de ce cadavre dont on fit boire à tous ceux de la maison pour n'être point tourmentés. »

PRÉSAGES

I. — PRÉSAGES DE GUERRE, DE SUCCÈS ET DE DÉFAITES.

« Parcourez, si vous voulez, tous les siècles, dit Gaffarel (1), vous n'en trouverez pas un, suivant ceste vérité, où quelque nouveau prodige n'ait monstré ou les biens, ou les malheurs qu'on a veu naistre. Ainsi vit-on un peu auparavant que Xerxès couvrît la terre d'un million d'hommes des horribles et espouventables météores, présages du malheur, qui arriva tout aussi bien du temps d'Attila surnommé *flagellum Dei;* et si on veut se donner la peine de prendre la chose de plus haut, la pauvre Jérusalem fut-elle pas advertie du malheur qui la rendit la plus désolée des villes, par mille semblables prodiges? car souvent on vit

(1) *Curiositez inouyes*, p. 57.

en l'air des armées en ordre avec contenance de se vouloir choquer : et un jour de la Pentechoste, le grand prestre entrant dans le temple pour faire les sacrifices que Dieu ne regardait plus, on ouït un bruit tout soudain et aussitost une voix qui cria : « Retirons-nous d'icy! » Je laisse l'ouverture de la porte de cuivre sans qu'on la touchast et mille autres prodiges racontés dans Josephe.

« Apian a marqué ceux qui furent veus et ouys devant les guerres civiles, comme voix espouvantables et courses étranges des chevaux qu'on ne voyait point. Pline a descrit ceux qui furent pareillement oüys aux guerres Cymbriques et entre autres plusieurs voix du ciel et l'alarme que sonnaient certaines trompettes horribles. Auparavant que les Lacédémoniens fussent vaincus en la bataille Leuctrique, on oüyt dans le temple les armes qui rendirent son d'elles-mesmes : et environ ce temps, à Thebes, les portes du temple d'Hercule furent ouvertes sans qu'aucun les ouvrit, et les armes qui estoient pendues contre la muraille furent trouvées à terre comme le déduit Cicéron, non sans estonnement. Du temps que Miltiades alla contre les Perses, plusieurs spectres en firent voir l'événement, et sans m'escarter si loin, voyez Tite Live qui, pour s'estre pleu à descrire un bon nombre de semblables merveilles, quelques autheurs lui ont donné le titre non d'historien, mais de tragédien. Que si nous voulons passer dans les autres siècles qui ne sont pas si éloignés de nous, nous trouverons que du règne de Théodose, on vit de mesme une estoille portant espée : et du temps du sultan Selim, mille croix qui brillaient en l'air et qui annonçaient la perte que les chrétiens firent après. »

François Guichardin (1) parlant du commencement de la guerre portée par les Français au delà des monts pour la conquête du royaume de Naples, dit ceci sur les affaires de 1494 : « Chascun demeuroit esperdu des bruits courans qu'en divers endroits d'Italie l'on avoit veu des choses repugnantes au cours de nature et des cieux. Que de nuit en l'Apouille estoyent aparus trois soleils au milieu du ciel, environnez de nuages, avec horribles esclairs, foudres et tonnerres. Qu'au territoire d'Arezze estoyent visiblement passez par l'air infinis hommes armez, montez sur puissans chevaux, avec un terrible retentissement de trompettes et de tambours. Que les images des saints avoyent sué en plusieurs lieux d'Italie. Que partout estoyent nez plusieurs monstres d'hommes et d'animaux. Que plusieurs autres choses estoyent avenues contre l'ordre de nature en divers endroits, au moyen de quoi se remplissoyent d'une crainte incroyable les peuples desja estonez pour la renommée de la puissance et vaillance ardente des François. »

(1) Au Ier livre de son *Histoire des guerres d'Italie*, section XVI, cit p r Goulart, *Thrésor des histoires admirables*, t. V, p. 322.

« Le Milanois, dit Goulart, fut averti en l'an 1520 et en l'an 1521 par divers estranges présages des grands changemens qui y avinrent es divers evenements de la guerre, et les désolations incroyables de tout le pays sur lequel il tomba du ciel douze cens pierres de grele de couleur de fer enrouillé, extremement dures, et qui sentoyent le soulfre. Deux heures devant qu'elles tombassent, il se fit au ciel un feu du tout extraordinaire de merveilleuse estendue et fort ardant. C'est merveille que l'air ait soustenu si longuement un poids si lourd de tant de pierres entre lesquelles on en trouva une pesant soixante livres et une autre deux fois autant. Dedans deux ans apres les François quitterent l'Italie, en laquelle ils rentrèrent l'an 1515. Milan se vit réduite à toute extrémité de saccagement, guerres, embrasements, pestes. La foudre qui fit tant de dommage au chateau de Milan l'an 1521 sembla présager aussi la grande révolution des afaires qui y aparut depuis, tant en la mesme année qu'es suivantes comme il se void es récit de Guichardin en son *Histoire des guerres d'Italie*. »

D'après Gomez (1), « Quelques mois devant la bataille de Ravenne, l'an 1512, l'Italie fut estonnée par divers prodiges et fit estat d'estre battue de force coups. Sur le couvent des Cordeliers de Modène

---

(1) *Histoire de Ximenes*, liv. V, cité par Goulard, *Thrésor des histoires admirables*, t. IV, p. 780.

furent veus de nuict des flambeaux allumez en l'air, et de jour apparurent là mesme des fantosmes en forme d'hommes qui s'entretuoyent. La ville de Creme fut en plein midi couverte de si espaisses tenebres, que chascun y pensoit estre en plein minuict. Tout l'air retentissoit de bruits espouvantables, les esclairs extraordinaires, et multipliez sans guère d'intervalles faisoyent un nouveau jour. Parmi cela survindrent des gresles extrêmement violentes et si pesantes que le raport en semble incroyable. »

Paul Jove (1) raconte que « Devant que les Suisses sortissent de Novarre, où ils tenoient bon, l'an 1513, pour Maximilien Sforce, duc de Milan, contre l'armée françoise, à laquelle commandoit le sieur de la Trimouille, assisté de Jean-Jacques Trivulce et autres chefs de guerre, les chiens qui estoient au camp des François, s'amassèrent en troupes et entrèrent dedans Novarre, où se rendans es corps de garde, ils commencerent à faire feste aux Suisses, par toutes les contenances coustumières à tels animaux lorsque plus ils veulent amadouer leurs maistres. Jacques Motin d'Ury, vaillant capitaine, comme il en fit preuve bientost après, prenant cette reddition des chiens à bon présage, s'accourut vers l'empereur Maximilian, et l'asseura que les François seroient mis en déroute pour ce que les anciens Suisses avoient tous-

---

(1) Livre II de ses *Histoires*.

jours marqué que l'armée vers qui se rangeoyent les chiens du parti contraire demeuroit victorieuse : les chiens quittant les hommes couards et malheureux, pour se ranger aux vaillants et aux fortunez. »

Le président de Thou (1) raconte ce qui suit : « Le propre jour que la ville d'Afrique, jadis Aphrodisium fut prise sur les Turcs par l'armée de l'empereur Charles V, de laquelle estoyent chefs Antoine Dore et Christofle de Vegue, une plaisante avanture fut prise à bon presage par les assiégeants. Vegue avoit en ses pavillons une biche privée qu'on sçait être un animal qui se donne l'espouvante au moindre bruit qu'on face. Neantmoins le jour de l'assaut environ le quinziesme de septembre 1550, ceste biche non tracassée de personne, ains de son mouvement, monte à la bresche et sans s'esfaroucher au bruit des huées de tant de soldats, ni de l'artillerie qui tonnoit horriblement, ni des bales qui siffloient de celle part, passa outre, et entra la premiere devant tous les soldats dedans la ville, laquelle tost apres fut emportée d'assaut, plusieurs Mores et Turcs tués à la bresche et par les places, et dix mille personnes de divers aage réduites en captivité par les victorieux. »

Alvaro Gamecius (2) raconte que « Le cardinal Ximenes s'aprestant pour aller faire la guerre aux

(1) A la fin du Ve livre de l'*Histoire de son temps*.
(2) Au IVe livre de l'*Histoire de Fr. Ximenes*, cité par Goulart, *Thrésor des histoires admirables*, t. IV. p. 682.

Mores en la coste de Barbarie, estant en un village nommé Vaiona, l'on y vid en l'air durant quelques jours une croix, de quoi chascun discouroit à sa fantaisie. Ximenes pensant à ce prodige, et prestant l'oreille aux diverses conjectures qu'on lui en proposoit, un de la troupe lui dit : Monseigneur, ceste croix vous admoneste de partir sans long délai : Vaiona est presque autant que Veayna, ce mot, en langue espagnole (Ve-ayna) signifie *va viste*. En s'embarquant, la croix se montra en Afrique : alors un evesque nommé Cazalla s'écriant aux soldats leur dit : Courage, mes amis ! la victoire est nostre sous ce signal. Un autre cas survint alors : c'est qu'un grand et furieux sanglier descendu des costaux bocageux proches de la rade, traversa quelques compagnies bien rangées : sur quoi grandes huées se firent, chascun criant : Mahomet ! Mahomet ! De sorte qu'à coups de dards et d'autres traits le sanglier fut terrassé mort. Au contraire l'arrière garde de l'armée des Mores fut remarquée suivie d'un tres grand nombre de vautours, oiseaux carnassiers. L'on n'entendoit es forests proche d'Oran que rugissemens de lions, lesquels es nuicts suivantes s'assemblèrent par troupes et allèrent devorer les corps tués. Comme les Espagnols assailloyent Oran, on vid deux arcs en ciel sur la ville. Lors un docte personnage à la suite de Ximenes, eslongné delà se mit à crier : Oran est à nous ! Ximenes en dit autant à ses amis : et comme il continuoit à discourir de ce presage, les nouvelles lui vindrent de la prise. Ce que je vais dire, adjouste Gomez, semblera de tout admirable : mais rien ne fut estimé plus certain pour lors, et plusieurs le remarquerent en leurs escrits. Outre les lettres de particuliers à leurs amis, Gonsales, Gilles, et celui qui escrivit en latin l'histoire de ceste guerre de Barbarie, afferment très expressement que le soleil s'arresta et contint son cours quatre heures et plus durant le combat des Espagnols contre les Mores d'Oran. Car ainsi que les Espagnols pretendoyent gagner la montagne, le soleil commençoit à baisser : ce qui troubloit fort Pierre de Navarre, chef des troupes, ne les voyant encore qu'au pied de la montagne. Ximenes avoit bien remarqué cest arrest du soleil, mais il s'en teut, jusques à ce que cette merveille fut divulguée partout. On asseure aussi que quelques Mores ayant pris garde à cela, tout estonnez de ce signe du tout extraordinaire et miraculeux, abjurerent le mahométisme et se firent baptiser. »

D'après Joachim Curseus (1), « Matthias surnommé Corvin, couronné roi de Hongrie l'an 1464, quelques années apres faisant forte guerre aux Turcs, sans vouloir entendre ni à paix ni à trefve avec eux, assiegea une de leurs forteresses nommée Sabaai, quoiqu'elle eût cinq mille hommes de guerre en garnison. Il la fit battre rudement, et

---

(1) En ses *Annales de Silésie*, cité par Goulart, *Thrésor des histoires admirables*, t. III, p. 320.

durant les plus grands tonnerres de son artillerie, portant balles de calibre et poids extraordinaire, s'endormit si profond, quoique d'ordinaire ce fust le plus vigilant et le moins dormant de son temps, qu'il ne se resveilla qu'à haute heure, encore que son chambellan l'appelast souvent et à haute voix. Ce qui lui fut un presage de victoire, car tost apres, il força ceste place paravant estimée imprenable. Plutarque en dit autant d'Alexandre le Grand devant la bataille d'Arbelles contre Darius. »

Suivant Arluno (1), « Peu avant la prise de Ludovic Sforce, duc de Milan, emmené prisonnier en France, où il mourut à Loches, on ouit autour du chasteau de Milan, sur la miniuct, un cliquetis d'armes, des sons de tambours et fanfares de trompettes; on vid des bales enflammées lescher les murailles. Dans le chasteau furent veus des conils ayans deux testes, des chiens furieux courir de chambre en chambre, et disparoir soudainement. Auparavant, comme Sforce faisoit revue de son armée, presque au mesme endroit où quelque temps après il fut pris prisonnier, le cheval de guerre sur lequel il estoit monté fondit par deux fois sous son maistre, et broncha par terre, sans qu'au cheval apparust douleur, foulure ni foiblesse quelconque. »

Le docteur Aubery (2) cité par Goulart, raconte

---

(1) En son *Histoire de Milan*, IIe section, citée par Goulart, *Thrésor des histoires admirables*, tome IV, p. 332.

(2) Aubery, docteur médecin, en son *Traicté des bains de Bourbon-Lancy et Archambauld*.

que « En la chapelle de Bourbon l'Archambauld à cinq lieues de Moulins, se présentent infinis embellissemens en pierre, bois, bronze et es vitres merveilleuses en l'esmail de leurs diverses couleurs. Les vistres qui sont au costé du couchant se voient enrichies de fleurs de lys sans nombre, et traversées ci-devant d'une barre. Mais le mesme jour que Henri III fut meschamment assassiné, la foudre emporta cette barre, sans endommager les fleurs de lys qui la touchoient : présage heureux de l'acquisition du sceptre de France due à la royale maison de Bourbon. »

« Le jour qu'Alexandre de Médicis, duc de Florence, fut tué en sa chambre, et de la main de Laurent de Médicis, son cousin, l'an 1537, dit Goulart, d'après le supplément de Sabellic, en saison d'hiver, le verger et le jardin de Cosme de Médicis, son successeur, reverdit et florit, tous les autres vergers et jardins dedans et dehors la ville de Florence demeurant en leur estat, selon la saison. »

Goulart raconte, d'après Curœus (1), que « Le dixiesme jour de septembre l'an 1513, Jacques, quatriesme de ce nom, roy d'Escosse, ayant embrassé le parti de France, s'esleva contre l'Angleterre, et la querelle s'eschauffa tellement qu'il y eut bataille donnée en laquelle le roy Jaques et la fleur de la noblesse d'Escosse mourut sur le champ. Lors y avoit un gentilhomme escossois

(1) *Annales de Silésie.*

serré fort estroitement en prison à Londres, lequel dit tout haut, plusieurs l'oyans quelques heures avant la bataille : Si les deux armées (angloise et escossoise) combattent aujourd'hui, je sçay pour certain que le roy mon seigneur sera le plus foible. Car je remarque en ce conflict et tourbillon des vents en l'air, que les vents sont merveilleusement contraires à l'Escosse. Ceste parole ne fut pas sans raison et sans événement : car il est certain que les anges conservateurs des estats publics et de l'ordre establi de Dieu combattent fermement contre les esprits malins qui prennent plaisir aux meurtres, et au renversement du bon ordre que le seigneur aprouve, comme on lit en l'histoire de Perse, où l'ange raconte à Daniel que par longue espace de temps il a réprimé le malin esprit, lequel incitoit les Grecs à aller ruiner la monarchie persique. »

« Il y a en Norwege, dit Ziegler (1), un lac nommé le lac de Mos, dans lequel (sur l'instant du changement es affaires publiques) aparoit un serpent de longueur incroyable. L'an 1522, on y en vid un, lequel avoit, autant que plusieurs présumèrent, cinquante brasses de longueur. Peu de temps après le roi Christierne second fut chassé de son royaume. »

« Les peuples septentrionaux, ajoute Goulart,

---

(1) *Description de Scondie*, cité par Goulart, *Thrésor d'histoires admirables*.

d'après Olaus (1), disent que les poissons monstrueux et non guères vus, venans à paroir en leur mer sont présages infaillibles de grands troubles par le monde. »

Cardan (2) rapporte que « L'an 1554, les pescheurs de Genes tirerent de la mer une teste de poisson de grandeur prodigieuse, car on conta du fond de la gorge au bout du museau dix-neuf pas. L'année suivante, les Genois perdirent l'isle de Corse. »

II. — PRÉSAGES DE NAISSANCE

« L'evesque d'Olmutz raconte, dit Goulart (3), que lorsque Wenceslas, depuis empereur (sous lequel survindrent beaucoup de désordres en Alemagne, en Boheme et ailleurs) nasquit, le feu se prit à l'église de Saint-Sebauld, en la ville de Nuremberg, où l'on chaufoit l'eau pour le baptiser, qu'il urina dedans les fonds et fit des ordures sur l'autel; sa mère, femme de l'empereur Charles IV, mourut en cette couche de Wenceslas, lequel fut le plus chétif empereur que l'Alemagne ait veu. »

D'après Abraham Bucholcer (4), « Jean Frideric, electeur de Saxe, né le trentiesme jour de juillet

---

(1) Olaus, au liv. XXI, ch. I.
(2) Au LXXIV⁰ chap. du XIV⁰ livre *de la Diversité des choses*.
(3) Au XXIII⁰ livre de l'*Histoire de Boheme*.
(4) En sa *Chronologie*.

1503, apporta du ventre de sa mère le presage de son avanture, asçavoir sur son dos une croix luisante comme or, laquelle veuë par un homme d'eglise venerable par sa vieillesse et piété, lequel avoit esté appellé par les dames de chambre de l'électrice, il dit : Ce petit enfant portera quelque jour une croix que tout le monde verra, puis que des son entrée au monde il en a l'enseigne si manifeste. On en vid le commencement en la princesse Sophie, sa mère, laquelle mourut douze jours après cest acouchement. »

« J'ai apris de gens dignes de foi, dit le docteur Philippe Camerarius (1), que le tres puissant roi de la Grand'Bretagne, Jacques, venant au monde, fut veu ayant sur le corps un lyon et une couronne bien apparente, aucuns disent de plus une espée : marques de grand presage et dignes de plus ample consideration. »

Suivant Marin Barlet (2), « La princesse d'Albanie, fort enceinte, songea qu'elle se delivroit d'un grand serpent, qui de son corps couvroit l'Albanie, ouvroit la gueule sur la Turquie pour l'engloutir, et estendoit doucement la queuë vers Occident. Elle se delivra d'un fils, lequel avoit sur le bras droit la forme d'une espée bien emprainte. Il fut nommé George, puis, par les Turcs, Scanderberg, c'est-à-dire seigneur Alexandre. Ce fut un

---

(1) Au IIIe vol. de ses *Méditations historiques,* liv. III, ch. II.
(2) *Vie de Scanderberg,* cité par Goulart, *Thrésor des histoires admirables,* t. III, p. 314.

tres sage, tres heureux et tres valeureux prince, qui fit rude guerre aux Turcs. »

Baptiste Fulgose (1) raconte que « Elisabet d'Arc, païsanne lorraine, estant fort enceinte, elle conta à ses voisins, au village, avoir songé qu'elle enfantoit la foudre, dont elles ne firent que rire. Tost apres elle acoucha d'une fille, ce qui augmenta la risée. Ceste fille, nommée Jeanne, et surnommée la Pucelle, devenue en aage, quitta les moutons, prit les armes, et fut une vraye fouldre de guerre : car par une speciale faveur et force divine, elle ravit aux Anglois, possesseurs de la pluspart du royaume de France, tout le bonheur dont ils avoyent jouy plusieurs années, les afoiblit, batit et harassa en tant de rencontres et de sièges, qu'ils furent contraints quitter tout. Finalement, Jeanne, prise en certaine sortie, fut bruslée vive par les Anglois, lesquels depuis ne durèrent gueres en France, ains repassèrent la mer. »

Jean François Pic de la Mirandole (2) raconte que « Bien peu de temps avant la naissance de Jean Picus, prince de la Mirandole, tant renommé entre les doctes de nostre temps, l'on descouvrit un grand globe de flamme ardante sur la chambre de la mere de ce prince, lequel globe de feu disparut incontinent. Cela presageoit premierement en la forme ronde la perfection de l'intelligence

---

(1) Au liv. I, chap. v, du recueil de ses *Histoires mémorables*, cité par Goulart, *Thrésor des histoires admirables*, t. III, p. 314
(2) En la *Vie de Pic de la Mirandole*, son oncle.

qu'auroit l'enfant, lequel nasquit en ceste chambre au mesme instant, et qui seroit admiré de tout le monde, à cause de la prompte vivacité de son esprit, tout épris de l'amour des sciences, de la spéculation des choses sublimes, et de la continuelle contemplation des mysteres celestes. Outre plus, ce feu sembloit presager l'excellence du parler de ce prince, lequel embrasoit ses auditeurs en l'amour des choses divines : mais que ce feu ne feroit que passer. De fait, ce grand prince mourut fort jeune, asçavoir en l'aage de trente-deux ans, l'an 1494, au mois de novembre, estant né le vingt-quatriesme de fevrier 1463. »

« Jerosme Fracastor de Verone, encore fort petit, à ce que raconte l'auteur de sa vie (1), estant porté entre les bras de sa mere un jour d'esté, l'air venant à se troubler, voici un coup de fouldre, lequel atteint et tue la mère, sans que son petit enfant fust tant soit peu offensé, presage de l'illustre renommée d'icelui, docte entre les doctes qui ont esté depuis cent ans. »

III. — PRÉSAGES DE MORT

Goulart (2), d'après un livre intitulé *la Mort du roi* a fait un chapitre entier sur les avertissements

---

(1) *Vie de J. Fracastor*, cité par Goulart, *Thrésor des histoires admirables*, t. III, p. 315.

(2) *Thrésor des histoires admirables*, t. IV, p. 436.

PRÉSAGES

merveilleux et prédictions de diverses sortes de la mort du roi Henri IV; on y trouve ceux-ci :

« On ne parloit en ce temps-là que de quelque grand accident qui devoit arriver. On rappeloit la mémoire de plusieurs prédictions sur les comètes, les éclipses et les conjonctions des planètes supérieures. Leovice avoit conjuré les rois qui estoient sous le Belier et la Balance de penser à eux. L'estoile veue l'année precedente en plain midi avoit esté considerée par les mathematiciens comme un signal de quelque sinistre effect. La rivière de Loire s'estoit desbordée en pareille fureur qu'au temps de la mort violente de Henri II et Henri III. Les saisons perverties, l'extreme froid, l'extreme chaleur, et ces montagnes de glace que l'on vid sur les rivières de Loire et de Saône, mettoyent les esprits en pareilles appréhensions. On avoit fait courir par Paris des vers de la Samaritaine du Pont-Neuf à l'imitation des centuries de Nostradamus, qui parloit clairement de la mort du roi.

« L'arbre planté en la cour du Louvre, le premier jour de mai tomba de soi-mesme, sans effort et contre toute apparence, la teste devers le petit degré. Bassompierre voyant cela dit au duc de Guise, avec lequel il estoit apuyé sur les barres de fer du petit perron au devant de la chambre de la roine, qu'en Alemagne et en Italie on prendroit ceste cheute à mauvais signes, et pour le renversement de l'arbre dont l'ombre servoit à tout le monde. Le roi estimant qu'ils parloyent d'autre chose, porta sa teste tout bellement entre les leurs, escouta ce discours, et leur dit : Il y a vingt ans que j'ai les oreilles battues de ces presages. Il n'en sera que ce qu'il plaira à Dieu.

« Plusieurs choses furent prinses et remarquées à Sainct-Denis pour mauvais augure. Le roi et la roine dirent que leur sommeil avoit esté rompu par une orfraye, oiseau nocturne et funebre, qui avoit croussé toute la nuict sur la fenestre de leur chambre. La pierre qui sert à l'ouverture de la cave où sont enterrez les rois, se trouva ouverte. La curiosité, qui s'amuse à toutes choses, prit à mauvais signe que le cierge de la roine s'esteignit de soi-mesme; et que si elle n'eust porté sa main à sa couronne, elle fust tombée deux fois. Le mesme jour du jeudi 13, ce mesme prince considérant les théâtres si bien peuplez et en si bon ordre, dit que cela le faisoit souvenir du jour du jugement et que l'on seroit bien estonné si le juge se presentoit. »

« L'empereur Maximilien Ier et Philippe Ier, son fils, roy d'Espagne, dit Hedion en sa *Chronique* (2), estans en leur cabinet au palais de Brusselles, pour resoudre de quelque afaire d'importance, un vent se leve lequel arrache et jette hors de la paroy entre les deux princes une assez grosse

---

(1) Cité par Goulart, *Thresor des histoires admirables*, t. II, p.945.

pierre, laquelle Philippe leve de terre : et comme il continuoit de parler à son pere, un tourbillon survint qui lui fit tomber ceste pierre des mains, laquelle se brisa sur le planché. C'est un presage, dit alors Philippe à Maximilien, que vous serez bien-tost pere de mes enfans. Peu de semaines après, Philippe, jeune prince, mourut, laissant ses pupilles à l'empereur Maximilien son père. »

Selon Paul Jove (1), « Le pape Adrian VI s'acheminant d'Espagne à Rome pour son premier exploit voulut voir à Saragousse les os et reliques d'un sainct : ce qui fit dire à plusieurs qu'Adrian mourroit bien tost. Il avint alors aussi qu'une riche lampe de cristal, en l'église de ce sainct, se brisa soudainement, dont toute l'huile fut versée sur Adrian et sur quelques prestres autour de lui, dont leurs habillemens furent gastez. Arrivé à Rome, le palais où il demeuroit fut embrasé et consommé en un instant. Il canoniza Benno, evesque aleman, et Antonin, archevesque de Florence : mais il les suivit bientost et mourut après icelles canonizations, que l'on tient pour presages de mort prochaine aux papes qui les font. »

D'après Sabellic (2), Philebert de Chalon, prince d'Aurange, ayant assiégé Florence, entendit que secours venoit aux Florentins. Sur ce il resoud

---

(1) En sa *Vie d'Adrian VI*, cité par Goulart, *Thrésor des histoires admirables*, t. II, p. 945.
(2) Supplément au XIIIe livre, cité par Goulart, *Thrésor des histoires admirables*, t. II, p. 945.

d'aller au devant : et comme il vouloit monter à cheval, fait assembler autour de lui les capitaines, et commande qu'on apporte des flaccons et des tasses, les faisant emplir de vin, afin que tous beussent par ensemble. Comme les uns et les autres estoient prests à boyre, voici une pluye impétueuse et soudaine, le ciel estant fort serein auparavant, laquelle arrouse abondamment le prince et ses capitaines, qui beuvoyent en pleine campagne. Incontinent chacun dit son avis de ceste avanture. Le prince rioit à gorge desployée : A ce que je voy, dit-il, compagnons, nous ne parlerons que bien trempez à nos ennemis, puisque Dieu a voulu si benignement verser de l'eau en nostre vin. Ce furent ses derniers propos : car tost apres ayant chargé et rompu ce secours il fut au combat transpercé d'un boulet, dont il mourut. »

Joach. Camerarius (1) et Abr. Bucolcer (2), racontent ce qui suit selon Goulart (3) : « Guillaume Nesenus, personnage excellent en sçavoir et crainte de Dieu, s'estant jetté dedans une barque de pescheur en temps d'esté, pour traverser l'Elbe, rivière qui passe à Witeberg en Saxe, comme c'estoit sa coustume de s'esbatre quelques fois à passer ainsi ceste rivière, et conduire lui-mesme sa barque, alla heurter alors contre un tronc

---

(1) *Vie de Ph. Mélanchthon.*
(2) *Indices chronologiques*, an 1524.
(3) *Thrésor des histoires admirables*, t. I, p. 373.

d'arbre caché dedans l'eau, qui renversa la barque, et Nesenus au fond dont il ne peut eschapper, ains fut noyé. Cela avint sur le soir. Le mesme jour, un peu après disné, comme Camemarius sommeilloit, avis lui fut qu'il entroit une barque de pescheur et qu'il tomboit en l'eau. Sur ce arriva vers lui, Philippe Melanchthon son familier ami, auquel il fit en riant le conte de ce sien songe, tenant sa vision pour chose vaine... Melanchthon et Camerarius devisans ensemble de ce songe et triste accident, se ramentierent l'un à l'autre ce qui leur estoit advenu et à Nesenus peu de jours auparavant. Ils faisoyent eux trois quelque voyage en Hesse, et ayans couché en une petite ville nommée Trese, le matin passerent un ruisseau proche de là, pour y abreuver leurs chevaux. Comme ils estoyent en l'eau, Nesenus decouvre en un costeau proche de là trois corbeaux croquetans, battans des aisles et sautelans. Sur ce il demande à Melanchthon que lui sembloit de cela? Melanchthon respondit promptement : Cela signifie que l'un de nous trois mourra bien tost. Camerarius confesse que ceste response le poignit jusques au cœur, et le troubla grandement; mais Nesenus ne fit qu'en secouer la teste, et poursuivit son chemin alaigrement. Camerarius adjouste qu'il fut en termes de demander à Melanchthon la raison de cette sienne conjecture; et que tost apres Melanchthon lui dit que, se sentant foible et valetudinaire, il ne pouvoit estimer que sa vie deut estre gueres plus longue.

Et je ne ramentoy point ces choses, dit-il, comme si j'attribuois quelque efficace au vol et mouvement des oiseaux, ni ne fay point de science des conjectures qu'on voudroit bastir là dessus : comme aussi je sçay que Melanchthon ne s'en est jamais soucié. Mais j'ai bien voulu faire ce recit pour monstrer que parfois on void avenir des choses merveilleuses dont il ne faut pas se mocquer, et qui apres l'evenement suggèrent diverses pensées à ceux qui les voyent ou en entendent parler. »

Au récit de Zuinger (1), « La peste estant fort aspre es environs du Rhin l'an 1564, plusieurs mourans à Basle avoyent ceste coustume par presage merveilleux au fort de la maladie, et quelques heures devant que rendre l'ame, d'appeller par nom et surnom quelqu'un de leurs parens, alliés, voisin ou amis. Ce nommé tomboit tost apres malade, et faisoit le mesme, ainsi cest appel continuoit du troisiesme au quatriesme, et consequemment : en telle sorte qu'on eust dit que ces malades estoyent les huissiers de Dieu pour adjourner ceux que la providence désignoit à comparoir en personne devant lui. »

D'après Camerarius, (2) « Les comtes de Vesterbourg ont pres du Rhin un chasteau basti en lieu

---

(1) En son *Théâtre de la vie humaine*, cité par Goulart, *Thrésor des histoires admirables*, t. II, p. 446.
(2) Au III° vol. de ses *Méditations historiques*, liv. I, ch. xv, cité par Goulart, *Thrésor des histoires admirables*, t. III, p. 318.

fort haut eslevé. La peste y estant survenuë, les comtes s'en retirerent pour aller quelques jours en air meilleur et plus asseuré, où ils séjournerent trop peu. De retour, comme ils montoyent au chasteau, et approchoyent de la porte, la cloche de l'horloge posée en une haute tour sonne onze heures en lieu de trois ou quatre après midi. C'est accident extraordinaire occasiona les comtes de s'enquerir du portier paravant laissé seul au chasteau pour le garder, que vouloit dire ce changement. Il protesta n'en sçavoir rien, veu qu'on avoit laissé l'horloge plusieurs jours, sans qu'aucun y eust touché. Incontinent la peste se renouvella, laquelle emporta les comtes et toutes les personnes rentrées avec eux au chasteau : le nombre fut d'onze, autant que l'horloge avoit sonné de coups. »

« En la seigneurie de l'archevesque et electeur de Treves, se void, dit Camerarius (1), un vivier ou estang en lieu conu de ceux du pays, duquel quand il sort quelque poisson de grandeur desmesurée, et qui se monstre, on tient que c'est un certain presage de la mort de l'électeur, et que par longue suite d'années on a vérifié ceste avanture. En la baronnie de Hohensax, en Suisse, quand un de la famille doit mourir, des plus hautes montagnes qui séparent la baronnie d'avec le

---

(1) En ses *Méditations historiques,* vol. III, liv. I, ch. xv, cité par Goulart, *Thrésor des histoires admirables,* t. III, p. 318.

canton d'Appenzel, tombe une fort grosse pierre de rochers avec tant de bruit que le roulement d'icelle est entendu clairement près et loin, jusques à ce qu'elle s'arreste en la plaine du chasteau de Fontez. »

Taillepied (1) cite ce fait rapporté par Léon du Vair : « Que dirai-je du monastère de Saint-Maurice, qui est situé es confins et limites de Bourgongne, près le fleuve du Rhosne? Il y a là dedans un vivier, auquel selon le nombre de moines, on met aussi tant de poissons : que s'il arrive que quelqu'un des religieux tombe malade, on verra aussi sur le fil de l'eau un de ces poissons qui nagera comme estant demy-mort, et si ce religieux doit aller de vie à trespas, ce poisson mourra deux ou trois jours devant luy. »

« Le sixiesme jour d'avril 1490, dit Goulart (2), Mathias, roi de Hongrie, surnommé la frayeur des Turcs, mourut d'apoplexie à Vienne, en Austriche. Tous les lyons que l'on gardoit en des lieux clos à Bude moururent ce jour là. Un peu devant le trespas du prince Jean Casimir, comte palatin du Rhin et administrateur de l'électorat, le lyon qu'il faisoit soigneusement nourrir mourut : ce que le prince prit pour presage de son deslogement. Un cheval que Louis, roi de Hongrie, montoit, perit soudain, un peu devant la bataille de Varne, en laquelle ce

---

(1) *Traité de l'apparition des esprits*, p. 139.
(2) *Thrésor des histoires admirables*, t. III. p. 316.

jeune prince demoura. Car ayant esté mis en route, et voulant se sauver à travers un marests, le cheval qui le portoit ne peut l'en desgager, ains y enfondra et perdit son maistre. Le frère Battory, roi de Pologne, estant mort en Transsilvanie, le cheval du roi mourut soudain, et quelques jours après vindrent nouvelles du trespas du prince decedé fort loin de là. »

D'après Joach. Camerarius (1), « Maurice, électeur de Saxe, prince vaillant et excellent, eut divers presages de sa mort peu de jours avant la bataille donnée l'an 1553, entre lui et Albert, marquis de Brandebourg, lequel il mit en route. La teste d'une siene statue de pierre fut emportée d'un coup de fouldre, sans que les statues des autres électeurs eslevées en lieu public en une ville de Saxe nommée Berlin, fussent tant soit peu atteintes de cest esclat. Un vent impetueux s'esleva le jour precedent la bataille, lequel arracha et deschira deux grands pavillons de l'electeur, en l'un desquels on faisoit sa cuisine, en l'autre se dressoyent les tables pour ses repas ordinaires. Au mesme temps il plut du sang auprès de Lipsic. »

« En l'église cathédrale de Mersburg, près de Lipsic, dit Goulart (2), y a un evesque et des chanoines ausquels il estoit loisible de se marier. Ils

---

(1) En sa harangue funèbre sur la mort de Maurice, électeur de Saxe.
(2) *Thrésor des histoires admirables*, t. I, p. 549.

ont laissé en icelle de grands et riches joyaux donnez des longtemps, et ont fait conscience de s'en accommoder. Pour la garde du temple il y a ordinairement quelques hommes qui tour à tour veillent en icelui tant de jour que de nuict. Iceux rapportèrent avoir observé de fort longtemps et entendu de leurs devanciers gardes que trois semaines avant le deces de chascun chanoine de nuict se fait un grand tumulte dedans le temple : et comme si quelque puissant homme donnoit de toute sa force quelques coups de poing clos sur la chaire du chanoine qui doit mourir; laquelle ces gardes marquent incontinent : et le lendemain venu en avertissent le chapitre. C'est un adjournement personnel à ce chanoine, lequel meurt dedans trois semaines après. »

Suivant un petit ouvrage anonyme (1), « Les Espagnols parlent d'une cloche en Arragon par eux appellée la cloche du miracle, en une colline près de Villela, laquelle (disent-ils) contient dix brasses de tour, sonne parfois, mais rarement, de soi-mesme, sans estre agitée par aucun instrument ni moyen visible ou sensible, comme de mains d'hommes, de violence des vents, de tremblement de terre, ou autres semblables agitations. Elle commence en tintant, puis sonne à volée, par intervalles d'heures et de jours. Les Portugais

---

(1) *Histoire de la paix,* imprimée à Paris par Jean Richer, 1607, p. 233 et 234.

disent qu'elle sonna lors que le roi Sebastien fit le voyage d'Afrique et en l'an 1601 depuis le 13 de juin jusques au 24, à diverses reprises. On dit qu'elle sonna lorsque Alphonse V, roi d'Arragon, alla en Italie pour prendre possession du royaume de Naples, en la mort de Charles V, en une extrême maladie du roi Philippe II arresté à Badajos et au trespass de la roine Anne, sa dernière femme. »

Taillepied (1) rapporte certains présages qui précèdent l'exécution des condamnés : « Il advient aussi beaucoup de choses estranges es chateaux où sera emprisonné quelque malfaicteur digne de mort : car on y oïra de nuict de grands tintamarres, comme si l'on vouloit sauver par force le prisonnier, et semblera que les portes doivent être forcées ; mais en allant voir que c'est, on ne trouvera personne, et le prisonnier n'en aura rien senty, ny ouy. On dit aussi que les bourreaux sçavent souventes fois quand ils doivent exécuter quelque malfaicteur à mort : car leurs épées desquelles ils font justice leur en donnent quelque signe. Beaucoup de choses adviennent touchant ces pauvres misérables qui se tuent eux-mêmes. Il a fallu souvent les mener bien loing pour les jecter dans quelque grand'eau : adonc si les chevaux qui les tiraient les descendoient de quelque montagne, à grand'peine en pouvaient-ils venir à

---

(1) *Traité de l'apparition des esprits*, p. 138.

bout; et au contraire s'il falloit monter ils estoient contraints de courir, tant cela les poussoit fort. »

IV. — AVERTISSEMENTS

« Souvent Dieu nous fait savoir, dit Gaffarel (1), ce qui doit arriver par quelque signe intérieur, soit en veillant, soit en dormant. Ainsi Camerarius prétend qu'il y a des personnes qui sentent la mort de leurs parents, soit devant ou après qu'ils sont trespassez par une inquiétude estrange et non accoustumée, fussent-ils à mille lieues loin d'eux. Feue ma mère Lucrèce de Bermond avoit un signe presque semblable : car il ne mouroit aucun de nos parents qu'elle ne songeast en dormant peu de temps auparavant, ou des cheveux, ou des œufs, ou des dents mêlées de terre, et cela estoit infaillible et moy mesme lorsqu'elle disoit qu'elle avoit songé telles choses, j'en observois après l'évènement. »

D'après Taillepied (2), « On a observé es maisons de ville que, quand quelque conseiller devoit mourir, on entendoit du bruit en la place où il s'asseoit au conseil : comme le mesme advient aux bancs des églises, ou en autres lieux où on aura fréquenté et travaillé. Quand quelque moyne ou

---

(1) *Curiositez inouyes.*
(2) *Traité de l'apparition des esprits*, in-12, p. 137.

serviteur de couvent sera malade, on verra de nuit faire une bière en la même sorte qu'on la feroit par apres. On oit bien souvent es cimetières de village faire une fosse avec grands soupirs et gémissemens quand quelqu'un doit mourir, et comme elle sera faite le jour suivant. Quelquefois aussi pendant que la lune luisoit on a veu des gens aller en procession après les funérailles d'un mort. Aucuns disent que quand on voit l'esprit de quelqu'un, et il ne meurt incontinent après, c'est signe qu'il vivra longtemps, mais il ne se faut pas amuser à telles spéculations, ains plustost chascun doit s'apprester comme s'il falloit mourir dès demain afin de n'estre abusé. »

Suivant Th. Zuinger (1) « Henry II, roi de France, ayant esté déconseillé et prié nommément par la reine sa femme de ne point courir la lance le jour qu'il fut blessé à mort, ayant eu la nuict précédente vision expresse et présage du coup, ne voulut pourtant désister, mesme il contraignit le comte de Montgomerry de venir à la jouste. Comme ils s'apprestoyent à rompre la dernière lance, un jeune garçon qui regardoit d'une fenestre ce passe temps, commence à crier tout haut regardant et monstrant le comte de Montgomerry : Hélas! cest homme s'en va tuer le roy. »

« Suivant Buchanan (2), « Jaques Londin, Es-

---

(1) *Théâtre de la vie humaine*, V^e vol., liv. IV.
(2) *Histoire d'Escosse*, liv. XVII, cité par Goulart, *Thrésor des histoires admirables*, t. II, p. 944.

cossois, d'honneste maison, ayant esté longtemps travaillé d'une fievre, le jour devant que Jaques V, roy d'Escosse fut tué, se haussant un peu dedans son lict environ midi, et comme tout estonné, commence à dire tout haut à ceux qui estoyent autour de lui : Sus, sus, secourez le roy : les parricides l'environnent pour le tuer. Un peu après il se met à pleurer et crier piteusement : Il n'est plus temps de lui aider, le pauvre prince est mort. Incontinent après, ce malade expira. »

« Un autre présage du meurtre de ce prince fut comme conjoint avec le meurtre mesme. Trois domestiques du comte d'Atholie, gentils-hommes bien conus et vertueux, logez non gueres loin de la maison du roy, endormis environ la minuict, il sembla à l'un d'eux couché contre la paroy, nommé Dugal Stuart, que certain personnage s'aprochoit de lui, qui passant la main doucement par dessus la joue et la barbe de Stuart lui disoit : Debout, on veut vous tuer. Il s'esveille, et pensant à ce songe, l'un de ses compagnons s'escrie d'un autre lict : Qui est-ce qui me foule aux pieds? Stuart lui respond : C'est à l'avanture quelque chat qui rode ici la nuict. Alors le troisiesme qui dormoit encor, s'esveillant en sursaut, se jette du lict en bas et demande : Qui m'a donné bien serré sur la jouë? Sur ce il lui semble que quelqu'un sautoit avec grand bruit par la porte hors de la chambre. Comme ces trois gentilshommes devisoyent de leurs visions, voici la maison du roy renversée avec grand bruit par violence et de pouldre à canon, dont s'ensuit la mort du prince. »

D'après le petit livre intitulé *la Mort du roi*, cité par Goulart (1), « Le vendredi quatorziesme jour de may 1610, une religieuse de l'abbaye de Sainct-Paul en Picardie, sœur de Villers Hodan, gouverneur de Dieppe, estant en quelque indisposition, fut visitée en sa chambre par son abbesse, sœur du cardinal de Sourdi, et apres qu'elles se furent entretenues de paroles propres à leur condition, elle s'escria sans trouble ni sans les agitations et frayeurs propres aux enthousiastes : Madame, faites prier Dieu pour le roi : car on le tue. Et un peu après : Hélas! il est tué! En la conférence des paroles et de l'acte on a trouvé que tout cela n'avoit eu qu'une mesme heure. »

On lit dans une lettre de Mme de Sévigné au président de Monceau que, trois semaines avant la mort du grand Condé, pendant qu'on l'attendait à Fontainebleau, M. de Vernillon, l'un de ses gentilshommes, revenant de la chasse sur les trois heures, et approchant du château de Chantilly (séjour ordinaire du prince), vit, à une fenêtre de son cabinet, un fantôme revêtu de son armure, qui semblait garder un homme enseveli ; il descendit de cheval et s'approcha, le voyant toujours ; son valet vit la même chose et l'en avertit. Ils demandèrent la clef du cabinet au concierge ; mais ils en

---

(1) *Thrésor des histoires admirables*, t. IV.

trouvèrent les fenêtres fermées, et un silence qui n'avait pas été troublé depuis six mois. On conta cela au prince, qui en fut un peu frappé, qui s'en moqua cependant, ou parut s'en moquer, mais tout le monde sut cette histoire et trembla pour ce prince, qui mourut trois semaines après.

On sait que le duc de Buckingham, favori de Jacques Ier, roi d'Angleterre, fut assassiné en 1628 par Felton, officier a qui il avait fait des injustices. Quelque temps avant sa mort, Guillaume Parker, ancien ami de sa famille, aperçut à ses côtés en plein midi le fantôme du vieux sir George Villiers, père du duc, qui depuis longtemps ne vivait plus. Parker prit d'abord cette apparition pour une illusion de ses sens; mais bientôt il reconnut la voix de son vieil ami, qui le pria d'avertir le duc de Buckingham d'être sur ses gardes, et disparut. Parker, demeuré seul, réfléchit à cette commission, et, la trouvant difficile, il négligea de s'en acquitter. Le fantôme revint une seconde fois et joignit les menaces aux prières, de sorte que Parker se décida à lui obéir; mais il fut traité de fou, et Buckingham dédaigna son avis.

Le spectre reparut une troisième fois, se plaignit de l'endurcissement de son fils, et tirant un poignard de dessous sa robe : « Allez encore, dit-il à Parker; annoncez à l'ingrat que vous avez vu l'instrument qui doit lui donner la mort. »

Et de peur qu'il ne rejetât ce nouvel avertissement, le fantôme révéla à son ami un des plus intimes secrets du duc. Parker retourna à la cour. Buckingham, d'abord frappé de le voir instruit de son secret, reprit bientôt le ton de raillerie, et conseilla au prophète d'aller se guérir de sa démence. Néanmoins, quelques semaines après, le duc de Buckingham fut assassiné.

Paul Jove (1) rapporte que « Des chevaliers de Rhodes rendirent l'isle et la ville au Turc le jour de Noel, l'an 1521. En mesme instant de ceste reddition, comme le pape Adrian VI entroit en sa chapelle à Rome pour chanter messe, ayant fait le douziesme pas, une grosse pierre du portail de ceste chapelle se dissoult et tombe soudainement sur deux suisses de la garde du pape, qui tout à l'instant en furent escrasez sur la place. »

Cardan (2) raconte que « Baptiste, son parent, estudiant à Pavie, s'esveilla de nuict, et delibera prendre son fusil pour allumer la chandelle. En ces entrefaictes il entend une voix disant : Adieu, mon fils, je m'en vay à Rome, et lui sembla qu'il voyoit une tres grande lumière, comme d'un fagot de paille tout en feu. Tout estonné il se cache sous la coultre de son lict, et y demeure le reste de la nuict et la matinée, jusques à ce que ses compagnons retournent de la leçon. Ils frapent à la porte de la chambre, dont leur ayant fait ouverture, et

---

(1 En la *Vie d'Adrian VI*, cité par Goulart, *Thrésor des histoires admirables*, t. III, p. 327.

(2) *De la variété des choses*, V^e livre, chap. LXXXIV, cité par Goulart, *Thrésor des histoires admirables*, t. II, p. 1042.

raconté son songe, il adjouste en pleurant que c'estoyent nouvelles de la mort de sa mère. Eux n'en firent que secoüer les oreilles. Mais le lendemain il receut nouvelle que sa mère estoit décédée en la mesme heure qu'il avoit veu ceste grande lumière, en un lieu éloigné d'environ une journée à pied loin de Pavie. »

D'après Zuinger (1), « Jean Huber, docte médecin en la ville de Basle, estant en l'article de la mort, avis fut la nuict à Jean Lucas Isel, honnorable citoyen de Basle, demeurant lors à Besançon, lequel ne sçavoit du tout rien de ceste maladie, qu'il voyoit son lict couvert de terre fraischement fossoyée, laquelle voulant secouer, après avoir jetté bas la couverte, il vid (ce lui sembloit) Huber couché tout de son long sous les linceux, en un clin d'œil transformé en petit enfant. La nuict du lendemain il eut une autre vision : car il sembla qu'il oyoit divers piteux cris de personnes qui pleuroyent le trespas de Hubert, lequel vrayement estoit mort en ces entrefaictes. Isel esveillé reçeut au bout de quelques jours nouvelles de la mort de Huber. »

D'après des Caurres (2), « Possidonius historien, raconte de deux amis et compagnons d'Arcadie, qui est une partie d'Achaïe en la Grèce, que venans en la cité de Megara après Athènes, l'un logea à

---

(1) En son *Théâtre de la vie humaine*, V^e vol., liv. IV, cité par Goulart, *Thrésor des histoires admirables*, t. II, p. 1044.
(2) *OEuvres morales et diversifiées*, p. 377.

l'hostellerie, l'autre pour espargner logea à un cabaret. Celuy qui étoit au grand logis, la nuict en dormant vit son compagnon qui le prioit luy venir secourir, car son tavernier estoit apres à le tuer. Quoy oyant, son compagnon s'esveilla et estimant que ce fut un songe, se remist en son lict. Et si tost après qu'il fut endormy, voicy derechef son compagnon qui lui apparut, disant que puisqu'il ne l'avoit secouru en sa vie, qu'il luy aidast à venger sa mort contre le tavernier qui l'avoit meurdry, lequel avoit mis son corps sur une charrette couverte de fumier, à fin que le matin il envoyast par son chartier comme on a accoustumé à vuider le fumier, et luy dit qu'il se trouvast le matin à la porte, là où il trouveroit le corps, ce qui fut faict. Le chartier gagna au pied, et le cabaretier perdit la vie. »

« Durant nos dernières guerres, dit Goulart (1), un conseiller en la ville de Montpeslier, personnage honorable, estant avec d'autres au temple, priant Dieu, eut une vision soudaine de tous les endroits de sa maison : il lui sembla qu'un sien petit fils unique tomboit d'une haute gallerie en la basse cour de son logis. Il se leve en sursaut, va chez soi au grand pas, demande son enfant, le trouve sain et sauf, raconte son extase, commet dès lors une chambrière pour garder ce petit fils et de nuict et de jour. Trois mois après, ceste

(1) *Thrésor des histoires admirables*, tome III, p. 328.

chambrière infiniment soigneuse de l'enfant se trouva avec icelui en la gallerie, et n'ayant fait que tourner le dos, l'enfant tombe en la basse cour et est trouvé roide mort. Le conseiller esperdu se prend à sa femme, qui n'en pouvoit mais, et la tanse fort asprement. Quatre jours apres, comme ceste mere desolée ouvre certain cabinet, un fantosme tout tel que son fils mort, se presente à elle riant et feignant vouloir l'embrasser. Lors elle s'escrie : Ha ! Satan, tu veux me tenter. Mon Dieu, assiste à ta servante. Ces mots proférés, le fantosme s'esvanouit. »

Les sorcières ont eu quelquefois des corneilles à leur service, comme on le voit par la légende qui suit, et qui, conservée par Vincent Guillerin (1), a inspiré plus d'une ballade sauvage, en Angleterre et en Écosse.

« Une vieille Anglaise de la petite ville de Barkley exerçait en secret au XIe siècle, la magie et la sorcellerie avec grande habileté. Un jour, pendant qu'elle dînait, une corneille qu'elle avait auprès d'elle et dont personne ne soupçonnait l'emploi, lui croassa je ne sais quoi de plus clair qu'à l'ordinaire. Elle pâlit, poussa de profonds soupirs et s'écria : « J'apprendrai aujourd'hui de grands mal-
« heurs. »

« A peine achevait-elle ces mots, qu'on vint lui annoncer que son fils aîné et toute la famille de ce

---

(1) *Spect. hist.* lib. XXVI.

fils étaient morts de mort subite. Pénétrée de douleur, elle assembla ses autres enfants, parmi lesquels était un bon moine et une sainte religieuse; elle leur dit en gémissant:

« Jusqu'à ce jour, je me suis livrée, mes en-
« fants, aux arts magiques. Vous frémissez; mais
« le passé n'est plus en mon pouvoir. Je n'ai d'es-
« poir que dans vos prières. Je sais que les dé-
« mons sont à la veille de me posséder pour me
« punir de mes crimes. Je vous prie, comme votre
« mère, de soulager les tourments que j'endure
« déjà. Sans vous, ma perte me paraît assurée, car
« je vais mourir dans un instant. Renfermez mon
« corps dans une peau de cerf, dans une bière de
« pierre recouverte de plomb que vous lierez par
« trois tours de chaîne. Si, pendant trois nuits, je
« reste tranquille, vous m'ensevelirez la qua-
« trième, quoique je craigne que la terre ne veuille
« point recevoir mon corps. Pendant cinquante
« nuits, chantez des psaumes pour moi, et que
« pendant cinquante nuits on dise des messes. »

« Ses enfants troublés exécutèrent ses ordres; mais ce fut sans succès. La corneille, qui sans doute n'était qu'un démon, avait disparu. Les deux premières nuits, tandis que les clercs chantaient des psaumes, les démons enlevèrent, comme s'ils eussent été de paille, les portes du caveau et emportèrent les deux chaînes qui enveloppaient la caisse : la nuit suivante, vers le chant du coq, tout le monastère parut ébranlé par les démons qui

entouraient l'édifice. L'un d'entre eux, le plus terrible, parut avec une taille colossale, et réclama la bière. Il appela la morte par son nom; il lui ordonna de sortir. « Je ne le puis, répondit le ca-
« davre, je suis liée. »

« Tu vas être déliée, »répondit Satan; et aussitôt il brisa comme une ficelle la troisième chaîne de fer qui restait autour de la bière: il découvrit d'un coup de pied le couvercle, et prenant la morte par la main, il l'entraîna en présence de tous les assistants. Un cheval noir se trouvait là, hennissant fièrement, couvert d'une selle garnie partout de crochets de fer; on y plaça la malheureuse et tout disparut; on entendit seulement dans le lointain les derniers cris de la sorcière. »

FIN

TABLE DES MATIÈRES

Préface . . . . ı

Les Diables.

    I. — Existence des démons. 1
    II. — Apparitions du diable. 11
    III. — Enlèvements par le diable. 22
    IV. — Métamorphoses du diable. 33
    V. — Signes de la possession du démon. 43
    VI. — Sabbat 66
    VII. — Union charnelle avec le diable. — Incubes et Succubes. 85
    VIII. — Pacte avec le diable. — Marque des sorciers. 97
    IX. — Fourberies et méchancetés du diable 110

Les Bons Anges. 129

Le Royaume des Fées.

    I. — Fées 140
    II. — Elfes 159

Nature troublée.

    I. — Possédés. — Démoniaques. 169
    II. — Ensorcelés 187
    III. — Hommes changés en bêtes. — Lycanthropes. — Loups-garous. 197
    IV. — Sortilèges. 211

Monde des esprits.

    I. — Nature des esprits 246
    II. — Follets et Lutins 251
    III. — Gnomes. — Esprits des mines. — Gardes des trésors 259
    IV. — Esprits familiers. 272

PRODIGES.

 I. — Prodiges célestes. 280
 II. — Animaux parlants. 291

EMPIRE DES MORTS.

 I. — Ames en peine. — Lamies et Lémures . . . 295
 II. — Revenants, spectres, larves, etc. 312
 III. — Fantômes. 331
 IV. — Vampires. 343

PRÉSAGES.

 I. — Présages de guerre, de succès et de défaites. 358
 II. — Présages de naissance 369
 III. — Présages de mort. 372
 IV. — Avertissements 384

GARNIER FRÈRES
6, rue des Saints-Pères, 6

Envoi FRANCO *contre mandat ou timbres-poste joints à la demande.*

— Juin 1885 —

DICTIONNAIRE NATIONAL
OUVRAGE ENTIÈREMENT TERMINÉ
MONUMENT ÉLEVÉ A LA GLOIRE DE LA LANGUE ET DES LETTRES FRANÇAISES

Ce grand Dictionnaire classique de la Langue française contient pour la première fois, outre les mots mis en circulation par la presse, les noms de tous les Peuples anciens, modernes ; de tous les Souverains, des institutions politiques ; des Assemblées des Ordres monastiques, militaires ; des Sectes religieuses, politiques, philosophiques ; des grands Événements historiques : Guerres, Batailles, Sièges, Journées mémorables, Conspirations, Traités de paix, Conciles ; des Titres, Dignités, des Hommes ou Femmes célèbres ; des Personnages historiques de tous les pays : Saints, Martyrs, Savants, Artistes, Écrivains ; des Divinités, Héros et Personnages fabuleux ; des Religions et Cultes divers, Fêtes, Jeux, Cérémonies publiques, Mystères ; tous les Chefs-lieux, Arrondissements, Villes, Fleuves, Montagnes ; avec les Étymologies grecques, latines, arabes, celtiques, germaniques, etc.

Cet ouvrage classique est rédigé sur un plan entièrement neuf, plus exact et plus complet que tous les dictionnaires qui existent, et dans lequel toutes les définitions, toutes les acceptions des mots et des nuances infinies qu'ils ont reçues sont justifiées par plus de quinze cent mille exemples extraits de tous les écrivains, etc. Par M. BESCHERELLE aîné, 2 magnifiques volumes in-4º de plus de 3,000 pages à 4 col., sur papier grand raisin glacé, contenant la matière de plus de 300 volumes in-8 . . . 50 fr.
Relié demi-chagrin, plats toile . . . . 60 fr.

GRAMMAIRE NATIONALE

Ou grammaire de Voltaire, de Racine, de Bossuet, de Fénelon, de J.-J. Rousseau, de Bernardin de Saint-Pierre, de Chateaubriand, de Casimir Delavigne, et de tous les écrivains les plus distingués ; par MM. BESCHERELLE FRÈRES. 1 fort volume grand in-8º. Complément indispensable du *Dictionnaire national* . . . . 10 fr.

NOUVEAU DICTIONNAIRE CLASSIQUE DE LA LANGUE FRANÇAISE
Comprenant : 1º Les mots du Dictionnaire de l'Académie française, et un très grand nombre d'autres autorisés ; leurs acceptions propres et figurées ; — 2º Les termes usités dans les sciences, les arts ; — 3º La synonymie rédigée sur un plan tout nouveau ; — 4º La prononciation figurée ; — 5º Vocabulaire de biographie, d'histoire, de géographie, un tableau de la conjugaison des verbes, etc., par BESCHERELLE aîné et J. PONS. 1 vol. gr. in-8º de 1,100 pages, 10 fr. ; relié toile, 12 fr. ; demi-chagrin. 13 fr.

DICTIONNAIRE USUEL DE LA LANGUE FRANÇAISE
Comprenant : 1º Les mots admis par l'Académie, les mots nouveaux, les archaïsmes, la prononciation dans les cas douteux, les étymologies, la solution et un grand nombre d'exemples ; — 2º L'histoire, la mythologie, la géographie, par MM. BESCHERELLE aîné et A. BOURGUIGNON. 1 vol. gr. in-18 jésus de 1271 pages, 5 fr. ; relié toile . . . . 6 fr.

DICTIONNAIRE USUEL DE TOUS LES VERBES FRANÇAIS
Tant réguliers qu'irréguliers ; par MM. BESCHERELLE frères. 3e édition. 2 forts volumes in-8º à 2 colonnes, 12 fr. ; relié . . . . 16 fr.

PETIT DICTIONNAIRE NATIONAL, par BESCHERELLE aîné, auteur du *Grand Dictionnaire national*, 1 fort vol. in-32, br. 2 fr. ; rel. toile 2 fr. 75

GRAMMAIRES EN DEUX LANGUES

Grammaire de la Langue anglaise 1° Traité de la prononciation avec un *syllabaire* et de nombreux exercices de lecture; — 2° Cours de thèmes complet; — 3° Idiotismes; — 4° Dialogues familiers, par MM. CLIFTON et MERVOYER. 1 vol. in-18, cart........ 2 fr.

Grammaire pratique et raisonnée de la langue allemande par E. GRÉGOIRE, ancien professeur d'allemand au collège Stanislas. 1 vol. in-18..... 3 fr.

New Etymological French Grammar Giving for the first time the history of the French syntax, by A. CHASSANG. With introductory remarks for the use of English schools and colleges, by L. PAUL BLOUET B. A. French Master, St-Paul's School, 1 fort v. in-18. 5 fr.

Grammaire Allemande Pratique à l'usage des classes de grammaire. Ouvrage rédigé conformément aux derniers programmes officiels, par H. A. BIRMANN, professeur à l'École Polytechnique. 1 v. in-18...... 1 fr. 50

Recueil de Lectures Allemandes prose et vers, notes historiques, littéraires et grammaticales, notice biographique sur les auteurs allemands, par H.-A. BIRMANN et DREYFUS, professeurs à l'école Turgot. 1 vol. in-18..... 1 fr. 50

Grammaire Espagnole-Française de Sobrino Très complète et très détaillée, contenant toutes les notions nécessaires pour apprendre à parler et à écrire correctement l'espagnol. Edit. refondue avec le plus grand soin, par A. GALBAN, professeur. 1 vol. in-8..... 4 fr.

Nouvelle Grammaire Espagnole-Française Avec des thèmes, grand nombre d'exemples dans chaque leçon, mettant les élèves à même de parler et d'écrire l'espagnol, par A. GALBAN, professeur de langue espagnole. 1 v. in-18. 2 fr.

Gramatica de la lengua Francesa Para los Espanoles, par CHANTREAU, corrigée avec le plus grand soin par A. GALBAN, professeur des deux langues. 1 vol. in-8......... 4 fr.

Grammaire Italienne En 25 leçons, d'après VERGANI, corrigée et complétée par C. FERRARI, ancien professeur à l'Université de Turin, auteur du *Nouv. Dict. italien-français*. 1 v. cart. 2 fr.

Nuova Grammatica Francese-Italiana Di L. GOUDAR, con nuove regole alla moderna pronunzia, ricavate dalle opere de' migliori grammatici. Edizione corretta ed arrichita da CACCIA, autore del Nuovo Dizionario italiano-spagnuolo. 1 vol. in-12......... 2 fr.

Grammaire Portugaise Raisonnée et simplifiée, par M. Paulino de SOUZA. 1 fort vol. in-18........ 6 fr.

Abrégé de la Grammaire Portugaise DE P. DE SOUZA avec un cours gradué de thèmes, par DE FONSECA. 1 volume in 18............ 3 fr.

Grammaire de la Langue d'Oïl Français de XIIe et XIIIe siècles, par A. BOURGUIGNON. 1 vol. in-18...... 2 fr.

LEXIQUE LATIN-FRANÇAIS

Approuvé par la Commission. Rédigé conformément au Décret du 19 juin 1880, d'après les dictionnaires les meilleurs et les plus récents, à l'usage des examens du baccalauréat ès lettres, par E. BENOIST, professeur de poésie latine à la Faculté des lettres de Paris, et J. FAVRE, professeur au collège Stanislas. 1 vol. in-18 jésus broché : 5 fr.; relié.... 6 fr.

LEXIQUE FRANÇAIS-ANGLAIS

Approuvé par la Commission. Rédigé conformément au Décret du 19 juin 1880, à l'usage des candidats au baccalauréat ès lettres, par A. BABET, docteur ès lettres, professeur agrégé d'anglais au lycée Henri IV, 1 vol. in-18 jésus broché : 4 fr.; relié............ 5 fr.

LEXIQUE FRANÇAIS-ALLEMAND

Approuvé par la Commission. Rédigé conformément au Décret du 19 juin 1880, à l'usage des candidats au baccalauréat ès lettres, par L. SCHMITT, agrégé de l'Université, professeur de langue allemande au lycée Condorcet. 1 vol. in-18 jésus broché : 4 fr.; relié......... 5 fr.

DICTIONNAIRE DES SYNONYMES DE LA LANGUE FRANÇAISE

Comprenant et résumant tous les travaux faits jusqu'à ce jour sur les synonymes français et notamment ceux de Girard, d'Alembert, Diderot, Beauzée, Roubaud, Condillac, Guizot, Laveaux, Lafaye, etc., par A. BOURGUIGNON et E. BERGEROL. 1 fort vol. in-32 format Cazin, rel..... 5 fr.

PETITS DICTIONNAIRES EN DEUX LANGUES

Format grand in-32 Cazin, reliés. *Avec la prononciation figurée*, très complets et exécutés avec le plus grand soin, contenant chacun la matière d'un fort vol. in-8; à l'usage des voyageurs, des lycées, des collèges, de la jeunesse des deux sexes, et de toutes les personnes qui étudient les langues étrangères.

Nouveau Dictionnaire anglais-français et français-anglais, par M. CLIFTON, 1 vol. rel . . . . 5 fr.

Nouveau Dictionnaire allemand-français et français-allemand, par M. ROTTECK, 1 vol. relié . . . . . 5 fr.

Dictionnaire italien-français et français-italien, par FERRARI, 1 fort vol. relié . . . . 5 fr.

Nouveau Dictionnaire français-espagnol et espagnol-français, par VICENTE SALVA, 1 vol. relié . . . . 6 fr.

Nouveau Dictionnaire portugais-français et français-portugais, avec la prononciation figurée dans les deux langues, par SOUZA PINTO. 1 fort vol. relié . . . . 6 fr.

Nouveau Dictionnaire français-russe, et russe-français, par SOKOLOFF, 2 v. reliés . . . . 10 fr.

Nouveau Dictionnaire latin-français par E. DE SUCKAU, 1 fort vol. rel. 5 fr.

Nouveau Dictionnaire français-latin, par E. BENOIST, professeur à la Sorbonne. 1 vol. . . . . 5 fr.

Nouveau Dictionnaire grec-français rédigé sur un plan nouveau, par A. CHASSANG, inspecteur général, 1 vol. relié . . . . 6 fr.

Nouveau Dictionnaire grec moderne-français et Français-grec moderne, par E. LEGRAND. 2 vol. à . . . . 6 fr.

Diccionario espanol-inglés e inglés-espanol portatil, por F. CORONA BUSTAMANTE. 2 v. rel. . . . . . . 6 fr.

Diccionario espanol-italiano e italiano-espanol, por D. J. CACCIA, con arreglo a los mejores diccionarios, y el mas completo de los publicados. 1 vol. in-32 relié toile . . . . 5 fr.

New Dictionary of the English and Italian and Italian-English languages by ALP. DE BIRMINGHAM 1 v. rel. 6 fr.

GUIDES POLYGLOTTES

MANUELS DE LA CONVERSATION ET DU STYLE ÉPISTOLAIRE

A l'usage des voyageurs et des écoles, par MM. CLIFTON, VITALI, CORONA BUSTAMANTE, EBELING. Grand in-32, format dit Cazin, élégamment cartonné, 2 fr.; relié, 2 fr. 25.

Français-anglais, par M. CLIFTON, 1 v.
Français-italien, par M. VITALI. 1 vol.
Français-allemand, par M. EBELING. 1 v.
Français-espagnol, par M. CORONA BUSTAMANTE. 1 vol.
Espanol-francés, par BUSTAMANTE. 1 v.
English-french, by CLIFTON. 1 vol.
Hollandsch-franchs, par DUFRICHE. 1 v.
Espanol-inglés, por BUSTAMANTE y CLIFTON. 1 vol.

English and Italian. 1 vol.
Espanol-aleman, por EBELING. 1 vol.
Deutsch-english, par VON EBELING. 1 v.
Espanol-italiano, por BUSTAMANTE. 1 vol.
Italiano-tedesco, da VITALI. 1 vol.
Portuguez-francez, por M. DUARTE. 1 v.
English-portuguese, por DUARTE y CLIFTON. 1 vol.
Espanol-portugués, de DUARTE. 1 vol.

Par exception, cartonné, 3 fr.; relié, 3 fr. 50 :

Grec moderne-français, par M. E. LEGRAND. 1 vol.
Russe-français, par le comte de MONTEVERDE. 1 vol.
Anglais-russe, par MONTEVERDE. 1 vol.
Russe-allemand, par le même. 1 vol.
Russe-italien, par le même. 1 vol.
Guide en quatre langues. Français-anglais-allemand-italien. 1 vol. de 728 pages.

Guide français-anglais, avec la *prononciation figurée de tous les mots anglais*. 1 vol.
Polyglot Guides Manual of Conversation, with the figured pronunciation of the French, by MM. CLIFTON and DUFRICHE-DESGENETTES. 1 vol.
Guide Français-allemand, avec la prononciation figurée des mots allemands, par M. BIRMANN. 1 vol.

Guide en six langues. Français-anglais-allemand-italien-espagnol-portugais. 1 fort vol. in-16 de 550 pages, 5 fr.; relié . . . . 6 fr.

GRAND DICTIONNAIRE
ANGLAIS-FRANÇAIS ET FRANÇAIS-ANGLAIS

Composé sur un nouveau plan d'après les travaux d'Ogilvie, de Worcester, de Webster, de Johnson, de Cooley, de Bescherelle, etc., et les ouvrages spéciaux les plus récents, par CLIFTON et ADRIEN GRIMAUX. 2 vol. grand in-8 jés., 2,200 pages à 3 col., 20 fr. Relié demi-chagrin, 2 vol. . **28 fr.**

GRAND DICTIONNAIRE
FRANÇAIS-ALLEMAND ET ALLEMAND-FRANÇAIS

Composé sur un plan nouveau, d'après les dictionnaires de l'Académie, de Bescherelle et de Littré, avec la prononciation dans les deux langues, par H.-A. BIRMANN. *Partie Française-allemande.* 1 fort vol. grand in-8 jésus, 10 fr. Relié demi-chagrin, plats toile. . . . . **14 fr.**

GRAND DICTIONNAIRE
ESPAGNOL-FRANÇAIS ET FRANÇAIS-ESPAGNOL

Avec la prononciation dans les deux langues, rédigé d'après les matériaux réunis par D. VICENTE SALVA, F. DE P. NORIÉGA et GUIM. 1 fort vol. gr. in-8 jésus, 1,600 pages à 3 colonnes, 18 fr. Relié . . . . . . **23 fr.**

GRAND DICTIONNAIRE
ITALIEN-FRANÇAIS ET FRANÇAIS-ITALIEN

Avec la prononciation figurée dans les deux langues. Par MM. CACCIA et FERRARI. 2 forts volumes grand in-8 à trois colonnes, réunis en 1 vol. de 1,600 pages, 20 fr. Relié. **25 fr.**

NOUVEAU DICTIONNAIRE GREC-FRANÇAIS

Par M. CHASSANG, Inspecteur général de l'instruction publique, rédigé d'après les récents travaux de philologie grecque : 1º Les mots de la langue grecque ; 2º Les noms propres ; 3º Les formes irrégulières, poétiques ; 4º Renvois aux mots simples et aux racines. 1 vol. gr. in-8 de 1,300 pages, rel. toile. . . . . **15 fr.**

Dictionnaire universel de la langue française, *avec le latin et l'étymologie.* Extrait comparatif, concordance, critique, par P.-C.-D. BOISTE. Comparé avec la sixième édition du dictionnaire de l'Académie, par M. CHARLES NODIER. 15e édition, revue et corrigée. 1 vol. in-4, 20 fr. — 15 fr. Relié demi-chagrin, 25 fr. . . . . **20 fr.**

Petit Dictionnaire d'histoire, de géographie et de mythologie, par J.-P. QUITARD, auteur du *Dictionnaire des Rimes,* faisant suite au *Petit Dictionnaire national* de M. BESCHERELLE. 1 vol. in-32, br., 1 fr. 50. Rel. 2 fr.

Nouveau Dictionnaire des Rimes, précédé d'un traité complet de versification, par le même auteur. 1 volume gr. in-32, 2 fr. Relié . . . **2 fr. 75**

Dictionnaire des termes de marine, par POUSSARD, officier de marine. 1 v. in-32. Grav., relié . . . . **3 fr. 50**

DICTIONNAIRE PORTATIF DES COMMUNES DE LA FRANCE, DE L'ALGERIE ET DES AUTRES COLONIES FRANÇAISES

Précédé de tableaux synoptiques, par M. GINDRE DE MANCY. Nouvelle édition revue par P. ORSINI. 1 fort vol. in-32, 800 pages, relié . . . **5 fr.**

CODES ET LOIS USUELLES

Classés par ordre alphabétique. Nouvelle édition entièrement refondue et considérablement augmentée, contenant la législation jusqu'en 1885, collationnée sur les textes officiels, représentant en notes sous chaque article des Codes, ses différentes modifications, la corrélation des articles entre eux, la concordance avec le droit romain. Précédée de la Constitution. Table chronologique et table générale des matières ; par A. ROGER, avocat à la Cour d'appel, et ALEXANDRE SOREL, président du Tribunal civil de Compiègne. 1 beau vol. gr. in-8 jésus, 1,200 pages, broché, 20 fr. ; rel. demi-chagrin. . . . . 25 fr.

LE MÊME OUVRAGE, édition portative, format grand in-32 jésus, en 2 parties. 1re PARTIE. Les *Codes*, 4 fr. — 2e PARTIE. Les *Lois usuelles*. 4 fr. Reliure demi-chagrin, 1 fr. 25 par volume.

CODES SÉPARÉS (Édition in-32) à 1 fr. 50 ; reliés toile, 2 fr.

Code civil. 1 vol. | Code de Commerce et Sociétés. 1 vol.
Code de procédure civile. 1 vol. | Code d'Instruction criminelle. 1 vol.

RÉPÉTITIONS ÉCRITES SUR LE CODE CIVIL

Par MOURLON, contenant l'exposé des principes généraux, leurs motifs et la solution des questions théoriques, 11e édition, revue et mise au courant par M. Ch. DEMANGEAT, conseiller à la Cour de cassation, professeur honoraire à la Faculté de droit de Paris. 3 volumes in-8. . . 37 fr. 50
Chaque examen, formant un volume, séparément. . . . . . 12 fr. 50

DICTIONNAIRE DE DROIT COMMERCIAL, INDUSTRIEL ET MARITIME

Par RUBEN DE COUDER, docteur en droit, président au Tribunal civil de la Seine. Troisième édition dans laquelle a été entièrement refondu et remis au courant l'ancien ouvrage de MM. GOUGET, conseiller à la Cour de cassation, et MERGER, avoué honoraire. 6 beaux volumes in-8. . . . . . . 60 fr.

GÉOGRAPHIE GÉNÉRALE, PHYSIQUE, POLITIQUE ET ÉCONOMIQUE

Par L. GRÉGOIRE, auteur du *Dictionnaire encyclopédique d'histoire et de géographie*, etc. Avec 109 cartes (9 coloriées), 500 gravures, 16 types de races avec costumes, en chromo, 20 gravures sur acier. 1 vol. gr. in-8, 1,200 pages, 30 fr. Relié demi-chagrin, tranches dorées, 36 fr. ; avec plaques spéciales . . . . 40 fr.

DICTIONNAIRE ENCYCLOPÉDIQUE D'HISTOIRE, DE BIOGRAPHIE, DE MYTHOLOGIE ET DE GÉOGRAPHIE

Comprenant : 1º L'Histoire des peuples, la chronologie des dynasties, l'Archéologie, l'étude des institutions ; — 2º La Biographie des hommes célèbres, avec notices biographiques ; — 3º *Mythologie* : La biographie des dieux et personnages fabuleux, fêtes et mystères ; — 4º La géographie physique, politique, industrielle et commerciale, la géographie ancienne et moderne comparées ; par L. GRÉGOIRE, docteur ès lettres, professeur d'histoire au lycée Condorcet. Nouvelle édition mise au courant des modifications amenées par les événements politiques. 1 fort vol. gr. in-8 jés. à deux colonnes, 2,132 pages, en caractère très lisible, broché, 20 fr. ; — Relié. . . . . 25 fr.

M. le Ministre de l'instruction publique a souscrit pour les Bibliothèques à cette excellente publication.

DICTIONNAIRE CLASSIQUE D'HISTOIRE, DE GÉOGRAPHIE DE BIOGRAPHIE ET DE MYTHOLOGIE

Rédigé d'après le *Dictionnaire encyclopédique d'Histoire et de Géographie*, par L. GRÉGOIRE. 1 fort vol. de 1,260 pages gr. in-18 jés. Relié toile. . 8 fr.

NOUVEAU DICTIONNAIRE DE GÉOGRAPHIE ANCIENNE ET MODERNE

Par L. Grégoire. 1 vol. gr. in-32 relié toile. . . . . 5 fr.

DICTIONNAIRE ENCYCLOPÉDIQUE DES SCIENCES
DICTIONNAIRE ENCYCLOPÉDIQUE DES LETTRES ET DES ARTS

Composé dans le même esprit, avec la même méthode et dans le même format que le *Dictionnaire d'histoire, de géographie et de mythologie*, de L. Grégoire, forme avec ce dernier ouvrage, dont il est le complément obligé, un répertoire complet des connaissances humaines, une véritable encyclopédie pouvant tenir la place d'une vaste bibliothèque, qu'il ne serait pas toujours facile de se procurer ni même de consulter.

Avec des figures intercalées dans le texte. 1re *Partie* : Science, par M. Victor Desplats, docteur en médecine, professeur agrégé à la Faculté de médecine de Paris, professeur de sciences physiques et naturelles au lycée Condorcet. — 2e *Partie* : Lettres et Arts, par M. Louis Grégoire, docteur ès lettres, professeur d'histoire et de géographie, auteur du *Dictionnaire d'histoire et de géographie*, etc. 2 parties réunies en 1 fort vol. gr. in-8 jés. avec 2,000 gravures environ, 25 fr. Relié. . . . . 30 fr.

OEUVRES COMPLETES DE BUFFON

Avec la nomenclature linnéenne et la classification de Cuvier ; édition nouvelle, revue sur l'édition in-4° de l'imprimerie Royale ; annotée par M. Flourens, membre de l'Académie française. 12 vol. in-8 jésus, illustrés de 150 planches, 400 sujets coloriés, gravés sur acier, dessins originaux de MM. Traviès et Gobin . . . . 150 fr.

M. le Ministre de l'Instruction publique a souscrit pour les bibliothèques à cette excellente publication.

OEUVRES DE CUVIER, SUIVIES DE CELLES DU COMTE DE LACÉPÈDE

Complément aux *OEuvres complètes de Buffon*, annotées par M. Flourens. 4 forts vol. grand in-8 jésus, illustrés de 50 planches formées de 150 sujets coloriés avec le plus grand soin . . . . 50 fr.

OEUVRES
COMPLÈTES DE CHATEAUBRIAND

Nouvelle édition, précédée d'une étude littéraire sur Chateaubriand, par Sainte-Beuve, de l'Académie française. 12 très forts vol. in-8, sur papier cavalier vélin, ornés d'un beau portrait de Chateaubriand et de 42 gravures par Staal ; le vol. . . . . 6 fr.

Les notes manuscrites de Chateaubriand, recueillies par Sainte-Beuve, sur les marges d'un exemplaire de la 1re édition de l'*Essai sur les Révolutions*, donnent à notre édition de cet ouvrage une valeur exceptionnelle. On sait que l'exemplaire qui portait ces notes confidentielles a été acheté un prix considérable à la vente des livres du célèbre critique. Quelle que soit la destinée de cet exemplaire, les notes si importantes qu'il contient ne seront point perdues pour le public, puisqu'elles se trouvent relevées avec le plus grand soin dans notre texte. Elles sont là, en effet, et ne sont que là. Avis aux curieux.

ON VEND SÉPARÉMENT AVEC UN TITRE SPÉCIAL

Le Génie du christianisme. 1 vol.	Voyages en Amérique, en Italie et en Suisse. 1 vol.
Les Martyrs. 1 vol.	
Itinéraire de Paris à Jérusalem. 1 v.	Le Paradis perdu. 1 vol.
Atala, René, le dernier Abencérage, les Natchez, Poésies. 1 vol.	Histoire de France. 1 vol.
	Études historiques. 1 vol.

Le prix de chaque volume, avec 3, 4 ou 5 gravures : 6 r.

ŒUVRES
COMPLÈTES DE VOLTAIRE

Nouvelle édition, avec notices, préfaces, variantes, table analytique, conforme pour le texte à l'édition de BEUCHOT. Enrichie des découvertes les plus récentes et mise au courant des travaux qui ont paru jusqu'à ce jour. Vie de Voltaire par CONDORCET, études biographiques; publiée sous la direction de M. LOUIS MOLAND; portrait en pied d'après la statue du foyer public de la Comédie-Française. 50 volumes in-8 cavalier, le vol.   7 fr.
Il en a été tiré 150 exemplaires sur grand papier de Hollande, 15 fr. le volume.

SUITE DE 109 GRAVURES

D'après les dessins de MOREAU jeune, pour les *OEuvres complètes de Voltaire*. Tirée sur les planches originales. Les gravures exécutées d'après les dessins de MOREAU jeune, pour la célèbre édition imprimée à Kehl à la fin du siècle dernier, jouissent d'une réputation qui en faisait désirer vivement la réimpression. Ces gravures, tirées sur les planches originales parfaitement conservées . . . .   30 fr.
Il a été tiré 150 épreuves sur papier de Chine et 150 sur papier Whatman.   60 fr.

SUITE DE 90 GRAVURES MODERNES

Dessins de STAAL, PHILIPPOTEAUX, etc., pour les *OEuvres complètes de Voltair* Ces quatre-vingt-dix gravures modernes, qui viennent s'ajouter aux gra vures de l'édition de Kehl, sont des œuvres excellentes, pour lesquelle aucun soin n'a été épargné. La collection . . . .   30 fr.
Il a été tiré 150 épreuves sur papier de Chine.   60 fr.

ŒUVRES COMPLÈTES DE DIDEROT

Revues sur les éditions originales et complétées d'après les manuscrits de la bibliothèque de l'Hermitage, avec notices, notes par J. ASSÉZAT et M. TOURNEUX. 20 vol. in-8 cavalier, avec portraits et planc., le vol.   7 fr.

CORRESPONDANCE LITTÉRAIRE
DE GRIMM ET DIDEROT, 1747-1790

Nouvelle édition collationnée sur les textes originaux, comprenant, outre ce qui a été publié à diverses époques et les fragments supprimés en 1813 par la censure, les parties inédites conservées à la Bibliothèque ducale de Gotha et à l'Arsenal de Paris : Notice, notes, table générale par MAURICE TOURNEUX; 16 volumes in-8 cavalier; le volume . . . .   7 fr.
Il a été tiré à 100 exemplaires sur papier de Hollande, le volume . . .   15 fr.

ŒUVRES DE RABELAIS

Texte revu et collationné sur les éditions originales, accompagné d'une vie de l'auteur; de notes et d'un glossaire. 60 grandes compositions de nombreux dessins, 250 en-têtes de chapitres, environ 240 culs-de-lampe, par GUSTAVE DORÉ. 2 vol. in-4 colombier, imprimés sur papier vélin.   200 fr.
Il a été tiré 200 exemplaires numérotés sur papier de Hollande . . .   300 fr.
LE MÊME OUVRAGE, 2 vol. in-4, 70 fr. — Relié toile, tranches ébarbées, 80 fr. — Demi-chagrin, fers spéciaux, 90 fr. ; avec coins, tête dorée . . . .   90 fr.
Il a été tiré 50 exemplaires numérotés sur Chine, 200 fr.

HISTOIRE DE LA GUERRE FRANCO-ALLEMANDE (1870-71)

Par M. AMÉDÉE LE FAURE. Edition illustrée de portraits historiques, combats et batailles. Nombreuses cartes avec les positions stratégiques des deux armées. 2 magnifiques vol. gr. in-8 colomb., 15 fr. Rel. 2 v. en un.   20 fr.

HISTOIRE DE LA GUERRE D'ORIENT

Avec cartes, plans, illustrations, portraits, vues, batailles, etc., par le même. 2 vol. gr. in-8, 15 fr. Relié toile, doré sur tranches . . .   20 fr.

CHEFS-D'ŒUVRE
DE LA LITTÉRATURE FRANÇAISE

FORMAT IN-8 CAVALIER, PAPIER VÉLIN SATINÉ DU MARAIS

Imprimés avec luxe, ornés de gravures sur acier, dessins par les meilleurs artistes

58 volumes sont en vente à 7 fr. 50

Il a été tiré de chaque volume de la collection 150 *exemplaires numérotés* sur papier de Hollande, avec figures sur Chine avant la lettre, 15 fr. le vol.

Molière. (Œuvres complètes). Nouvelle édition très soigneusement revue sur les textes originaux, avec un nouveau travail de critique et d'érudition, aperçus d'histoire littéraire, examen de chaque pièce, etc. par M. LOUIS MOLAND. 12 volumes.

J. Racine. (Œuvres complètes), avec une Vie de l'auteur et un examen de chacun de ses ouvrages, par M. SAINT-MARC GIRARDIN, de l'Académie française. 8 vol.

Lafontaine. (Œuvres complètes). Nouvelle édition, avec un nouveau travail de critique et d'érudition, par M. LOUIS MOLAND. 7 volumes.

Michel de Montaigne. (Essais). Nouvelle édition, avec les notes de tous les commentateurs, complétée par M. J.-V. LE CLERC. Etude sur Montaigne par M. PRÉVOST-PARADOL. 4 vol., avec portrait.

J. de La Bruyère. (Œuvres complètes). Nouvelle édition, publiée d'après les éditions données par l'auteur, avec une notice sur sa Vie, des variantes, des notes et un lexique, par A. CHASSANG, lauréat de l'Académie française, inspecteur général de l'Instruction publique. 2 vol.

La Rochefoucauld. (Œuvres complètes) Nouvelle édition, avec des notices sur la vie de La Rochefoucauld et sur ses divers ouvrages, un choix de variantes, des notes, une table analytique des matières et un lexique, par M. CHASSANG, inspecteur général de l'instruction publique, lauréat de l'Académie française. 2 vol.

Boileau. (Œuvres complètes), avec des commentaires et un travail nouveau de M. GIDEL. 4 volumes.

André Chénier (Œuvres poétiques). Nouvelle édition, vignettes de STAAL. 2 vol.

Montesquieu. (Œuvres complètes). Textes revus, collationnés et annotés par EDOUARD LABOULAYE, membre de l'Institut. 7 vol.

Ronsard. (Œuvres choisies), avec notice, notes et commentaires par SAINTE-BEUVE; nouvelle édition, revue et augmentée par L. MOLAND. 1 vol., avec portrait de l'auteur.

Clément Marot (Œuvres), annotées, revues sur les éditions originales et précédées de sa Vie, par C. D'HÉRICAULT. 1 vol. orné du portrait de l'auteur.

Jean-Baptiste Rousseau. (Œuvres), avec un nouveau travail de M. ANTOINE DE LATOUR. 1 v. orné du port. de l'auteur.

Le Sage. Histoire de Gil Blas de Santillane, avec remarques des divers annotateurs, notice par SAINTE-BEUVE, les jugements et témoignages sur LE SAGE et sur *Gil Blas*. 2 volumes.

Buffon. (Chefs-d'œuvre littéraires), introduction par M. FLOURENS, de l'Académie française. 2 vol. portrait de Buffon.

L'Imitation de Jésus-Christ. Traduction nouvelle avec des réflexions par M. l'abbé DE LAMENNAIS. 1 vol.

Massillon. (Œuvres choisies), accompagnées de notes et notice par M. GODEFROY. 2 vol. avec portrait.

Nous avions promis, dans le prospectus de *Molière*, de chercher à remettre en honneur les belles éditions de nos auteurs classiques. Les volumes qui ont paru permettent de juger si nous avons tenu parole.

Notre collection contiendra la fleur de la littérature française. Elle se composera de quatre-vingts volumes environ, imprimés avec le plus grand luxe, et dignes de tenir une place d'honneur dans les meilleures bibliothèques.

ŒUVRES
COMPLÈTES DE BÉRANGER
9 volumes in-8, format cavalier, magnifiquement imprimés,
papier vélin satiné, contenant :

Les Œuvres anciennes, illustrées de 53 gravures sur acier d'après CHARLET, JOHANNOT, RAFFET, etc. 2 vol. 28 fr.
Les Œuvres posthumes. Dernières chansons illustrées, 14 gravures sur acier de A. DE LEMUD. 1 vol. . . . 12 fr.
Ma Biographie, avec un appendice et des notes, illustrée de 9 gravures et d'une photographie. 1 vol. . . . . . 12 fr.

Musique des chansons, airs notés anciens et modernes. Nouv. édit. revue par F. FÉRAT, ill. de 80 grav. d'ap. GRANDVILLE et RAFFET. 1 v. . . . 10 fr.
MÊME OUVRAGE, sans gravures . . 6 fr.
Correspondance de Béranger, magnifique portrait grav. sur acier; 4 forts vol. contenant 1,200 lettres et un catalogue analytique de 155 autres. 24 fr.

Outre le portrait inédit qui orne cette édition, les éditeurs offrent aux Amateurs qui prendront l'ouvrage entier un exemplaire du GRAND PORTRAIT DE BÉRANGER, gravé sur acier par Lévy, haut de 36 cent. sur 28 cent. de large. Ce portrait se vend séparément.

GRAND PORTRAIT DE BÉRANGER
DE 0m36 DE HAUT SUR 0m28 DE LARGE
Dessiné d'après nature par SANDOZ et gravé au burin par G. Lévy.

Papier blanc, chaque épreuve. . 10 fr.
Papier de Chine . . . . 15 fr.
Papier de Chine, épreuves avant la lettre tirées à 120 exemplaires. . . . 30 fr.

NOTA. — On vient de publier 24 photographies sur les dessins de l'in-8 pour compléter l'édition parue en 1844 des anciennes chansons. 2 vol. in-18 illustrés de 44 photographies. . . . . 24 fr.

CHANSONS DE BÉRANGER
(ANCIENNES ET POSTHUMES)
Nouvelle édition populaire illustrée de 161 dessins inédits de MM. ANDRIEUX, BAYARD, DARJOU, GODEFROY DURAND, PAUQUET, etc., vignettes par M. GIACOMELLI, avec un beau portrait de l'auteur 1 vol. grand in-8 jés. 10 fr.

ALBUM BÉRANGER
Par GRANDVILLE. 80 dessins gravés. 1 vol. grand in-8 cavalier. . . 10 fr.

CHANTS ET CHANSONS POPULAIRES DE LA FRANCE
Nouvelle édition avec musique, illustrée de 339 belles gravures sur acier, d'après DAUBIGNY, E. GIRAUD, MEISSONNIER, STAAL, TRIMOLHET, gravées par les meilleurs artistes; notice par A. DE LAMARTINE. 3 vol. gr. in-8. 48 fr.

CHANTS ET CHANSONS POPULAIRES DES PROVINCES DE FRANCE
Notice par CHAMPFLEURY. Accompagnement de piano par M. J. B. WEKERLIN. Illust. par BIDA, COURBET, JACQUE, etc., 1 vol. gr. in-8. . . . 12 fr.

CHANSONS NATIONALES ET POPULAIRES DE LA FRANCE
Notes historiques et littéraires par DUMERSAN et NOEL SÉGUR, vignettes grav. sur acier, tirées à part. 2 vol. gr. in-8. . . . . 20 fr.

DICTIONNAIRE GÉNÉRAL DES SCIENCES THÉORIQUES ET APPLIQUÉES
Comprenant les mathématiques, la physique et la chimie, la mécanique et la technologie, l'histoire naturelle et la médecine, l'économie rurale et l'art vétérinaire, par MM. PRIVAT-DESCHANEL et AD. FOCILLON, professeurs des sciences physiques et des sciences naturelles. 2 forts vol. gr. in-8. 32 fr.
Reliés demi-chagrin, plats toile. . . . . 40 fr.

COLLECTION D'ANTONIN CARÊME

CHEF DES CUISINES DU PRINCE RÉGENT D'ANGLETERRE (GEORGES IV)

ANTONIN CARÊME. — L'Art de la cuisine française au dix-neuvième siècle. 5 vol. in-8. Rare. Epuisé.

PLUMEREY. — Les tomes IV et V, composés par M. PLUMEREY, chef des cuisines de l'ambassade de Russie à Paris, se vendent séparément et contiennent les *entrées chaudes*, les *rôts en gras et en maigre*, les *entremets, légumes*. 2 vol. . . . . . . 16 fr.

Le Maître d hôtel français. 2 vol. in-8, ornés de 10 gr. planches . . . 16 fr.
Le livre le plus distingué qui existe sur la composition des menus pendant toute l'année à Paris, Londres.

Le Cuisinier parisien, 1 volume in-8 orné de 25 pl. . . . . 9 fr.
Traité élégant, classique, de toutes les entrées froides et entremets.

Le Pâtissier national parisien, ou traité élémentaire et pratique de la Pâtisserie ancienne et moderne, suivi d'observations utiles au progrès de cet art. Nouvelle édition, revue et corrigée, ornée de nombreuses figures. 2 forts vol. grand in-18. . . . . 8 fr.

Le Pâtissier pittoresque, chefs-d'œuvre d'invention et de dessin de l'art si difficile de monter les pièces. Les premiers modèles des grandes pièces s'y trouvent réunis. 1 vol. gr. in-8, orné de 126 planches . . . . 10 fr. 50

Le Cuisinier Durand. Cuisine du Midi et du Nord, revue, corrigée et augmentée, par C. DURAND, maître d'hôtel, petit-fils de l'auteur. 1 fort vol. in-18 illust., gr. nombre de gravures. . 6 fr.

TRAITÉ DE L'OFFICE

Par T. BERTHR, ex-officier de bouche de feu Son Excellence M. le comte Pozzo di Borgo. Ouvrage indispensable aux maîtres d'hôtel, valets de chambre, cuisiniers, et à tous les gens du monde. 1 vol. in-18 jés. 3 fr. 50

IL VERO SECRETARIO ITALIANO

O Guida a scrivere ogni sorta di lettere : Lettere di ringraziamento — Lettere di domando e di preghiera — Lettere di congratulazione e di lode. Per CURA DI B. MELZI. 1 vol. grand in-18 jésus . . . . 2 fr.

IL NUOVISSIMO SECRETARIO ITALIANO

O Guida a scrivere ogni sorta di lettere. Per CURA DI B. MELZI. 1 vol. in-18 jésus . . . . 1 fr. 50

NUOVO VOCABOLARIO UNIVERSALE

Della lengua italiana, storico, geografico, scientifico, bibliografico, mitologico, etc. compilato da B. MELZI, professore di belle lettere. 1 vol. in-18 jésus, relié . . . . 6 fr.

HISTORIA DE GIL BLAS DE SANTILLANA

Traducida por el P. ISLA. Bella edicion con láminas de acero. 1 tomo en 8º . . . . 7 fr. 50
LE MÊME OUVRAGE, in-18. . . . . 5 fr.

EL INGENIOSO HIDALGO DON QUIJOTE DE LA MANCHA

Edicion conforme à la última corregida por la Academia española. 1 tomo en 8º. *Con retrato y láminas* . . . . 10 fr.
LE MÊME OUVRAGE, in-18. . . . . 5 fr.

LE MIEI PRIGIONI

Memorie de SILVIO PELLICO da Salluzzo, con ritratto illustre, in-18. . 2 fr.

NUOVISSIMA SCELTA DI PROSE ITALIANE

Tratte da più celebri autori antichi e moderni, con brevi notizie sopra la vita, e gli scritti di ciascheduno, da A. F. TOLA. 1 vol. in-12. . 2 fr.

CHEFS-D'ŒUVRE
DU ROMAN FRANÇAIS

12 beaux volumes in-8 cavalier, papier des Vosges, illustrés de charmantes gravures sur acier, à 7 fr. 50

GRAVÉES PAR LES PREMIERS ARTISTES D'APRÈS LES DESSINS DE STALL

Œuvres de madame de la Fayette. 1 vol.
Œuvres de mesdames de Fontaines et de Tencin. 1 vol.
Histoire de Gil Blas de Santillane, par LE SAGE. 2 vol.
Le Diable boiteux, suivi de *Estévanille Gonzalès*, par LE SAGE. 1 vol.
Histoire de Guzman d'Alfarache, par LE SAGE. 1 vol.

La Vie de Marianne, suivie du *Paysan parvenu*, par MARIVAUX. 2 vol.
Œuvres de madame Riccoboni, 1 v.
Œuvres de Mme Elie de Beaumont, de Mme de Genlis, de Fiévée et de Mme de Duras. 1 vol.
Œuvres de madame de Souza. 1 vol.
Corinne ou l'Italie, par Mme DE STAEL. 1 vol.

OEUVRES DE WALTER SCOTT

Traduction de M. DEFAUCONPRET, édition de luxe entièrement terminée, revue et corrigée avec le plus grand soin, illust. de 59 magnifiq. vignet. et port. sur acier d'après RAFFET. 30 v. in-8 caval., pap. glacé et satiné. 150 fr.
Prix de chaque volume. . . . . 5 fr.

1. Waverley.
2. Guy Mannering.
3. L'Antiquaire.
4. Rob-Roy.
5. { Le Nain noir. / Les Puritains d'Ecosse.
6. La Prison d'Edimbourg.
7. { La Fiancée de Lammermoor. / L'officier de fortune.
8. Ivanhoë.
9. Le Monastère.
10. L'Abbé.
11. Kenilworth.
12. Le Pirate.
13. Les Aventures de Nigel.
14. Peveril du Pic.
15. Quentin Durward.
16. Eaux de Saint-Ronan.
17. Redgauntlet.
18. Connétable de Chester.
19. Richard en Palestine.
20. Woodstock.
21. Chronique de la Canongate.
22. La Jolie fille de Perth.
23. Charles le Téméraire.
24. Robert de Paris.
25. { Le Château périlleux. / La Démonologie.
26.
27. } Histoire d'Ecosse.
28.
29. } Romans poétiques.
30.

LE MÊME OUVRAGE, nouvelle édition, publiée en 30 vol. in-8 carré avec gravures sur acier. Chaque volume contient au moins un roman complet et se vend. 3 fr. 50

OEUVRES DE J. FENIMORE COOPER

Traduction de M. DEFAUCONPRET, ornées de 90 vignettes d'après les dessins de MM. Alfred et Tony JOHANNOT. 30 vol. in-8. . . . . 150 fr.
On vend séparément chaque volume . . . . 5 fr.

1. Précaution.
2. L'Espion.
3. Le Pilote.
4. Lionel Lincoln.
5. Les Mohicans.
6. Les Pionniers.
7. La Prairie.
8. Le Corsaire rouge.
9. Les Puritains.
10. L'Ecumeur de mer.
11. Le Bravo.
12. L'Heidenmauer.
13. Le Bourreau de Berne.
14. Les Monikins.
15. Le Paquebot.
16. Eve Effingham.
17. Le Lac Ontario.
18. Mercédès de Castille.
19. Le Tueur de daims.
20. Les Deux amiraux.
21. Le Feu follet.
22. A bord et à terre.
23. Lucie Hardinge.
24. Wyandotté.
25. Satanstoë.
26. Le Porte-Chaîne.
27. Ravensnest.
28. Les Lions de mer.
29. Le Cratère.
30. Les Mœurs du jour.

LE MEME OUVRAGE, nouvelle édition, publiée en 30 vol. in-8 carré avec gravures sur acier. Chaque volume contient au moins un roman complet et se vend. 3 fr. 50

DICTIONNAIRE DE LA CONVERSATION ET DE LA LECTURE

52 vol. grand in-8, de 500 pages à 2 colonnes. 208 fr., net. . . . 150 fr.

SUPPLÉMENT AU
DICTIONNAIRE DE LA CONVERSATION ET DE LA LECTURE

Rédigé par tous les écrivains et savants dont les noms figurent dans cet ouvrage et publié sous la direction du même rédacteur en chef. 16 vol. in-8 de 500 pages, pareils aux 52 volumes publiés de 1833 à 1839. . 80 fr.

ŒUVRES D'AUGUSTIN THIERRY

5 vol. in-8 cavalier, papier vélin glacé, le volume. . . . . 6 fr.

Histoire de la conquête de l'Angleterre. 2 vol.
Lettres sur l'Histoire de France. — Dix ans d'études historiques. 1 vol.
Récits des temps mérovingiens. 1 vol.
Essai sur l'Histoire du tiers-état. 1 vol.

HISTOIRE DES DEUX RESTAURATIONS

Jusqu'à l'avènement de Louis-Philippe (de janvier 1813 à octobre 1830), par ACHILLE DE VAULABELLE. Nouvelle édition illustrée de 48 vignettes et portraits sur acier, dessins de PHILIPPOTEAUX. 10 vol. in-8 à . . . 6 fr.

HISTOIRE DES DUCS DE BOURGOGNE

Par M. DE BARANTE, de l'Académie française ; 12 vol. in-8, papier vélin satiné. 104 gravures et de nombreuses cartes . . . . 60 fr.

HISTOIRE UNIVERSELLE

Par le comte DE SÉGUR, de l'Académie française; contenant l'histoire de tous les peuples de l'antiquité, l'histoire romaine et l'histoire du Bas-Empire. 9e édition, 30 gravures sur acier. 3 vol. gr. in-8. . . . . . 37 fr. 50

On peut acheter séparément chaque volume qui forme un tout complet.

Histoire ancienne. Contenant l'histoire des Egyptiens, des Assyriens, des Mèdes, des Carthaginois, des Juifs. 1 vol. . . . . 12 fr. 50
Histoire romaine. Contenant l'histoire de l'empire romain, depuis la fondation de Rome jusqu'à Constantin. 1 vol . . . . 12 fr. 50
Histoire du Bas-Empire. Depuis Constantin jusqu'à la fin du second empire grec. 1 vol . . . . 12 fr. 50

ŒUVRES COMPLÈTES D'ALFRED DE MUSSET

Édition ornée de 28 gravures, dessins de M. BIDA, avec lettres inédites, et une notice biographique par son frère. 11 vol. in-8 cavalier. . . 88 fr.

ŒUVRES DE MUSSET. 1 vol. gr. in-8, illust. de 28 dessins. . . . . 20 fr.

ŒUVRES COMPLÈTES DE H. DE BALZAC

La Comédie humaine. Nouv. édit. ill. de 121 vign. d'après JOHANNOT, MEISSONNIER, GAVARNI, BERTALL, 20 v. in-8 . . . . 120 fr.

HISTOIRE DE LA RÉVOLUTION FRANÇAISE

Par M. LOUIS BLANC. 12 vol. in-8, imprimés sur beau papier satiné. 60 fr.

HISTOIRE DE FRANCE

Depuis les temps les plus reculés jusqu'à la Révolution de 1789, par ANQUETIL, suivie de l'*Histoire de la Révolution française*, du *Directoire*, du *Consulat*, de l'*Empire* et de la *Restauration*, continuée jusqu'à la Constitution de 1875; ill. vign. sur acier. 14 vol. in-8 cav. à . . . . 7 fr. 50

HISTOIRE DE FRANCE

1830 à 1875. Époque contemporaine, par Louis GRÉGOIRE, professeur d'histoire et de géographie. 4 vol. in-8 cavalier avec figures à. . . 7 fr. 50

LE PLUTARQUE FRANÇAIS

Vie des hommes et des femmes illustres de la France. Edit. rev., corrigée et augmentée, publiée sous la direction de M. T. HADOT. 180 biographies, et autant de portraits, dessins de INGRES, HORACE VERNET, ARY SCHÆFFER, JOHANNOT, MEISSONNIER. 6 vol. grand in-8. . . . . 96 fr.

GÉOGRAPHIE UNIVERSELLE

Par MALTE-BRUN. 6e édit, 6 vol. gr. in-8, ornés de 41 gr. sur acier. 60 fr.
Atlas entièrement établi à neuf. 1 vol. in-folio, composé de 72 magnifiques cartes coloriées, dont 14 doubles. L'atlas se vend séparément. . 20 fr.

MYTHOLOGIE DE LA GRÈCE ANTIQUE

Par Paul DECHARME, professeur de littérature grecque à la Faculté des lettres de Nancy, ancien membre de l'Ecole française d'Athènes. Ouvrage orné de 180 grav. et de 4 chromolithographies, d'après l'antique. 1 vol. grand in-8 raisin. 16 fr.

HISTOIRE DES GIRONDINS

Par A. DE LAMARTINE. Édition illustrée d'environ 350 gravures dans le texte, 3 vol. gr. in-8 jésus. . . . . 21 fr.

OUVRAGES RELIGIEUX

Œuvres complètes de Bossuet, classées pour la première fois selon l'ordre logique et analogique, publiées par M. l'abbé MIGNE. 11 v. gr. in-8 jésus. 60 fr.

Discours sur l'histoire universelle. Édition revue d'après les meilleurs textes, gravures en taille-douce. 1 vol. gr. in-8 jésus. . . . . 18 fr.

Oraisons funèbres et panégyriques. Édition illustrée de douze gravures sur acier, d'après REMBRANDT, MIGNARD, RIBERA, POUSSIN, CARRACHE, etc. 1 beau vol. grand in-8 . . . . . . 18 fr.

Méditations sur l'Évangile, revues sur les éditions les plus correctes. 12 magnifiques gravures sur acier, d'après RAPHAEL, RUBENS, POUSSIN, REMBRANDT, etc. 1 vol. grand in-8 jésus. 18 fr.

Élévations à Dieu sur tous les mystères de la religion chrétienne. 1 vol. gr. in-8, 10 magnifiques gravures d'après LE GUIDE, POUSSIN, VANDERWERF, MARATTE, etc. . . 18 fr.

BOSSUET. — Œuvres oratoires complètes, oraisons funèbres, panégyriques, sermons. Nouvelle édition suivant le texte de l'édition de Versailles, améliorée et enrichie à l'aide des travaux les plus récents sur Bossuet et ses ouvrages. 4 vol. in-8, 30 fr. — Bien relié. . . . . 38 fr.

Les Vies des Saints, POUR TOUS LES JOURS DE L'ANNÉE, nouvellement écrites par une réunion d'ecclésiastiques et d'écrivains catholiques, classées pour chaque jour de l'année par ordre de dates, d'après les Martyrologes et Godescard; illustrées d'environ 1,800 gravures. 4 beaux vol. gr. in-8. 40 fr. Demi-reliure chagrin, tranche dorée, 4 tomes en deux volumes. . . . . . 52 fr.

Les VIES DES SAINTS ont obtenu une approbation des archevêques et des évêques.

Les Saints Évangiles. Traduction de LEMAISTRE DE SACY, selon saint Marc, saint Mathieu, saint Luc et saint Jean. Édition avec encadrements en couleur, gravures sur acier, frontispice or et couleur. 1 vol. grand in-8 jésus. . 20 fr.

Manuel ecclésiastique. Répertoire, alphabétiquement, 640 pages blanches, autant de titres avec divisions et sous-divisions, sur le dogme, la morale, etc. Ouvrage à l'aide duquel il est impossible de perdre une seule bonne pensée, soit qu'elle survienne à l'église, en voyage, dans la conversation, etc. 1 vol. in-4, demi-relié. . . . 6 fr.

L'Imitation de Jésus-Christ. Traduction avec des réflexions à la fin de chaque chapitre, par M. l'abbé F. DE LAMENNAIS, avec encadrements en couleur, 10 gravures sur acier et frontispice rehaussé d'or. 1 vol. grand in-8 jésus. . . 20 fr.

Imitation de Jésus-Christ. Traduite par l'abbé DASSANCE. Encadrements variés, frontispice or et couleur, et 10 gravures sur acier. 1 vol. grand in-8. . . 20 fr.

Les Femmes de la Bible. Principaux fragments d'une histoire du peuple de Dieu, par Mgr DARBOY, archevêque de Paris. Nouvelle édit., portraits des femmes célèbres de l'Ancien et du Nouveau Testament, dessins de G. STAAL. 2 v. gr. in-8. Chaque v., formant un tout complet, se vend séparément. . 20 fr.

Les Saintes Femmes. Textes par le même. 20 portraits gravés sur acier, des femmes remarquables de l'histoire de l'Église. 1 vol. grand in-8. 20 fr.

Œuvres pastorales de Mgr Darboy. Mandements, allocutions, depuis son élévation au siège de Nancy jusqu'à sa mort. 2 vol. in-8. . . . . . 10 fr.

L'Adoration des bergers, de J. RIBERA (l'Espagnolet), tableau du Salon carré du Louvre, gravée au burin par P. PELÉE. *Estampe* de 43 centimètres de haut sur 30 centimètres de large, format grand colombier vélin. . . . . 18 fr.
Papier de Chine, avec la lettre. . 24 fr.
Épreuves sur papier blanc avant la lettre, à. . . . . 36 fr.
Et 75 épreuves sur papier de Chine, avant la lettre, à. . . . 48 fr.
Il a été tiré 50 épreuves d'artistes sur papier de Chine, à. . . . 80 fr.
Et 7 épreuves de remarque sur papier de Chine, net à. . . . 30 fr.

L'Église et l'État au concile du Vatican, par ÉMILE OLIVIER. 2 vol. . . . 8 fr.

LA SAINTE BIBLE Traduite en français par LEMAISTRE DE SACY, accompagnée du texte latin de la Vulgate, magnifiques gravures sur acier d'après RAPHAEL, LE TITIEN, LE GUIDE, PAUL VÉRONÈSE, SALVATOR ROSA, POUSSIN, H. VERNET, etc., 6 forts vol. gr. in-8 j. Carte de la Terre-Sainte, plan de Jérusalem. . . . . 100 fr.

La Sainte Bible. Traduite en français par le même, magnifiques gravures d'après RAPHAEL, LE TITIEN, LE GUIDE, PAUL VÉRONÈSE, SALVATOR ROSA, POUSSIN, etc. 1 fort vol. grand in-8. Carte de la Terre-Sainte, plan de Jérusalem. . . . . 25 fr.

Biblia Sacra *Vulgatæ editionis* SIXTE V PONTIFICIS MAXIMI *jussu recognita et* CLEMENTIS VIII, *auctoritate edita*. 1 beau volume in-18, caractères très lisibles. . . . . 6 fr.

OUVRAGES GRAND IN-8 JÉSUS
MAGNIFIQUEMENT ILLUSTRÉS. — GALERIES DE PORTRAITS
GRAVURES SUR ACIER
A 20 fr. le vol. — Demi-reliure soignée, tr. dorées. . . 26 fr.

GALERIE DES PORTRAITS HISTORIQUES
Tirée des *Causeries du Lundi*, par S.-BEUVE. Portraits grav. sur acier. 1 vol.

NOUVELLE GALERIE DES GRANDS ECRIVAINS FRANÇAIS
Tirée des Portraits littéraires et des *Causeries du Lundi*, par SAINTE-BEUVE. Illustrée de portraits gravés au burin par MM. GOUTTIÈRE, DELAUNAY, NARGEOT. 1 vol.

GALERIE DES GRANDS ÉCRIVAINS FRANÇAIS
Par LE MÊME, semblable au précédent pour l'exécution et les illustr. 1 vol.

NOUVELLE GALERIE DES FEMMES CÉLÈBRES
Tirée des *Causeries du Lundi*, des *Portraits littéraires*, des *Portraits de Femmes*, par LE MÊME, illustrée de portraits inédits. 1 vol.

GALERIE DES FEMMES CÉLÈBRES
Par LE MÊME, semblable pour l'exécution à celui ci-dessus. 1 vol.

Ces volumes se complètent les uns par les autres. Ils contiennent la fleur des *Causeries du Lundi*, des *Portraits littéraires* et des *Portraits de Femmes*.

LETTRES CHOISIES DE MADAME DE SÉVIGNÉ
Magnifique galerie de portraits, sur acier, des personnages principaux qui figurent dans sa correspondance. 1 beau vol.

HISTOIRE DE FRANCE
Depuis la fondation de la monarchie, par MENNECHET, illustrée de 20 gravures sur acier, d'après les grands maîtres de l'école française, gravées par F. DELANNOY, OUTHWAITE, etc. 1 vol.

LA FRANCE GUERRIÈRE
Récits historiques d'après les chroniques et les mémoires de chaque siècle, par CH. D'HÉRICAULT et L. MOLAND, ill. de très belles grav. sur acier. 1 vol.

POESIES D'ANDRÉ CHÉNIER
Notice et notes par M. MOLAND; gravures sur acier, dessin de STAAL. 1 vol.

DANTE ALIGHIERI
La *Divine Comédie*, traduite en français, par le chevalier ARTAUD DE MONTOR, préface de M. L. MOLAND. Nouv. édit. ill., dess. de YAN'DARGENT. 1 fort v.

GALERIE D'HISTOIRE NATURELLE
Tirée de Buffon, par FLOURENS; gravures sur acier coloriées avec le plus grand soin. Dessins nouveaux de ED. TRAVIÈS et HENRI GOBIN. 1 fort vol.

NOUVELLE GALERIE D'HISTOIRE NATURELLE
Un beau volume illustré avec le plus grand soin, dessins nouveaux.

LA FEMME JUGÉE PAR LES GRANDS ÉCRIVAINS DES DEUX SEXES
La FEMME devant *Dieu*, devant la *nature*, devant la *loi* et devant la *société*. Riche et précieuse mosaïque de toutes les opinions émises sur la femme depuis les siècles les plus reculés jusqu'à nos jours, par les moralistes, les Pères de l'Eglise, les historiens, les poètes, etc.; par L.-J. LARCHER. Introduction de BESCHERELLE aîné; 20 superbes gravures sur acier, dessin de STAAL, 1 magnifique vol.

LES FEMMES D'APRÈS LES AUTEURS FRANÇAIS
Par E. MULLER. Illustrées des portraits des femmes les plus illustres, gravés au burin, d'après les dessins de STAAL, par DELANNOY, REGNAULT. 1 vol.

LETTRES CHOISIES DE VOLTAIRE
Précédées d'une notice et accompagnées de notes explicatives, par M. L. MOLAND, ornées d'une galerie de portraits historiques. Dessins de PHILIPPOTEAUX et STAAL, gravés sur acier, 1 fort vol. 20 fr., 15 fr. par exception, demi-reliure, doré sur tranche. . . . . 20 fr.

OEUVRES ILLUSTRÉES DE GRANDVILLE
6 VOLUMES GRAND IN-8, 90 FR.

LES FLEURS ANIMÉES
Texte par ALPH. KARR, TAXILE DELORD. Nouvelle édition avec planches très soigneusement retouchées pour la gravure et le coloris. 2 v. g. in-8 j. 25 fr.

FABLES DE LA FONTAINE
Illustrations de GRANDVILLE. 1 splendide vol. grand in-8 jésus, sur papier glacé, avec encadrement et un sujet pour chaque fable. . . . . . 18 fr.

LES MÉTAMORPHOSES DU JOUR
Par GRANDVILLE. 70 gravures coloriées. Texte par MM. ALBÉRIC SECOND, TAXILE DELORD, LOUIS HUARD. Notice sur GRANDVILLE, par CH. BLANC. 1 vol. . . . . 18 fr.

LES PETITES MISÈRES DE LA VIE HUMAINE
Illustrées par GRANDVILLE, de nombreuses vignettes dans le texte. 50 grandes gravures à part. Texte par OLD-NICK. 1 fort vol. gr. in-8 jésus. . 15 fr.

CENT PROVERBES
Illustrés par GRANDVILLE. Nouvelle édition augmentée d'un texte explicatif; charmantes gravures, 50 sujets color., de GRANDVILLE. 1 vol. gr. in-8. 15 fr.

L'ESPACE CÉLESTE ET LA NATURE TROPICALE
Description physique de l'univers, d'après des observations personnelles faites dans les deux hémisphères, par E. LIAIS, astronome de l'Observatoire de Paris, avec une préface de M. BABINET, de l'Institut. Illustré, dessins de YAN'DARGENT. 1 magnifique vol. in-8 jésus . . . . 15 fr.

LES FIANCÉS, HISTOIRE MILANAISE DU XVI SIECLE
Par MANZONI. Traduction nouv. du marquis de MONTGRAND. Notes historiques. Illustrée, dessins de G. STAAL. 1 fort vol. gr. in-8 jés. . . . . . . 15 fr.

OEUVRES CHOISIES DE GAVARNI
Classées par l'auteur; notices par MM. DE BALZAC, TH. GAUTIER : **La Vie de jeune homme. — Les Débardeurs.** 1 vol. gr. in-8, 80 gravures. . 10 fr.

LES CONTES DROLATIQUES
Colligez es abbayes de Touraine et mis en lumière par le sieur DE BALZAC, pour l'esbastement des pantagruelistes et non aultres. Edition illustrée de 425 dessins par GUSTAVE DORÉ. 1 magnifique vol. in-8, papier vélin. 12 fr.

LES CONTES DE BOCCACE
(LE DÉCAMERON). Édition illustrée par H. BARON, T. JOHANNOT, H. EMY, CÉLESTIN NANTEUIL, GRANDVILLE, K. GIRARDET, 32 grandes gravures et dessins dans le texte. 1 vol. gr. in-8. . . . . 15 fr.

CONTES ET NOUVELLES DE LA FONTAINE
Edition illustrée d'environ 100 vignettes dans le texte et de 75 hors texte, par TONY JOHANNOT, C. BOULANGER, ROQUEPLAN, STAAL, FRAGONARD père. 1 magnifique vol. grand in-8. . . . . 20 fr.

JULIE OU LA NOUVELLE HÉLOISE
Par JEAN-JACQUES ROUSSEAU. 38 grandes gravures hors texte, vignettes dans le texte par MM. TONY JOHANNOT, C. WATTIER, H. BARON, KARL GIRARDET, etc. 1 fort vol. gr. in-8. . . . . 15 fr.

LES CONFESSIONS DE J.-J. ROUSSEAU
Suivies des Rêveries du promeneur solitaire. Vignettes par MM. TONY JOHANNOT, NANTEUIL, H. BARON, KARL GIRARDET. 1 f. vol. gr. in-8 j. 15 fr.

EUGENE SUE
Le Juif-Errant, édition illustrée par GAVARNI, 4 vol. gr. in-8. . . 40 fr.

HISTOIRE DE LA CARICATURE ET DU GROTESQUE

Dans la littérature et dans l'art, par Thomas Wright, membre correspondant de l'Institut de France, etc. Traduite par Octave Sachot, notice par Amédée Pichot, illustrée, 238 gravures dans le texte. 1 vol. in-8. 10 fr.

HISTOIRE NATURELLE DES MAMMIFÈRES

Par Paul Gervais; illustrations, par MM. Werner, Freemann. 1 vol. grand in-8, 25 fr.; net. 15 fr.

LES MILLE ET UNE NUITS

Contes arabes, traduits par Galland. Edition illustrée, revue et corrigée sur l'édition *princeps* de 1704, dissertation sur les *Mille et une Nuits*, par le baron Sylvestre de Sacy. 1 vol. gr. in-8 . . . . 15 fr.

MÉMOIRES DE JACQUES CASANOVA

Écrits par lui-même, nouvelle édition collationnée sur l'édition originale, table analytique. 8 vol. in-8; le volume. . . . 7 fr. 50
100 *exemplaires numérotés* sur beau papier de Hollande, le vol. à . 20 fr.
10 *exemplaires numérotés* sur papier de Chine, le vol. à . . . . . 40 fr.

ENCYCLOPÉDIANA

Recueil d'anecdotes anciennes, modernes et contemporaines, etc., édition illustrée de 120 vignettes. 1 vol. in-8 de 840 pages. . . . . . 4 fr. 50

ROMANS DE VOLTAIRE

Illustrés du portrait de Voltaire et de 110 grav. 1 vol. grand in-8 . 6 fr.

60,000 VOLUMES COMPLETS DE L'ILLUSTRATION

DIVISÉS EN 4 CATÉGORIES DE PRIX

1° Volumes 25, 27, 28, 29, 30, 31, 32, 33, 34, 35, 36, 37 à 47, 56 à 60. Le volume 18 fr.; net 6.
2° Série de 45 volumes, 27 à 70, 72 et 73 inclusivement, contenant les *guerres de Crimée, des Indes, de la Chine, d'Italie, du Mexique*, etc., le volume 18 fr.; net 12.
3° Les collections complètes dont il ne nous reste plus qu'un petit nombre d'exempl. restent fixées au même prix que précédemment, 72 vol. à 18 fr.
4° Volumes 55 à 70, 72 et 73 (Le tome 71 est épuisé) à . . . . . 18 fr.

LAMARTINE

Histoire de la Révolution de 1848. Nouvelle édition, 2 vol. in-8. 15 fr.
Raphaël, Pages de la vingtième année. 2e édition. 1 vol. in-8. . . 5 fr.
Histoire de la Russie. Paris. Perrotin, 1856. 2 vol. in-8. . . . . . 10 fr.

GALERIES HISTORIQUES DE VERSAILLES (ÉDITION UNIQUE)

Ce grand et important ouvrage a été entrepris aux frais de la liste civile du roi Louis-Philippe, et rédigé d'après ses instructions. Description de 1,200 tableaux : notices historiques sur 676 écussons armoriés de la salle des Croisades. 10 vol. in-8 et un album de 100 gr. in-folio. . . . 100 fr.
Album seul en portefeuille (formant un tout complet) de 100 gravures avec notice chronologique. Relié demi-chagrin, doré sur tranche. . . 60 fr.

HISTOIRE DE L'EMPIRE OTTOMAN

DEPUIS LES TEMPS LES PLUS ANCIENS JUSQU'A NOS JOURS

Par Théophile Lavallée. 1 magnifique volume grand in-8, accompagné de 18 belles gravures anglaises . . . . 15 fr.

ROBERTSON

Œuvres complètes, avec notice, par Buchon. 2 vol. grand in-8 jésus. 15 fr.

MACHIAVEL

Œuvres complètes, avec notice, par Buchon. 2 vol. grand in-8 jésus. 15 fr.

1815 — LIGNY — WATERLOO

Par A. DE VAULABELLE. 1 volume grand in-8 jésus, illustré de 40 belles gravures. . . . . 1 fr. 50

CAMPAGNE DE RUSSIE (1812)

Par ALFRED ASSOLLANT. Édition illustrée de 40 gravures, par J. WORMS. 1 vol. grand in-8 jésus . . . . 1 fr. »

LA BRETAGNE HISTORIQUE

Pittoresque et monumentale, par JULES JANIN, illustrée par H. BELLANGÉ, RAFFET, GUDIN et DAUBIGNY. 1 vol. gr. in-8 jésus vélin. . . . . 15 fr.

LORD MACAULAY

Histoire d'Angleterre sous le règne de Jacques II, traduit de l'anglais par le comte JULES DE PEYRONNET. Deuxième édition. 3 vol. in-8. . . . 15 fr.
Histoire du règne de Guillaume III pour faire suite à l'Histoire du règne de Jacques II, traduit de l'anglais par AMÉDÉE PICHOT. 4 vol. in-8. 20 fr.

HISTOIRE D'ITALIE

Depuis les premiers temps jusqu'à nos jours, par HENRI LÉO et BOTTA, traduite de l'allemand par M. DOCHEZ. 3 vol. gr. in-8 . . . . . . 18 fr.

TABLEAU DE PARIS

Par Edmond TEXIER; ouvrage illustré de 1,500 gravures, dessins de CHAM, GAVARNI, etc. 2 vol. in-folio. . . . . 20 fr.
Riche reliure en toile, tranches dorées, 2 vol. en 1 . . . . . . 7 fr.

NOBILIAIRE DE NORMANDIE

Publié par une société de généalogistes, avec le concours des principales familles nobles de la Province, E. DE MAGNY. 2 volumes in-8 . . 40 fr.

ARMORIAL DE LA NOBLESSE DU LANGUEDOC

Introduction historique sur l'origine et la formation de la noblesse, sur le Languedoc et la Législation nobiliaire; dessins de plus de 500 blasons, par M. LOUIS DE LA ROQUE. 2 vol. gr. in-8 br. . . . . 40 fr.

NOUVEAU TRAITÉ DE BLASON

Science des armoiries à la portée des gens du monde et des artistes, d'après MÉNÉTRIER, D'HOZIER, PALLIOT, par BOUTON, peintre héraldique. 1 volume in-8, 460 blasons, 800 noms de familles . . . . 12 fr.

LE BARREAU AU XIXe SIÈCLE

Par M. O. PINARD. 2 vol. in-8. . . . . 6 fr.

ANALYSE DU JEU DES ÉCHECS

Par A.-D. PHILIDOR, Édition augmentée par soixante-huit parties jouées par Philidor, du traité de Greco, des débuts de Stamma et de Roy Lopper, par P. SANSON. 1 fort vol. in-18 jésus. . . . . 5 fr.

LE VOYAGE EN TUNISIE

De M. A. LE FAURE, député de la Creuse, précédé d'une préface de M. L. JEZIERSKI, carte de Kairouan. 1 volume in-8 jésus de 70 pag. . . . 1 fr.

COUR MARTIALE DU SERASKERAT

Procès de SULEIMAN PACHA avec portraits et cartes, par A. LE FAURE, 1 volume grand in-8 jésus . . . . 7 fr. 50

L'ITALIE CONFÉDÉRÉE

Histoire politique, militaire et pittoresque de la campagne de 1859, par AMÉDÉE DE CESENA. 4 beaux volumes grand in-8 illustrés . . . . 24 fr.

CAMPAGNE DE PIÉMONT ET DE LOMBARDIE

Par AMÉDÉE DE CÉSÉNA. 1 volume grand in-8 jésus illustré. . . . 12 fr.

HISTOIRE POPULAIRE DE NAPOLÉON Ier ET DE SES ARMÉES FRANÇAISES

EMILE MARCO DE SAINT-HILAIRE. Campagnes de 1792 à 1844. 1 vol. grand in-8, illustré de 300 dessins. . . . . 10 fr.

COLLECTION D'OUVRAGES ILLUSTRÉS POUR LES ENFANTS
82 jolis volumes gr. in-18 anglais à 2 fr. 50
Reliés en toile rouge, dorés sur tranches, 3 fr. 50

ANDERSEN. *La Vierge des glaciers,* etc. 1 vol.
— *Histoire de Valdemar Daæ, Petite Poucette,* 1 vol.
— *Le Camarade de voyage, Sous le saule, Aventures de Chardon,* illustr. 1 vol.
— *Le Coffre volant, les Galoches du bonheur,* etc. 1 vol.
— *L'Homme de neige, le Jardin du paradis, les deux Coqs,* etc. 1 vol.
BAYART (*Histoire du bon chevalier sans peur et sans reproche, le Gentil seigneur de*), composé par Le Loyal Serviteur. 2 vol.
BELLOC (Mme Louise Sw.). *La Tirelire aux histoires.* 2 vol.
— *Histoires et Contes de la grand'mère.* 1 vol.
— *Contes familiers.* par Maria Edgeworth, 1 vol.
— *Grave et Gai, Rose et gris.* 1 vol.
— *Lectures enfantines.* 1 vol.
— *Contes pour le premier âge.* 1 vol.
BERNARDIN DE SAINT-PIERRE. *Paul et Virginie, la Chaumière indienne.* 1 vol.
BERQUIN. *Abrégé de l'Ami des enfants et des adolescents.* 1 vol.
— *Sandford et Merton.* 1 vol.
— *Le petit Grandisson,* etc. 1 vol.
— *Théâtre choisi.* 1 vol.
BOCHET (Mlle L.). *Le premier Livre des enfants, Alphabet illustré.* 1 vol.
BOISGONTIER (Mme Adam). *Choix de Nouvelles,* tirées de Mme de Genlis et de Berquin. 1 vol.
BOUILLY. *Contes à ma fille.* vol.
— *Conseils à ma fille.* 1 vol.
— *Les Encouragements de la jeunesse.* 1 v.
— *Contes populaires.* 1 vol.
— *Contes offerts aux enfants de France.*
— *Les jeunes élèves.* 1 vol.
— *Causeries et Nouvelles Causeries.* 1 v.
— *Contes à mes petites amies.* 1 vol.
BUFFON illustré (le petit). *Histoire et description des animaux.* 1 v.
Morceaux, extr. par Humbert. 1 v.
CAMPE. *Histoire de la découverte et de la conquête de l'Amérique.* 1 vol.
COZZENS. *Voyage dans l'Arizona.* 1 v
— *Voyage au Nouveau Mexique.* 1 vol.
MAISTRE (comte Xavier de). *Œuvres complètes.* 1 vol.
DESBORDES-VALMORE (Mme).
— *Contes et Scènes de la vie de famille.* 2 v.
— *Les Poésies de l'enfance.* 1 vol.

FENELON. *Aventures de Télémaque.* 1 v.
FLORIAN. *Fables.* 1 vol.
— *Le Don Quichotte de la jeunesse.* 1 vol.
FOE. *Robinson Crusoé.* 1 vol.
FOURNIER. *Animaux historiques.* 1 v.
GENLIS. *Les Veillées du château.* 2 v.
GRÉGOIRE. *Histoire de France élémentaire,* cartes et gravures. 1 v.
GRIMM. *Contes.* 1 vol.
HERICAULT (Ch. d') et L. Moland. *La France guerrière.* 4 vol. se vendant séparément.
— *Vercingétorix à Duguesclin.* 1 vol.
— *Jeanne d'Arc.* — *Henri IV.* 1 vol.
— *Louis XIV. La République.* 1 vol.
— *Rivoli à Solférino.* 1 vol.
HERODOTE. *Récits historiques,* extraits par M. L. Humbert. 1 vol.
HERVEY. *Petites Histoires.* 1 vol.
JACQUET (Abbé). *L'Année chrétienne. Un saint pour chaque jour de l'année.* 2 vol.
LA FONTAINE. *Fables.* 1 vol.
LAMBERT. *Lectures de l'enfance.* 1 v.
BEAUMONT (Mme Le Prince de). *Le Magasin des enfants.* 2 vol.
LOISEAU DU BIZOT. *Cent petits Contes pour les enfants bien sages.* 1 v.
MANZONI. *Les Fiancés.* 2 vol.
MONTGOLFIER (Mlle A. de). *Mélodies du printemps.* 1 vol.
MONTIGNY. *Grand'mère chérie.* 1 v.
LES MILLE ET UNE NUITS des familles. 2 vol.
MILLE ET UNE NUITS de la Jeunesse. 1 vol.
NODIER. *La Neuvaine de la Chandeleur, le Génie Bonhomme,* etc. 1 v.
PERRAULT, AULNOY (Mme d'). *Contes des fées.* 1 vol.
PLUTARQUE. *Vie des Grecs célèbres.* par L. Humbert. 1 vol.
SACHOT. *Inventeurs et inventions.* 1 v.
SCHMIDT. *Contes.* 4 vol.
SILVIO PELLICO. *Mes Prisons,* suivies des *Devoirs des hommes,* 1 v.
SEVIGNE. *Lettres choisies.* 1 vol.
SWIFT. *Voyages de Gulliver.* 1 vol.
THEATRE DE L'ENFANCE ET DE LA JEUNESSE. 1 vol.
VAULABELLE. *Ligny-Waterloo.* 1 v.
WISEMAN (Cardinal). *Fabiola.* 1 v.
WYSS. *Robinson suisse.* 2 vol.
UN PAPA. Nouveaux cent petits contes illustrés, imprimés sur gros caractère. 1 vol.

COLLECTION DE 39 BEAUX VOLUMES ILLUSTRÉS
GRAND IN-8 RAISIN, à 10 fr. le volume.

Cette charmante collection se distingue, non seulement par l'excellent choix des auteurs et l'élégance du style, mais encore par un grand nombre de gravures dans le texte et hors texte exécutées par les premiers artistes. Jamais livres édités à ce prix n'ont offert autant de belles illustrations.

Demi-reliure, maroquin, doré sur tr., le vol. 14 fr. Toile, doré, fers spéc. 13 fr.

ANDERSEN. *Contes danois.* Traduits pour la première fois du danois par MM. MOLAND et ERNEST GRÉGOIRE. 1 vol.
— *Nouveaux Contes danois*, traduits par les mêmes. 1 vol.
— *Les Souliers rouges et autres contes*, traduits par les mêmes. 1 vol.

BAYART (*La très joyeuse, plaisante et récréative histoire du Gentil seigneur de*), composée par LE LOYAL SERVITEUR. Nouv. édition. Introduction par L. MOLAND. 1 vol.

BELLOC (Mme LOUISE SW.). *La Tirelire aux histoires.* Lectures choisies, 1 vol.
— *Le Fond du sac de la grand'mère*, contes et histoires, 1 vol.

BELLOT. *Voyage aux mers polaires*, exécuté à la recherche de Sir John Franklin, avec carte. 1 vol.

BERNARDIN DE SAINT-PIERRE. *Paul et Virginie*, suivi de la *Chaumière indienne.* Nouv. édit. 1 vol.

BERQUIN (OEUVRES DE). *L'Ami des enfants.* 1 vol.
— *Sandfort et Merton.* — *Le petit Grandisson.* — *Le Retour de Croisière.* — *Les Sœurs de lait.* — *Les Joueurs.* — *Le Page.* — *L'Honnête Fermier.* 1 vol.

BERTHOUD (HENRY). *La Cassette des sept amis*, 1 vol.
— *Les Hôtes du logis*, 1 vol.
— *Soirées du docteur Sam*, 1 vol
— *Les Féeries de la Science*, 1 vol.
— *Le Monde des insectes*, 1 vol.
— *L'Homme depuis cinq mille ans*, 1 v.
— *Contes du docteur Sam*, 1 vol.

BUFFON *des familles.* Histoire et description des animaux, extraites des Œuvres de Buffon et de Lacépède. 1 vol.

COZZENS. *La Contrée merveilleuse*, voyage dans l'Arizona et le Nouveau Mexique. Trad. de W. BATTIER. 1 vol.

XAVIER DE MAISTRE (Comte). *Œuvres complètes.* Voyage autour de ma chambre, etc. 1 vol.

DESNOYERS (L.). *Aventures de Robert-Robert et de son fidèle compagnon Toussaint Lavenette.* 1 vol.

FABRE. *Histoire de la bûche*, récits sur la vie des plantes, 1 vol.

FENELON. *Aventures de Télémaque.* 1 vol.

FLORIAN. *Le Don Quichotte de la Jeunesse*, 1 vol.
— *Fables*, 1 vol.

FOE (D. DE). *Aventures de Robinson Crusoé.* 1 vol.

GALLAND. *Les Mille et une Nuits des familles*, contes arabes. 1 vol.

GENLIS. *Les Veillées du château.* 1 v.

JACQUET (abbé). *Vie des Saints les plus populaires et les plus intéressants*, avec l'approbation de plusieurs archevêques et évêques. 1 v.

LE PRINCE DE BEAUMONT (Mme). *Le Magasin des enfants.* 1 vol.

LEVAILLANT. *Voyages dans l'intérieur de l'Afrique.* 1 vol.

NODIER (CHARLES). *Le Génie bonhomme.* — *Séraphine.* — *François les bas bleus.* — *La Neuvaine de la Chandeleur*, etc. Introduction par L. MOLAND. 1 vol.

PERRAULT, AULNOY (Mme D'), **LE PRINCE DE BEAUMONT** (Mme) et **HAMILTON.** *Contes des Fées.* 1 vol.

SCHMIDT. *Contes.* Traduction de l'abbé MACKER, la seule approuvée. 2 beaux volumes. Chaque volume se vend séparément.

SILVIO PELLICO. *Mes Prisons*, suivi des *Devoirs des hommes.* Traduction par le comte H. DE MESSEY ; revue par le vicomte ALBAN DE VILLENEUVE. 1 vol.

SWIFT. *Voyages illustrés de Gulliver.* 1 beau vol.

WISEMAN (cardinal). *Fabiola ou l'Église des Catacombes.* Traduction par Mlle NETTEMENT, 1 vol.

WYSS. *Robinson suisse*, avec la suite donnée par l'auteur, traduit par Mme ELISE VOIART ; notice de CHARLES NODIER. 1 vol.

OEUVRES DE TOPFFER

PREMIERS VOYAGES EN ZIGZAG
OU EXCURSIONS D'UN PENSIONNAT EN VACANCES DANS LES CANTONS SUISSES ET SUR LE REVERS ITALIEN DES ALPES

Magnifiquement illustrés, dessins de l'auteur, 53 grands dessins par CALAME et 650 gravures dans le texte. 1 vol. grand in-8. . . . . 12 fr.

NOUVEAUX VOYAGES EN ZIGZAG
A LA GRANDE-CHARTREUSE, AU MONT-BLANC, DANS LES VALLÉES D'HERENZ, DE ZERMATT, AU GRIMSEL ET DANS LES ÉTATS SARDES

Illustrés, 48 gravures tirées à part, 320 sujets dans le texte, dessins originaux de Topffer. 1 vol. gr. in-8 . . . . 12 fr.

LES NOUVELLES GENEVOISES

Illustrées, dessins de l'auteur, d'un grand nombre dans le texte et de 40 hors texte. 1 vol. grand in-8 jésus . . . . 10 fr.

ALBUMS formant chacun 1 volume grand in-8 jésus oblong à . . . 7 fr. 50

Monsieur Jabot. 1 vol.
Monsieur Vieux-Bois. 1 vol.
Monsieur Crépin. 1 vol.

Monsieur Pencil. 1 vol.
Le docteur Festus. 1 vol.
Albert. 1 vol.

Histoire de M. Cryptogame. . . . 1 vol.
RELIÉ, DORÉ SUR TRANCHE: LE VOLUME. . . . . 10 fr. 50

ALBUMS POUR LES ENFANTS

Format in-4o, impr. en chromo, cart., dos toile, couv. chromo . . . 6 fr.
relié toile, tranche dorée, plaque spéciale. . . . . 8 fr.

Je saurai lire. Nouvel Alphabet méthodique et amusant, illustré de nombreuses grav. chromo, par LIX, 1 vol.

Je sais lire. Texte et illustr., gravures chromo, par le même auteur. 1 vol.

Petit Voyage en France. Conversation familière, instructive et amusante, grav. chromo. 1 vol.

Contes de Mme d'Aulnoy. *Gracieuse et*

Percinet. — *La Belle aux cheveux d'or.* — *L'Oiseau bleu.* Huit chromolithographies; dessins de M. COTTIN. 1 vol.

Choix de Fables de La Fontaine. Illustrations grav. chromo, par GRANVILLE. 1 vol.

Contes de Perrault. Gravures chromolithographie de LIX. Nombreuses illustrations par STAAL, YAN'DARGENT. 1 vol.

VOYAGES DANS L'INDE

Par le prince A. SOLTYKOFF; illustrés de magnifiques lithographies à deux teintes par DERUDDER, etc., d'après les dessins originaux de l'auteur. 1 beau vol. grand in-8, 20 fr.; net. . . . . 15 fr.

VOYAGE EN PERSE

Par LE MÊME, illustré, dessins de l'auteur. 1 vol. gr. in-8. 10 fr.; net. 7 fr. 50

PROCÈS BAZAINE

Récit complet des débats avec le Rapport complet du général de Rivière. Illustré. Notice biographique et historique, par LE FAURE. 3 volumes in-8. . . . . 15 fr.

VIGNOLE — TRAITÉ ÉLÉMENTAIRE PRATIQUE D'ARCHITECTURE

Ou étude des cinq ordres d'après JACQUES BAROZZIO DE VIGNOLE. Ouvrage divisé en 72 planches, comprenant les cinq ordres, avec l'indication des ombres nécessaires au lavis, le tracé des frontons, etc., et des exemples relatifs aux ordres; composé, dessiné, par J. A. LEVEIL, architecte, ancien pensionnaire du roi à Rome, et gravé sur acier, par HIBON. 1 vol. in-4 . . . . 10 fr.

TRAITÉ HISTORIQUE ET DESCRIPTIF, CRITIQUE ET RAISONNÉ DES ORDRES D'ARCHITECTURE

Avec un nouveau système simplifié, accessible à toute nature de matériaux, une biographie des architectes et un vocabulaire, 32 planches, par DE SAINT-FÉLIX. 1 vol. in-4 cartonné, dos toile angl. . . . . 10 fr.

BIBLIOTHÈQUE CHOISIE

Collection des meilleurs ouvrages français et étrangers, anciens et modernes, format grand in-18 (dit anglais), divisée par séries. La première et la deuxième série contiennent des volumes de 400 à 500 pages, de 3 fr. 50 c. et 3 fr. le volume. La troisième série est composée de volumes à 2 fr. dont beaucoup sont ornés de vignettes.

PREMIÈRE SÉRIE. — VOLUMES GRAND IN-18 JÉSUS A 3 FR. 50

Bellot (J.-B.). *Journal d'un voyage aux mers polaires*, portrait, carte. 1 vol.

Béranger (Œuvres complètes de)
— *Chansons anciennes.* 2 vol.
— *Œuvres posthumes. Dernières chansons* (1834 à 1851). 1 vol.
— *Ma Biographie. Ouvrages posthumes de Béranger.* Suivis d'un appendice 1 vol.

Bible (Sainte). traduite en français par LEMAISTRE DE SACY. 2 forts vol.

Bossuet. *Méditations sur l'Evangile.* 1 v.
— *Élévations à Dieu.* 1 vol.
— *Traité de la connaissance de Dieu et de soi-même.* 1 vol.
— *Oraisons funèbres, Panégyriques.* 1 vol.
— *Sermons.* Edition complète. 4 vol.
— *Traité de la concupiscence.* — *Maximes et réflexions sur la comédie.* — *La logique.* — *Traité du libre arbitre.* 1 vol.

Charpentier. *La littérature française au dix-neuvième siècle.* 1 vol.
— *Etude sur Cicéron.* 1 vol.

Darboy. *Femmes de la Bible.* 1 vol.

De Pardieu (M. le comte CH.). *Excursion en Orient.* 1 vol.

Dufaux. *Ce que les maîtres et les domestiques doivent savoir.* 1 vol.

Dupont (PIERRE). *Chansons et poésies.* 4e édition, augmentée. 1 vol.

Elget. *Guide pratique des Ménages.* 1 vol.

Favre (JULES). *Conférences littéraires.* 1 v.

Flourens (Œuvres de). — *De l'unité de composition et du débat entre Cuvier et Saint-Hilaire.* 1 vol.
— *Examen du livre de M. Darwin, sur l'origine des espèces.* 1 vol.
— *Ontologie naturelle.* 3e éd., revue. 1 v.
— *Psychologie comparée.* 1 vol.
— *De la Phrénologie et des études vraies sur le cerveau.* 1 vol.
— *De la Longévité humaine.* 1 vol.
— *De l'Instinct et de l'intelligence des animaux.* 4e édition. 1 vol.
— *Histoire des travaux et des idées de Buffon.* 1 vol.
— *Cuvier. Histoire de ses travaux.* 1 v.
— *Des manuscrits de Buffon.* 1 vol.

François de Sales (Saint). *Lettres à des gens du monde.* 1 vol.

Garnier (Le Dr P.). *Le Mariage.* 1 vol.
— *La Génération universelle. Lois, secrets et mystères chez l'homme et la femme.* 1 vol. avec figures.
— *Impuissance physique et morale chez les deux sexes.* 1 vol. avec figures.
— *La Stérilité humaine et l'Hermaphrodisie.* 1 vol. avec figures.
— *Onanisme, seul ou à deux.* 1 vol.

Gerusez. *Essais de littérat. franç.* 2 vol.

James (Dr Constantin). *Toilette d'une dame romaine* 1 vol.

Jouvencel (PAUL DE). *Genèse selon la science.* 2 vol. avec figures.
— *La Vie (sa nature, son origine).* 2e édition, revue. 1 vol.
— *Les Déluges (développements du globe et de l'organisation).* 1 vol.

Lamartine. *Histoire de la Révolution de 1848.* 4e édition. 2 vol.

Lamennais. *L'Imitation de Jésus-Christ.* Belle édition, 1 vol. avec gravures.

Machiavel. *Le Prince*, Traduction GUIRAUDET, notes de M. DÉROME. 1 vol.

Martin (AIMÉ). *Education des mères de famille.* Ouvrage couronné par l'Académie française. 1 vol.

Mennechet (Œuvres de Ed.). — *Matinées littéraires.* Cours complet de littérature moderne. 5e édition. 4 vol.
— *Nouveau cours de littérature grecque*, revu et complété par M. CHARPENTIER. 1 v.
— *Nouveau cours de littérature romaine*, revu et complété par M. CHARPENTIER. 1 v.
— *Histoire de France*, depuis la fondation de la monarchie. Ouvrage couronné par l'Académie française. 2 vol.

Nageotte. *Histoire de la Littérature grecque.* 1 vol.

Necker de Saussure (Mme). *Education progressive, ou étude du cours de la vie.* 2 v.

Ollivier (Ouvrage de M. EMILE).
— *Lamartine.* 1 vol.
— *Principes et conduite.* 1 vol.
— *Le ministère du 2 janvier. Discours.* 1 v.
— *L'Eglise et l'Etat au concile du Vatican.* 2 vol. (Par exception, 8 fr.)
— *Thiers à l'Académie.* 1 vol. . . . 1 fr.
— *De la liberté des sociétés.* 1 v. 50 cent.
— *Le Pape est-il libre à Rome?* 1 v. 1 fr.
— *Le concordat est-il respecté?* 1 v. 1 fr.

Prévost. *Manon Lescaut.* Notice par J. JANIN. 150 grav. par Tony Johannot. 1 v.

Ricard (ADOLPHE). *L'Amour, les Femmes, le Mariage.* 4e édition. 1 vol.

Sainte-Beuve (Œuvres de). — *Causeries du lundi.* 15 vol.
— *Portraits littéraires et derniers portraits*, suivis des *Portraits de femmes*. Nouvelle édition. 4 vol.
— *Tables des Causeries du lundi et des Portraits littéraires.* 1 volume.
— *Discours* prononcé au Collège de France. 1 vol. . . . . . 75 cent.

Tallemant des Réaux. *Historiettes.* par M. MONMERQUÉ. 10 tomes en 5 vol. 10 portraits gravés sur acier.

Un amateur. *Le Whist rendu facile*, suivi des *Traités du whist de Gand, du boston de Fontainebleau.* 1 vol.

2ᵉ Série. — Vol. in-18 jés. à 3 fr. — Relié demi-veau genre antique, 5 fr.

Arioste. *Roland furieux.* Trad. par Hippeau. 2 vol.
Aristophane. — *Théâtre.* Traduction de Brotier; revue par M. Humbert. 2 vol.
Aristote. — *La politique.* Traduction de Thurot; revue par M. Bastien. 1 vol.
— *Poétique et rhétorique.* Traduction nouvelle, par Ch. Ruelle. 1 vol.
Auriac (d'). — *Théâtre de la foire* avec un essai historique. 1 vol.
Bachaumont. *Mémoires secrets*, revus par P. L. Jacob. 1 vol.
Barthélemy. *Némésis.* 1 vol. collationnée avec soin. 1 vol.
Beaumarchais. *Mémoires.* 1 vol.
— *Théâtre.* 1 vol.
Béranger *des familles*, orné de gravures d'après A. de Lemud. 1 vol.
Bernardin de Saint-Pierre. *Paul et Virginie*, suivis de la *Chaumière indienne*. Avec vignettes. 1 vol.
Béroalde de Verville. *Le Moyen de parvenir*, contenant la raison de ce qui a été, est, et sera, avec notes, notice et table analytique. 1 vol.
Berthoud (S.-H.). *Les Petites chroniques de la science*, années 1861 à 1872. 10 vol.
— *Légendes et traditions surnaturelles des Flandres.* 1 vol.
— *Les Femmes des Pays-Bas et des Flandres.* 1 vol.
Boccace. *Contes*, traduits par Sabatier de Castres. 1 vol.
Boileau (Œuvres). Avec notice de M. Sainte-Beuve et notes de tous les commentateurs. 1 vol.
— *Œuvres.* Annotées par Gidel. 1 vol.
Bonaventure des Periers. *Cymbalum mundi*, précédé de nouv. récréations. 1 v.
Bossuet. *Discours sur l'Histoire universelle.* 1 vol.
— *Sermons choisis.* Edition revue. 1 vol.
Bourdaloue. *Chefs-d'œuvre oratoires.* 1 vol.
Brantôme. *Vies des Dames illustres françaises et étrangères.* Introduction et notes par M. L. Moland. 1 vol.
— *Vies des Dames galantes.* 1 vol.
Bret (A.). *Lettres de Ninon de Lenclos*, précédées de Mémoires sur sa vie. 1 vol.
Brillat-Savarin. *Physiologie du goût*, suivie de *la Gastronomie*, par Berchoux. 1 vol.
Bussy-Rabutin. *Histoire amoureuse des Gaules*, suivie de la *France galante*, romans satiriques. 2 forts vol.
Byron (Œuvres complètes de lord). Trad. Pichot. 15ᵉ édition. 4 vol.
Mémoires de J. Casanova. Ecrits par lui-même. *Suivis de fragments des Mémoires du Prince de Ligne* 8 vol.
Cantu. *Abrégé de l'Histoire universelle.* 2 vol.
Cent Nouvelles nouvelles, texte revu avec beaucoup de soin. 1 vol.
Cervantès. *Don Quichotte.* Trad. par Delaunay. 2 vol.

Chasles (Philarète). 4 vol.
— *Etudes sur l'Allemagne au XIXᵉ siècle.*
— *Voyages, Philosophie et Beaux-Arts.* 1 v.
— *Portraits contemporains.* 1 vol.
— *Encore sur les contemporains.* 1 vol.
Chateaubriand. *Génie du Christianisme*, suivi de la *Défense*. 2 vol.
— *Les Martyrs ou le Triomphe de la religion chrétienne.* 1 vol.
— *Itinéraire de Paris à Jérusalem.* 1 vol.
— *Atala.* — *René.* — *Le dernier Abencérage.* 1 vol.
— *Voyages en Amérique, en Italie, au Mont-Blanc.* 1 vol.
— *Paradis perdu. Littér anglaise.* 1 vol.
— *Etudes historiques.* 1 vol.
— *Histoire de France.* — *Les Quatre Stuarts.* 1 vol.
— *Mélanges historiques et politiques*, suivis de la *Vie de Rancé.* 1 vol.
Chénier (André). *Œuvres poétiques.* Nouvelle édition. 2 vol.
— *Œuvres en prose.* Nouvelle édition. 1 v.
Collin d'Harleville. *Théâtre.* Avec une introduction par M. L. Moland, 1 vol.
Corneille. *Théâtre.* — Nouvelle édit. 1 v.
— Edition collationnée sur la dernière édition publiée du vivant de l'auteur, notes de M. L. Moland. 2 vol.
Courier (P.-L.). *Œuvres.* Précédées d'un Essai sur sa vie. 1 vol.
Cousin (Œuvres de V.). *Jacqueline Pascal.* 1 vol.
— *Instruction publique en France.* 2 vol.
— *Enseignement de la médecine.* 1 vol.
Créqui (La marquise de). *Souvenirs* (1718-1803). Edition revue, 10 tomes en 5 vol. avec grav. sur acier.
Curiosités théologiques, par un bibliophile. 1 vol.
Cyrano de Bergerac. *Histoire de la lune et du soleil.* 1 vol.
Dante Alighieri *La Divine comédie.* Traduction par Artaud. 1 vol.
Dassoucy. *Ses aventures burlesques.* Préface et notes. 1 vol.
De Maistre (comte Xavier). *Œuvres complètes.* Préface de M. Sainte-Beuve. 1 v.
Demoustier (C.-A.). *Lettres à Emilie sur la mythologie.* 1 vol.
Descartes. *Œuvres choisies.* Discours de la méthode. 1 vol.
Destouches. *Œuvres.* 1 vol.
Diderot (Œuvres). Sa vie, par Mme de Vandeuil. 2 vol.
Diodore de Sicile. Traduction. 4 vol.
Donville (de). *Mille et un calembours et bons mots.* Précédés d'une *Histoire du calembour.* 1 vol.
Dufaux (Mlle). *Le Savoir-vivre dans la vie ordinaire.* 1 vol.
Dupont (Pierre). *Muse juvénile*, vers et prose. 1 vol.
Dupuis. *Abrégé de l'origine de tous les Cultes.* 1 vol.
Eschyle. Trad. revue par Humbert. 1 vol.

Fénelon. *OEuvres choisies.* — *De l'existence de Dieu.* — *Lettres sur la religion*, etc. 1 vol.
— *Dialogues sur l'éloquence.* De l'éducation des filles. 1 vol.
— *Aventures de Télémaque*, notes géographiques. 8 grav. 1 vol.
Fléchier (*Voy. à* **Massillon**).
Florian. *Fables.* Théâtre, préface, notes par SAINTE-BEUVE. 1 vol.
— *Don Quichotte de la jeunesse*, vignettes, dessins de STAAL. 1 vol.
Fontenelle. *Eloges.* Introduction, notes par P. BOUILLER. 1 vol.
Fournel. *Curiosités théâtrales.* 1 vol.
Furetière. *Le Roman bourgeois.* 1 vol.
Galland. *Les Mille et une nuits.* 3 vol.
Gentil-Bernard. *Poèmes érotiques. L'art d'aimer.* — *Les amours.* — *Les Baisers* de DORAT. — *Zélis au bain.* 1 vol.
Gilbert (*OEuvres de*). 1 vol.
Gœthe. *Faust* et le second *Faust*, suivi d'un *Choix de poésies*, etc., traduites par GÉRARD DE NERVAL. 1 vol.
— *Werther.* 1 vol.
Goldsmith. *Le Vicaire de Wakefield.* Traduction avec texte. 1 vol.
Gresset. *OEuvres choisies.* 1 vol.
Guérin et **Robinet** (E.). *L'Europe*, histoire d'Allemagne, Hongrie et Bohême. 1 vol. avec gravures.
— *Russie, Pologne, Suède et Norwège.* 1 vol. avec gravures sur acier.
Hamilton. *Mémoires de Gramont.* Préface par M. SAINTE-BEUVE. 1 vol.
Héloïse et Abélard. *Lettres*, traduites par M. GRÉARD. 1 vol.
Heptaméron. *Contes de la reine de Navarre.* 1 vol.
Héricault (CHARLES D'). *Maximilien et le Mexique.* 1 vol.
Hérodote. *Récits* traduits du grec par HUMBERT. 2 vol.
Homère. *Iliade.* Trad. DACIER. 1 vol.
— *Odyssée.* Id. 1 vol.
Jacob, bibliophile. *Recueil de farces.* 1 v.
— *Paris ridicule et burlesque.* 1 vol.
La Bruyère. *Les Caractères de Théophraste.* 1 vol.
La Fayette. *Romans et nouvelles.* 1 vol.
La Fontaine. *Fables.* Illustrées 1 vol
— *Contes et nouvelles*, 1 vol.
Lamennais. *Essai sur l'indifférence en matière de religion.* 4 vol.
— *Paroles d'un croyant.* — *Une voix de prison.* — *Le livre du peuple.* 1 vol.
— *Affaires de Rome.* 1 vol.
— *Les Evangiles*, traduct. nouv. 1 vol.
— *De l'Art et du beau.* 1 vol.
— *De la Société première et de ses lois.* 1 v.
La Rochefoucault (De). *Réflexions, sentences et maximes morales*, suivies des OEuvres choisies de Vauvenargues, notes de Voltaire, Morellet. 1 vol.
Lavater et **Gall.** *Physiognomonie et Phrénologie*, par A. YSABEAU. 150 fig. 1 v.
Le Sage. *Histoire de Gil Blas de Santillane.* 1 vol.
— *Le Diable boiteux.* 1 vol.
— *Guzman d'Alfarache.* 1 vol.
Lonlay (Comte de). *Chants populaires.* 1 v.
Malebranche. *Recherche sur la vérité.* 2 v.
Malherbe. *OEuvres.* 1 vol.
Manzoni. *Les Fiancés.* Hist. milanaise. 2 vol. ill.
Marcellus (Le comte de). *Souvenirs de l'Orient.* 3e édition. 1 vol.
Marivaux. *Théâtre choisi.* Par M. L. MOLAND. 1 fort vol.
Marmier (X.). *Lettres sur la Russie*, 2e édition entièrement refondue. 1 vol.
— *Les voyageurs nouveaux.* 3 vol.
— *Lettres sur l'Adriatique et le Montenegro.* 2 vol.
Marot (CLÉMENT). *OEuvres complètes.* Nouvelle édition. 2 vol.
Martel. *Recueil des Proverbes.* 1 vol.
Martin (AIMÉ). *Le Langage des fleurs.* Edit. de luxe. Pl. coloriées. 1 vol.
Massillon. *OEuvres choisies. Petit carême*, suivi de Sermons divers. 1 vol.
Massillon, Fléchier et **Mascaron** *Oraisons.* 1 vol.
Ménippée (La Satire). Par PICHOU, RAPPIN, PASSERAT, GILLON, FLORENT, CHRÉTIEN, GILLES DURAND. 1 vol.
Merlin Coccaie. *Hist. macaronique.* 1 v.
Michel (L.). *Tunis. L'Orient africain.* 1 vol.
Petis de la Croix. *Mille et un Jours*, contes orientaux. 1 vol.
Millevoye. *OEuv.* Notice par S.-BEUVE. 1 v.
Mille et un jours. Contes arabes. 1 vol.
Mirabeau (*Lettres d'amour de*). 1 vol.
Molière. (*OEuvres complètes*). Nouvelle édition. 3 vol.
Monnier (H.) *Paris et la province.* 1 vol.
Montaigne (*Essais de* MICHEL DE). 2 vol.
Montesquieu. *L'Esprit des lois*, avec notes. 1 vol.
— *Lettres persanes*, suivies de *Arsace et Isménie.* 1 vol.
— *Considérations sur les causes de la grandeur des Romains et de leur décadence.* 1 vol.
Moreau (HÉGÉSIPPE). *OEuvres. Myosotis*, 1 vol.
Ovide. *Les Amours. Art d'aimer.* Étude de JULES JANIN, 1 vol.
Parny. *OEuvres.* Elégies et poésies, 1 v.
Pascal (Blaise). *Lettres écrites à un provincial.* 1 vol.
— *Pensées.* 1 vol.
Pellico (Silvio). *Mes prisons. Devoirs des hommes.* 1 vol.
Pétrarque. *OEuvres amoureuses.* Sonnets, triomphes. 1 vol.
Picard. *Théâtre.* 2 vol.
Pindare et *les lyriques grecs.* 1 vol.
Piron. *OEuvres choisies.* Notice de M. SAINTE-BEUVE. 1 vol.
Platon. *L'Etat ou la République.* Traduction nouvelle par A. BASTIEN. 1 vol.
— *Apologie de Socrate Criton, Phédon. Gorgias.* Traduit par BASTIEN. 1 v.
Plutarque. *Les Vies des hommes illustres* traduites par RICARD. 4 vol.
Poètes *Moralistes de la Grèce*, Hésiode, Théognis, etc. 1 vol.

Quinze. *Joies de mariage*, notice, note. 1 v.
Quitard. *L'Anthologie de l'Amour.* 1 v.
— *Proverbes sur les femmes. L'Amour et le Mariage.* 1 vol.
Rabelais (œuvres). Texte collationné pour les éditions originales, vie de l'auteur, notes, glossaire. Par L. MOLAND. 1 vol.
Racine. *Théâtre complet*, avec des remarques. 1 fort vol.
Regnard. *Théâtre.* Notice et notes. 1 v.
Régnier (MATHURIN). *Œuvres complètes.* Edition augmentée de pièces. 1 vol
Romans Grecs. *Les pastorales de Longus ou Daphnis et Chloé.*
— *Les Ethiopiennes d'Héliodore*, étude sur le roman grec, par A. CHASSANG. 1 v.
Ronsard. *Œuvres choisies.* Notice, notes et commentaires par SAINTE-BEUVE. Edition revue par MOLAND. 1 vol.
Rousseau (J.-J.). *Les Confessions.* 1 vol.
— *Emile.* Nouv. édit. revue. 1 fort vol.
— *La Nouvelle Héloïse.* 1 fort vol.
— *Contrat social*, suivi des *Discours sur les sciences, sur l'Inégalité des conditions*, etc. 1 vol.
Runeberg (J.-I.). *Le roi Fialar*, précédé de : *Le Porte-Enseigne Stole.* — *La Nuit de Noël.* — Traduits par VALMORE. 1 v.
Saint-Evremond. *Œuvres choisies*, une Étude sur la vie et les ouvrages de l'auteur, par A.-CH. GIDEL. 1 vol.
Scarron. *Le Roman comique.* 1 vol.
— *Le Virgile travesti*, avec la suite de Moreau de Brazy. Edition revue, annotée, par M. FOURNEL. 1 vol.
Sedaine. *Théâtre*, avec une introduction par MOLAND. 1 vol.
Sévigné (Mme DE). *Lettres choisies.* 1 v.
Sophocle. *Tragédies.* Traduction par L. HUMBERT. 1 vol.
Sorel. *Histoire comique de Francion.* 1 v.
Staël (Mme DE). *Corinne, ou l'Italie.* Observations par Mme NECKER DE SAUSSURE et SAINTE-BEUVE. 1 vol.
— *De l'Allemagne.* 1 vol.
— *Delphine.* 1 vol.
Sterne. *Tristram Shandy. Voyage sentimental.* Nouvelle édition. 2 vol.
Tabarin (Œuvres de), avec *les Aventures du Capitaine Rodomont, la Farce des Bossus*, etc. Préface et Notes. 1 vol.

Tasse. *Jérusalem délivrée.* 1 vol.
Théâtre de la Révolution. — *Charles IX.*
— *Les Victimes cloîtrées.* — *Madame Angot*, etc. Introduction et notes par L. MOLAND. 1 vol.
Thiers. *Histoire de la Révolution de 1870.* 1 vol.
Thierry (Œuvres d'Augustin). Edition définitive, revue par l'auteur. 9 vol.
— *Lettres sur l'histoire de France.* 1 vol.
— *Histoire de la conquête de l'Angleterre.* 4 vol.
— *Dix ans d'études historiques.* 1 vol.
— *Récits des temps mérovingiens.* 1 vol.
— *Essai sur l'histoire du tiers état.* 1 v.
Thucydide. *Histoires.* Traduction par LOISEAU. 1 vol.
Vadé. *Œuvres* 1 vol.
Vallet (de Viriville). *Chronique de la Pucelle.* 1 vol.
Vaux-de-Vire, D'OLIVIER BASSELIN, poète normand. 1 vol.
Weckerlin. *Musiciana. Anecdotes*, 1 vol.
Villeneuve-Bargemont. *Le Livre des affligés. Douleurs et consolations.* 2 vol.
Villon (FRANÇOIS). *Poésies complètes.* Notes par L. MOLAND. 1 vol.
Voisenon. *Contes et poésies fugitives* avec introduction. 1 vol.
Volney. *Les Ruines.* — *La Loi naturelle.*
— *L'Histoire de Samuel.* 1 vol.
Voltaire. *Théâtre*, contenant tous les chefs-d'œuvre dramatiques. 1 vol.
— *Le Siècle de Louis XIV.* 1 vol.
— *Siècle de Louis XV, Histoire du Parlement.* 1 vol.
— *Romans.* Contes en vers. 1 vol.
— *Histoire de Charles XII.* 1 vol.
— *La Henriade.* 1 vol.
— *Epîtres, contes, satires, épigrammes.* 1 vol.
— *Pucelle d'Orléans.* Poèmes, 21 chants. 1 vol.
— *Lettres choisies.* Notice, notes explicatives sur les faits et personnes du temps, par MOLAND. 2 vol.
— *Le Sottisier.* 1 vol.
Warée (B.). *Curiosités biographiques.* Particularités physiques à quelques personnages célèbres. 1 vol.
Ysabeau. *Médecin du Foyer.* 1 vol.

Format in-24 jésus (ancien in-12), édition Lefèvre. — 2 fr. 50 le volume.

Delille (Œuvres), notes D'AIMÉ MARTIN. 2 vol.
Bossuet. *Oraisons funèbres, Panégyriques et sermons.* 4 vol.

Fleury. *Discours sur l'histoire ecclésiastique, Mœurs des Israélites, Traité des Chrétiens, Traité des études*, etc. 2 v.
Maury. *Essai sur l'éloquence de la Chaire* 1 v.

3e SÉRIE. — VOLUMES A 2 FR.

Brantôme. *Vies des dames galantes*, revues sur l'édition de 1740. 1 vol.
Cagliostro (Le dernier descendant de). *Le grand interprète des songes.* 1 vol.
Delord, Huart. *Messieurs les Cosaques.* Relation charivarique, comique, hauts faits des Russes en Orient, 100 vignettes par CHAM. 1 vol.
Dunois (ARMAND). *Le Secrétaire universel*, modèles de lettres sur toutes sortes de sujets, modèles d'actes sous seing privé, etc. 1 beau vol.
— *Le Secrétaire des familles et des pensions*, contenant : 1° les règles du style épistolaire ; 2° des exercices sur les sujets de lettres ; 3° des lettres choisies. 1 vol.
— *Secrétaire de compliments*, Jour de l'an, fêtes, etc. 1 vol.

Fraissinet. *Le Japon.* Histoire et descriptions. Une carte par V.-A. MALTE-BRUN. 2 vol.
Lalanne (LUDOVIC). *Curiosités biographiques.* 1 vol.
— *Curiosités bibliographiques.* 1 vol.
Lamartine. *Raphaël.* Pages de la vingtième année. 3ᵉ édition. 1 vol.
Lambert (L.). *Le Galant Secrétaire.* 1 v.
Lucas. *Curiosités dramatiques.* 1 vol.
Magus (ANTONIO). *L'Art de tirer les cartes.* Illust. d'environ 150 grav. 1 v.
Melzi (B.). *Il vero secretario italiano* (o guida a scrivere ogni sorta di lettere). 1 v.
Merlin. *Le grand livre des oracles.* 1 vol.
Muller (E.). *La Politesse,* manuel de bienséances et du savoir-vivre. 1 vol.
Philipon de la Madeleine. *Manuel épistolaire à l'usage de la jeunesse.* 17ᵉ édition, adopté pour les lycées. 1 vol.
Prévost (L'abbé). *Histoire de Manon Lescaut et du chevalier des Grieux.* Notice par Jules JANIN. 1 vol.
Regnault. *Histoire de Napoléon Iᵉʳ.* 8 gravures sur acier. 4 vol.

4ᵉ SÉRIE. — VOLUMES, AU LIEU DE 2 FR., 3 FR. ET 3 FR. 50 ; NET 1 FR. 50

Capefigue. *Isabelle de Castille.* 1 vol.
— *Marie de Médicis.* 1 vol.
— *Marie-Thérèse d'Autriche.* 1 vol.
— *La Favorite d'un roi de Prusse,* la comtesse Lichtenau. 1 vol.
Histoire des quatre fils Aymon, DE JEAN DE CALAIS ET DE JEAN DE PARIS. 2 vol.
Histoire de Fortunatus, suivie de l'*Histoire des Enfants de Fortunatus.* 1 vol.
Histoire de Robert le Diable, de Richard sans Peur, de Pierre de Provence et de la Belle Maguelonne. 1 vol.
Muller (N.). *L'Ange du Pouliguen.* 1 vol.
Poujoulat. *Lettres de Bossuet à un homme d'État.* 1 vol.
Raymond (MICHEL). *Le Maçon.* 2 vol.
Teste. *Notes sur Rome et l'Italie.* 1 vol.
Testu. *Le Livre bleu de l'Internationale* 1 vol.
Texier. *Lettres sur l'Angleterre.* 1 vol.

COLLECTION DE VOLUMES GRAND IN-18 A 1 FR. 50 CENT.

Balsamo. *Les Petits mystères de la destinée.* Illust. 1 vol.
Barême ou Comptes faits en francs et centimes. 1 vol. in-32 cartonné.
Blanchecotte (Mme). *Poésies.* 1 vol.
Belloc. *Alphabet de la Grand'Mère,* pour enseigner, en moins de trois mois, à bien lire. 1 vol. cartonné.
Bochet. *Le Livre du jour de l'an.* Recueil de compliments, de lettres pour fêtes et anniversaires. 1 vol.
Cagliostro (Le dernier descendant de). *L'Interprète des songes.* 1 vol.
Dunois (ARMAND). *Le petit Secrétaire français.* 1 vol.
— *Petit Secrétaire de compliments* pour premier de l'an, fêtes, baptêmes. 1 vol.
Esmaël. *Manuel de cartomancie,* l'art de tirer les cartes. Illustré fig. 1 vol.
Lambert (LÉON). *Le petit Secrétaire galant,* ou petit Guide épistolaire à l'usage des amants. 1 vol.
Martin (AIMÉ). *Le Langage des fleurs.* 1 v.
Melzi (B.). *Il nuovissimo secretario italiano* (o guida a scrivere ogni sorta di lettere). 1 vol.
Méritens (Mme HORTENSE DE). *Novum organum* ou *Saintetés philosophiques.* 1 vol.
Merlin (ALBERTUS). *Le Livre des oracles.* 1 vol.
Muller. *Petit Traité de la politesse française.* Code des bienséances et du savoir-vivre. 1 vol.
Périgord. *Le Trésor de la cuisinière, et de la maîtresse de maison.* 7ᵉ édition. 1 vol.

BIBLIOTHÈQUE DU PUJET
BONS LIVRES POUR TOUS LES AGES — ROMANS DE FAMILLE
ŒUVRES DE FREDERIKA BREMER
Traduits sur les textes originaux suédois

Les Voisins. 1 vol. . . . . . 3 fr. 50
Le Foyer domestique, ou *Chagrins et Joies de la famille.* 1 vol. . . 3 fr. 50
Les Filles du Président. 1 v. 3 fr. 50
La Famille H. 1 vol. . . . . . 3 fr.
Un Journal. 1 vol. . . . . . 3 fr.
Guerre et Paix. Le Voyage de la Saint-Jean. 1 vol. . . . 3 fr. 50
Abrégé des voyages de Mademoiselle Bremer dans l'Ancien et le Nouveau-Monde. 1 vol. . . . 3 fr.
La Vie de famille dans le Nouveau Monde, lettres écrites de l'Amérique et de Cuba. 3 vol. à . . . . 3 fr. 50
Les Cousins, par madame la baronne de KNORRING. 1 vol. . . . 3 fr. 50
Une Femme capricieuse, par madame EMILIE CARLÉN. 2 vol. à . . 3 fr. 50
L'Argent et le travail, par l'ONCLE ADAM. 1 vol. . . . . . 3 fr. 50
La Veuve et ses enfants, par madame SCHWARTZ. 1 vol. . . . . . 3 fr.
Les Eddas, traduites de l'ancien idiome scandinave. 1 vol. in-8. . . 5 fr.
Histoire de Gustave II Adolphe, par A. FRYXELL. 1 v. in-16. . . . 3 fr. 50
Fleurs scandinaves, choix de poésies. — Édition in-16. . . . . . 3 fr.
La Suède depuis son origine jusqu'à nos jours, par AGARDH. 1 vol. 2 fr. 50
Chroniques du temps d'Erik de Poméranie, par CARL BERNHARD. 1 volume. . . . . 3 fr. 50

NOUVELLE FLORE FRANÇAISE. Descriptions des plantes qui croissent spontanément en France et de celles qu'on y cultive en grand, avec l'indication de leurs propriétés et de leurs usages en médecine, en hygiène vétérinaire, dans les arts et dans l'économie domestique, par M. GILLET, vétérinaire principal, et par M. J. H. MAGNE, professeur de botanique à l'école d'Alfort. 1 beau volume grand in-18, 100 planches composées de 1,200 figures . . . . 8 fr.

COURS ÉLÉMENTAIRE D'HISTOIRE NATURELLE, à l'usage des lycées et des maisons d'éducation, rédigé conformément au programme de l'Université. 3 forts volumes in-12 ornés de plus de 2,000 figures à. . . . 6 fr.

Zoologie, par MILNE-EDWARDS, membre de l'Institut, professeur au Jardin des Plantes. 1 vol. . . . . 6 fr.
Botanique, par M. A. DE JUSSIEU, de l'Institut. 1 vol. . . . . 6 fr.
Minéralogie et Géologie, par M. F. S. BEUDANT, de l'Institut. 1 vol. . . 6 fr.
La Géologie seule. 1 vol . . . . 4 fr.

GÉOLOGIE, par M. E. B. DE CHANCOURTOIS. 1 vol . . . . 1 fr. 25

COURS ÉLÉMENTAIRE DE CHIMIE, par M. V. REGNAULT, de l'Institut. 4 vol. in-18 jésus, ornés de 700 figures, nouvelle édition. . . . . 20 fr.

TRAITÉ DE MÉCANIQUE RATIONNELLE, contenant les éléments de mécanique exigés pour l'admission à l'École polytechnique et toute la partie théorique du cours de mécanique, par M. DELAUNAY, de l'Institut. 1 vol. in-8. . . . . 8 fr.

COURS ÉLÉMENTAIRE DE MÉCANIQUE THÉORIQUE ET APPLIQUÉE, à l'usage des facultés, des établissements d'enseignement secondaire, des écoles normales et des écoles industrielles, par LE MÊME. 1 vol. in-18 jésus, illustré de 540 figures, nouvelle édition. . . . . 8 fr.

COURS ÉLÉMENTAIRE D'ASTRONOMIE, concordant avec les articles du programme officiel pour l'enseignement de la cosmographie, par LE MÊME. 1 v. in-18 jés., ill. de planches et de vignettes, nouvelle édit. 7 fr. 50

TRAITÉ D'ASTRONOMIE APPLIQUÉE A LA GÉOGRAPHIE ET A LA NAVIGATION, suivi de la géodésie pratique, par EMM. LIAIS, astronome de l'Observatoire national de Paris. 1 fort vol. grand in-8. . . . 10 fr.

COURS D'ARBORICULTURE

Première partie. **Principes généraux d'arboriculture.** — Anatomie et physiologie végétales. Pépinière. Greffes, par DU BREUIL. 175 fig. 1 vol. in-18 jésus . . . . 3 fr. 50
Deuxième partie. **Culture des arbres et arbrisseaux à fruits de table**, 573 fig. 1 vol. gr. in-18. . . . . 8 fr.
Culture des arbres et arbrisseaux d'ornement. 1 vol. in-18 jésus avec tableaux, plans et 190 figures représentant les principales espèces . . . . 5 fr.
Les vignobles et les arbres à fruits à cidre. — L'olivier, le noyer, le mûrier, etc. 1 vol. in-18; 7 cartes et 384 fig. dans le texte. 6 fr.

INSTRUCTION ÉLÉMENTAIRE SUR LA CONDUITE DES ARBRES FRUITIERS. — Ouvrage destiné aux jardiniers, aux élèves des fermes-écoles. 1 vol. in-18 jésus, 207 figures . . . . 2 fr. 50

TRAITÉ ÉLÉMENTAIRE D'AGRICULTURE, destiné aux écoles d'agriculture et aux cultivateurs, par MM. GIRARDIN, correspondant de l'Institut et DU BREUIL. 2 forts vol. in-18 jésus, illustrés de 955 fig. . . . . . . 16 fr.

OUVRAGES DE M. JOSEPH GARNIER (DE L'INSTITUT)
PROFESSEUR D'ÉCONOMIE POLITIQUE A L'ÉCOLE NATIONALE DES PONTS ET CHAUSSÉES
SECRÉTAIRE PERPÉTUEL DE LA SOCIÉTÉ D'ÉCONOMIE POLITIQUE, ETC.

Premières notions d'économie politique, sociale ou industrielle contenant en outre : *la Science du Bonhomme Richard*, 1 vol. in-18. 2 fr. 50

Traité d'économie politique, sociale ou industrielle. Exposé didactique des principes et des applications de cette science et de l'organisation économique de la société. 8e édition augment. 1 vol. grand in-18 . . . . 7 fr. 50

Traité de finances. — L'impôt, son assiette. — Les Réformes financières, etc. Nouvelle édition, 1 vol. in-8 . . 8 fr.

Traité complet d'arithmétique théorique et appliquée *au Commerce, à la Banque, aux Finances*, 1 vol. in-8. 8 fr.

Notes et petits Traités, faisant suite au Traité d'économie politique, et contenant : ÉLÉMENTS DE STATISTIQUE. 1 fort vol. in-18 jésus . . . . 4 fr. 50

Ces ouvrages constituent un COURS COMPLET d'Economie politique et sociale.

ÉLÉMENTS DE GÉOLOGIE
Ou changements anciens de la terre et de ses habitants, tels qu'ils sont représentés par les monuments géologiques, par SIR CH. LYELL, baronnet, membre de la Société royale de Londres. Traduit de l'anglais sur la sixième édition par M. GINESTOU, bibliothécaire de la Société d'encouragement ; sixième édition, considérablement augmentée, illustrée de 770 gravures. 2 beaux volumes in-8. . . . . 20 fr.

PRINCIPES DE GÉOLOGIE, OU ILLUSTRATIONS DE CETTE SCIENCE
Empruntés aux changements modernes que la Terre et ses Habitants ont subis, par CHARLES LYELL, baronnet ; traduit de l'anglais, sur la dixième édition, par M. JULES GINESTOU, 2 vol. in-8 . . . . 25 fr.

ABRÉGÉ DES ÉLÉMENTS DE GÉOLOGIE
Par SIR CHARLES LYELL, traduit par M. JULES GINESTOU. Ouvrage illustré de 644 gravures. 1 fort vol. grand in-18 jésus . . . . 10 fr.

MANUEL DES FONDS PUBLICS ET DES SOCIÉTÉS PAR ACTIONS
Par A. COURTOIS fils, membre de la Société libre d'économie politique de Paris. 8e édition refondue. 1 fort vol. grand in-8 jésus . . . . . 20 fr.

TRAITÉ ÉLÉMENTAIRE DES OPÉRATIONS DE BOURSE
Par A. COURTOIS fils. Nouvelle édit. remaniée et augmentée, 1 v. gr. in-18. 4 fr.

TABLEAUX DES COURS DES PRINCIPALES VALEURS
Négociées et cotées aux bourses des effets publics de Paris, Lyon et Marseille du 17 janvier 1797 (28 nivôse an V) à nos jours, par LE MÊME. 1 vol. grand in-8 oblong, relié. . . . . 15 fr.

MANUEL DU CAPITALISTE
Ou Comptes faits des intérêts à tous les taux, pour toutes sommes de 1 jusqu'à 366 jours, ouvrage utile aux négociants, banquiers, commerçants de tous les états, trésoriers, receveurs généraux, comptables ; aux employés des administrations de finance et de commerce, par BONNET. Édition augmentée. Notice sur l'intérêt, l'escompte, etc., par M. Joseph GARNIER, revue, pour les calculs, par M. X. RYMKIEWICZ, calculateur du Crédit foncier. 1 volume in-8 . . . . 6 fr.

LA TENUE DES LIVRES
En partie simple et en partie double, mise à la portée de toutes les intelligences, pour être apprise sans maître : comptabilité des Commerçants, Banquiers, Industriels, Propriétaires, Entrepreneurs, Agents de change, Courtiers, Agriculteurs, des Sociétés en commandite et par actions, etc. Ouvrage offrant un cours complet de contentieux commercial. Adopté par le Tribunal de Commerce de la Seine et par l'Ecole du commerce, etc., par LOUIS DEPLANQUE, expert près les Cours et Tribunaux, professeur de comptabilité générale. 20e édition. 1 fort volume in-8, 825 p. . . 7 fr. 50

TENUE DES LIVRES RENDUE FACILE
Méthode d'enseignement à l'usage des personnes destinées au commerce, comprenant trois méthodes : l'une pour simplifier la balance générale, l'autre pour tenir les livres en double partie par le moyen d'un seul registre dont tous les comptes balancent journellement ; et la dernière en un supplément séparé pour tenir les comptes de banque en participation, par M. ED. DEGRANGE. Edit. revue avec soin, par ED. LEFEBVRE. 1 vol. in-8 5 fr.

GUIDE DU CAPITALISTE
Ou Comptes faits d'intérêts à tous les taux, pour toutes les sommes de 1 à 366 jours, par Bonnet. 1 volume grand in-18. . . . . 3 fr.

TRAITÉ COMPLET, THÉORIQUE ET PRATIQUE DES COMPTES EN PARTICIPATION
Dits vulgairement comptes à 1/2, à 1/3, à 1/4, par Louis Deplanque. 1 vol. in-8 . . . . 3 fr.

BARÈME UNIVERSEL CALCULATEUR DU NÉGOCIANT
Commençant par le chiffre 2 et comptant : Par pièces, mesures, nombres, kilogrammes, etc., par P.-F. de Doncker et Henry, géomètre comptable. 1 fort vol. in-8. . . . . 8 fr.

LE LIVRE DE BARÈME
Ou comptes faits. 1 vol. in-18, 3 fr. 50 ; relié. . . . . 4 fr.

ASPIRANTS AU VOLONTARIAT D'UN AN
CHAQUE VOLUME FORME UN TOUT COMPLET ET SE VEND SÉPARÉMENT

Instruction primaire, par M. Bourguignon. 1 fort vol. . . . . . . 3 fr. 50

Agriculture, Économie rurale, par M. G. Renaud, 1 vol. avec gravures et cartes . . . . 6 fr.

Agriculture, par M. Bourguignon, 1 vol. avec gravures . . . . 3 fr.

Commerce, par A. Roger. 1 vol. 3 fr. 50

Industrie, par Arthur Mangin, 1 volume gravures . . . . 3 fr. 50

PROGRAMME DÉVELOPPÉ DES EXAMENS DU VOLONTARIAT
Une Série de questions sur les matières de ces examens, conforme aux dernières instructions ministérielles, par Bourguignon. 1 vol. in-18. 1 fr. 50

LOIS, DÉCRETS ET INSTRUCTIONS, RELATIFS AU VOLONTARIAT D'UN AN
Suivis du Règlement ministériel sur les Engagés conditionnels de 1re et de 2º année. . . . . 50 c.

LOIS ANNOTÉES SUR L'ORGANISATION, LE RECRUTEMENT DE L'ARMÉE ET DES CADRES
Suivies des décrets, instructions et circulaires ministérielles relatives aux engagements conditionnels d'un an, aux engagements volontaires, aux rengagements, aux opérations des conseils de revision, etc. 1 volume grand in-32 jésus . . . . 2 fr.

LOI SUR LE RECRUTEMENT DE L'ARMÉE
Annotée et expliquée, mise à la portée et à l'usage des employés civils et militaires et des gens du monde. In-32. . . . . 50 c.

MANUEL DES CANDIDATS AUX GRADES D'OFFICIERS
Dans la réserve de l'armée active et dans l'armée territoriale. Conforme au programme ministériel du 26 juin 1874. Figures dans le texte. Décret du 5 octobre 1863, ordonnance du 3 mai 1832. Fortification, etc., par d'Anciens officiers. 1 vol. in-18 . . . . 3 fr. 50

NOUVEAU GUIDE DE LA CORRESPONDANCE COMMERCIALE
Contenant 515 lettres : circulaires, offres de services, entrée en relations, lettres d'introduction et de recommandation, lettres de crédit, prise d'informations et demande de renseignements, ordres de bourse, ordres en fabriques, demandes d'argent à des non-commerçants, traites, lettres de change, consignations, assurances, avaries, etc., par H Page. 1 vol. in-8. 6 fr.

LE SECRÉTAIRE COMMERCIAL
Par Henry Page. Extrait du précédent. 1 vol. in-18 . . . . . . 3 fr.

TENUE DES LIVRES RENDUE FACILE
A l'usage des personnes destinées au commerce, comprenant une instruction pratique, pour l'application à toute espèce de compte, des Règles de la comptabilité en partie double et partie simple, par un Ancien négociant. 1 volume grand in-18 jésus. . . . . 3 fr.

NOUVELLE ACADÉMIE DES JEUX
Contenant un Dictionnaire des jeux anciens, le nouveau jeu de croquet, le besigue chinois et une étude sur les jeux et paris de courses, par Jean Quinola. 1 fort volume grand in-18 avec figures. . . . . 3 fr.

LA GUERRE ILLUSTRÉE ET LE SIÈGE DE PARIS (1870-71)
Publiés par les éditeurs du journal l'*Illustration*. 1 fort vol. in-folio. 12 fr.

COLLECTION DE GUIDES EUROPÉENS

TOUS ACCOMPAGNÉS DE CARTES GÉNÉRALES ET SPÉCIALES, DE PLANS DE VILLES, DE PANORAMAS ET DE VUES PITTORESQUES

Complets chacun en 1 fort volume in-18 jésus a prix réduits

Reliure toile pleine, 1 fr. par volume en plus

Nouveau guide général du voyageur en Italie, indiquant tous les renseignements nécessaires. Illustrations, plans des villes et des musées, etc., nouvelle édition, par LEGENTIL. 1 beau vol. in-32, relié. . . . . 6 fr.

Nouveau guide général du voyageur en France, par AM. DE CÉSENA, carte des chemins de fer. . . . . . 4 fr.

Les environs de Paris, par AM. DE CÉSENA. Guide pratique. . . . . 4 fr.

Nouveau guide du voyageur aux Pyrénées, par LACROIX. 1 vol. . . . 5 fr.

Nouveau guide aux bains de mer des côtes de France, par EUGÈNE D'AURIAC. 1 vol. . . . . 5 fr.

Nouveau guide du voyageur aux bords du Rhin. . . . . . . 3 fr.

Nouveau guide général du voyageur en Allemagne et dans les Etats autrichiens, par E.3 MON . . . . . 5 fr.

Nouveau guide général du voyageur en Angleterre, en Ecosse et en Irlande, par WILLIAM DARCY. . . 5 fr.

Nouveau guide général du voyageur en Hollande, av. carte et vues, etc. 2 fr.

Nouveau guide général du voyageur en Suisse, par J. LACROIX. . . 5 fr.

Guide universel et complet de l'étranger dans Paris, suivi des environs de Paris, p. DONVILLE. 1 v. in-18 rel. 4 fr.

Nouveau guide pratique dans Paris à l'usage des Etrangers et des habitants. 1 vol. grand in-32, relié . . . 2 fr.

Nouveau plan de Paris et des communes de la banlieue, 1 feuille grand monde, réimprimé en couleur. . 5 fr.

Guide universel de l'étranger dans Marseille, nouvelle édition, par LEGENTIL. 1 vol. in-18 relié. . 3 fr. 50

COLLECTION DE NOUVELLES CARTES

Itinéraires des principaux Etats européens, à l'usage des voyageurs et des gens du monde, indiquant les voies de communications, chemins de fer, dressés d'après les documents les plus récents par A. VUILLEMIN.

Le Rhin et les pays voisins de Constance à Cologne. 1 feuille. . . 2 fr.

Carte des environs de Paris villes, communes et châteaux; chemins de fer, 1 feuille grand aigle. . . . . 2 fr.

Carte de la Belgique. 1 feuille. 1 fr.

Carte de la Hollande. 1 feuille. 1 fr.

Nouvelle carte de l'Italie. 1 feuille jésus. . . . . 2 fr.

Carte de l'Angleterre, de l'Irlande et de l'Écosse. 1 feuille jésus . . 2 fr.

Nouvelle carte de l'Espagne et du Portugal. 1 feuille jésus . . . 2 fr.

Nouvelle carte de la Suisse. 1 feuille jésus. . . . . 2 fr.

Nouvelle carte de l'Allemagne. 1 feuille jésus. . . . . 2 fr.

Carte physique et politique du Portugal. 1 feuille demi-jésus. . . 1 fr.

Carte générale des chemins de fer français, par CHARLE. 1 feuille colomb. 2 fr.

Nouvelle carte itinéraire des chemins de fer de l'Europe centrale, par A. VUILLEMIN. 1 f. gr. aigle. 2 fr.

Plan de Paris. Illustré des vues des principaux monuments. 1 f. d.-c. 1 fr.

Paris et ses nouvelles divisions municipales. Plan-Guide à l'usage de l'étranger. Dressé par A. VUILLEMIN, géographe. 1 feuille grand aigle. 1 fr. 60

Nouveau Paris monumental. Itinéraire pratique des étrangers dans Paris. 1 feuille demi-colombier, imprimée en litho-chromo. . . . . . . 1 fr.

Itinéraire des omnibus et tramways dans Paris. 1 feuille demi-col. 1 fr. 20

Plan illustré de Lyon et de ses faubourgs. 1 feuille grand colombier. 2 fr.
Le même demi-colombier. . . . . 1 fr.

Plan général de Marseille, dressé et gravé par PÉPIN-MALHERBE. . . . . 1 fr.

Plan de Nice. — Menton. Contenant l'itinéraire de toutes les rues, quais, places, passages, boulevards et parcours des tramways. 1 feuille demi-colomb. 1 fr.

BIBLIOTHÈQUE LATINE-FRANÇAISE
PUBLIÉE PAR M. C. L. F. PANCKOUCKE

In-8o, papier fil des Vosges, non mécanique, caractères neufs -

Au lieu de 7 fr; net . . . . 3 fr. 50 c. le vol.

PREMIÈRE SÉRIE
OEUVRES COMPLÈTES DE CICÉRON
TRADUITES EN FRANÇAIS. 36 VOL. IN-8°

OEUVRES COMPLÈTES DE TACITE
TRADUITES EN FRANÇAIS. 7 VOL. IN-8°

Quintilien (*Œuvres complètes de*). traduction en français, 6 volumes in-8.

Velleius Paterculus, traduction nouvelle par M. DESPRÈS. 1 vol.

Valère Maxime, traduction nouvelle par M. FRÉMION. 3 vol.

Ovide, *Métamorphoses*, par M. GROS. 3 v.

Valerius Flaccus, traduct. DE PERCEVAL. 1 volume.

Stace, trad. par MM. RINN, ACHAINTRE et BOUTTEVILLE. 4 vol.

Phèdre, traduction par M. F. PANCKOUCKE. — Avec un *fac-similé*.

SECONDE SÉRIE, 33 VOLUMES, ÉPUISÉE
Les ouvrages suivants qui nous restent en nombre, 7 fr.; net, 5 fr.

Ausone, traduction de CORPET. 2 vol.

Bassus, Cornelius Severus, Avianus*, Dionysius Caton. 1 vol.

C. Lucilius, traduction de M. E. F. CORPET; — Lucilius Junior, Saleius. 1 v.

Histoire d'Auguste. 3 vol.

Julius Obsequens, Lucius Ampellius*, traduction de M. VERGER. 1 vol.

Jornandès, traduction de M. SAVAGNER. 1 vol.

Poetæ minores : ARBORIUS*, CALPURNIUS, EUCHERIA*, GRATIUS FALISCUS, LUPERCUS SERVASTUS*, NEMESIANUS, PENTADIUS*, SABINUS*, VALERIUS CATO*, VESTRITIUS, SPURINNA*, et le *Pervigilium Veneris*, traduction de M. CABARET-DUPATY. 1 vol.

Palladius, *Économie rurale*, 1 vol.

Pomponius Mela, Vibius Sequester*, Ethicus Ister*, P. Victor, traduction de M. LOUIS BAUDET. 1 vol.

Sensorinus*, traduction de M. MANGEART. 1 vol.

Sextus Pompeius Festus, traduction de M. SAVAGNER. 2 vol.

Sextus Aurelius Victor, traduction de M. N. A. DUBOIS. 1 vol.

Varron, *Économie rurale*, traduction de M. ROUSSELOT. 1 vol.

Les ouvrages ci-dessous sont presque épuisés. Il ne reste plus que quelques exemplaires. Par exception, au lieu de 7 fr. le vol.; net 6 fr.

César, œuvres complètes. Traduction ARTAUD. 3 vol. in-8.

Horace, œuvres complètes. Traduction AMAR, ANDRIEUX, etc. 2 vol.

Silius Italicus. Les Puniques. Traduction CORPET et DUBOIS. 3 vol.

Pline l'Ancien, *Histoire naturelle*, traduction, par AJASSON DE GRANDSAGNE. 20 volumes.

Justin, traduction nouvelle par MM. J. PIERROT et BOITARD. Notice par M. LAYA. 2 volumes.

Pline le Jeune, traduction nouvelle de SACY, revue et corrigée par M. J. PIERROT. 3 vol.

Juvénal, traduction de M. DUSSAULX, revue par M. J. PIERROT. 2 vol.

N. B. — Il existe encore dans nos magasins trois collections complètes de la Bibliothèque latine, 211 volumes. Au lieu de 1,500 fr.; net, 1,200 fr.

Un certain nombre des ouvrages composant la collection étant épuisés ne figurent pas sur le Catalogue. Comme il nous rentre de temps en temps des volumes et que nous sommes disposés à faire l'acquisition de ceux qu'on vient nous offrir, on peut toujours nous adresser des demandes pour les ouvrages même qui ne sont pas indiqués ici.

NOUVEAU GUIDE EN AFFAIRES

Le droit usuel ou l'avocat de soi-même, modèles d'actes, affaires, soit en matière civile, soit en matière commerciale, etc., par DURAND DE NANCY, 1 fort vol. grand in-18 de 537 pages, 4 fr. 50 ; relié. . . . . . 5 fr.

DU TRAVAIL DES ENFANTS ET DES FILLES MINEURES
EMPLOYÉS DANS L'INDUSTRIE

Commentaire de la loi du 19 mai 1874 suivi des décrets, règlement, instructions et circulaires relatifs à l'application de la loi. Par A. DE CHAUVERON et S. BERGE, Avocats à la Cour d'appel de Paris. 1 vol. in-32. 1 fr. 25

LE JARDINIER DE TOUT LE MONDE

Traité complet de toutes les branches de l'horticulture, par A. YSABEAU. 1 fort vol. grand in-18, illust. de gravures sur bois dans le texte. 4 fr. 50

NOUVEAU JARDINIER FLEURISTE

Jardins, balcons et salons. 1 vol. illust. d'environ 150 grav. . . . 3 fr. 50

NOUVEAU TRAITÉ PRATIQUE DU JARDINAGE

Comprenant : 1° La culture maraîchère, les primeurs et les plantes potagères à fruits comestibles ; 2° La plantation, la taille, la conduite, la culture et le rajeunissement des arbres fruitiers ; 3° La culture des plantes d'ornement, etc., Plaisir et Profit, par A. YSABEAU. 1 vol. in-18. 2 fr.

TARIF DE CUBAGE DES BOIS EQUARRIS ET RONDS

Évalués en stères et fractions décimales du stère, par J.-A. FRANCON, cubeur juré de la ville de Lyon. 1 fort vol. in-18 de 400 pages. . . . 3 fr. 50

TARIF POUR CUBER LES BOIS EN GRUME ET ÉQUARRIS

D'après les mesures anciennes avec leur réduction en mesures métriques, suivi d'une instruction pour la réduction des bois ronds et équarris, d'un tableau servant à déterminer les produits en nature des arbres de futaie pris sur pied en forêts, et d'un second tableau pour estimer la valeur des taillis d'un âge quelconque, par ETIENNE PRUGNAUX, arpenteur forestier. Nouvelle édition revue. 1 vol. in-18. . . . . 2 fr.

TRAITÉ DE LA TYPOGRAPHIE

Par HENRI FOURNIER. 1 fort vol. in-8 . . . . 5 fr.

CHIROMANCIE NOUVELLE EN HARMONIE AVEC LA PHRÉNOLOGIE

et la physiognomonie. *Les Mystères de la main* révélés et expliqués. Art de connaître la vie, le caractère, la destinée, par A. DESBAROLLES. 1 fort vol. grand in-18. . . . . 5 fr.

GRAPHOLOGIE

Ou les mystères de l'écriture, par DESBAROLLES et MICHON. 1 v. in-18. 4 fr.

LE CUISINIER EUROPÉEN

Les meilleures recettes des cuisines française et étrangère pour la préparation des potages, sauces, ragoûts, entrées, rôtis, fritures, entremets, desserts et pâtisseries, complété par un chapitre sur les dessertes ou l'*Art d'utiliser les restes d'un bon repas* ; le service de table, la meilleure manière de faire les honneurs d'un repas et de servir les vins, les confitures, les sirops, les bonbons de ménage, les liqueurs, les soins à donner à une cave bien montée, par JULES BRETEUIL, ancien chef de cuisine. 1 fort vol. gr. in-18 de 800 pages, 300 grav., nouv. édition, revue et corrigée. . 5 fr.

ŒUVRES DE P.-J. PROUDHON
FORMAT GRAND IN-18 ANGLAIS

De la Célébration du Dimanche. 1 volume . . . . 75 c.
Résumé de la Question sociale. — Banque d'échange. 1 vol. 1 fr. 25
Intérêt et principal, discussion entre MM. *Proudhon et Bastiat* 1 v. 1 fr. 50
Idée générale de la Révolution au XIXᵉ siècle. 1 vol. . . . . . 3 fr.
La Révolution sociale démontrée par le Coup d'Etat. 1 vol. . . . 2 fr. 50

Des Réformes à opérer dans l'exploitation des chemins de fer, et des conséquences qui peuvent en résulter. 1 volume . . . . 3 fr. 50
Proposition relative à l'impôt sur le revenu. 1 vol. . . . . . . 75 c.

Organisation du travail, par LOUIS BLANC. 1 vol. in-18. . . . 1 fr. 50

POMOLOGIE FRANÇAISE

Recueil des plus beaux fruits cultivés en France, ouvrage orné de magnifiques gravures, avec un texte descriptif et usuel, rédigé par M. A. POITEAU, botaniste, membre des Sociétés d'agriculture de la Seine, etc., ancien jardinier en chef du château de Fontainebleau. Prix de chaque livr., planche noire. . . . . 0 fr. 75
Planche imprimée en couleur et retouchée au pinceau. . . . . 1 fr. 50

DIVISION DE LA POMOLOGIE FRANÇAISE EN MONOGRAPHIES
MONOGRAPHIES DES

Amandiers...	14 liv.	Cognassiers..		Vignes....	14 —
Pruniers...	48 —	Néfliers....	11 —	Orangers...	9 —
Cerisiers....	27 —	Azeroliers...		Pêchers....	39 —
Poiriers....	107 —	Oliviers....		Abricotiers..	9 —
Fraisiers...	29 —	Cornouillers..		Pommiers...	58 —
Framboisiers..		Arbousiers..	11 —	Figuiers....	8 —
Groseilliers..	20 —	Airelles....		Pistachiers...	
Mûriers....	6 —	Pavias.....		Châtaigniers..	
Plaqueminiers.		Epines Vinettes		Pin-Pignon..	
Assiminiers..		Noyers....	11 —	Ouvrage terminé.	
Grenadiers...		Noisetiers...			

Complet en 421 liv., 4 forts vol. in-folio, figures noires. . . . 315 fr. 75
Même ouvrage colorié. . . . . 631 fr. 50

HYGIÈNE VÉTÉRINAIRE APPLIQUÉE

Par J.-H. MAGNE, directeur de l'Ecole nationale vétérinaire d'Alfort, professeur de zootechnie. Ornée de gravures.

OUVRAGE DIVISÉ EN 4 PARTIES, COMME SUIT, ET SE VENDANT SÉPARÉMENT

Races chevalines et leur amélioration. Entretien, multiplication, élevage, éducation du cheval, de l'âne et du mulet. 1 fort vol. in-18 . . . . 8 fr.

Races bovines et leur amélioration. Entretien, multiplication, élevage, engraissement du bœuf. 1 vol. gr. in-18 jésus. . . . . 5 fr.

Races ovines et leur amélioration. Entretien, multiplication, élevage, engraissement du mouton. 1 v. gr. in-18 jésus. . . . . 3 fr.

Races porcines et leur amélioration. Entretien, multiplication, élevage, engraissement du porc. 1 vol. gr. in-18 jésus. . . . . 2 fr.

Nourriture et choix du cheval, ou description de tous les caractères à l'aide desquels on peut reconnaître l'aptitude des chevaux aux différents services. 1 vol. in-18 jésus avec vign. 3 fr. 50

Médecine vétérinaire rurale. Etude des causes des maladies qui affectent les animaux domestiques, par un VÉTÉRINAIRE AGRONOME. 1 fort vol. in-18 . . . . 4 fr. 50

NOUVEAU GUIDE PRATIQUE DES MAIRES

Des Adjoints, des Secrétaires de mairie et des Conseillers municipaux ; Contenant les lois, décrets, arrêtés, circulaires et décisions du ministre de l'Intérieur, les arrêts du Conseil d'Etat et de la Cour de cassation jusqu'en 1885, sur toutes les matières d'administration municipale, et un Traité complet de l'état civil, de la police judiciaire des tribunaux de simple police, suivi d'un Formulaire de tous les actes à dresser par les maires, par DURAND DE NANCY. 12e édition entièrement refondue et annotée, mise au courant de la Jurisprudence et des lois les plus récentes, contenant la loi du 5 avril 1884 et la circulaire ministérielle du 20 du même mois, par RUBEN DE COUDER, vice-président au Tribunal civil de la Seine, ancien vice-président du Conseil général de la Seine. 1 fort vol. in-18 jésus. 6 fr.

MANUEL PRATIQUE DES JUGES DE PAIX
LES JUSTICES DE PAIX EN FRANCE

Précis complet de leurs attributions judiciaires, extrajudiciaires, civiles, administratives, de police et d'instruction criminelle, ouvrage entièrement neuf. Etudes sur la propriété, actions possessoires, servitudes, la police des chemins de fer, par M. G. MARTIN, juge de paix, 1 vol. in-18 6 fr.

ÉLÉMENTS GÉNÉRAUX DE LA LÉGISLATION FRANÇAISE

Par A. BOURGUIGNON. 1 fort vol. gr. in-18 de plus de 700 pages . . 6 fr.

NOUVELLES CARTES ROUTIÈRES

Dressées sur les derniers documents, par BERTHE, grand colombier, à **2 fr.**

Europe routière, indiquant les distances des villes capitales des Etats de l'Europe. 1 feuille.
France en 86 départements. 1 feuille.
Royaumes d'Espagne et de Portugal. 1 feuille.
Royaumes de Hollande et de Belgique. 1 feuille.
Italie et ses divers États. 1 feuille.
Confédération suisse. 1 feuille.
Russie d'Europe. 1 feuille.
Grèce actuelle et Morée. 1 feuille.
Turquie d'Europe et d'Asie. 1 feuille.
Royaumes-Unis d'Angleterre, d'Ecosse et d'Irlande. 1 feuille.
Allemagne. 1 feuille.
Mappemonde. 1 feuille.
Suède et Norvège. 1 feuille.
Amérique méridionale. 1 feuille.
Amérique septentrionale 1 feuille.
Asie, d'après KLAPROTH. 1 feuille.
Afrique, ornée d'un plan de l'île Bourbon. 1 feuille.
Océanie et Polynésie. 1 feuille.
Egypte et Palestine. 1 feuille.
Amérique méridionale et septentrionale. 1 feuille.

COLLAGE ET MONTAGE

Demi-colombier, sur toile . . . 1 fr. 50
Colombier . . . . 2 fr. »
  — sur gorge et roul. . . 3 fr. 50
Grand monde, sur toile, étui. . 4 fr. »
  — sur gorge et rouleau. . 5 fr. »

LAMENNAIS. Essai sur l'indifférence en matière de religion. Nouvelle édition. 4 vol. in-8, imprimés sur beau papier . . . . 20 fr. »

— Esquisse d'une philosophie. 4 v. in-8 . . . . 30 fr. »

— Amschaspands et Darvands. 1 v. in-8, au lieu de 6 fr.; net. . 2 fr. »

— Discussions critiques. 1 vol. in-8, au lieu de 3 fr.; net. . . 1 fr. »

— Correspondance, 1818 à 1840, suivie d'un appendice, 1859. 2 vol. in-8. . . . . 12 fr. »

MANUEL DE DRAINAGE publié sous les auspices des Préfets de l'Ain, du Jura et du Doubs, par M. LAMAIRESSE, suivi du Drainage par perforation, par le baron VAN DEL BRAKELL. 1 vol. in-18. . 3 fr. 50

LE JEU DE TRICTRAC rendu facile pour toute personne d'un esprit juste et pénétrant, par J. L., ancien élève de l'École polytechnique. Règles et tables entièrement nouvelles. 2 vol. in-8, 15 fr.; net. . . . 7 fr. 50

OUVRAGES COMPLETS AU RABAIS

GRAND IN-32, FORMAT DIT CAZIN, 1 FR. LE VOLUME; NET 75 CENT.

Godwin (W.). *Caleb Williams*, 3 vol.
Eugène Sue. *Arthur.* 4 vol.
Benjamin Constant. *Adolphe*, suivi de la tragédie de *Wallstein.* 1 vol.
La Natation, ou l'art de nager appris seul en moins d'une heure, par BRISSET. 1 vol. in-18, avec 5 gravures.
Maître Pierre. *Entretien sur la vie de Napoléon*, par MARCO DE SAINT-HILAIRE. 1 vol. in-18.
Conservation des oiseaux. *Leur utilité,* par M. le prés. BONJEAN. 1 vol.
Les Allopathes et les Homœopathes, par DUMAS, DUPIN et BONJEAN. 1 vol.
Les Mois, poëme, par ROUCHER. 2 vol.
Ducis. *Œuvres.* 7 vol.
Voltaire. *Temple du goût et poésies mêlées.* 1 vol.
— *Epîtres, Stances et Odes.* 2 vol.
Revel. *Manuel des maris.* 1 volume.

OUVRAGES SUR LA CHASSE ET LA PÊCHE

Chasses et pêches anglaises (variétés de pêches et de chasses). 1 volume in-8. . . . . 3 fr. 50
Causeries chevalines, par A. GAUME. 1 vol. in-18 . . . . . . 3 fr. 50
Dictionnaire du pêcheur. Traité de pêche en eau douce et en eau salée, par ALPHONSE KARR. 1 vol. . 2 fr.
Le Pêcheur à la mouche artificielle et le pêcheur à toutes lignes, par CHARLES DE MASSAS, 1 vol. in-18 2 fr.

RUBENS ET L'ECOLE D'ANVERS

Par ALFRED MICHIELS. 1 vol. in-8 . . . . 5 fr.

COURS DE GÉOGRAPHIE

RÉDIGÉ CONFORMÉMENT AUX PROGRAMMES OFFICIELS ET DESTINÉ AUX DIFFÉRENTES CLASSES DE L'ENSEIGNEMENT PRIMAIRE

Par M. L. GRÉGOIRE

Professeur d'histoire au lycée Fontanes et au collège Chaptal
Auteur du **Dictionnaire d'Histoire et de Géographie** et de la **Géographie générale**

ENSEIGNEMENT SECONDAIRE

Classe préparatoire. *Cours élémentaire.* Notions de géographie générale. 1 fr. *Cours moyen.* Notions sommaires sur les cinq parties du monde et sur l'Europe et la France en particulier... 2 fr.

Classe de huitième. Géographie élémentaire des cinq parties du monde. 1 fr.

Classe de septième. Géographie élémentaire de la France, cartes. 1 vol. 1 fr.

Classe de sixième. Géographie générale de l'Europe et du bassin de la Méditerranée, avec cartes..... 1 fr. 50

Classe de cinquième. Géographie de l'Asie, l'Afrique, l'Amérique, l'Océanie, avec cartes........ 1 fr. 50

Classe de quatrième. Géographie de la France. 1 vol........ 2 fr.

Classe de troisième. Géographie physique, politique, économique de l'Europe, moins la France.. 1 volume. 3 fr.

Classe de seconde. Géographie physique, politique, économique. — Asie. — Afrique. — Amérique. — Océanie. 1 volume........... 3 fr.

Classe de rhétorique. Géographie physique, politique, administrative et économique de la France et de ses colonies. 1 vol......... 3 fr.

ENSEIGNEMENT PRIMAIRE

Cours élémentaire de Géographie (préparation à l'étude de la géographie, nomenclature géographique; la mappemonde, la France) avec cartes. 1 volume................ 1 fr.

Cours moyen de Géographie. *Notions sommaires sur les 5 parties du monde et sur l'Europe en particulier, cartes.* 1 vol.............. 2 fr.

Cours de Géographie générale, comprenant la géographie physique et politique des 5 parties du monde, et spécialement celle de la France, par M. Louis Grégoire. Répondant aux différents programmes de géographie pour le baccalauréat, pour l'école St-Cyr, et à l'usage de toutes les maisons d'éducation, 6 figures et 70 cartes. 1 fort vol. in-18............ 4 fr.

GÉOGRAPHIE, ATLAS

Nouveaux éléments de géographie universelle, par M. Houzé. In-18. 75 c.

Atlas de géographie ancienne et moderne, dressé par MM. Monin et Vuillemin. 1 vol. gr. in-4, 46 cartes. Classique mieux adapté aux études.... 12 fr.

Atlas classique de géographie moderne. 1 vol. 20 cartes... 7 fr. 50

Atlas de géographie élémentaire, destiné aux commençants. 1 vol.. 4 fr.

Atlas de 25 cartes, accompagné de tableaux élémentaires de géographie, revu par M. Th. Soulice.
Colorié sans tableau, 3 fr. — avec tableau.................. 4 fr.

CARTES MURALES

France en 89 départements. 1 feuille gr. monde.............. 4 fr. 50

Europe. 1 feuille grand monde. 4 fr. 50
Les Mêmes, collées sur toile vernie et montées sur gorge et rouleau. 9 fr. 50

Mappemonde en deux hémisphères. Hauteur, 90 cent.; largeur, 1 mètre 80 cent............. 6 fr. 50
La Même, collée sur toile, vernie et montée sur gorge et rouleau.. 14 fr.

Planisphère terrestre, par A. Vuillemin, nouvelles découvertes, les colonies européennes et les parcours maritimes des bâtiments à vapeur, par Vuillemin. 1 feuille gr. m. col. 6 fr.

Nouvelle carte de France, routes nationales et départementales, distances, les chemins de fer, canaux, dressée par Charle. 1 feuille m. col..... 2 fr.

Carte physique et politique de l'Algérie, divisions administratives et militaires, par A. Vuillemin. 1 feuille colomb............. 2 fr.

Europe, en une feuille grand monde, revue par Klaproth. 1 feuille. 4 fr.

France routière et administrative, réduite d'après Cassini. 1 feuille grand monde............... 4 fr.

NOUVELLE BIBLIOTHEQUE LATINE-FRANÇAISE
Réimpressions des classiques latins
TRADUCTIONS REVUES ET REFONDUES AVEC LE PLUS GRAND SOIN
75 VOLUMES SONT EN VENTE, FORMAT GRAND IN-18 JÉSUS

Le succès de cette collection est aujourd'hui avéré. Belle impression, joli papier, collection soignée, revision intelligente et sérieuse, rien n'a été négligé pour recommander ces éditions aux amis de la bonne littérature.

8 volumes à 4 fr. 50

César. *Commentaires sur la Guerre des Gaules et sur la guerre civile*, traduits par M. ARTAUD. Edition revue. 1 vol.

Claudien (*Œuvres complètes*), traduites par M. HÉGUIN DE GUERLE. 1. vol.

Lettres choisies de saint Jérôme, texte latin soigneusement revu. Traduction nouvelle et introduction par M. J. P. CHARPENTIER. 1 vol.

Lettres d'Abélard et d'Héloïse (latin-français). Traduction nouvelle de M. GRÉARD, 1 fort vol.

Ovide (*Métamorphoses*). Traduction française de GROS, refondue, précédée d'une notice par M. CABARET-DUPATY. 1 vol.

Saint-Augustin (*Confessions*), avec la traduction française d'ARNAULT D'ANDILLY, revue par M. CHARPENTIER. 1 v.

Térence (*Comédies*). Traduction nouvelle par VICTOR BETOLAUD. 1 vol.

Virgile (*Œuvres complètes*), traduites en français, précédées d'une *Etude sur Virgile* par M. SAINTE-BEUVE. 1 fort volume.

67 volumes à 3 fr.

Apulée (*Œuvres complètes*), traduites par VICTOR BÉTOLAUD. 2 vol.

Aulu-Gelle (*Œuvres complètes*). Edition revue par MM. CHARPENTIER. 2 vol.

Catulle, Tibulle et Properce (*Œuvres*), traduct. par HÉGUIN DE GUERLE. 1 vol.

Cicéron (*Œuvres complètes*), traduction améliorée et refaite en grande partie par MM. Charpentier, Gabaret-Dupaty, etc. 20 vol.

Cornelius Nepos, traduction nouvelle par M. AMÉDÉE POMMIER. 1 vol.

Eutrope. Abrégé de l'Histoire romaine, traduit par DUBOIS. 1 vol.

Horace (*Œuvres complètes*). Trad. par LEMAISTRE. Etude sur Horace, par H. RIGAULT. 1 vol.

Jornandès. Traduction de M. SAVAGNER. 1 vol.

Justin (*Œuvres complètes*). Abrégé de l'Histoire universelle de Trogue-Pompée, traduction par M. PIERROT. 1 vol.

Juvénal et Perse (*Œuvres complètes*), suivies de fragments de *Turnus* et de *Sulpicia*, traduction de DUSSAULX. 1 vol.

Lucain. — *La Pharsale*, revue et complétée, par M. H. DURAND. 1 vol.

Lucrèce (*Œuvres complètes*), avec la traduction revue par M. BLANCHET. 1 vol.

Martial (*Œuvres complètes*). Traduction de VERGER DUBOIS. Edition revue et précédée des *Mémoires de Martial*, par M. Jules JANIN. 2 volumes.

Ovide, *Les Amours, l'Art d'aimer*, etc. Nouvelle édition. *Etude sur Ovide*, par Jules JANIN. 1 vol.

— *Les Fastes, les Tristes*. Nouvelle édition, revue. 1 vol.

— *Les Héroïdes, le Remède d'amour, les Pontiques, Petits Poèmes*. Edition revue. 1 vol.

Petits Poètes : ARBORIUS*, CALPURNIUS, EUCHERIA*, GRATIUS FALISCUS, LUPERCUS, SERVASTUS*, NEMESIANUS, PENTADIUS*, SABINUS*, VALERIUS, CATO*, VESTRITIUS, SPURINNA*, et le *Pervigilium Veneris*, traduction de CABARET-DUPATY. 1 vol.

Pétrone (*Œuvres complètes*), traduites par M. HÉGUIN DE GUERLE. 1 vol.

Phèdre (*Fables*), suivies des *Œuvres d'Avianus*, de *Denys Caton*, de *Publius Syrus*, traduites par LEVASSEUR. 1 vol.

Plaute. Son *théâtre*, trad. de M. Naudet. 4 vol.

Pline le jeune (*Lettres*), traduites par M. CABARET-DUPATY. 1 vol.

Quintilien (*Œuvres complètes*). Trad. Edition revue par M. CHARPENTIER. 3 vol.

Quinte-Curce (*Œuvres complètes*), traduction par TROGNON. 1 vol.

Salluste (*Œuvres complètes*). Traduction de DU ROZOIR, revue par CHARPENTIER. 1 vol.

Sénèque le philosophe (*Œuvres complètes*). Edition revue par CHARPENTIER. 4 vol.

Sénèque (*Tragédies*), édition revue par M. CABARET-DUPATY. 1 vol.

Suétone (*Œuvres*). Traduction refondue par M. CABARET-DUPATY. 1 vol.

Tacite (*Œuvres complètes*). Traduction de DUREAU DE LA MALLE. 2 vol.

Tite-Live (*Œuvres complètes*), traduites par MM. LIEZ, DUBOIS. Edit. revue. 6 vol.

Valère Maxime (*Œuvres complètes*). Traduq. par FRÉMION. 2 vol.

Velleius Paterculus. Traduction refondue. — **Florus** (*Œuvres*), précédées d'une notice sur *Florus*, par Villemain. 1 vol.

Notre nouvelle édition des Œuvres complètes de Cicéron a été revue avec un soin particulier par M. Charpentier, dont le concours nous a été si précieux pour notre collection

PAPIERS ET CORRESPONDANCE DE LA FAMILLE IMPÉRIALE
Format in-18 jésus, édition collationnée avec beaucoup de soin. 2 v. 6 fr.

JOURNAL DES JOURNAUX DE LA COMMUNE
Contrôlés par des Extraits du *Journal Officiel* de Versailles. 2 vol. à 3 fr. 50

LE SIÈGE DE PARIS
Par Francisque Sarcey. 1 vol. in-8 ill., 6 fr.; le même sans fig. . 3 fr.

RAPPORTS MILITAIRES
Écrits de Berlin par le colonel baron Stoffel, 1 beau volume in-8. 6 fr.

LES CLUBS ROUGES DE PARIS
Pendant le siège, par de Molinari. 1 vol. grand in-18 jésus. . . 3 fr. 50

LE MOUVEMENT SOCIALISTE ET LES RÉUNIONS PUBLIQUES
Avant la Révolution du 4 sept., par M. G. de Molinari. 1 v. gr. in-18. 3 fr. 50

HISTOIRE DE LA GUERRE DE PRUSSE
Par Amédée de Césena. Illust. de portraits historiques et gravures, une carte de l'Alsace et une carte de Paris fortifié. 1 vol. gr. in-8. . 4 fr.

HISTOIRE AUTHENTIQUE DE LA COMMUNE DE PARIS EN 1871
Par le vicomte de Beaumont-Vassy. 1 vol. grand in-18 jésus. . . 3 fr. 50
Le même ouvrage illustré. Grand in-8 jésus. . . . . 4 fr.

COMBATS ET BATAILLES DU SIÈGE DE PARIS
Septembre 1870 à février 1871, par Louis Jezierski, ill. Gr. in-8 jés. 6 fr.

SUPRÉMATIE INTELLECTUELLE DE LA FRANCE
Réponse aux allégations germaniques, par Emm. Liais. 1 v. gr. in-18. 3 fr.

ÉTUDES SUR LA CIRCULATION ET LES BANQUES
Par Alfred Sudre. 1 vol. grand in-18. . . . . 3 fr. 50

DES FUMIERS ET AUTRES ENGRAIS ANIMAUX
Par J. Girardin, correspondant de l'Institut, professeur de chimie à la Faculté des sciences, etc., revue. 1 vol. in-12 avec 60 figures . . . . . 3 fr. 50

L'ONANISME
Dissertation sur les maladies produites par la masturbation, par Tissot, docteur-médecin. 1 vol. . . . . 2 fr.

TRAITÉ PRATIQUE DES MALADIES DES VOIES URINAIRES ET DES ORGANES GÉNÉRATEURS DE L'HOMME
Par le docteur Em. Jozan. Destiné aux gens du monde, 21e édition refondue, illustrée de 355 figures d'anatomie et 16 planches chromolithographiques contenant 29 figures. 1 vol. grand in-18. . . . . 5 fr.

TRAITÉ COMPLET DES MALADIES DES FEMMES
Par le même, illust. de 205 figures d'anatomie. 1 vol. grand in-18. . 5 fr.

CAUSE PEU CONNUE D'ÉPUISEMENT PRÉMATURÉ
Traité pratique des pertes, par le même. 1 vol. in-18. . . . . . . 5 fr.

COURS COMPLET D'AGRICULTURE
Ou nouveau Dictionnaire d'agriculture théorique et pratique, d'économie rurale et de médecine vétérinaire, sur le plan de l'ancien Dictionnaire, par MM. le baron de Morogues, Mirbel, Héricart de Thury, Payen, Mathieu de Dombasle, etc. 4e édition, revue et corrigée. 20 vol. br. en 19 gr. in-8 à 2 colonnes, avec environ 4,000 sujets grav., relat. à la grande et à la petite culture, à la description des plantes, etc. . . . . 112 fr.

Jacob.
Curiosités infernales

22502

...ON DES MEILLEURS ...ES FRANÇAIS ET ÉTRANGERS
FORMAT GRAND IN-18 J... ANGLAIS) A 3 FR. LE VOLUME

Arioste. Rol. furieux, 2 v.
Aristophane. Théâtre, 2 v.
Aristote. La politique, 1 vol. — Poétique et Rhétorique, 1 vol.
Auriac (d'). Théâtre de la foire, 1 vol.
Bachaumont. Mémoires secrets, 1 vol.
Barthélemy. Némésis, 1 v.
Beaumarchais Mémoires, 1 v. — Théâtre, 2 v.
Béranger des Familles, 1 v.
Bernardin de Saint-Pierre. Paul, 1 vol.
Béroalde de Verville. Moyen de parvenir, 1 v.
Boccace. Contes, 1 vol.
Boileau. Œuvres, annotées par Gidel, 1 v.
Bonaventure des Périers. Le Cymbalum mundi, 1 vol.
Bossuet. Discours sur l'histoire universelle, 1 v. — Sermons choisis, 1 v.
Bourdaloue Chefs-d'œuvre oratoires, 1 vol.
Brantome. Vies des Dames galantes, 1 v. — Vies des Dames illustres françaises et étrangères, 1 v.
Bret (A.) Lettres de Ninon à Lenclos, 1 vol.
...at-Savarin. Physiologie du goût, 1 vol.
Bussy-Rabutin. Histoire amoureuse des Gaules, 2 v
Byron. Œuvres complètes, 6 vol.
Mémoires de J. Casanova. Écrits par lui-même, 8 vol.
César Cantu. Abrégé de l'Histoire universelle, 2 v
Cent Nouvelles nouvelles. 1 vol.
Chateaubriand. Génie du Christianisme, 2 v. — Les Martyrs, 1 v. — Itinéraire de Paris à Jérusalem, 1 v. — Atala, René, Le dernier Abencerrage, etc., 1 vol. — Voyages en Amérique, en Italie, au Mont-Blanc, 1 v. — Paradis perdu, 1 vol. — Études historiques, 1 v. — Histoire de France, Les Quatre Stuarts, 1 v. — Mélanges, 1 vol.
Chénier (André). Œuvres poétiques, 2 v. — Œuvres en prose, 1 vol.
Collin d'Harleville. — Théâtre 1 vol.
Corneille. Théâtre, 4 v.
Courier (P.-L.) Œuvres, 1 v.
Créquy. Souvenirs (1718-1803), 10 tom. broch. en 5 v., av. 10 port. sur acier.
Dante (Alighieri). La Divine Comédie, 1 vol.
De Maistre (Xavier). Œuvres complètes, 1 v.
Descartes. — Œuvres choisies, 1 vol.
Destouches. Théâtre, 1 v.
Diderot. Œuvres choisies, 2 vol. — Jacques le Fataliste, 1 v.
Donville (de). Mille et un calembours et bons mots, 1 vol.
Dufaux (Ermance). Le savoir-vivre dans l'ordinaire et dans les cérémonies civiles et..., sea 1 v.
Dupont (Pierre). Muse Juvénile, vers et prose, 1 v.
Dupuis. Abrégé de l'Origine de tous les cultes, 1 v.
Eschyle. Théâtre, 1 v.
Fénelon. Œuvres choisies, De l'existence de Dieu, Lettres sur la religion, etc., 1 v. — Dialogues sur l'éloquence, De l'éducation des Filles, recueil de Fables, Opuscules, Dialogues des morts, 1 v. — Aventures de Télémaque, 3 gr. 1 v.
Fléchier (Voy. Massillon).
Florian. Fables, Théâtre, Illust. par Grandville, 1 v. — Don Quichotte de la jeunesse, vign., dessins de Staal, 1 vol.
Fontenelle. Éloges, 1 v.
Furetière. Le Roman bourgeois, 1 vol.
Galland. Les Mille et une Nuits, contes arabes, 3 v
Gentil-Bernard. L'Art d'aimer. Pièces des poètes érotiques, 1 vol.
Gilbert (Œuvres de), 1 v.
Gœthe. Faust et le second Faust, choix de poésies de Gœthe, Schiller, etc. 1 v. — Werther suivi de Hermann et Dorothée, 1 v.
Goldsmith. Le Vicaire de Wakefield, 1 vol.
Gresset Œuvres choisies, 1 vol.
Héloïse et Abélard. Lettres, 1 vol.
Heptaméron (L'). Contes de la reine de Navarre, 1 v
Hérodote. Histoire, d'H 2 v
Homère. Trad. Dacier, Iliade, 1 v. — Odyssée, 1
Jacob (P.-L.), bibliophile, Recueil de Farces, soties et moralités du xve siècle, 1 v. — Paris ridicule et burlesque, 1 vol. — Curiosités des sciences occultes, 1 vol.
La Bruyère. Les caractères de Théophraste, 1 v.
La Fayette (Mme de). Romans et nouvelles, Zaïde, Princesse de Clèves, Princesse de Montpensier, Comtesse de Tendre, 1 vol.
La Fontaine. Fables, Illustrées de 8 gr., 1 v. — Contes et nouvelles, 1 v.
Lamennais. Essai sur l'indifférence en matière de religion, 4 v.; le 1er v. se vend séparément. — Paroles d'un Croyant, Le Livre du peuple, Une voix de prison, Du passé et de l'avenir du peuple, De l'esclav. moderne, 1 v. — Affaires de Rome, 1 v. — Les Évangiles, 1 v. — De l'Art et du Beau, 1 v. — De la Société première et de ses lois, 1 vol.
La Rochefoucauld (de). Réflexions, sentences et maximes morales, 1 v.
Lavater et Gall. Physiognomonie et Phrénologie, 100 figures, 1 vol.
Le Sage. Histoire de Gil Blas de Santillane, 1 v. — Le Diable boiteux, 1 v. — Guzman d'Alfarache, 1 v.
Marot (Clément). Œuvres complètes, 2 vol.
Martel. Petit Recueil de proverbes français (origine, signification des proverbes, commentaires partie anecdotique), 1 v.
Martin (Alme). Charlotte de la Tour, Le langage des fleurs, gr. color., 1 v.
Massillon. Petit Carême, Sermons divers, 1 vol.
Massillon. Fléchier. Mascaron Oraisons, 1 v
Michel. Tunis, L'Orient africain, Arabes, Maures, Scènes de mœurs, Intérieurs, Sérail, Harems, 1 vol.
Mille et un Jours. Contes arabes, 1 vol.
Millevoye. Œuvres, 1 v.
Mirabeau (de). Lettres d'amour, 1 vol.
Molière. Œuvres complètes, 3 vol.
Montaigne (Essais de), 2 volumes.
Montesquieu. L'Esprit des lois, 1 vol. — Lettres Persanes, suivies de Arsace et Isménie, 1 vol. — Considérations sur les causes de la grandeur des Romains et de leur décadence, 1 vol.
Moreau (Hégésippe). — Œuvres contenant le Myosotis, etc. 1 vol.
Ovide. Les Amours, L'Art d'aimer, etc. 1 v.
Parny. Œuvres, 1 vol.
Pascal (Blaise). Lettres écrites à un Provincial, 1 vol. — Pensées, 1 vol.
Pellico (Silvio). Mes Prisons, 6 grav., 1 v.
Pétrarque. — Œuvres amoureuses, 1 vol.
Picard. Théâtre, 2 vol.
Pindare et les lyriques grecs, 1 vol.
Piron. Œuv. choisies, 1 v.
Platon. L'État ou la République, 1 vol. — Apologie de Socrate, Criton, Phédon, Gorgias, 1 vol.
Plutarque. Les Vies des hommes illustres, 4 vol.
Poètes. Moralistes de la Grèce. Hésiode, Théognis, etc. 1 vol
Quinze Joies de mariage, 1 vol.
Quitard. L'Anthologie de l'Amour, choix de pièces érotiques, tirées des meilleurs poètes français, 1 v. — Proverbes sur les femmes, l'amitié, l'amour et le mariage, 1 vol.
Rabelais. Œuvres complètes, 1 fort vol.
Racine. Théât. complet, 1 v
Regnard. Théâtre, 1 v.
Régnier (Mathurin). — Œuvres complètes, 1 vol.
Ronsard. Œuv. choisies, 1 v.
Rousseau (J.-J.) Les Confessions, 1 vol. — Émile, 1 fort vol. — La Nouvelle Héloïse, 1 fort vol. — Contrat social, suivi des discours sur les sciences, sur l'inégalité des conditions, etc. 1 vol.
Saint-Evremond. — Œuvres choisies, 1 vol.
Scarron. Le Roman comique, 1 vol. — Le Virgile travesti, en vers burlesques, 1 vol.
Sedaine. Théâtre, 1 vol.
Sévigné (Mme de). Lettres choisies, 1 vol.
Sophocle. Tragédies, 1 v.
Sorel. La vraie Histoire comique de Francion, 1 v.
Staël (Mme de). Corinne, ou l'Italie, 1 v. — De l'Allemagne, 1 vol. — Delphine, 1 vol.
Sterne. Tristram Shandy, Voyage sentimental, 2 v.
Tabarin (Œuvres d'), avec les Aventures du Capitaine Rodomont, la Farce des Bossus et autres pièces tabariniques, 1 v.
Tasse (Le). Jérusalem délivrée, 1 vol.
Thiers. Histoire de la Révolution de 1870. Déposition de M. Thiers (Enquêtes des 6 septembre et 18 mars), 1 vol.
Thierry (Œuvres d'Augustin), 9 vol. — Histoire de la conquête de l'Angleterre, 4 vol. — Lettres sur l'histoire de France, 1 vol. — Dix ans d'études historiques, 1 vol. — Récits des temps mérovingiens, 2 vol. — Essais sur l'histoire du Tiers État, 1 vol.
Thucydide. Histoire, 1 v.
Vadé. Œuvres, 1 vol.
Vauquelin de la Fresnaye. Art poétique, 1 volume.
Vaux de Vire d'Olivier Basselin, poète normand du xve siècle, et de Jean le Houx, poète virois, 1 v.
Villon (François). Poésies complètes, 1 vol.
Voisenon. Contes et poésies fugitives, 1 vol.
Volney. Les Ruines, La loi naturelle, L'histoire de Samuel, 1 vol.
Voltaire. Théâtre, contenant tous les chefs-d'œuvre dram., 1 vol. — Siècle de Louis XIV, 1 v. — Siècle de Louis XV, hist. du Parlement, 1 v. — Hist. de Charles XII, 1 vol. — La Henriade, 1 v. — Pucelle d'Orléans, Poèmes, 21 chants, 1 v. — Romans et contes en vers, 1 vol. — Épîtres, contes, satires, épigrammes, 1 vol. — Lettres choisies, 2 v. — Le Sottisier, 1 vol.
Ysabeau (Docteur). Médecin du Foyer, Guide médical des familles, 1 v.

www.ingramcontent.com/pod-product-compliance
Lightning Source LLC
Chambersburg PA
CBHW071107230426
43666CB00009B/1853